# 報徳仕法と近世社会

早田旅人 著

東京堂出版

# 報徳仕法と近世社会

目次

## 第二章　二宮尊徳の出現……83
### ――小田原時代の尊徳と地域・藩政――

# 序章　近世報徳仕法研究の視座

## はじめに

　近世後期、関東地方を中心に、財政難に苦しむ幕藩領主や荒廃に悩む村の間で報徳仕法が広がった。報徳仕法とは、二宮尊徳[1]が創始・指導した、荒村復興・財政再建・家政再建のための独特の手法である。その財政運営上の特徴は「分度」「推譲」にあるとされ、「分度」とは自己の収入に対して支出を定額に定めること、「推譲」とは「分度」により生まれた余財を将来の自己や子孫、村や地域・国のために譲ることとされる。こうした考え方に立って領主たちは行政財改革の一環として報徳仕法を導入し、民間では自力復興の運動＝報徳運動として実践された。

　また、尊徳のもとには報徳仕法について教示を求める人々が集い、そのなかには尊徳に随身して報徳仕法を引き継ぐ門弟と呼ばれる人々も現れた。近代に入ると、幕藩領主の実施する報徳仕法は廃止されたが、報徳仕法は報徳運動として門弟らが引き継ぎ、近代にも影響を与えた。現在でも二宮尊徳や「報徳」をキーワードとした運動や行政が実践されており、報徳仕法は現代にも影響を及ぼしている。

　報徳仕法が実践された時代は、一般に飢饉、村落荒廃、騒動の激化、領主財政の逼迫にともなう「仁政」の後退、さらには異国船来航による対外的緊張が加わり、社会・体制の危機の時代とされる。しかし、一方で、商品経済の発展と民衆の生活・文化の向上、組合村や村連合など村を越えた自治的自律的地域管理運営の進展、民衆の訴願や献策を通した政治参加、それらに対応して押し出されてくる領主権力の公共性といった社会の成熟も指摘される時代であった。(2)

かかる成熟は危機そのものや危機への対応と表裏した関係にあり、その点で報徳仕法はまさに、時代の危機への対応に示された近世社会の成熟を示すものととらえられるのではないか。また、報徳仕法は村社会・幕藩領主双方の復興に関わっており、当該期の社会の特質を双方の視点から描くことが可能な素材であると思われる。ただ、社会の成熟は同時に複雑化をともない、それ自体に矛盾・相克をはらむことになる。報徳仕法を近世社会の成熟の一つとみるとしても、そこに内在する矛盾・相克も同時にとらえる必要があろう。

また、近世の報徳仕法は、一時期、地主制や天皇制支配、国家主義・軍国主義を支えた近代報徳運動の起源・本質を探るという関心で研究されていた。そして、報徳仕法・運動・思想の本質は、社会の矛盾を隠蔽し支配階級に好都合な体制的な性格にあるとされ、それが近世近代を一貫した特質であるととらえられてきた。(3)しかし、近年では「富国安民」など近代報徳運動における非国家主義的非軍国主義的な論理の継承を重視し、従来とは逆の意味での一貫性を主張する研究も現れている。(4)ただ、近世と近代では前提となる社会の文脈が異なり、近代の報徳運動・思想は、近代の報徳主義者が近世の報徳仕法・思想を近代社会に適合させるべく解釈・変容させた近代社会固有のものととらえられるべきと考える。(5)そのため、安易に近世近代の一貫性をみるのではなく、近世・近代の報徳仕法・運動・思想をそれぞれ固有の社会に対応した固有の性格を持つものとして分析する必要があると思われる。そのうえでこそ、近世の報徳仕法・運動・思想の近代以降における連続・断絶・変容を明らかにすることができ、報徳仕法が近現代へ及ぼした影響のありようを評価することができると思われる[6]。

本書はかかる問題関心・見通しに立って、近世の報徳仕法・報徳運動を検討し、その実態を解明することで報徳仕法からみえる近世社会の特質を考察するものである。

## 一　二宮尊徳・報徳仕法をめぐる研究動向

まず、本書の課題を設定する前提として、戦後の二宮尊徳・報徳仕法をめぐる研究動向を簡単に整理しておきたい。なお、本節では必要な限りの概観と代表的論考の紹介にとどめ、研究史の詳細な検討や、個別論考の評価・批判は次章でおこなう。

二宮尊徳・報徳仕法は、戦前に国家主義に利用された反動からか、戦後しばらくは歴史家の手による研究はほとんどみられなかった[7]。しかし、一九六〇年代になると明治維新の前提としての天保改革・天保期研究のなかで、幕藩領主の改革政策の一環として報徳仕法が研究されるようになった。当時の天保期研究は、天保改革が封建反動か絶対主義的改革であったのかという関心から進められていた。しかし、いずれにしてもその政策は反動的性格を持つとされ、報徳仕法も多くはその一環として扱われ、理解された。たとえば、竹中端子[8]は下館藩の報徳仕法を「商品経済に呑み込まれた領主財政を、かたくなに勤倹と生産物地代原則の強化のみによって救おうとした」「支配階級の空しいあがき」と評価し、津田秀夫[9]は、報徳仕法を勤倹にもとづく農民の労働強化で本百姓体制を維持しようとした幕藩領主の天保改革の基調に沿った政策と評価した。このように二宮尊徳・報徳仕法は幕藩領主の意向に沿った面のみが評価され[10]、領主に対する「分度」の設定や、報徳仕法で実施される窮民救済の意味が積極的に評価されることはなかった。

一九七〇年代の研究においても、幕藩領主が実施する領主仕法の研究では、報徳仕法を領主的立場に立つ保守的反動的政策とする評価が引き継がれた。たとえば、長倉保[11]は烏山藩仕法の検討のなかで、報徳仕法が撤廃された理由を報徳派家老の「階級的自覚」にもとづく「体制転換への展望を持ちえない限界」に求めた。ただ、一方で、村方で実施される地主を主体とした仕法に研究数の増加と分析の深化がみられた。しかし、その多くは、報徳仕法を地主的立場に立脚するもの、下層民を切捨てるものと評価した。菅野則子[12]は小田原藩領の農村仕法の分析から、報徳仕法は中層農を強化し、下層農は仕法対象外として脱農化を促進させたと指摘した。また、上杉允彦[13]は相模国大住郡片岡村（神奈川県平塚市）の地主家が実施した仕法の分析から、報徳仕法を「最初から終りまで徹底して地主的利益に立ったもの」「地主経営の再生に最も好都合」と評価した。さらに、佐々木潤之介[14]は、天保期を豪農による小生産者再編と、それにより農業からしめ出された半プロレタリア層形成の画期と位置づけるなかで二宮尊徳を取りあげた。そして、報徳仕法は高利貸収奪に耐えうる農民・経営の再興、中層農化政策であり、貧農の切捨てをともなったと指摘した。佐々木は報徳仕法を、小規模な自小作農民から小作地をとりあげ、安定的な小作農民経営を創出する当該期の地主小作関係の再編―半プロレタリア層形成の一環ととらえ、尊徳を質地地主のイデオローグと評価した。一九七〇年代には、幕藩領主を実施主体とする報徳仕法については領主的立場に立脚するもの、地主を実施主体とする報徳仕法（報徳運動）については地主的立場に立脚するもの、という保守反動的体制的報徳仕法評価が確立した。

また、こうした報徳仕法の領主的地主的立場に立脚した保守反動的な性格は、地主的立場に立脚して人々を国家主義・天皇制支配に編成した近代報徳運動にも一貫する本質と理解され、その根源と位置付けられた。

一九八〇年代になると、報徳仕法研究は画期を迎える。その契機となったのが大藤修[15]と岡田博[16]の研究である。大藤修は、報徳仕法を反動的、領主的立場に立つものと評価してきた従来の報徳仕法研究を、形式面のみをとらえた機械的評価と批判した。そして、尊徳の思想は農民生活のなかで自然界・人間世界の理を「自得」することで形成されたものであり、これは「家」再興の悲願に燃え、農業に精励する過程で自己の主体性を確立し、思想形成した当時の農民一般に共通すると指摘した。さらに、報徳仕法で説かれる「分度」「推譲」の実践は、領主や地主など経済的上位者に対して強く要請され、その収奪下にある一般農民を救済し、その生活を成り立たせる政治的社会的体制を整えることに主眼があるとして、尊徳の仕法・思想は「徹底して農民の立場に立脚して構想されている」と評価した。大藤の研究は近世史研究における従来の尊徳・報徳仕法像を転回させた点で画期的な意味を持った。

岡田博は、不二道・小谷三志への関心から、多くの不二孝仲間の報徳仕法への関与を発見した。野州桜町仕法（栃木県真岡市）では、領内外に多数存在した不二孝仲間の百姓が、仕法初期から尊徳に協力して米麦売買や資金運用などで報徳仕法に貢献したこと、領域を超えた報徳仕法の拡大の背景には不二孝仲間のネットワークがあったことなどを指摘した。岡田の研究は、報徳仕法の発展において富田高慶や福住正兄といった著名な門弟だけでなく、尊徳周辺で仕法を支えた百姓たち、いわば名もなき人々の活動にも注目すべきことを示唆した重要な研究である。さらに、『報徳記』で仕法初期の尊徳の反対者とされていた人物が、実際は不二孝仲間で仕法初期から尊徳に協力していたことを明らかにし、『報徳記』など尊徳門弟による後世の編纂物に依拠する研究の危険性を示した点も貴重な成果である。

そのほか、一九八〇年代には従来とは異なる観点からの報徳仕法研究が現れた。深谷克己[17]は、報徳仕法は個別農家の個別的事情に見合った対策で一軒ごとの経営活力を築きあげ、一段と個別性を強めた家と家のつながりで成り立つ村の創出を目指したと指摘した。また、報徳金の貸付が百姓経営に活力を与え、それにより増加した上納物を仕法の普請事業に投入して百姓の賃銭とし、人々は農耕と賃銭の組み合わせで報徳金返済・年貢上納をしたという仕組みを明らかにした。村の側からみた報徳仕法像といえよう。さらに、大塚英二[18]は報徳金融を分析し、報徳金融は農民間の質地関係を軸にした低利融通に、領主仕法の拝借金制度や村備金貸付にみられる年賦方式・無利貸付方式を組み合わせたものであることを明らかにした。報徳金融は在地の金融慣行に根ざして考案されたとの指摘である。

以上、一九八〇年代の研究は、報徳仕法に対する評価や視点を大きく転換させた。それは、領主・地主のための報徳仕法像から、村や民衆に基盤を持つ報徳仕法像への転換であった。その背景には高度経済成長後の社会変容を受けた、近世史研究全体の問題意識の変化があった。戦後の近世史研究は民主主義の発展を目指して個人の確立を阻害する「封建遺制」の克服を基調に研究が進められた。しかし、高度成長を経た社会では、農村の解体にともない孤立した「個人」が都市に流入し、管理社会化が進むなかで、中高年の自殺や家庭崩壊といった人間生活の危機が問題とされた。こうした問題意識は、近世史研究者の関心を「封建遺制」克服から、人間生活を成り立たせる人と人との関係、生活・諸活動の基盤である社会集団へと転換させ、近世史研究において社会集団論・共同体論が展開していくことになる。二宮尊徳・報徳仕法研究もかかる歴史学における研究視座の転換を背景に、その評価や分析視座を転換させていったのである。

以後、一九九〇年代からは、八〇年代の二宮尊徳・報徳仕法論をベースに研究が深化していった。

松尾公就[(19)]は、小田原藩仕法を主たる検討対象に精緻な分析を重ね、通説に見直しを迫っている。たとえば、報徳仕法廃止の要因を藩主大久保忠真の死とする通説を感情論と退け、現実の政治過程の分析を踏まえ、「報徳」への忠誠を誓う藩士の存在が、「報徳」を主従関係に関わる藩内秩序を乱す存在として藩に意識させ、それが尊徳排除の状況を生んだと指摘する。また、尊徳の桜町仕法の登用についても、通説では、忠真は藩政改革に尊徳を抜擢したかったが重臣の反対により、まず分家宇津家の領地桜町領の復興をおこなわせたとされていた。しかし、松尾は、桜町領の復興事業は、藩政改革にともない藩が宇津家の支援方針を米金援助から領地復興へ転換したことによるものとする。

また、最初から尊徳に桜町領復興を任せるつもりであったわけではなく、それ以前に実施された藩主表彰の表彰者の複数の候補から復興見込みを上申させ、結果として尊徳が登用されたと指摘した。松尾の研究は丹念な史料の読み込みから、『報徳記』に依拠した佐々井信太郎ら戦前以来の通説に実証的な批判を加える点に特徴がある。[20]

また、舟橋明宏[21]は報徳仕法で荒地開発に従事する人夫「破畑《はばた》」に注目した。破畑は入百姓として桜町領に入り、働きが認められると相応の潰式の相続を許された。開発事業は破畑にとって貨幣獲得や所持地増加の機会であり、人別・戸数増加策としての入百姓と、開発に必要な破畑など職人とは対応関係があり、彼らの編成が仕法を進めるうえで鍵になっていたことを指摘した。舟橋の研究は尊徳周辺で仕法を支える人々に注目した岡田博の視点を引き継ぎ、開発事業の担い手であったにもかかわらず、これまで注目されてこなかった破畑の役割や実態を明らかにした画期的な研究といえる。

さらに、宇津木三郎は、尊徳の思想研究において、先行研究が福住正兄『二宮翁夜話』や斎藤高行『二宮先生語録』など尊徳門弟の手による「語録類」を無批判に典拠としてきたことを批判し、尊徳の説く「人道作為」論の展開過程を検討した。そして、徹底的な史料批判により、「語録類」には著者による師説への潤色・修正が加えられていることを指摘した。さらに、「語録類」は尊徳門弟が尊徳随身中に彼の行動や談話を記録した「聞書類」を編集したものであり、「聞書類」は師説への忠実性が高いことを明らかにし、そのうえで尊徳の言説における「作為」の語の出現が弘化期以降であることを指摘した。そして、それまで「人道」と「天道」の一致を説いていた尊徳がこれ以降、その一致を否定し、本来、人倫規範を持ち合わせず混乱状態にあった人間を、聖人が社会規範制度一般を「作為」して救ったとする「人道作為」論が成立したと主張する。弘化期以降に「人道作為」論が成立した背景には、この時期の諸藩や幕府勘定所の報徳仕法への取り組みの後退があり、仕法推進のためには自然のままを旨とする「天道」観念を排除し、聖人＝為政者の「作為」を強調する必要があったと指摘した。宇津木の研究は、精緻な史料批判により「語録類」に依拠した従来の尊徳思想研究の問題を指摘した点、尊徳の思想を検討するうえで彼の言説が発せられた時期・場所・実践課題など状況への考慮を要請した点で重要な意味を持つ。

一九九〇年代以降の研究は、一九八〇年代の村や民衆に基盤を持つ報徳仕法という視点を継承しつつ、分析が精緻化し、『報徳記』や『二宮翁夜話』など尊徳門弟の著述に依拠した通説に修正を迫っている点に特徴がある。また、具体的には取り上げなかったが、自治体史刊行を背景に個別仕法の実態を明らかにする研究数の増加も一九九〇年代以降の傾向といえる。ただ、領主仕法については藩政の詳細な動向分析を踏まえた研究が進む一方で、民間で実施する仕法や地主仕法についてはは研究が進んでおらず、地主的立場に立脚した仕法という七〇年代以来の評価に再検討が加えられていない。さらに、研究の精緻化や個別仕法の実態解明が進む一方で、研究課題が細分化し、報徳仕法が近世社会のなかでいかなる意味を持っていたのか、関連する近世史研究の成果を踏まえた報徳仕法の歴史的な位置づけへの言及が乏しくなり、他の近世史研究とは隔絶した独自領域の様相を呈している問題も指摘できる。

## 二　近世史研究と報徳仕法研究の視座——本書の課題

前節での二宮尊徳・報徳仕法研究の動向の概観を踏まえ、本書の課題を提起する。その際、報徳仕法が村社会・領主支配の結節点に位置して実施されていたことに鑑み、「報徳仕法と村社会」「報徳仕法と領主支配」の二つ視点を設定し、それぞれに関わる近年の近世史研究の動向・成果の検討を踏まえて課題を提起したい。

## 1　報徳仕法と村社会

先述のように、従来、報徳仕法は領主行政、または地主経営再編の一環として評価されてきた。しかし、一九八〇年代以降、報徳仕法が社会の広汎な階層に根ざして展開されていたことが明らかになってきた。換言すれば民衆運動としてとらえられるようになってきたといえる。こうしたとらえ方は報徳仕法と村社会が関わる局面についていえば、主として一九八〇年代以降に展開してくる村落共同体論とリンクした研究動向といえる。そこでは村は小百姓経営を維持・保障するいわば自立した互助的組織としてとらえられ、その諸機能・諸慣行が指摘されてきた。

たとえば、白川部達夫は無年季的な金子有合次第質地請戻し慣行を分析し、これが小百姓的土地所持の再生産を維持する機能を有することを明らかにした(22)。深谷克己は百姓の土地所持を公法的所持・私的所持・共同的所持の三つの位相から考察し、共同的所持が共同性の深部の根拠として百姓結合を支える役割を果たしたと指摘した。そして、共同的所持は百姓の土地所持を「有徳之者」らの私的所持から防衛し、その進展を阻もうとする力を持つが、公法的所持・私的所持に「手ごわく対抗しつつ衰退してゆく」と見通した(23)。また、深谷は百姓経営が成り立つうえでの必要な救済として、領主の「御救」・村外をふくめた民間の救済・居村での相互救済の三つを挙げた。居村での相互救済＝「助合」として、百姓相互の一時貸や講での融通、「ユイ」や「モヤイ」などの労働力の融通、名主の年貢立替など富者による富の社会還元を指摘した(24)。さらに、渡辺尚志は深谷の所論を踏まえ、個別農民の耕地所持権に対する村落共同体による制限・否定といった関与＝間接的共同所持を指摘し、それが小百姓経営の維持や村落共同体の存続・安寧の意義を持つことを明らかにした(25)。また、大塚英二は質地金融や村内での土地移動、村備金融を分析し、そこにみられる融通と土地移動は、小農民分解を阻止する村共同体の日本的特質であるとして融通＝循環論を提起した(26)。

なお、村落共同体と関連して百姓経営の維持をはかる集団に親類や同族団がある。特に同族団について、大藤修は総本家を頂点に一族の土地の確保や同族団成員の生活保障、村請年貢皆済の連帯責任などの役割を担っていたと指摘する。ただ、同族団は個人を起点とした親類関係と重複しつつ存在するが、その結合は世代を重ねた親族関係の疎遠化や、質地関係の展開による同族団の枠を越えた土地移動などにより弛緩する傾向にあったという(27)。

一方、かかる共同体に対応して地主・豪農もたんに小百姓に吸着し搾取する存在としてではなく、小百姓の生活・生産を支える存在としてもとらえられるようになった。白川部達夫は本来、地主的所持は小百姓への助成としておこなわれる融通の結果と意識されているため、無年季的な金子有合次第質地請戻しの論理を否定する論理を十分に形成しえなかったと指摘する。それゆえに一九世紀以降、地主的所持が村落共同体秩序の枠内におさまりきれなくなると、「小百姓の間で無年季的質地請戻し慣行が強く意識され」、請戻しに応じない地主らは「私欲身勝手」として共同体的制裁を加えられたという(28)。また、大塚英二は共同体の長たる村役人家・地主・豪農が持つ小農救済措置の一環としての融通機能を明らかにした(29)。そして、村内の融通を担う豪農同士の融通網にも着目し、地域の金融機関的存在である彼らが仲間内での融通的立替や、分散した豪農の土地の一括管理をおこない、地域の金融的秩序＝信用構造の保守を目指したことを指摘した(30)。さらに、渡辺尚志は佐々木潤之介の豪農・半プロ論における豪農規定を批判し、幕末期の豪農の類型化を試みた(31)。そして、①村外での政治的実践活動に決起することで村内での地位安定と経営打開を試みる「草莽の志士」型、②下層農民まで含めた農民経営の安定とそれにもとづく村落共同体の発展をはかるなかで自己の経営発展をはかる在村型豪農Ⅰ、③自己の経営拡大・利益追求が中心目的で小前・貧農層の経営安定に関心を払わない在村型豪農Ⅱ、の三つに豪農を類型化した。ここでは特に在村型豪農Ⅰとして、小百姓を搾取するという従来の豪農像が相対化されていることが注目できる。

ただ、以上にみた村落共同体の諸機能や枠組み、規制力は所与に存在するものではなく、そこには成員個々の選択との相克が存在したと考えられる。この点を示唆するのは大島真理夫と平野哲也である。

大島は無年季的な金子有合次第質地請戻し慣行は百姓株式や検地名請などを名目に、地主が質入主に恩恵を売り、恭順を買うという利己的個人の合理的選択の結果と理解する。すなわち、何代にもわたり住み続ける村社会では、かかる恩恵と恭順の取引の長期継続により互に協調行動が成立しており、これに対する裏切りは最適な戦略ではなかったという(32)。大島の研究は共同的行為や集団をアプリオリに前提とせず、それらを個人が選択する条件への考察を促す。近世後期の村落秩序の動揺はそうした条件の動揺を意味すると思われるが、当該期の地主たちは動揺する条件に直面して何が最適な選択となるかを模索していたといえる。

一方、平野は従来の村落荒廃論を批判して、村落荒廃を市場の動向をにらみつつ、条件のよい生業に積極的に乗り出す百姓の主体的行動・選択の結果であると主張する。これまで村落荒廃の要因は、小農自立の脆弱性、領主による貢租収奪、商人資本による高利収奪、飢饉や凶作などが指摘されてきた(33)。しかし、平野は米価変動を重視し、米価が低迷する一八世紀中期から一九世紀前半に、百姓が米穀作をやめ小商いや職人稼ぎに従事し、稼ぎや豊かさを求めて挙家離村する動向を明らかにした。つまり、村落荒廃を米価低迷のなかでより稼げる生業を求める百姓の主体的選択の結果とする。そして、天保期以降幕末にかけて米価の高騰、実質賃金の低下により、百姓は農業を志向し、村へ回帰したと指摘した(34)。平野の研究は従来の村落荒廃観を一新させた。しかし、土地所持や農業生産に重きを置く領主や地主、高持百姓にとっては、やはり百姓の離村、手余り地の増大は共同体を解体させる「荒廃」として問題視され、これへの対応が模索されたと考えられる。村落共同体は地主的所持の進展のみでなく、生業を求めて離村する百姓の選択とも相克関係を持っており、しかもその離村は土地の手放しをともなう点で地主的土地所持の進展とも表裏していたといえる。

近世的村落共同体の成立は小農自立が進展した一七世紀末以降とみられているが、その諸機能・枠組みは時代が下るにつれて弛緩し、特に一九世紀以降、動揺・衰退傾向に向かうとされている。共同体は不変の存在ではなく、成員個々の選択との相克関係の均衡のなかで存在するものと考えられ、一九世紀はその均衡が一層不安定になる時期ととらえられる。しかし、それゆえにこそ衰退傾向にあって、共同体とその諸機能・諸慣行は「強く意識化され」、その傾向に「手ごわく対抗」していったと考えられるのである。二宮尊徳が活動した時代の村社会はかかる状況下にあった。それゆえ、報徳仕法は村落共同体の諸機能・枠組みを意識しつつ、個々の成員の選択と村復興をいかに結びつけるかという戦略が要請されたと考えられる。

以上を踏まえ、本書では報徳仕法が村社会と関わる局面において以下の三点を論点としたい。

一つは上述した村落共同体の諸機能・諸慣行と報徳仕法との関係である。先述のごとく、近年の尊徳・報徳仕法研究は、他の近世史研究とは断絶した独自領域の様相を呈し、個別仕法の事実解明が精緻化する一方で、報徳仕法の社会的立脚点や歴史的意義への言及が乏しくなっている。報徳仕法が村社会と関わる局面でいえば、上述の諸研究が明らかにした村落共同体の諸機能・諸慣行と報徳仕法との関係に言及した研究が少ないことに現われている。これには研究の細分化という一般的傾向が背景にあるといえるが、尊徳の独自性・独創性への注目ゆえの特殊事例視化もあるように思われる。

しかし、報徳仕法はこれら村落共同体の諸機能・諸慣行と無関係に成立しえたのであろうか。おそらく、報徳仕法は全く新しい論理で村復興を目指したのではなく、かかる諸機能・諸慣行を立脚点に、弛緩しつつあるそれらを独自の方法で再編・活用し、村の復興を目指したのではないかと思われる。本書では尊徳の一家復興からその後の報徳仕法の分析を通して、仕法と村落共同体の諸機能・諸慣行との関係を明らかにしていきたい。

二つめは、報徳仕法と地主層ら村内の富者との関係である。村落荒廃は百姓の土地放棄と表裏して地主的所持を拡大させるが、同時に人口減少により耕作者を不足させ、村落共同体とともに地主経営をも破綻の危機に陥らせた。彼らは村落指導者として状況打開の方策を心学や国学などに求めたが、そうした模索のなかで選択されたものの一つが報徳仕法であった。

従来の報徳仕法研究は、地主・豪農を小前・貧農層に吸着し搾取する存在ととらえ、地主による報徳仕法を彼らの利益確保のみを目的としたものと評価してきた。しかし、階層分解の結果、自己の経営基盤が足下から崩れ、地域の治安も悪化する状況にあって、もはや自己の利益のみを追求した経営再建・村復興は困難になっていたと思われる。かかる状況に対して尊徳は「村方衰弊之根元は貧富之不和にあり」(35)として、富者に「余りある者足らざる者を補ふの天理なる事」(36)を説いた。報徳仕法は富者の存在を否定しないが、富者による貧者への富の分配を通した貧富の協調を説いたのである。これは渡辺尚志の豪農類型論でいえば、富者に在村型豪農Ⅰに該当する存在への経営革新を迫るものといえる。

ただ、一方で領主の御救機能の後退にともない、富者の貧者救済の義務負担が増大し、一村単位の富のゼロ・サム的再分配の進行とそれへの富者の不満という「近世社会の危機」が松沢裕作により指摘されている(37)。松沢によれば、この富者による村への富の再分配という負担の根拠は、村請制という身分的社会編成にあるが、富者はこの負担から逃れうる新しい秩序を希求し、それが身分的社会編成の解体に帰結したという。しかし、その希求は身分制社会の解体にいたる前に、それを前提とした方策を模索したと思われる。報徳仕法はそうした模索のなかで生み出された方策の一つといえ、富者に貧者への富の再分配を求める一方で、それを可能とする富者の経営安定も目指すものであったと思われる。そこで、本書では、報徳仕法がこれらの問題にいかなる論理や方法で対応していったのか、富者の経営革新や育成、仕法への編成、彼らによるネットワークの問題も視野に入れ検討したい。これは一つめの論点と表裏して、村落共同体の諸機能・慣行・意識のなかに彼らをいかに組み込むかという問題にもつながる。

三つめは、報徳仕法の構造である。従来、報徳仕法は農本主義的イメージからか仕法実施村を「農村」、そこに暮す百姓を「農民」ととらえて論じられてきた。しかし、一般的に百姓経営には農業外の諸稼ぎが含まれており、[38]平野哲也の指摘のごとく、特に近世中期以降の百姓は、土地を手放し、小商いや職人稼ぎなどの諸稼ぎに生業の比重を移す動向をみせる。また、小百姓のみならず地主・豪農層も商業を営んでいた。報徳仕法はこのような経営・生業の多様性に富んだ村で農業生産の増大をともなう復興を目指すものであったが、かかる多様性を無視して仕法を進めることはできなかったのではないだろうか。平野の指摘のごとく村落荒廃が小百姓の生業選択の結果であるなら、報徳仕法は彼らに仕法下の村での生活を選択してもらう構造を作らなくてはならなかったと考えられる。そこでは多様な生業、経営的性格を持つ人々をいかに編成するかが問題となる。本書ではかかる視点に立って報徳仕法の構造を明らかにし、「農民」「農村」的報徳仕法像の相対化をはかりたい。

また、そのことは同時に仕法に従事・献身する人々の選択・主体性に着目し、評価することにもつながる。従来の研究は、仕法下にある人々の主体性に留意せず、仕法の成果の源泉を専ら彼らへの教諭や強制に帰すものが多かった。そのため、彼らが仕法に献身しうる仕法の仕組み―構造への関心も希薄であったといわざるをえない。しかし、その理解なくしては、報徳仕法が民衆運動として自律的に展開した理由は説明できないと思われる。本書ではかかる問題意識から報徳仕法の構造に対応した人々の主体形成のあり方もみていきたい。

なお、報徳仕法が村の人口と農業生産の増大といった成果をあげる背景として、平野哲也の指摘する天保期以降の米価上昇とそれにともなう人々の農業回帰志向に留意する。

## 2　報徳仕法と領主支配

報徳仕法は領主の行財政改革の一環として実施されることが多い。そのため、報徳仕法の当該期に持つ意味の理解のためには、村との関係だけでなく、領主支配との関係についての検討も必要となる。そこで、本書では報徳仕法と領主行政が関係する局面について、次の二点を論点としたい。

一つめは報徳仕法と政治文化の問題である。かつて領主の政策として実施された報徳仕法は、幕藩領主による天保改革の反動的政策の一環として領主的立場に立脚したものと理解されてきた。しかし、一九八〇年代に大藤修がかかる理解を批判し、報徳仕法を農民的立場に立脚して構想されたものと評価して以降、報徳仕法は領主的立場とは一線を画するものとして理解されるようになってきた。しかし、それではなぜ、領主的立場と異なる報徳仕法が多くの領主に望まれ、導入されたのであろうか。それは財政的便宜のみによるのであろうか。

かかる問題を検討するうえで政治文化という視点が有効と思われる。政治文化とは元来、政治学で用いられた用語であるが[39]、深谷克己はこれを近世史研究に用い、「一つの社会が醸成している政治に関する考え方や感じ方、行動の仕方の総体」で、「長期にわたる惣無事（偃武）の時間を経る江戸時代の日本のような社会では、それが自明の伝統・慣習として深く根を下ろす」と定義した[40]。政治文化には様々なレベルのものが考えられるが、村社会と領主支配が交差する報徳仕法においては、特に「仁政」理念が重要となろう。

幕藩領主支配の正当性は、幕藩領主＝「仁君」が年貢を上納する百姓の「成立」のために「仁政」として「御救」を施すという領主・百姓相互に共有する「仁政イデオロギー」に根拠を置いていることが指摘されている。そのため幕藩領主の苛政に抵抗する民衆運動も「百姓成立」のための「仁政」「御救」を要求するものであった[41]。かかる「仁政イデオロギー」が社会の共通認識（政治常識）となっていく過程については、一七世紀以降の「太平記読み」を媒介にした浸透を明らかにした若尾政希の研究がある。(42)また、「牧民之書」の分析から武士の民政官としての意識変化や、近世中期以降の明君像を支える「仁政」の担い手を追究した小川和也の研究もあり、(43)「仁政」理念をめぐる研究は近年盛んになっている。

大藤修の指摘のごとく、報徳仕法は領主に「分度」にもとづく「仁政」の実践を要求するものであった。すなわち、報徳仕法による「仁政」実現にむけた教説と方策は、領主層にも支配論として正当なものと認識されたと考えられる。報徳仕法もかかる政治文化に基盤を持つものとして分析することで、領主的立場・農民的立場といった二項対立的な立場論を越えた検討をおこなうことができると思われる。(44)報徳仕法は尊徳の百姓としての経験に立脚し、民政重視の政治を求めたという意味では農民的立場ということができよう。しかし、領主層のなかにも尊徳の教諭を受容し、仕法を積極的に推進した人々が存在しており、報徳仕法を農民的立場と規定したのでは彼らの営みを理解することはできない。また、領主的立場も一枚岩とはいえない。

そこで、本書では報徳仕法に領主的立場・農民的立場と二者択一的な性格規定はおこなわず、報徳仕法を為政者と民衆の両者が共有する政治文化に関わる問題ととらえ、領主層における尊徳の教説・報徳仕法の受容や評価を検討していきたい。さらに、報徳仕法をめぐる領主層の亀裂や動揺も検討し、近世の政治文化がもたらす領主支配の可能性と矛盾について言及したい。

もう一つの論点は、報徳仕法からみた領主支配と民間社会の関係である。

平川新は一八世紀半ば以降、多様な利害関係で分節化される地域・民衆の訴願を受けて利害関係を調整する幕藩領主権力の公共的性格の肥大化を指摘した。また、領主層が民衆に政策提言を求め、民衆の側からも積極的に献策がおこなわれ、献策者が藩の改革実行ポストに登用されるなどの事例を検討し、献策を近世民衆の政治参加の到達点として評価した。(45)なお、平川はかかる「献策の時代」を示す一例として、二宮尊徳の小田原藩への献策と登用を紹介した。(46)かかる動向は近世中期以降の領主行政や藩政改革の主体の下降を明らかにした近年の藩研究ともリンクする。(47)

平川は訴願も献策も世論ととらえ、これに対応する幕藩権力の公共性を評価する。これは厚みを増す民間社会に応じて、支配のうち民政分野が独立性を高め、民政技術に長けた地方巧者や官僚制的代官が登場するという深谷克己の民間社会論と対応する。(48)

ただ、平川の献策についての分析が、藩領の事例を対象としていることからうかがえるように、特に献策は藩の財政難など消極的契機から実施されることが多いと思われる。そこには言路洞開という公共性拡大の側面の一方で、人々の生命を維持する社会国家としての公共機能の退化、とりわけ領主支配の正当性にかかわる「仁政」の後退―領主行政の貧困―が内在していたと考えられる。(49)領主支配における民政技術は「仁政」を標榜しうるいわば社会国家としての方向だけでなく、御用金・冥加金名目や特権付与などにより、いかに民間から富を収奪するかという方向にも発展した。かかる形での資金調達と献策による民意調達は、その本質において紙一重の差といえる。

そもそも、二宮尊徳の小田原藩への献策・登用自体が、財政難により年貢増徴など領民への収奪を強めるなかで、いかに少ない領主負担で領内の疲弊を抑え、分家の財政再建を可能とするかという手法の民間からの調達という側面があった。(50)二宮尊徳が一百姓から歴史の表舞台へと押し出されていったのは、彼が藩領民であったことと無関係ではなかろう。そして、報徳仕法の実践の場も主として私領であった。

報徳仕法には後退する領主支配の公共機能、特に勧農・開発・救恤など「仁政」に関わる民政分野と財政管理など、領主行政の広い部分を独自の論理と領域を越えた資金と人材・ネットワークで補完・代行する意味があったと思われる。そして、それは民間社会の領主行政への参加と理解することができ、領主行政の貧困と相即して成熟する民間社会の到達点とみることができるのではないか。本書はかかる視点から報徳仕法を分析し、それがいかなる意味で到達点であり、そこにはどのような矛盾・相克が内在していたのかを検討したい。

報徳仕法は村社会と領主支配が交差するところで成立した。そのため、以上のように村社会・領主支配の双方の論点を設定することで報徳仕法の研究は、両者を相関させたよりトータルな近世史像を描くことを可能にするのではないか。本書はその試みでもある。

## おわりに――本書の構成

以下、本書の構成と概要を記す。本書は主として二宮尊徳の出生から死去までの間に実践された報徳仕法および報徳仕法をめぐる諸動向を検討対象としている。

第一章「近世史研究のなかの二宮尊徳・報徳仕法」は、戦後の近世史研究のなかで発表された二宮尊徳・報徳仕法に関する主要な研究を取り上げ、戦後近世史研究において二宮尊徳・報徳仕法がいかなる問題意識で研究されてきたか、個別論文の評価・批判とともに概観し、その成果と問題点を指摘する。今後の研究に資することを目的とするが、序章における課題提起の根拠を詳述したものでもある。

第二章「二宮尊徳の出現―小田原時代の尊徳と地域・藩政―」は、二宮尊徳の出生から桜町仕法登用にいたる小田原時代の動向を検討する。その際、尊徳を西相模・小田原藩領に生きた百姓として位置づけ、その地域性との関わりのなかから彼の思惟・生活・活動を考察し、のちの報徳仕法の諸前提を明らかにする。

第三章「初期報徳仕法の展開—桜町前期仕法における百姓政策を中心に—」は、尊徳が最初に手がけた村落復興仕法である桜町仕法の前期を検討する。従来の研究では、仕法における「農民」的百姓像が前提にされてきたが、当該期の百姓は「農民」という範疇では括りきれない多様性を持っていた。そこに農業生産を増大させようとする尊徳が直面した当初の問題の一つがあったと考えられる。その克服に向けた尊徳の模索を、対百姓政策を中心に考察する。

第四章「報徳仕法の構造—桜町後期仕法における百姓編成と報徳金融—」は、桜町前期仕法における模索のなかから生まれた桜町領の百姓編成を報徳金融と関連させて考察し、報徳仕法の構造として明らかにする。ここに確立した報徳仕法の姿をみることができる。

第五章「報徳仕法の事業展開と民衆—常州真壁郡青木村仕法の構造と主体形成—」は、桜町領外へ伝播した初めての報徳仕法である青木村仕法を検討する。ここでは荒地開発や諸普請などの仕法事業とその担い手に焦点をあて、人々はなぜ報徳仕法に主体的に献身できたのかという問題関心から、彼らを編成した仕法の構造と、そのもとで形成される人々の主体のあり方を考察する。

第六章「下石橋村の報徳仕法—民間実施仕法の一事例—」は、第五章でみた青木村仕法に触発されて民間で実施された下石橋村仕法を検討する。そして、先行仕法村との人的交流・資金的関係を明らかにし、報徳仕法が運動として領域を越えて多様な人々に支持され、展開した背景を考察する。

第七章「藩政改革と報徳仕法—烏山藩仕法にみる報徳仕法と政治文化—」は、烏山藩仕法を対象に、藩政改革として導入された報徳仕法の実態を明らかにする。同仕法は天保飢饉に端を発する飢民救済から着手され、開発事業が進展するなかで領民は「御趣法身に染参」らせていった。一方で藩役人も民政担当者としての治者意識を強めていく。報徳仕法はこれまで領主的立場または農民的立場に立つものと規定されてきたが、それでは報徳仕法が両者に受容されてきた実態を理解することはできない。そこで報徳仕法を「仁政」を基調とした治者・被治者共有の政治文化の問題としてとらえ、藩家老菅谷八郎右衛門の言説から領主層における報徳仕法受容を検討した。ただ、領主的立場も一枚岩ではなく、報徳仕法に反対の立場の者もおり、仕法をめぐり藩内に亀裂が生じた。なぜ、亀裂が生じたのか、当該期の藩政改革に、「仁政」を求めて領民や領外資金・ネットワークを巻き込む報徳仕法を導入することの意味と影響を考察する。

第八章「宿場村の報徳仕法—御殿場村仕法の検討—」は、小田原藩領における報徳仕法の一環として実施された御殿場村仕法を検討する。同村は農村ではなく、商業的性格の強い村であることを念頭に、仕法指導者たる上層民を報徳仕法に駆り立てた背景、上層民と下層民との関係からみた仕法の構造、宿場村としての御殿場村に対する尊徳の評価と復興方針、仕法を実践する人々の主体形成を考察した。農村的報徳仕法観の相対化をはかるとともに、一村仕法としてしか実践しえなかった小田原藩領における報徳仕法の問題を指摘する。

第九章「近世報徳『結社式仕法』の展開と構造—相州片岡村・克譲社仕法からみる地主仕法の再検討—」は、相模国大住郡片岡村の地主大澤家による一村仕法から始まり、のちにその兄弟である周辺地域の地主・商人家の結社仕法にまで発展した片岡村・克譲社仕法を検討する。地主仕法は、従来、「徹底して地主的利益に立ったもの」と評価されてきたが、それでは地主以外の人々が仕法に参加した実態を理解できない。そこで地主仕法を地主と村民との「協同」による地主経営策ととらえ、当該期の家・村・地域秩序の維持をはかる方法・観念が、いかに組み合わされて報徳仕法の特質が形成されているかを考察し、あわせてそのことがはらむ矛盾を指摘する。

第一〇章「報徳仕法と幕府勘定所」は、二宮尊徳の幕臣登用から幕領仕法の正式実施にいたるまでの経緯と、幕領仕法実施に向けた尊徳門弟の幕府勘定所への内願活動の実態を明らかにする。従来、尊徳は治水技術のみを評価されて幕臣に登用されたといわれてきたが、当該期の幕政動向とあわせて幕臣登用の意味の再評価を試みるとともに、その後の勘定所内での尊徳の位置づけの変化も検討する。また、幕領への報徳仕法の正式導入は困難を極めたが、一方で導入に積極的な勘定所幹部もおり、勘定所も一枚岩ではなかった。そこで、尊徳門弟による勘定所幹部への内願から、幕領への仕法導入・推進を阻む要因を明らかにするとともに、その克服を目指す報徳仕法の論理と、それに関わる勘定所の諸動向を考察する。

第一一章「二宮尊徳の幕領仕法」は、二宮尊徳が幕臣として手がけた幕領仕法を検討する。従来、幕領仕法は概説的叙述か一村仕法の分析に終始し、また、代官や幕領の規則に制約された報徳仕法らしさを失った仕法と消極的な評価を受けてきた。そこで、幕領仕法全体の推移と構造を見通したうえで個別の一村仕法を検討し、その相互の関連から幕領仕法の成果と特質を明らかにすることで幕領仕法の再評価を試みる。

終章「報徳仕法と近世社会」では、以上の所論を踏まえ、報徳仕法がいかなる意味で近世社会の成熟・到達点といえるのかという本書の問いを、その矛盾とともに考察し、報徳仕法からみえる近世社会像を提示したい。また、あわせて近代への展望と今後の課題も提示する。

註

（1）　二宮金次郎が「尊徳」を称するのは天保一四年（一八四三）からであるが、本書では「尊徳」と表記する。

（2）　かかる成熟をみる研究は一九八〇年代以降に多くみられるが、代表的なものとして、藪田貫『国訴と百姓一揆の研究』（校倉書房、一九九二年）・平川新『紛争と世論―近世民衆の政治参加―』（東京大学出版会、一九九六年）・八鍬友広『近世民衆の教育と政治参加』（校倉書房、二〇〇一年）・杉仁『近世の地域と在村文化―技術と商品と風雅の交流―』（吉川弘文館、二〇〇一年）・久留島浩『近世幕領の行政と組合村』（東京大学出版会、二〇〇二年）・深谷克己『深谷克己近世史論集　第一巻　民間社会と百姓成立』（校倉書房、二〇〇九年）などの諸研究を念頭に置いている。

（3）奥谷松治『二宮尊徳と報徳社運動』（高陽書院、一九三六年）・上杉允彦「報徳社運動の原点―相州片岡村の仕法を中心として―」（『社会科学討究』六四号、一九七七年）・同「報徳思想の成立―桜町仕法を中心として―」（『栃木県史研究』一四号、一九七七年）など。

（4）前田寿紀「二宮尊徳の報徳思想・報徳仕法の内在論理と近代日本における報徳社によるその継承」（『淑徳大学社会学部研究紀要』三六号、二〇〇二年）など。

（5）見城悌治『近代報徳思想と日本社会』（ぺりかん社、二〇〇九年）。

（6）かかる観点からの近代報徳運動の検討については、拙著『近代西相模の報徳運動　報徳運動の源流と特質』（夢工房、二〇一三年）参照。

（7）例外的に、民富の形成過程への関心にもとづく奈良本辰也の一連の研究がある（「天保期の思想家二宮尊徳」『思想』二九二号、一九四八年・『近世封建社会史論』要書房、一九五二年・「二宮尊徳」『思想の科学』一巻五号、一九五四年・「『二宮尊徳』をどのように受けとめるか」『理想』二六八号、一九五五年・『二宮尊徳』岩波書店、一九五九年）。

（8）竹中端子「天保改革の片鱗―常陸国下館藩の場合」（『お茶の水史学』四巻、一九六一年）。

（9）津田秀夫「天保改革の経済史的意義」（古島敏雄編『日本経済史大系四　近世下』東京大学出版会、一九六五年）。

（10）安丸良夫「日本の近代化と民衆思想」（『日本史研究』七八・七九号、一九六五年、のち同『日本の近代化と民衆思想』青木書店、一九七四年所収）も尊徳の説く報徳思想を、荒廃の根源が封建権力と高利貸資本の収奪にあったことを隠蔽する「民衆支配のための若干の新味をもったイデオロギー」と評価している。

（11）長倉保「烏山藩における文政・天保改革と報徳仕法の位置」（『日本歴史』三三八号、一九七六年、のち同『幕藩体制解体の史的研究』吉川弘文館、一九九七年所収）。

（12）菅野則子「天保期下層農民の存在形態」（『歴史学研究』三六五号、一九七〇年、のち村上直編『近世神奈川の研究』名著出版、一九七五年所収）。

（13）前掲註（3）上杉論文。

（14）佐々木潤之介「天保改革」（同・山口啓二『体系・日本歴史四　幕藩体制』日本評論社、一九七一年）。

（15）大藤修「関東農村の荒廃と尊徳仕法―谷田部藩仕法を事例に」（『史料館研究紀要』一四号、一九八二年、のち同『近世の村と生活文化―村落から生まれた知恵と報徳仕法―』吉川弘文館、二〇〇一年所収)。
(16) 岡田博「二と三を結んだ人たち」(『かいびゃく』二九巻三・六～一二号、三〇巻一～三・五～一二号、三一巻一～二・四～一二号、三二巻一～六・八～一〇・一二号、三三巻一～五・七～一二号、一九八〇～一九八四年、のち同『報徳と不二孝仲間―二宮尊徳と鳩ヶ谷三志の弟子たち―』岩田書院、二〇〇〇年に改題)。
(17) 栃木県史編さん委員会編『栃木県史　通史編五　近世二』第一〇章（深谷克己執筆、栃木県、一九八四年)。
(18) 大塚英二「近世後期北関東における小農再建と報徳金融の特質」(『日本史研究』二六三号、一九八四年、のち同『日本近世農村金融史の研究―村融通制の分析―』校倉書房、一九九六年所収)。
(19) 松尾公就「小田原藩政の展開と報徳仕法」(『かいびゃく』四六巻六～九・一一号、四七巻一～三・六・七号、一九九七・一九九八年、松尾論文①)・同「小田原藩政の展開と二宮尊徳―藩主大久保忠真の酒匂河原での表彰の意義をめぐって―」(『地方史研究』二八三号、二〇〇〇年、松尾論文②)。
(20) 佐々井信太郎『二宮尊徳研究』(岩波書店、一九二七年)・同『二宮尊徳伝』(日本評論社、一九三五年)。
(21) 舟橋明宏「村再建にみる『村人』の知恵」(渡辺尚志編『新しい近世史四　村落の変容と地域社会』新人物往来社、一九九六年、のち舟橋明宏『近世の地主制と地域社会』岩田書院、二〇〇四年所収)。
(22) 白川部達夫「近世質地請戻し慣行と百姓高所持」(『歴史学研究』五五二号、一九八六年、のち同『日本近世の村と百姓的世界』校倉書房、一九九四年所収)。
(23) 深谷克己「百姓」(『歴史学研究』別冊特集、一九八〇年、のち前掲註(2)深谷著書所収)。
(24) 深谷克己「取立とお救い―年貢・諸役と夫食・種貸―」(朝尾直弘他編『日本の社会史　第四巻　負担と贈与』岩波書店、一九八六年、のち前掲註(2)深谷著書所収)。
(25) 渡辺尚志「近世村落共同体に関する一考察―共同体の土地への関与の仕方を中心に―」(『歴史評論』四五一号、一九八七年、のち同『近世の豪農と村落共同体』東京大学出版会、一九九四年所収)。
(26) 前掲註(18)大塚著書。
(27) 大藤修『近世農民と家・村・国家―生活史・社会史の視座から―』(吉川弘文館、一九九六年)。

(28) 前掲註(22)白川部論文。
(29) 前掲註(18)大塚著書。
(30) 大塚英二「質地請戻し・土地請戻しと『家』・村共同体」(藪田貫編『民衆運動史 近世から近代へ三 社会と秩序』青木書店、二〇〇〇年)・同「豪農経営と地域金融秩序」(『歴史評論』六一一号、二〇〇一年)。
(31) 渡辺尚志「幕末・維新期における農民と村落共同体」(『歴史評論』四七五号、一九八九年、のち同『近世村落の特質と展開』校倉書房、一九九八年所収)。
(32) 大島真理夫「近世後期農村社会のモラル・エコノミーについて―甲州巨摩郡河原部村の事例と合理的選択理論からの推論―」(『歴史学研究』六八五号、一九九六年)。
(33) 秋本典夫『北関東下野における封建権力と民衆』(山川出版社、一九八一年)・阿部昭『近世村落の構造と農家経営』(文献出版、一九八八年)。
(34) 平野哲也『江戸時代村社会の存立構造』(御茶の水書房、二〇〇四年)。
(35) 佐々井信太郎編『二宮尊徳全集』二七巻(二宮尊徳偉業宣揚会、一九三〇年)三頁。
(36) 『二宮尊徳全集』二七巻一五頁。
(37) 松沢裕作『明治地方自治体制の起源―近世社会の危機と制度変容―』(東京大学出版会、二〇〇九年)。
(38) 深谷克己「江戸時代の兼業農家―『兼業農家』観の転換を―」(『現代農業』五八巻二号、一九七九年、のち前掲註(2)深谷著書所収)。
(39) 近藤和彦「政治文化 何がどう問題か」(歴史学研究会編『現代歴史学の成果と課題 一九八〇―二〇〇〇年 Ⅱ国家像・社会像の変貌』青木書店、二〇〇三年)。
(40) 深谷克己『津藩』(吉川弘文館、二〇〇二年)。
(41) 宮沢誠一「幕藩制イデオロギーの成立と構造」(『歴史学研究』別冊特集、一九七三年)・深谷克己「百姓一揆の思想」(『思想』五八四号、一九七三年、のち同『深谷克己近世史論集 第五巻 民衆運動と正当性』校倉書房、二〇一〇年所収)。
(42) 若尾政希『「太平記読み」の時代 近世政治思想史の構想』(平凡社、一九九九年)・同『近世の政治思想論 『太平記評判秘伝理尽抄』と安藤昌益』（校倉書房、二〇一二年）。
(43) 小川和也『牧民の思想―江戸の治者意識―』（平凡社　二〇〇八年）。
(44) なお、深谷克己は「政治文化」の概念を用いる意味を「東アジアの歴史上の諸社会の分母性を認識するため」とも述べており（深谷克己「序」『深谷克己近世論集　第二巻　偃武の政治文化』校倉書房、二〇〇九年）、東アジア規模に開かれた概念として使用している。また、深谷は東アジア的「政治文化」の要件を六点にわたり列挙するが（深谷克己「政治文化論の視座―東アジア史像への可能性を探る」同編『東アジアの政治文化と近代』有志舎、二〇〇九年）、そこで挙げられる要件は報徳仕法にもみられるものである。なお、この問題について深谷は『東アジア法文明圏の中の日本史』（岩波書店、二〇一二年）としてまとめている。なお、二〇〇三年、二宮尊徳の思想を「東アジア文化圏に培われた思想」と位置づけ、「東洋思想文化のエキスを集めた二宮尊徳思想に関する学術研究と交流を目的」とした国際二宮尊徳思想学会が設立され、国際シンポジウムをおこなうなど、活発な活動を展開しているが（劉金才・草山昭「創刊の辞」『報徳学』一号、二〇〇四年）、東アジア的視野を持つ近世政治文化論はかかる研究動向にも寄与すると思われる。
(45) 前掲註(2)平川著書。
(46) 平川新『全集日本の歴史一二　開国への道』（小学館、二〇〇八年）。
(47) 前掲註(43)小川著書・小関悠一郎『〈明君〉の近世―学問・知識と藩政改革―』（吉川弘文館、二〇一二年）など。
(48) 深谷克己「幕藩制国家と社会をとらえる新たな視点とは」（青木美智男・保坂智編『新視点日本の歴史五　近世編』新人物往来社、一九九三年、のち前掲註(2)深谷著書所収）・同『江戸時代』（岩波書店、二〇〇〇年）。
(49) 社会国家とは、「人間の生存権にもとづく社会福祉政策を不可欠の内容とする現代国家の体制。福祉国家（welfare stete）とほぼ同義。一九世紀の自由国家から二〇世紀に入り発展してきたもので、個人の自由を基調としつつ、とくに社会的弱者保護の観点から経済的自由を制約し、また社会権を保障して、国家が社会政策を直接展開する点に特徴をもつ」とされ、「二五条の生存権などの社会権条項をもつ日本国憲法の体制も、社会国家に属する」という（大学教育社編『新訂版現代政治学事典』ブレーン出版、一九九八年）。
(50) 前掲註(19)松尾論文②

# 第一章　近世史研究のなかの二宮尊徳・報徳仕法

## はじめに

本章は、戦後の日本近世史研究のなかで発表された二宮尊徳・報徳仕法に関する主要な研究をとりあげ、戦後近世史研究において二宮尊徳・報徳仕法がいかなる問題意識で研究されてきたかを概観し、その成果と問題点を指摘することで、今後の研究に資することを目的とする。

近世史研究における二宮尊徳・報徳仕法研究については、すでに大藤修による研究史整理がある。(1) これは「尊徳の思想と人間像」「尊徳仕法の性格」の主題ごとに一九八〇年代までの研究史を概観し、批判を加えたものだが、本節ではそれを踏まえたうえで、一九九〇年代以降も含めた研究史を編年的に概観、検討する。なお、文中でとりあげる著者に複数の論著が存在する場合は、各論著名の冒頭に番号を付した。

## 一　戦前までの研究

最初に、戦後の研究の前提として、二宮尊徳・報徳仕法について、特に戦後の研究に影響を与えたと思われる戦前までの著作・研究を概観する。

### 1　尊徳門弟による著作

二宮尊徳・報徳仕法についての歴史的叙述はまず、尊徳門弟らの手によってはじめられた。それは尊徳に随身していた門弟らが、仕法の様子や尊徳の言葉を記録し、編集したもので、富田高慶の『報徳記』(2)、福住正兄の『二宮翁夜話』(3)が著名である。

『報徳記』は相馬藩士富田高慶が、尊徳没後間もない安政三年（一八五六）一一月、尊徳の功績を後世に伝える目的で叙述した尊徳の伝記である。明治一三年（一八八〇）に天覧に供され、同一六年に宮内省、同一八年に農商務省から刊行後、同二三年に大日本農会で刊行され、広く普及した。『報徳記』には尊徳幼少時代の逸話や仕法依頼者への教諭などが劇的な筆致で描かれており、人口に膾炙しやすく、尊徳の生涯・思想・人物像・仕法の概要などの理解と評価について、現在にいたるまで大きな影響を与えている。

また、『二宮翁夜話』は福住正兄が尊徳随身中に聞いた教説をもとに編集し、明治一七～二〇年にかけて出版された。平易な文体で尊徳の教説が紹介され、特に尊徳の思想の理解について、これも現在にいたるまで大きな影響を与えている。

富田・福住は他にも多くの著作を残しており、また、斎藤高行『二宮先生語録』[4]など他の門弟も著作を残しているが、『報徳記』『二宮翁夜話』の二書は社会への普及の点で群を抜く。一般的な二宮尊徳・報徳仕法のイメージの原型になるだけでなく、戦後の尊徳・報徳仕法研究においても典拠として頻繁に引用され、強い影響力を持っている。

しかし、『報徳記』には、その叙述内容について事実と異なる点が多いことが明らかにされており（後掲岡田論文・松尾論文①②④）、『二宮翁夜話』にも福住による師説への潤色・創作が加えられていることが指摘されている（後掲内山論文②・宇津木論文④）。門弟たちの著作は特に明治期以降、近代化する社会に尊徳の教えや報徳運動をいかに適応させるかとの問題意識のなかで叙述されている[5]。かかる著者の問題意識や当該期のイデオロギー状況を考慮せず、記述内容の検証なしにこれらの著作を研究の典拠として扱うことはできない。

## 2　昭和初期の研究

その後、明治・大正期の報徳運動の興隆のなかで報徳仕法に関する文献は夥しく出版されたが、それらの多くは報徳運動家らの手で運動の実践的な目的を持って叙述されたものである。こうしたなか、佐々井信太郎編『二宮尊徳全集』全三六巻（二宮尊徳偉業宣揚会、一九二七～一九三二年）の刊行は、現在でも研究の基礎史料とされる画期的業績である。そして、『二宮尊徳全集』の編集委員代表で大日本報徳社副社長の佐々井信太郎は、『二宮尊徳全集』編纂過程の成果により、①『二宮尊徳研究』（岩波書店、一九二七年）・②『二宮尊徳伝』（日本評論社、一九三五年）を刊行した。これらは現在にいたるも最も体系的な尊徳・報徳仕法・報徳思想の伝記・概要であり、報徳運動家のみならず、のちの歴史研究者へ与えた影響も大きい。特に『二宮尊徳伝』は『報徳記』以来の尊徳の基本的な伝記として、現在も通説的位置を占める。ただ、尊徳の人物像や仕法の概要については『報徳記』に依拠するところが多い。報徳運動家の研究には尊徳顕彰の意味も含まれており、それゆえ仕法当事者の意図を汲んだ内在的な考察もみられるが、尊徳の性格や人物像、それらにまつわるエピソードについては、『報徳記』を引用して主情的に描く傾向がある。

一方で、『二宮尊徳全集』の刊行は、報徳運動に批判的な立場に立つ研究も促進した。その嚆矢が奥谷松治『二宮尊徳と報徳社運動』（高陽書院、一九三六年）である。奥谷の研究は、マルクス主義の歴史理論を背景に、『二宮尊徳全集』を多用して尊徳の仕法・思想と報徳社運動を「経済史的」「科学的」に考察した最初の研究として評価できる。また、「門人達の著作の記述をそのまゝ尊徳の思想とするときは却てその本質を逸する危険がある。かゝる誤謬に陥らざるためには、より多く尊徳自身の著述に就くべきである」と警告していることも特筆できる。奥谷の研究はまさに『二宮尊徳全集』の刊行があって可能となったのである。ただ、尊徳が高利貸しに代わる低利融通を実践した事実を指摘するにもかかわらず、尊徳の本質を「高利貸資本」とするなど恣意的な解釈がみられる。(6)そして、報徳主義は「崩壊せんとする封建制度の維持確保の保守性、即ち当時の武士階級のイデオロギー乃至はその苦悶に相照応」するとして、尊徳・報徳仕法を領主的立場に立つものと規定し、「封建経済の埒外に立って封建制自体を批判することができなかった」と批判する。

奥谷の研究には、マルクス主義の歴史理論を機械的にあてはめた恣意的な解釈が多いとの批判がある。(7)しかし、報徳仕法を領主的立場に立つものと規定し、尊徳に「封建経済の埒外」に立った批判がないこと、すなわち、体制変革の志向を持たないことを理由に、尊徳・報徳仕法を批判する論調（以下「埒外」論）は、戦後の近世・近代史研究者による二宮尊徳・報徳運動研究に継承され、大きな影響を与えた。

## 二　終戦から一九六〇年代までの研究

### 1　奈良本辰也の尊徳論

戦前、二宮尊徳や報徳運動が国家主義に利用された反動からか、戦後しばらくは歴史家の手による尊徳・報徳仕法研究はほとんどみられない。ただ、奈良本辰也は戦後間もない時期から二宮尊徳に注目して発表を重ね、(8)①『二宮尊徳』（岩波書店、一九五九年）にまとめた。奈良本は尊徳が貢租対象外となっていた廃田を耕したこと、そこで得た金を商業・金融活動に活用したこと、さらに商人でないゆえに御用金の賦課がなかったことなどに注目し、廃田耕作による尊徳の致富の道を「封建制下における勤労農民の裏街道」と位置づけ、当該期における「民富の形成過程」としてとらえた。(9)そして、かかる勤労農民としての経験を「分度」の設定による封建的搾取の制限として社会化し、多くの農地・農民を救ったことに「尊徳の本当の意味の大きさがある」とした。また、尊徳には「政治批判が全くない」としつつも、「天保というような、まだまだ幕府権力の強いときには、いたずらに革命的であるよりも、身近な人々が如何にして幸福になれるかを考え、また実践した方がはるかに優っているのではないだろうか」と評価する。さらに、近世社会では自然法則を「天道」とし、そこから演繹される君臣関係や封建的諸道徳を「人道」として、両者の一致が理想として説かれてきたが、尊徳は「天道」＝自然に対して、「人道」＝人間の営為を対置して考え、そこに百姓としての経験にもとづく自然、さらには社会に対する主体性がみられると評価した。

奈良本の研究は歴史家の手による戦後初の本格的な尊徳の伝記であること、尊徳を特殊化せず、当時の農民一般のあり方のなかでとらえたこと、戦前に喧伝された尊徳像を批判するとともに、「埒外」論に立つこともなく、等身大の評価を試みたことなどに意義がある。しかし、貢租対象外の廃田耕作を「封建制下における勤労農民の裏街道」としたことについては、廃田への免租は開墾奨励のための領主の政策であり、封建的農政と矛盾するものではないとの批判がある(10)。ただ、尊徳は貢租対象外の廃田耕作にとどまらず、小田原藩に金を貸し、その利子を年貢に振り替えることで実質的に土地を無年貢地化する献策をおこない、実践していた（本書第二章）。このような尊徳の活動は封建制下の「裏街道」という視点よりも、むしろ藩政への参入という視点から評価されるべきであろう。また、尊徳に政治批判がないとの評価については、たしかに「埒外」論が求めるような幕藩体制自体への批判こそないが、「分度」の確守や領主の苛政については厳しい批判と議論をして領主に「仁政」を求めた。かかる批判は民間社会と幕藩領主層との相克のなかで培ってきた近世の政治文化の成熟を示すものとして評価されるべきではないだろうか。なお、奈良本の作品には『報徳記』を典拠とするところが多く、内面描写には想像に依拠しているところが大きく、実証的な問題もある。

## 2　藩領仕法

一九六〇年代になると、個別藩仕法の実証的な研究がみられるようになる。

**下館藩仕法**　竹中端子「天保改革の片鱗―常陸国下館藩の場合―」（『お茶の水史学』四巻、一九六一年）は、個別藩仕法を検討した最初の論文である。尊徳の指導を得た借財償還など下館藩の藩政改革を検討するが、これを「支配階級の空しいあがき」とし、「商品経済に呑み込まれた領主財政を、かたくなに勤倹と生産物地代原則の強化によって救おうとしているが、これは同時に改革指導者―二宮尊徳―の限界がもたらしたもの」と評価した。竹中は藩の収納や負債の推移など数値の変化で改革を検討・評価する。しかし、そのために尊徳の意図・仕法の論理と、領主側の思惑との相克が捨象されている。かかる相克を検討せずに藩政改革の結果を尊徳の限界と結び付けるのは短絡的といわざるをえない(11)。また、下館藩には衣笠兵太夫のような尊徳の影響を受けた藩士や領民がおり、仕法の社会的な広がりをみせている。尊徳・報徳仕法が彼らへ与えた影響などの意味も検討する必要がある。

この点に関して注目されるのが、報徳仕法導入を藩に促した藩御用商人中村兵左衛門に焦点をあて、その導入意図を探った林玲子「下館藩における尊徳趣法の背景」(『茨城県史研究』六号、一九六六年)である。林によれば、当地では特産品の晒木綿が小農経営を補完する農家副業として生産されていた。そのため、晒木綿買次である中村家にとって、小農経営維持が晒木綿生産および自らの経営基盤の維持のために必要であると意識され、それが藩に仕法導入を促した要因であったという。

報徳仕法の導入をめぐっては様々な立場の思惑が錯綜した。林の研究は、報徳仕法の意味の理解のためには、尊徳の意図や領主の思惑のみでなく、仕法に関わる様々な立場の人々にとっての意味や思惑の理解が必要であることを示唆している。

**小田原藩仕法**　大江よしみ「天保期小田原藩領の農村の動向―金井島村の報徳仕法―」(『小田原地方史研究』一号、一九六九年)は、小田原藩領相模国足柄上郡金井島村(神奈川県開成町)の一村仕法を検討する。大江は同仕法を「農民の生活の中から生まれてきた」仕法とし、「農民自身の積極的かつ自主的なおのれの生活立て直しの為の動き」と評価する。しかし、その指導層は「新興の地主層」であり、報徳仕法は「彼等新興の地主層に有利な自力更生運動だった」と結論づける。ただ、「新興の地主層」が指導者で、彼らに有利な仕法だったとの結論は論証されたものではなく、「農民の生活の中から生まれてきた報徳仕法」という評価との関係も論じられず、唐突感が否めない。大江の結論の背景は不明だが、当時、近代史研究では報徳運動を地主的立場に立つものと規定する研究が発表されており(12)、かかる論調は近世報徳仕法研究にも影響を与えることになる。

### 3　尊徳の思想と人間像

安丸良夫「日本の近代化と民衆思想」（『日本史研究』七八・七九号、一九六五年、のち同『日本の近代化と民衆思想』青木書店、一九七四年所収）は、尊徳の思想と報徳運動の意味を民衆の内面から考察した。勤勉・倹約・孝行など通俗道徳にもとづく民衆の自己形成・自己鍛錬に向けたエネルギーが、近代化の原動力になるとともに、社会問題を個人の内面の問題として不可視化するイデオロギー支配の手段にもなったとする問題意識のなかで、尊徳の思想と報徳運動の意味に触れる。すなわち、尊徳の思想は貧困の理由を一方的に民衆の心がけと努力の欠如に帰し、荒廃の根源が封建権力と高利貸資本の収奪にあったことを隠蔽する「民衆支配のための若干の新味をもったイデオロギー」であったとする。

安丸の研究には、尊徳は領主の悪政こそ農村荒廃の要因であるとみていたこと、精神主義的側面のみでなく尊徳や老農のような民衆の科学的・合理的志向の成長も評価する必要があることなどの批判がある(13)。ただ、安丸の通俗道徳論には、通俗道徳が支配の手段になる一方で、支配階級や社会に対する批判の武器にもなるという両義性がある。仕法で説かれる通俗道徳が特に後者の点で、仕法下の人々の主体形成にいかなる意味を持ったか、今後、検討を深める必要があろう。

下程勇吉『二宮尊徳の人間学的研究』（広池学園出版部、一九六五年）は、教育学者による研究であるが、広汎な史料をもとに、多様な側面を持つ二宮尊徳の人物像・思想・仕法の論理を明らかにした特筆すべき成果である。特に尊徳を領主階級の追従者とする論説に対して、尊徳は「放漫財政に終始して農民の搾取を事とした封建的藩政に対立して、分度の恪守を要求し、よく農民の自立自励の道を開かんとした点に、封建的立場と異なる二宮尊徳の立場の第一がある」と主張したこと、尊徳・報徳仕法を精神主義・道徳主義とする論説に対して、「尊徳くらい単なる観念的な教説主義を斥け、具体的技術を尊重した人も稀」とし、「報徳仕法は個人的・精神的に偏せずして、かえって社会的・技術的である」と指摘したことは注目できる。下程は、報徳仕法を農民的立場に立って構想されたものであり、心学と異なり精神教化のみでなく具体的施策をともなった運動と評価するが、かかる評価はのちの大藤修の研究に影響を与えたと思われる（後述）。

下程の研究には、「埒外」論を説く歴史家や、「安易に一円融合を説く」報徳主義者に対する強烈な批判意識があるが、広汎な史料にもとづく論証には、容易に批判を許さない説得力がある。ただ、『報徳記』や『二宮翁夜話』をベースとしている点や、多様な時期・場で語られた尊徳の教説を一まとめにして体系化している点に問題がある。下程の研究は二宮尊徳・報徳仕法研究の基本文献といえるだけに、今後、実証的研究にもとづく検証が必要とされよう。

## 4　通史のなかの尊徳・報徳仕法

岡田章雄他編『日本の歴史　第九巻　ゆらぐ封建制』（読売新聞社、一九六五年）は、「農村を救う思想家」として尊徳を紹介し、報徳仕法の根本は「領主も百姓も、ともに身分相応に節度を守るということ」にあると指摘した。そして、「封建的な領主と農民の根本的な関係にはまったく手をつけずにおいて、ただ領主と農民の双方に、天分にふさわしい限度を守らせることによって封建農村を維持しようとするものだから、武士階級にも歓迎され、小田原藩をはじめ多くの藩に招かれて藩政改革を指導し」たと述べる。しかし、多くの領主が「分度」を守れず尊徳との対立のなかで仕法を中止したことには触れていない。

津田秀夫「天保改革の経済史的意義」（古島敏雄編『日本経済史大系四　近世下』東京大学出版会、一九六五年）は、幕藩領主の農政面における天保改革の期待は本百姓体制の維持にあったとし、その一例として二宮尊徳をとりあげる。津田によれば尊徳の原理・原則は、勤倹にもとづく農民の労働強化による増収と、農奴制賦役体制保持のための農業労働者の確保であり、農民が道徳により欲望を制限して農業経営に立ち向かうことを期待したものであるという。津田は、尊徳・報徳仕法を天保改革の基調に沿うものと評価するが、その目的とする農業専業化の成果には、当該期の商品生産・流通の発達を背景に限界があったとする。

一九六〇年代までの天保期研究は、明治維新の前提として幕藩領主による天保改革を封建反動か、または絶対主義的改革であったのかという関心から進められていた。(14) しかし、いずれにしてもその政策は反動的性格を持つものとされ、報徳仕法も多くはその一環として扱われ、理解された。そのため、尊徳・報徳仕法は幕藩領主の意向に沿った面のみが評価される傾向を帯び、領主に対する「分度」の設定や窮民救済などの意味が積極的に評価されることはなかった。かかる理解は尊徳・報徳仕法の歴史的意義として、一九七〇年代に入り一般化していく。(15)

## 三　一九七〇年代の研究

### 1　藩領仕法

**小田原藩仕法**　菅野則子「天保期下層農民の存在形態」（『歴史学研究』三六五号、一九七〇年、のち村上直編『近世神奈川の研究』名著出版、一九七五年所収）は、小田原藩領相模国足柄上郡金子村（神奈川県大井町）と同郡曽比村（神奈川県小田原市）の農村構造分析から、村内各層の経営実態とその変化、および報徳仕法の性格を検討した。報徳仕法がめざしたのは報徳金の返済が可能な中層農の強化による農村「再興」であり、下層農を仕法対象外としたため、彼らの脱農化を促進し、そこに報徳仕法の基本的性格があるとした。菅野の研究は、報徳仕法研究における「下層民切捨て」論の嚆矢といえる。しかし、仕法の目的を報徳金の返済能力を持つ者の創出としたことについては、何を目的として報徳金が運用されたかが考察の対象外となること、また、「下層民切捨て」論については、なぜ入百姓の導入までする仕法が既存の村民を切捨てる必要があるのか説明できないこと、などの批判がある(16)。

この点については、内田清「天保期の小田原藩領中里村と報徳仕法」(『小田原地方史研究』三号、一九七一年、のち前掲村上編著所収)が、同藩領相模国足柄下郡中里村(小田原市)の仕法を検討し、「困窮人を見捨てることが連鎖的に問題を発生させることを見通していたのは郡奉行だけでなく、村内にも多かった」として、仕法は困窮者への田畑買請資金の提供など貧農層の脱農化防止策に力を入れていたと、菅野とは逆の評価をしている。内田は、中里村名主で仕法推進者の治郎左衛門には自己の地主・酒造経営のためにも、村の下層民の脱農化を阻止する必要があったというが、報徳仕法は下層民に有利な環境を提供することで地主経営の維持・安定化をはかるものでもあった(本書第九章)。また、報徳仕法は個別経営の状況にあわせた家再建をはかっており、経営状況次第では、むしろ離農して農業外の稼ぎによる家再建・存続をめざすこともある(本書第四章)。百姓の脱農化がそのまま彼らの仕法からの切捨てを意味するかは実態を分析しなければ判断できない。

栗原裕「曽比村に於ける報徳仕法について」(『東海史学』九号、一九七三年)も、曽比村仕法の検討から、尊徳は中・上層民の拡大＝報徳金皆済可能者＝年貢皆済可能者の育成を志向し、仕法は下層農の脱農化を促進したと指摘する。また、小田原藩による仕法廃止の理由として、①藩財政を安定させようとする仕法が領主の年貢収納に制限をかけるという矛盾、②尊徳が各地の仕法に着手しすぎて収拾がつかなくなり効果をあげられなかったこと、③ペリー来航後の助郷役激増による疲弊は仕法の効果ではもはや救済しえなくなったこと、を指摘し、報徳仕法を「歴史の徒花」と評価する。しかし、③は藩の仕法廃止後のことで論外であるが、①②とも具体性に欠け、史料にもとづく論証とはいえない。

なお、小田原藩領では尊徳の手を離れて仕法が実施されている。尊徳の手を離れた仕法当事者が仕法をいかに考え、実践したかは報徳仕法をめぐる動向として重要な問題だが、それを報徳仕法自体や尊徳の志向として直接評価することはできない。尊徳・仕法が目指したものと実際に実施された政策を腑分けしたうえで、仕法の影響や、理念と実態との振幅を検討することが報徳仕法と当該期の社会との関係を考察するうえで有効と思われる。

長倉保①「小田原藩における報徳仕法について―とくに一村仕法の問題を中心に―」（北島正元編『幕藩制国家解体過程の研究―天保期を中心に―』吉川弘文館、一九七八年、のち長倉保『幕藩体制解体の史的研究』吉川弘文館、一九九七年所収）は、仕法導入から撤廃までの政治過程と実地での一村仕法の展開をあわせて検討した、小田原藩仕法の初の本格的研究といえる。天保飢饉による飢民救済から始まった仕法は、曽比・竹松村の一村仕法へと展開するが、長倉は曽比村の仕法を分析し、地主層の田地拠出などによる富の分配が村内の貧富格差の拡大を阻止し、村内に生産意欲の高揚をもたらすなど成功をおさめ、領内外に仕法を求める反響の渦を巻き起こしたと指摘する。しかし、このことが報徳金の領内外「一円一躰」の運用および「窮民撫育」を求める尊徳と、「領内限り」の一藩富強路線を志向する藩との軋轢とあいまって、藩は上下分裂の危機感を深め、仕法撤廃にいたったとする。ただ、長倉は尊徳や報徳仕法の小百姓中心主義や一藩を越えた資金運用への志向を指摘しながらも、その評価を「強烈な復古的野望にささえられた仕法であったところにその存在意義があった」と、藩にとっての評価に収斂させており、仕法の評価としては半面的といわざるをえない。

内田哲夫「報徳仕法と御殿場村」（『御殿場市史研究』四号、一九七八年、のち同『小田原藩の研究』夢工房、一九九六年所収）は、小田原藩領の一村仕法である駿河国駿東郡御殿場村（静岡県御殿場市）の仕法を検討した。同仕法の報徳金貸付には大口貸付の占める割合が大きく、仕法の主眼は村内上層への融資によるてこ入れと、中層に対する出精人表彰と融資による刺激策にあるとした。そして、「実態をさぐれば、上層の優遇、ひとにぎりの出精人の顕彰救済に重点が置かれ」、下層へは当座凌ぎの緊急融資をしても「潰への転落を防ぎえないところに、仕法の限界が見られる」とした。「下層民切捨て」論的評価といえる。

御殿場村仕法ではたしかに上層民に対する大口融資がおこなわれた。それは多額の借財を抱えた彼らの破産が地域経済に与える影響を最小限に抑えるための融資であった。ただ、全体的な金の流れをみると、上層民一般は融資対象であるよりも報徳金への「推譲」を通して中下層民へ金を融通する役割を担っていた（本書第八章）。彼ら上層民は当該期の地域の不穏な情勢に危機感を抱いており、仕法の主眼は下層民を困窮から立ち直らせ、村を復興に向けて一致させることにあったのである。ただ、御殿場村のような宿場・商業地の場合、村の復興には周辺村落の購買力や人の往来の増加など、一村を越えた地域社会全体の活性化が不可欠であった。内田のいう「仕法の限界」とは、尊徳の意向に反して小田原藩の報徳仕法が藩全体の仕法として確立せず、一村仕法でしか実施しえなかったことと関わっていると思われる。

**烏山藩仕法**　長倉保②「烏山藩における文政・天保改革と報徳仕法の位置」（『日本歴史』三三八号、一九七六年、のち前掲長倉著書所収）は、烏山藩仕法が中断・再生・停廃と変動した起因を藩の「分度」未確立に求め、その背景に江戸入用を優先し、領内豪農商に吸着した藩の財政運営を指摘した。また、かかる財政運営を進める江戸勝手方を中心とする立場と窮民撫育を基調とする報徳派との藩内政争を描いた。ただ、報徳派家老の菅谷八郎右衛門にも治者としての「階級的自覚」が存在し、そこに報徳仕法の「体制的転換への展望を持ちえない限界」を見出し、仕法が不徹底に終わった本質的な理由とした。長倉の研究は報徳仕法をめぐる藩内対立を指摘しながらも報徳仕法の意味を復古的反動的な試みに収束させたことに問題があるが[(17)]、この問題は長倉論文①での小田原藩仕法の評価にも通じている。

たしかに報徳仕法は「体制的転換」＝幕藩体制打倒をめざしたものではないが、報徳仕法は領主に「仁政」を求め、そのために「分度」などの仕組みを作り、民政担当者にはその実践主体としての自覚を迫るものであった。報徳派家老菅谷の「階級的自覚」とはかかる「仁政」の実践主体としての自覚であり、同じ領主的立場といっても江戸入用を優先する江戸勝手方の藩士たちとは志向するところが異なっていた（本書第七章）。領主的立場といえども一枚岩ではなく、亀裂が存在しており、その亀裂の意味を検討せずに「体制的転換への展望を持ちえない限界」と一絡げに評価してしまっては、近世社会の理解の幅を狭めることになろう。

**相馬藩仕法**　熊川由美子「二宮金次郎の仕法に関する一考察―相馬藩の場合を中心に―」（『静岡大学人文学部人文論叢』二五号、一九七四年）は、先行研究における「分度」の意味、報徳仕法の意図の評価の混乱を指摘し、相馬藩仕法を事例にその整理・検討を試みた。そして、①「分度」とは領主の財政規模を固定し、農政資金を確保するものであり、農民の年貢負担が直接軽減されるものではないこと、②報徳仕法の意図は村内中農層の生活安定を軸に、年貢収納高の増加を目指すことにあること、を主張した。①の意味を明らかにしたことは重要である。仕法は領民に対して直接の年貢上納高の軽減はしなかったが、収納された年貢のうち「分度」外の部分を諸施策として領民に再分配したのである。たんなる年貢軽減では富裕層にのみ恩恵が大きくなり、村全体の再生につながらない。「分度」外の生産物を収納したうえで再分配することの意味は大きい。②については藩の立場からの仕法の意図として評価すべきであろう。報徳仕法は多様な立場の者により実践されたが、尊徳の意図と仕法の実施主体たる領主や地主・商人などの意図とは、立場や個性により重なるところだけでなく、反するところもあろう。仕法の意図の評価にあたっては、それらを腑分けしたうえで論じる必要がある。

## 2　旗本領仕法

**青木村仕法**　川俣英一『幕末の農村計画―二宮尊徳の青木村仕法について―』（茨城県田園都市協会、一九七六年）は、旗本川副家知行所常陸国真壁郡青木村（茨城県桜川市）の仕法の検討から報徳仕法の性格を考察した。川俣は仕法による荒地開発・年貢米永上納の成果を尊徳の勤労主義によるとする。そして、剰余労働を仕法資金として吸い上げ開発に投じる「二宮仕法の成果は、領主的視点に立ったときにのみ、積極的評価が得られる」として、仕法は「農民の内在的自発心によって支えられていたとはいい難い」と主張した。

川俣は報徳仕法を徹底して領主的立場に立ったものと規定する。しかし、仕法の成果が領主的立場からの勤労主義の喧伝によるのであれば、なぜ、報徳仕法が領域を越えた民衆の自律的社会的な運動として展開しえたのであろうか。そこにはたんに喧伝だけでなく、勤倹など仕法の説く通俗道徳の実践と実益を結びつける構造があったはずである。たとえば川俣が農民にとっての「厄病神」と評する開発事業は、主に新百姓・借家人・出稼ぎ人・百姓の倅らにより担われていた。開発事業には「分度」外の生産物を仕法資金として彼らに再分配する意味があり、彼らにとって新百姓取立て・経営安定・困窮打開のための賃金取得の機会となっていた。そして、この報徳仕法の再分配構造こそ、仕法の説く勤倹などの通俗道徳に説得力を与え、人々を仕法に献身させることを可能にしたのである（本書第五章）。川俣の研究は仕法事業に従事した人々にとっての仕法の意味の検討を欠いており、これを理解せず領主的立場からの強制といった外在的要因のみに人々の働きの源泉を求めるのでは、仕法が社会的・自律的運動として展開した理由は説明できないであろう。

**桜町仕法**　上杉允彦①「報徳思想の成立―桜町仕法を中心として―」（『栃木県史研究』一四号、一九七七年）は、尊徳の最初の村落復興仕法である下野国芳賀郡桜町領（栃木県真岡市）の仕法を、彼の成田参籠を画期に第一期・第二期とわけ、その展開過程と報徳思想の成立との関係を検討し、報徳仕法・思想の性格を論じた。それによれば、第一期仕法は強権的統制的な領主的立場に立った仕法のため農民の反発を生み出して行き詰まったが、尊徳は成田参籠でその問題を内省して領主・農民の「一円融合」の思想＝報徳思想を成立させたという。第二期仕法では参籠での反省から農民的立場に立ち、農民の経営保護策や自発的意思を引き出す施策に転換する変化をみせたが、それは自発的に農民を領主的立場に繰り込ませるもので、結局は第一期・第二期仕法とも「領主の財政再建のための農村仕法として、同じ体制下で、領主の立場に立っておこなわれた点ではまったく共通」しているとする。そして、かかる報徳思想は「体制変動期の領主に好都合な思想」であり、そこに近代まで継承される報徳思想の本質があるとする。

上杉の研究は、桜町仕法の展開過程から仕法の性格の変遷と報徳思想の成立を論じた初めての研究として評価できる。しかし、両仕法の性格の違いを指摘しながらも報徳仕法・思想の性格を領主的立場に収斂させたことは、報徳仕法・思想の意味を考える幅を狭めるといえる。尊徳は幕藩体制や領主の存在自体は否定しなかったが、領主には窮民撫育などの「仁政」を求めた。その「仁政」要求、「仁政」を施す領主像自体は近世社会において正当なものであるが、現実においては必ずしも「領主に好都合」とはいえず、領主側から廃止される仕法は多い。幕藩体制の否定を志向しないことをもって領主的立場と規定するだけでは、近世社会の理解を貧困にするといわざるをえない。

## 3　結社・地主仕法

**遠州報徳運動**　海野福寿「遠州報徳主義の成立」（『駿台史学』三七号、一九七五年）は、遠江国に簇生した報徳運動を検討する。そして、長上郡下石田村（静岡県浜松市）の地主神谷与平治による報徳結社仕法を分析し、仕法は神谷家の地主経営を圧迫する農民経営の破壊を防ぐものであるが、一定の自立能力を持つ農民層のみを浮上させる小農民再編の意図があり、「結社の初発から地主＝豪農的」なものであったと評価した。一方、上級村役人層を推進者として仕法連中の拡大が企てられた引佐郡気賀町（浜松市）ほか七か村の仕法も検討し、仕法を承諾したのは「困窮人計り」であり、仕法発展のため領主による行政式仕法が志向されたとする。そして、遠州各地に報徳組織が普及するにつれて領主側も報徳組織を自らの統治機構に収めることを志向したという。海野は、報徳仕法を地主経営維持のための小農民の再編成と位置づけ、仕法は領主層との共通利害のもと、「『行政式』における国家（権力）による強制と、『結社式』における農民間の同意」により機能するものととらえている。

さて、海野は仕法が地主経営の維持を目的としていたことから報徳仕法を「地主＝豪農的」なものと規定するが、問題は経営維持に向けた方法であろう。渡辺尚志の豪農類型論(18)のごとく、彼らの経営維持に向けた意識・模索も一通りではなく、それが地域や小作人に与えた意味・影響も一様ではない。また、報徳仕法を「地主＝豪農的」と規定するだけでは、気賀町ほか七か村で仕法を承諾したのが「困窮人計り」であったことの理由が理解できないのではないか。もちろん、領主仕法が領主側に都合のよいものへと変質することがあるように、地主仕法も地主により変質する可能性は常にある（本書第九章）。すなわち、地主仕法においても、仕法がめざした理念と実際の仕法との差を意識した検討・評価が必要とされよう。

**片岡村・克譲社仕法**　上杉允彦②「報徳社運動の原点―相州片岡村の仕法を中心として―」（『社会科学討究』六四号、一九七七年）は、相模国大住郡片岡村（神奈川県平塚市）の地主大澤家により実施された片岡村仕法、およびその後の大澤家とその縁戚の地主家らが結社して実施した克譲社仕法を検討した。そして、同仕法は「最初から終りまで徹底して地主的利益に立ったもの」で、「地主経営の再生に最も好都合の」仕法であると指摘し、報徳思想の特質を「地主的富の確保にいかに小作農民を自発的に参加させるかという思想」であると主張した。

一見して前掲上杉論文①の領主的立場に立った仕法という性格規定に、地主的立場を代入した評価であることがわかる。しかし、ここでも先述の批判があてはまる。すなわち、尊徳は地主や富者の存在自体を否定しないが、富を貧者へ再分配することを求めており（本書第九章）、地主・富者の存在を前提としていることをもって地主的立場と規定するのみでは、仕法の持った意味の理解の幅を狭めることになる。上杉や海野のごとく仕法が徹底して領主的立場・地主的立場に立って実施されたのであれば、なぜ、報徳仕法が長期にわたり幅広い階層の人々に支持され、運動にまでなりえたのか説明がつかない。

なお、上杉は近世の報徳仕法・思想を近代の報徳運動・思想の原点とし、その本質的連続性を強調している。これは、この時期の研究に共通する問題意識でもあるが、近代の報徳運動・思想は、近世のそれが近代化の過程で様々な立場により、読み替えられ、適合・変容させせられたものである[19]。それゆえ、近代の報徳運動・思想の意味を明らかにするためにも、近世の報徳運動・思想を近代の前史としてよりもまず、当該期の事象・文脈のなかで検討する必要があると思われる。

## 4　幕領仕法

**大生郷村仕法**　上杉允彦③「幕政期の報徳仕法―大生郷村の仕法を中心として―」（『立正史学』四三号、一九七八年）は、尊徳の幕府登用の経緯と幕領下総国岡田郡大生郷村（茨城県常総市）の仕法の展開過程の検討から、この時期の報徳仕法の性格を考察した。上杉は幕領での仕法のほとんどは失敗したとし、その要因として、①幕府の尊徳への期待は治水など勧農技術者としてであり、農村仕法家を自負する尊徳の意図と齟齬があったこと、②幕府には報徳仕法実施のための財政基盤などの条件が欠如していたこと、③当該期の農村荒廃状況は報徳仕法では対応できないほどに進展していたこと、を指摘し、幕領仕法は「領主仕法としての仕法の限界を実証した最後の場であった」とする。

この研究は幕臣期の尊徳・幕領仕法を検討した初の本格的研究と評価できるが、研究蓄積が少ないだけに予断も多い。たとえば、尊徳登用の幕府のねらいを彼の治水技術にあったとするが、幕府は尊徳を治水技術者としてのみでなく、荒村復興の専門家としても認識・評価していた。しかし、その詳細まで把握していなかったため、勘定所は尊徳からの聴取や、各種仕法案の作成を命じることで報徳仕法の調査をおこなったのである（本書第一〇章）。また、幕領仕法は様々な制約下にあっても、一定の成果を見せており、必ずしも失敗とは言い切れない（本書第一一章）。幕領仕法の不振を尚早に幕府と尊徳の意図の齟齬や、仕法の限界に求める前に、尊徳が所属する勘定所当局との交渉過程や、実施された幕領仕法の具体的な分析をおこなう必要があろう。

## 5　尊徳の思想と人間像

児玉幸多「人間と大地の対話」（同編『日本の名著二六　二宮尊徳』中央公論社、一九七〇年）は、戦前の国定教科書にみられる少年金次郎像は虚像であるとの批判に立って尊徳の生涯をまとめた。短い解説文であるが、桜町仕法は「小田原藩の仕法費用の支出で、仕法が安定していた」こと、大塩平八郎の乱を境に、「二宮の警世批判は鋭く支配層に向けられていった」こと、尊徳の思想の成長は、農民が農業実践の場で自然の法則を発見するのと同じ「自得」によるものであること、「分度」は身分の固定ではなく、財産相応の計画性を意味し、「制度上の身分を維持することよりも、各人の財力に応じた予算を立てて、その暮しを守ることに重点がある」ことなど、注目できる指摘をしている。

奈良本辰也②「二宮尊徳の人と思想」(同・中井信彦編『日本思想体系五二　二宮尊徳・大原幽学』岩波書店、一九七三年)も尊徳の生涯を紹介したうえで、その思想の特色を解説している。前著①『二宮尊徳』とくらべ、尊徳を「民富の形成過程でとらえる」関心は薄れているが、「土着の思想家」としての側面をより強く打ち出している。そして、尊徳の考える天道と人道の区別とは、人間を生産者とする考えであり、これは安藤昌益にもみられるが、その生産者像は昌益と異なり、価値の増殖・富の蓄積までが考えられており、そこから富を社会的規模に広げる「推譲」の概念が出てくるとした。また、尊徳は仕法を「天子の任なり。幕府の任なり。諸侯の任なり」とするが、これは領主の立場を絶対化するものではなく、領主が認めなければ仕法が始まらないとする現実の上に立って主張したものであるとする。すなわち、「尊徳は、あくまでも農民の立場に立って」おり、農民の生活の安定のためには、まず領主の分度を決める必要があった。そのため、仕法を「天子の任なり」とするレトリックは「農民の立場を貫く最高の方法」であったと指摘する。

守田志郎『二宮尊徳』(朝日新聞社、一九七五年)は、「並みの百姓」から抜きん出た人間というモチーフで尊徳を描く。尊徳が「並みの百姓」と異なる所以は、彼が自給自足の村や耕作から一歩身を引き、小作料や金融利息の取得など金銭の運用に着目したことによる。尊徳はこれにより財を成すことができたが、報徳金も自給自足の村に貨幣を導入して経済を活性化させることに意味があったとする。

守田の著作については、当該期の農村社会はすでに自給自足社会ではなく、農民にも金銭理財能力が求められ、尊徳は「並みの百姓」と同様の経済生活を送るなかで貨幣経済の原理を「自得」していったとする大藤修の批判がある。[20]

また、想像に依拠した叙述も多く、実証的な伝記とはいい難い。ただ、彼の金銭理財能力獲得の経緯として、小田原城下への出稼ぎや奉公に着目したことは注目できる。従来の尊徳論では小田原城下での活動については、のちの仕法につながる服部家への奉公のみが注目されてきた。しかし、尊徳は服部家への奉公だけでなく、居村栢山村（小田原市）と小田原城下を往来するなかで多様な収入を得て生活していた。かかる居村と城下を往来する生活は、小田原城下周辺地域において一般的な生活であったと思われるが、尊徳の理財能力はかかる生活のなかで形成されていったと考えられる（本書第二章）。尊徳の理財能力の形成過程の解明は容易ではないが、彼が過ごした小田原城下周辺の経済や地域性との関連のなかで検討すべきであろう。

宇津木三郎①「二宮尊徳の思想の特質と仕法」（『紅葉坂』四号、一九七七年、のち『かいびゃく』二七巻六〜八号、一九七八年に転載）は、尊徳の思想の特質と仕法との内在的関連性を検討した。すなわち、尊徳の「人道作為」論は「天道」＝自然と「人道」＝人間の営為を分離し、「人道」を人間の生命維持に固執する営為として、「天道」と対立的に位置づけたことに特質があるとする。これにより、それまで「天道」＝自然に内在する道徳的価値に基礎づけられていた社会秩序・制度文物は、それ自体では道徳的価値のないたんなる生活維持手段となり、その価値は実践的効果による比較考量で相対主義的に判断できるものになったという。そして、この思考法により尊徳は、人々を伝統的生活から解放し、人々の主体性の喚起をはかろうとしたという。一方、尊徳は人間の内面において「天道」＝自然とは欲であり、人は自然状態では理性的な社会秩序を構成しえないというペシミスティックな世界観に立脚していたという。そのため欲を規制する規範＝「人道」を必要とし、彼は仕法の場で領主に対して「分度」、農民に対して勤労や生活規制を主張した。そこでは社会復興に効果的な規則や方策が前述の相対主義的立場により冷徹に判断された。しかし、かかるペシミスティックな世界観では伝統社会に埋没している人々の主体性を喚起する力に乏しく、尊徳は、人間と社会に道徳的な意味と復興の可能性が内在することを強調するオプティミスティックな世界観を展開しなければならなかったという。その際、尊徳は前述の相対主義とは反対に、制度文物を先人の「丹誠」といった恩頼的な道徳性を有する行為の結果と位置づけ、人々にそれに連なる努力を要請した。これは人々に仕法を実践させるためのレトリックであるが、かかる恩頼的な理念は現実の仕法の場では領主の「御趣意」や「仁政」として持ち出されたという。これが尊徳の体制的とされる側面であるが、一方でかかる一般的な理念を振りかざすことで、それに照らした現実批判や、伝統に拘束されない事業の遂行が可能になったという。このことは所与の社会秩序・規範を原則的には組み込みつつ、内部からその改変を迫るという方向性を持つ。宇津木はその具体例を小田原藩仕法の廃止にいたる経緯から検討し、同藩仕法の廃止を、所与の体制に固執する為政者が、支配体制の内部から浸透し、支配体制を組み込んでしまいかねない報徳運動に抱いた危機意識の現れとする。宇津木は尊徳の思想が持つ両義性と、それがもたらす仕法のダイナミズムを描き、報徳仕法が体制のなかで実施されるも、その体制を突き崩す契機をはらむことを示唆している。

ただ、尊徳を伝統社会と対置し、仕法に無理解な藩当局や領民を伝統に拘束された人々と位置づける宇津木の構図には疑問がある。宇津木は尊徳に伝統社会から解放された近代人の萌芽を見出しているのかもしれない。しかし、一般に近世中後期の藩政では、財政難を背景に民間の知識・資金の活用に向けた領民の士分取立てや藩政参入など新しい動向をみせている。村においても経済変動を背景に、旧家の没落と新興勢力の勃興、小前層の村政参加、村民の村からの離脱など、既存秩序の動揺・再編がみられる。尊徳の出現と登用も同じ流れのなかで考えられるが、こうした社会を伝統社会として静態的にとらえることはできない。尊徳と藩当局との対立は、尊徳対伝統社会の対立というより、当該期における財政技術や民政思想の相克として把握されるべきで、そこに民間社会が領主行政に関わることがはらむ問題と可能性がうかがえる。なお、宇津木の研究には『二宮翁夜話』を多用し、様々な場で語られた史料の断片を寄木細工的に構成しているという問題もある。ただ、この問題について宇津木は自覚的であり、のちに自身でこの問題を引き受け、検証を深めている（後掲宇津木論文④）。

内山稔①「尊徳研究における原典批判の問題―尊徳思想の正しい理解のために―」（『精神科学』一七号、一九七八年、のち『かいびゃく』二七巻九号～二八巻一号、一九七八・一九七九年に転載）は、『二宮尊徳全集』の特に一巻原理編について、その編纂過程における問題と原典との異同を指摘し、報徳関係資料の原典批判の必要性を説いた。さらに、内山は②「尊徳語録類にみられる報徳仕法の基本的性格について―新しい尊徳像を求めて―」（『かいびゃく』二八巻四号～二九巻四号、一九七九・一九八〇年）で、斎藤高行『二宮先生語録』の原典である『報徳秘稿』の書誌学的分析をおこない、それが尊徳門弟らのいわば合作受講ノートであることを明らかにした。さらに、福住正兄『二宮翁夜話』には編集過程での師説の改変が多いこと、『二宮翁夜話』には政治思想に関する記述が少なく、尊徳に政治思想が欠如していると指摘する研究は専ら同書に依拠しているという問題点を指摘した。そして、『二宮先生語録』『二宮翁夜話』の二書の原典ともいえる『報徳秘稿』の言説分析から、報徳仕法の本道は国家の国民愛護と「施恵」を根本とする政治思想であったと主張した。内山の研究は報徳仕法・尊徳研究における原典批判の必要性を訴える重要なもので、この問題意識はのちに宇津木三郎が引き継いでいく（後掲宇津木論文④）。

## ６　通史のなかの尊徳・報徳仕法

佐々木潤之介「天保改革」（同・山口啓二『体系・日本歴史四　幕藩体制』日本評論社、一九七一年）は、天保期を豪農による小生産者再編と、それにより農業からしめ出された半プロレタリア層の形成の画期と位置づけるなかで二宮尊徳を取りあげた。すなわち、尊徳の仕法は、高利貸たる報徳金の貸付けと、上層農から出させた「作取田」を中層農に耕作させるもので、高利貸収奪に耐えうる農民・経営の再興、中層農化政策であり、貧農の切捨てをともなったとする。これは小規模な自小作農民から小作地をとりあげ、安定的な小作農民経営を創出する地主小作関係の再編―半プロレタリア層の形成と明確な共通性を持っており、尊徳は質地地主のイデオローグとしてとらえられるという。佐々木は村名を示さず小田原藩の一村仕法を事例に論じているが、おそらく菅野則子の研究（前掲菅野論文）を下敷きにしており、自ら実証的な検討を加えた所論とは考えられない。また、報徳金を無前提に高利貸とするなど恣意的な解釈がみられ、自らの豪農・半プロ論を尊徳に適用して論じたものといえる。しかし、佐々木が提示した枠組みはのちの研究に大きな影響を与えた。

津田秀夫『日本の歴史二二　天保改革』（小学館、一九七五年）は、農村復興に取り組む民間の実践家の一人として尊徳を紹介する。尊徳は農民とともに、領主にも「分度」を設定して搾取を制限するが、村の貧困と荒廃の原因を怠惰・飲酒・博奕の悪習にみて、人々に実直・勤勉で忍耐強い人間としての自己変革を促したとする。また、尊徳の説く「分度」とは家業を守る家業意識であり、他の職業を望むことは「分度」を越えることとされるという。それゆえ、尊徳の「分度」思想は、それで生活が安定する人々には有効だが、貧農層や職業を転々として生活する人々には有効ではなかったという。さらに尊徳の問題点として、精神主義による強靭な自己規制がある一方で、社会についての規制力や洞察力をもたない点を指摘する。

津田は報徳仕法を農業専業化による荒村復興とみて、そこに本百姓体制の復興を期待する領主層との思惑の一致と、商品生産・流通が発達する当該期に対応できない限界を指摘する。そこから仕法は農業を「分度」＝家業として、それを守れない貧農層らには有効でないという「下層民切捨て」論が導き出されている。しかし、そもそも尊徳が説く「分度」は、家業や身分制的な概念ではない。「分度」とは予算内での計画的な財政運営を意味し、貧農層に対してより、領主や富者の家政再建や彼らに富の再分配を促す場で主張された。また、尊徳による百姓の経営再建では、離農も含めて借財や経営状況に応じた家業転換がおこなわれ、下層民も仕法に編成して経営再建をはかった（本書第四章）。さらに、尊徳の活躍する地域には主穀生産地域が多く、たしかに新たな商品作物の開発・生産は尊徳にはみられないが、彼は米穀を商品として米穀相場には非常に気を遣っていた。彼の仕法資金形成は米穀を商品とした商品生産・流通に対応しえたゆえのものであったと考えられる。なお、津田は「分度」による領主の規制に触れるにもかかわらず、尊徳・報徳仕法を農民に対する精神主義と規定する平板な結論に終わっている。領主への規制は仕法廃止の理由にかかわる重要な論点であるが、深められることはなかった。

海野福寿・佐々木潤之介「二宮尊徳の幕末の農政改革」（『文化評論』二〇三号、一九七八年）は、海野・佐々木の対談から尊徳と報徳仕法の特質を探る。そこには、「尊徳の論理には、高利貸活動を否定する側面がある。金を貸しつけて長年にわたって高利を取りつづけるということは、経済変動の大きいときは不安定だし、また、高利をめぐっての緊張関係も大きい」（佐々木）、「運動に参加した農民の動向とか、農民の間のつながりだとかの問題も重要」（海野）など、報徳金を高利貸しと規定していた佐々木の微妙な変化や、八〇年代の研究を暗示する重要な指摘がみられる。しかし、両者とも共通して「多少援助してやっても浮上してこない貧窮農民は切り捨てていく」という「下層民切捨て」論に立つ。佐々木は「切り捨てられていく部分は、これ以後の幕末へ向けての社会変動の場合に、非常に大きな歴史的意味をもってくる層」として、「維新期には世直し騒動の主体として、変革のエネルギーになっていく」と自らの世直し状況論と結びつけている。

以上、一九七〇年代の尊徳・報徳仕法の評価は、領主仕法の研究においては、領主的立場に立った保守・反動的政策という一九六〇年代の評価を継承するものであった。一方、村落における仕法については、研究数の増加と分析の深化がみられたが、その多くは仕法は地主的立場に立ち、下層民を切捨てたと評するものであった。かかる評価の背景には、佐々木潤之介の豪農・半プロ論、世直し状況論の影響があったと思われる。(21) 天保改革における幕藩領主の反動的な収奪・流通政策により経営再編を迫られた豪農層と、その再編過程で農業からしめ出された半プロレタリア層の形成という佐々木のシェーマは、報徳仕法を豪農の経営再編と理解し、半プロ層の形成を仕法による下層民切捨てとみれば、驚くほど一致する。

ただ、思想史や人間像を描く分野では、かかる評価を相対化する研究がみられるようになったのも一九七〇年代の特徴である。そして、この傾向は一九八〇年代の研究とリンクしていく。(22)

## 四　一九八〇年代の研究

### 1　大藤修の研究

一九八〇年代、近世史研究における尊徳・報徳仕法研究は画期を迎える。その契機の一つは大藤修の研究である。ここでは大藤がのちに『近世の村と生活文化―村落から生まれた知恵と報徳仕法―』（吉川弘文館、二〇〇一年）に収録した諸論考をとりあげる。一九九〇年代に発表された研究も一部含まれるが、まとめて検討する。

大藤の報徳仕法に関する最初の論考は、①「関東農村の荒廃と尊徳仕法―谷田部藩仕法を事例に―」（『史料館研究紀要』一四号、一九八二年）である。ここで大藤は、領主行政の一環として実施された形式面をとらえて報徳仕法を反動的、領主的立場に立つものと規定してきた従来の研究を批判し、谷田部藩仕法の検討から尊徳・報徳仕法の特質を以下のように論じた。①報徳仕法は精神面の教化だけでなく具体的な復興策を組み合わせており、先行する心学運動にかわって多くの人々の気持ちをとらえた。②尊徳の思想は農民としての生活のなかで自然界・人間世界の理を「自得」

することで形成された。これは「家」再興の悲願に燃え、農業に精励する過程で自己の主体性を確立し、思想形成した当時の農民一般に共通する。③尊徳の思想は「家」の論理を越えて社会化し、「分度」により生じた余剰を、他人のため、社会のため、「富国安民」のために「推譲」すべきことを説いた。④報徳仕法の原理である「分度」「推譲」の実践は、なによりも領主や地主など経済的上位者に対して強く要請され、その収奪下にある一般農民を救済し、その生活を成り立たせる政治的社会的体制を整えることに主眼があった。⑤尊徳の仕法・思想は幕藩体制の枠組みを前提としているが、徹底して農民の立場に立脚して構想されている。

以上の所論は、以後の大藤の尊徳・報徳仕法論に共通する枠組である。これらの主張のモチーフはすでに下程勇吉の研究で示されていたが（前述）、大藤の研究はそれを歴史学的に裏付け、従来の近世史研究における尊徳・報徳仕法像を転回させた点で画期的な意味を持つ。

②「二宮尊徳の飢民救急仕法と駿州駿東郡藤曲村仕法」（『東北大学文学部研究年報』四七・四八号、一九九八・一九九九年）は、小田原藩領の飢民救急仕法と同藩領で実施された駿河国駿東郡藤曲村（静岡県小山町）の仕法を分析し、次のように述べる。小田原藩は尊徳が要求した財政の「分度」設定を拒否したため、村民による一村仕法がおこなわれ、その一つとして藤曲村仕法が実施された。同仕法は田畑の請戻しを主眼に、出精人表彰、難渋人助成、報徳米金貸付が実施され、一定の成果をあげたが、極零細層の解消に結びつかず、幕末期には地主と小作の対立による騒動が発生した。この騒動について大藤は、尊徳の「分度」論は一定期間支出を量的に限定するため、物価が激しく変動する幕末期にはその有効性が大幅に低減するとの限界を指摘し、藤曲村仕法も幕末期には階層分化が進み、階層間対立が激化したと指摘する。ただ、報徳仕法は村役人・重立層に公正な村政と「推譲」による窮民撫育を強調したため、彼らがこの規範に背けば、小前たちが彼らを指弾する根拠にもなったと指摘する。

③「維新・文明開化と岡田良一郎の言論―日本の近代化と報徳主義・序説―」（『歴史』六六・六七輯、一九八六年）は、遠江国報徳社社長でのちに衆議院議員となる岡田良一郎の維新・開化期の思想を検討し、彼が報徳主義の「富国安民」の理念をどのように実現しようとしたかを、国家の「富国強兵」の論理との関係で考察した。岡田が明治元年（一八六八）に新政府に建議した「富国策」は、王政を通して報徳仕法を全国的規模で実施し、日本の「富国安民」を実現し、その余剰を外国にも「推譲」して世界の繁栄と平和を実現せんと志したものであった。しかし、明治八年の漸次立憲政体樹立の詔書に呼応した元老院への建議では、多様な主題が報徳主義の根本原理である「安民」を基調に論じられるが、征韓論に触発されて対外征討を支える条件として富国の必要性を説くようになっていた。これについて大藤は、明治元年の「富国策」にみられた人道主義にもとづくインターナショナルな意識は薄れ、岡田の「安民」論は日本国内に限定され、海外への「推譲」という視点が欠落したと指摘する。しかし、岡田の思想は「『富国強兵』への傾斜を示しつつも、基本的には『富国安民』の実現にあった」と主張する。

先述のごとく大藤の研究は近世史研究におけるそれまでの尊徳・報徳仕法研究を一変させた画期的な研究と評価できる。ただ、大藤への批判としては、①『二宮翁夜話』など尊徳門弟の著作を典拠に使用していること、②小田原藩が「分度」設定を拒否した理由を藩政上の問題としてではなく、藩内における尊徳登用への感情的な反発といった感情論で説明していること、③困窮民を本百姓、あるいは「役」負担に耐えられる百姓へと再建することを報徳仕法の目的とする点で従来の研究の延長上にあること、などが松尾公就により指摘されている。[23] ③については、本百姓への再建を領主の反動的政策ではなく、民衆の主体的な運動としてとらえようという意図が大藤にはあったと思われる。ただ、仕法は農業を続けても「家」の再建ができない者には離農させ、新たな家業による生活と家名存続を講じたとして、すべての困窮農民を本百姓として再建することが報徳仕法の目的ではないという松尾の指摘は重要である。

さて、大藤は従来の研究が報徳仕法を領主的立場に立つものと規定してきたことに対して、逆に農民的立場に立つものと主張した。この主張は従来の報徳仕法評価を転回させる重要な主張であるが、次の点で問題があると思われる。一つは「農民」とされる人々の内実の問題である。先の松尾の指摘のごとく報徳仕法はすべての困窮農民を本百姓として再建させたわけではない。報徳仕法は農業を主軸にした世界観に立ちながらも、すべての人々に農業専一の生活を強いたわけではなく、百姓であっても商人や職人など「農民」の範疇には括りきれない人々も対象に編成した（本書第三・四・五・八章）。仕法を農民的立場と規定してしまっては彼らを視野から外し、仕法の実態や幅広い民衆に支持されてきた理由を見失うおそれがある。もう一つは、報徳仕法の立脚点を民政重視の民本主義とする意味で農民的立場ということはできるが、かかる理念は領主層にも正当なものと認識されていたという点である。実際、領主層のなかにも尊徳の教諭を受容し、積極的に仕法を推進した人々がおり、領主的立場も決して一枚岩ではなかった。それゆえに、報徳仕法を農民的立場か領主的立場かという二項対立的にとらえるのではなく、領主層側の報徳仕法の受容・主体形成も視野に入れ、広く政治文化の問題としてとらえる必要があると思われる（本書第七章）。

なお、大藤論文③では、近世の報徳思想の根本原理を「富国安民」ととらえ、岡田良一郎にその近代化過程における継承をみている。近世の報徳思想・仕法・運動が近代社会にいかなる影響を与えたかは重要な問題である。しかし、近代化のなかで換骨奪胎・あるいは変容していく報徳思想から不変のものを取り出すという方法には疑問を感じる。大藤は岡田の思想を「『富国強兵』への傾斜を示しつつも、基本的には『富国安民』の実現にあった」と評価するが、報徳思想の近代化にとって「富国強兵」に傾斜したこと自体に意味があるのではないだろうか。近年、大藤の影響を受けて近代の報徳思想に近世の報徳思想から継承される「内在論理」を見出して論評する研究がみられる(24)。しかし、近代化に対応すべく多様な潮流を生み、多様な要素から構成される近代報徳運動・思想から「内在論理」のみ取り出して評価したり、近世からの単線的な継受関係を主張する研究手法に対しては、近代報徳思想の特質を見誤り、超歴史的な本質主義的理解に陥る危険性を指摘せざるをえない。(25)

## 2 岡田博の研究

大藤修とならんで八〇年代に報徳仕法研究の新生面を開いたのが、岡田博「二と三を結んだ人たち」(『かいびゃく』二九巻三・六〜一二号、三〇巻一〜三・五〜一二号、三一巻一〜二・四〜一二号、三二巻一〜六・八〜一〇・一二号、三三巻一〜五・七〜一二号、一九八〇〜一九八四年、のち同『報徳と不二孝仲間―二宮尊徳と鳩ヶ谷三志の弟子たち―』岩田書院、二〇〇〇年に改題)である。岡田は不二道・小谷三志への関心から、多くの不二孝仲間の報徳仕法への関与を発見し、次のことを明らかにした。①桜町領には不二孝仲間の領民が複数存在し、仕法初期から尊徳に協力していた。②桜町領内外の商人にも不二孝仲間が存在し、彼らは桜町領の米麦の売買、干鰯の買付け、仕法資金の運用調達などで報徳仕法の発展に貢献した。③領域を越えた報徳仕法の拡大の背景には不二孝仲間の活動やネットワークがあった。④尊徳の思想形成に不二孝仲間との対話が影響を与えた。

岡田の研究は、報徳仕法の発展に不二孝仲間が大きく貢献していたことを明らかにしたものであるが、その意義はこれにとどまらず、以下のことを示唆している。①『報徳記』で仕法初期に尊徳に反抗し、のちに改心して尊徳の協力者になったとされる物井村岸右衛門が、実際は不二孝仲間で仕法初期から尊徳の協力者として活躍していたことを明らかにするなど、尊徳門弟による後世の編纂物に依拠することの危険性。②仕法が農業者だけでなく領内外の商人・職人など多様な生業の人々により支えられていたこと。③不二孝以外にも官民の多様なネットワークが運動として仕法の発展・拡大に貢献した可能性。④富田高慶・福住正兄など高弟と呼ばれる人々のみでなく、尊徳の周辺で仕法を支えた百姓・商人・職人など、いわば名もなき人々にも注目すべきこと、などである。

岡田の研究は郷土史的関心の延長でおこなわれているため、自らの研究を研究史上に位置づけたり、実証成果の近世社会における意義を論じたりはしていない。しかし、岡田の研究成果やその示唆するところは、以後の尊徳・報徳仕法研究において必ず踏まえなくてはならない論点である。

## 3　藩領仕法

**小田原藩仕法**　高田稔「相州曽比村仕法顛末―剱持広吉とその周辺―」（二宮尊徳生誕二百年記念事業会報徳実行委員会編『尊徳開顕』有隣堂、一九八七年）は、小田原藩領の一村仕法である曽比村仕法を、指導者である剱持広吉の動向とあわせて検討した。曽比村仕法では尊徳から報徳金の融資を受け、堰浚いや夫食貸付、耕作出精人入札などが実施されたが、出精人に貸与する報徳田の多くは剱持家が提供したという。これにより仕法は村の借財返済、田畑請戻しや荒地改良による耕地の増大で中農層を増やすなどの成果をあげた。広吉は地主・酒造家であるが、漢学・俳諧・和歌に造詣が深い知識人でもあり、仕法において啓蒙的役割を担う一方、「自己と庶民の間を峻別するエリート意識」も持っていたという。そして、十年間の仕法を終え、広吉が第二次計画を策定しようとしたところで、小前は「是迄ノ取行候儀草臥候」と仕法継続を否定し、広吉らへ田地請戻しと酒小売株の譲渡を要求するようになったという。さらにその後、小前は村入用横領などの広吉の横暴不正を訴え、両者の間が破局したという。高田の研究は一村仕法が一定の成果をみせつつも指導者批判に転化した事例の検討として興味深い。ただ、仕法の実態と小前らの広吉批判との関係が不明確で、特に小前の広吉への田地請戻し・酒小売株譲渡の要求や村入用横領批判の内実、広吉の村民に対するエリート意識といった彼の個性や剱持家の経営と仕法の関連など、さらなる検討が必要と思われる。

## 4　旗本領仕法

**桜町仕法**　大塚英二①「近世後期北関東における小農再建と報徳金融の特質」（『日本史研究』二六三号、一九八四年、のち同『日本近世農村金融史の研究─村融通制の分析─』校倉書房、一九九六年所収）は、桜町仕法における報徳金融の成立とその運用による報徳仕法の特質を検討する。尊徳は桜町仕法を実施するなかで、農民間の質地関係を軸にした低利融通に、領主仕法の拝借金制度や村備金貸付にみられる年賦方式・無利貸付方式を組み合わせて報徳金融方式を完成させたと指摘する。そして、報徳金融は質地請戻しを主目的に中上層民を対象に貸付けられたが、下層民は対象とされず仕法から切捨てられたとする。さらに、仕法下での家政再建にも言及し、報徳仕法は質地関係を媒介に上層民から金を吐きださせて経営を縮小させ、貧富の「平均化」をはかり、中層農を意識的に増大させるものであったと主張した。

大塚の研究は、地域で先行する金融方式の比較から報徳金融の根拠と特徴をとらえ、さらには仕法全体の特質の解明を試みた貴重な成果といえる。しかし、報徳金の融資例の少なさをもって仕法が下層民を切捨てたとする主張には、仕法の多様な施策のなかから報徳金のみをとりあげて論じることはできないとする大藤修の批判がある[26]。また、舟橋明宏は報徳金融の融資対象に偏りはないとして、手厚い手当をしてまで入百姓を導入する仕法が「下層農民をわざわざ切り捨てることはありえない」と批判した（後掲舟橋論文）。ただ、根本的な問題は、大塚が仕法の目的や百姓再建のあり方を、「中農層」という言葉に示される本百姓再建にみていることにあると思われる。先述の松尾公就による大藤批判のごとく、報徳仕法による経営再建は必ずしも農業者としての再建とは限らない。実際に農業専一によらない経営再建もおこなわれており、彼らを編成して仕法は進められていた（本書第三・四章）。

続いて、大塚は②「報徳仕法成立期における諸問題─仕法論理成立過程再検討の素材─」（『名古屋大学人文科学研究』一五号、一九八六年、のち前掲大塚著書所収）で、桜町前期仕法における尊徳の農政家としての成長・成熟の過程を、仕法の諸政策から考察した。尊徳は文政八年（一八二五）の検地帳の調査を手始めに百姓の土地所持状況の把握を進め、荒廃過程のなかで薄らいだ近世的百姓相続＝土地相伝の論理の再編強化を図ったという。そして、かかる土地所持意識の植えつけは、もはや小手先の貸付や御救いでは農民を救えないと再認識した尊徳が、農民に自らの力で自立する方向を求めさせるものであったとし、成田参籠直前、仕法が停滞していたと思われるなかでも、仕法論理は着実に成長しつつあったとする。そして、尊徳の百姓的土地所持意識を宣揚する土地政策の論理は、天保の幕政改革の論理に先んじる先見性を持つ一方で、農民的私的土地所有への方向性をも有し、この点で領主改革とは本質を異にしたとする。従来、仕法論理の生成過程は尊徳の内面の問題として思想史的に考察されてきたが、大塚の研究はその問題を仕法の具体的な施策の分析から明らかにしようとしたものと評価できる。ただ、大塚論文①と同様、仕法の対象となる百姓を、土地を所持し、耕作に専念する農業者ととらえている点に問題があると思われる。たしかに尊徳は領民に土地所持意識を宣揚して桜町領の農業の復興をめざしたと考えられる。しかし一方で、領民や入百姓の出奔などに直面し苦悩するなかで、農業で生活できない者や職人、商人などを仕法へ編成する方向性もみせていた。かかる百姓政策も報徳仕法の生成過程として検討する必要があるのではないだろうか（本書第三・四章）。

**青木村仕法**　山中清孝「関東農村の〝荒廃〟と二宮尊徳の仕法―常陸国真壁郡青木村仕法を中心に―」（『江戸川学園人間科学研究所紀要』三号、一九八七年）は、青木村仕法を検討した川俣英一の研究を「〝偏見〟にみちた論理」と批判して、川俣と同じ青木村仕法を検討する。ただ、大藤修の研究を前提にするものの、内容は概説の域を出ず、「尊徳の農村復興にかける熱意、バイタリティ、農民に対する深い愛情にもとづく長期計画にはすばらしいものがみられる」という情緒的な評価に終始し、川俣への批判というより、その裏返しにすぎない。川俣・山中両氏の研究は仕法の評価は正反対だが、仕法事業が村内でいかに実施されたかの具体的な検討がなく、仕法に従事する人々の主体性に触れていない点で共通する。これらに触れず、領主的立場からの強制や尊徳の愛情など外在的抽象的なものに人々の仕法における働きの源泉を求めるならば、報徳仕法が社会的自律的運動として展開した理由は説明できないであろう（本書第五章）。

## 5 幕領仕法

**日光神領仕法** 今市市史編さん委員会編『いまいち市史 通史編別編Ⅰ』（森豊・河内八郎執筆、栃木県今市市、一九八〇年）は、一冊すべてを日光神領仕法の検討にあてる。尊徳が戦前に修身の模範人物としてまつり上げられ、戦後一挙にそれが消えたのは彼の一面だけが故意にとりあげられ、誇張されたからだとの問題意識に立ち、「どのような時代が来ても、軽率な価値観によって左右されない、客観的な尊徳の『事業』＝『仕法』を歴史的に明らかにしたい」との意識で叙述されている。そして、廻村・荒地開発・無利息金・困窮者救済・出精人表彰など日光神領仕法における事業内容と成果を、数多の図表とともに詳細に検討し、日光神領仕法を総合的実証的に明らかにした。報徳仕法は多様な施策による総合的な復興事業であるだけに、その評価は特定の施策のみではなく、そこで実施された施策のすべてを視野に入れたうえでなされるべきである。この点で報徳仕法が実施した施策とその成果を網羅せんとする本書は高く評価できる。この徹底した網羅主義は、尊徳や仕法の一側面だけが評価されてきたという先述の問題意識に由来しよう。ただ、仕法の成果が網羅的に数値で示され、特に耕地開発に大きな成果があったことが示されるが、仕法が個々の村や百姓の生活にいかなる意味があったのか、たとえば開発賃金や耕地拡大による生産高の増加が百姓の個別の生活にいかなる影響を与えたのかなど、村や人々の生活に立ち入った具体相の言及に乏しい。史料的制約ゆえと思われるが、数値による概観的評価が多いだけに、かえって実態や具体相が見えにくくなっているように思われる。

**真岡代官領仕法**　河内八郎「花田村の尊徳仕法」（『関城町の歴史』一～八号、一九八一～一九八八年、のち同『花田村の報徳仕法』茨城県関城町、一九九八年所収）は、真岡代官支配所常陸国真壁郡花田村（茨城県筑西市）の仕法を逐日的に検討し、その成果を明らかにした。ただ、真岡代官領仕法は一村ごとに仕法を実施する一村仕法方式で実施されたが、先行仕法の成果を次の一村仕法に活かす形で継起的に実施されており、同代官領仕法の検討は一村仕法の個別的分析だけでなく、仕法全体の構造・流れを把握したうえで個別の一村仕法を位置づける必要がある（本書第一一章）。

## 6　通史のなかの尊徳・報徳仕法

栃木県史編さん委員会編『栃木県史　通史編五　近世二』第一〇章（深谷克己執筆、栃木県、一九八四年）は、報徳仕法は個別農家の個別的事情に見合った対策で一軒ごとの経営活力を築きあげ、一段と個別性を強めた家と家のつながりで成り立つ村の創出をめざしたと指摘する。その個別能力の重視は農家以外にも活かされ、「尊徳の改革構想はけっして村落と百姓家族のみに向けられるものではな」く、仕法が武家・商家・農家にも対応できた理由を、生産（技術）より財政（経営）論の面が強かったためとする。また、尊徳は貧富平均の一村を理想とはしなかったが、領主や富者の「推譲」による富の社会還元を説いたと指摘する。そのうえで、栃木県内の仕法を概観しつつ報徳仕法の特質をさらに検討する。たとえば桜町仕法では、報徳金の貸付けが百姓経営に活力を与え、それにより増加した上納物を仕法の普請事業に投入して百姓の賃銭とし、人々は農耕と賃銭の組み合わせで報徳金返済と年貢上納をしたという仕組みを明らかにする。茂木（谷田部）藩仕法では、尊徳が赴かない土地での仕法は、借財整理を望む領主側の期待もあって年貢増徴の方向にひきずられる傾向があると指摘する。ただ、尊徳が現地に赴かずに実施された仕法も多く、そのことは尊徳死後にも報徳運動が実践される条件になったとする。真岡代官領仕法では、尊徳が代官手附となったことによる仕法の行政化を指摘し、尊徳と門弟らは代官山内総左衛門監視下の技術者集団として位置づけられたとする。そして、人材・資金とも領域を越えて実施される仕法は「新法」として諸役人や代官に否定され、仕法は当面の窮境の打開に重点を置かざるをえなかったとする。

仕法における経営の個別性重視や稼ぎ場としての普請は、多様な階層の人々を動員する報徳仕法の運動としての側面を理解するうえで重要な指摘である。ただ、幕領仕法については『報徳記』を典拠に、幕領ゆえの代官からの制約、仕法の停滞が説かれるが、山内総左衛門は当初代官ではなく勘定所附御料所を預かる支配勘定であり、その不安定な身分が仕法への消極性の背景にあることが指摘されている（後掲宇津木論文③）。また、門弟らの勘定所への工作や仕法に理解を示す勘定所幹部らの協力により、特に山内の代官昇進後、真岡代官領仕法は当面の窮境打開にとどまらない展開をみせるようになった（本書第一〇・一一章）。

水林彪『日本通史Ⅱ　封建制の再編と日本的社会の確立　近世』（山川出版社、一九八七年）は、農村荒廃に立ち向かう農民運動として尊徳・報徳仕法を紹介する。そして、心の変革だけを問題とした心学にかわり、「農村を荒廃させる客観的条件を冷静に観察し、そこから農村を更生させる術策を考案するような運動」の指導者として尊徳を位置づけた。水林は報徳仕法を領主の政策としてよりも、農民側の運動としてとらえており、大藤修の研究の影響がうかがえる。

一九八〇年代の研究は、尊徳・報徳仕法に対する見方を大きく転換させた。かかる転換は近世史研究全体の転換と大きく関わっている。戦後の近世史研究は、個人の確立とそれを前提とする民主主義の発展をめざして、「封建遺制」の克服を基調に研究が進められてきた。しかし、高度成長を経て社会では、「一億総中流化」意識や「私生活中心主義」

が定着していき、搾取・階級闘争といった意識は希薄化していった。一方で農村の解体にともない、旧共同組織から放出され都市に流入した「個人」は孤立化し、管理社会化が進むなかで、中高年の自殺や家庭崩壊といった人間生活の危機が問題となっていく。かかる問題意識は一九八〇年代に入り、歴史学のあり方に転換を促した。深谷克己は「歴史学はけっきょく、現代において、ことに日本においては、バラバラの個人（中略）がバラバラのままにあればよいというのではなく、またその反動としての依存と同調ではなく、どこに共感と力量の源泉があるのかを探るということをつづけるはずである。ただ、団結すればよいというのではない。せまい政治的意味ではなく、内面から類化される、あるいはしうる個々人の全体としての共同性の認識の獲得・深化に向けての論点が、歴史学の固有の作業のなかから指摘できないか」と提言した(27)。かかる問題意識は、たとえば、一九八四年度の歴史学研究会近世史部会大会報告における近世史部会運営委員会の問題提起にも明瞭にみられる(28)。そこでは、「近世史研究者に『封建遺制』という視座から、時代と社会の人間の全面把握という研究視座への転換」が求められているとして、「まずもって近世民衆の日常生活を研究の対象とし、そこにおける近世民衆のありのままの存在を明らかにすること」がめざされた。そして、「前近代において、個人の存在あるいは人と人との関係が集団を前提としていたことを考える時、民衆個々人がそこから離れていくことはできず、生活・諸活動の基盤としてあった社会集団—すなわち、村落や町あるいは職人集団・賤民集団等々といった社会集団—をとりあげる必要がある」とされた。こうして近世史研究において社会集団論・共同体論が展開していくことになる。

尊徳・報徳仕法研究も、かかる歴史学における研究視座の転換を背景に、報徳仕法を領主による反動的政策として評価する視座から、村や民衆の日常生活に根ざした主体的自律的運動として評価する視座へと転換していった。ここに一九八〇年代の尊徳・報徳仕法研究の意義があろう(29)。

## 五　一九九〇年代以降の研究

### 1　藩領仕法

**小田原藩仕法**　一九九〇年代以降、小田原藩仕法を主な検討対象に報徳仕法研究をリードするのが松尾公就である。ここではまず、松尾の主な業績をまとめてとりあげる。

①「小田原藩政の展開と報徳仕法」（『かいびゃく』四六巻六～九・一一号、四七巻一～三・六・七号、一九九七・一九九八年）は、藩内における報徳仕法の位置づけの変化、領内での報徳運動の隆盛など、仕法導入から廃止までを藩政の過程に位置づけて詳細に検討した。その論点は多岐にわたるが、仕法廃止の要因を藩主大久保忠真の死にみる通説を感情論と批判し、忠真死後の新体制を築こうとする藩側と、忠真の遺言として仕法を堅持しようとする報徳方・尊徳の対立が仕法廃止の要因であると現実の政治過程の分析を踏まえて主張した点は重要である。特に、松尾は報徳方藩士が生涯「報徳」に尽くす旨の決心書を尊徳と藩に提出したことを重視し、これが藩に「報徳」を主従関係に関わる藩内秩序を乱す存在として意識させ、秩序維持の立場から尊徳排除の状況が生まれたと指摘する。従来の小田原藩仕法研究でも藩が報徳運動に既存の秩序を揺るがす脅威を感じたとの指摘はあった。しかし、それは報徳運動に傾倒する領民に対する脅威であり（前掲長倉論文①・宇津木論文①）、松尾がそれを藩士にも指摘したことは重要である。今後は、報徳方藩士と藩との軋轢の政治史的な分析のみでなく、尊徳の影響を受けた報徳方藩士たちの主体形成や民政観の分析も当該期の藩政の質を考えるうえで課題となろう。

②「小田原藩政の展開と二宮尊徳―藩主大久保忠真の酒匂河原での表彰の意義をめぐって―」（『地方史研究』

二八三号、二〇〇〇年）は、尊徳の小田原藩政への接近の契機とされる文政元年（一八一八）一一月の藩主忠真による酒匂河原での表彰の検討を通して、尊徳の桜町仕法登用の背景を探る。まず、藩主による酒匂河原での領民表彰の意味を、財政改革のため年貢増徴に耐える百姓の心服を得ることにあるとする。この表彰者は直前に設置された郡中取締役の報告により選ばれたが、郡中取締役のなかに栢山村名主七左衛門がおり、尊徳は彼を通して表彰者に選ばれたという。さらに、小田原藩は分家宇津家へ財政支援をしていたが、改革にともない支援方針を米金援助から宇津家領地の難村復旧へと切り替えた。そして、藩はその復興担当者を酒匂河原での表彰者に求め、彼ら数人を桜町領へ派遣し、復興の見込みを上申させ、結果として尊徳が採用されたとする。当該期の小田原藩政の実態を踏まえた実証的な研究と評価できるが、その結果、佐々井信太郎以来のいくつかの通説に資料的根拠のないことが明らかにされ、修正を迫ることになった。すなわち、忠真は尊徳を高く評価し、藩の財政再建を任せたかったが、重臣らの反対が強いため、まず、尊徳に桜町領の復興をおこなわせ、その実績で藩の仕法をおこなわせようとした、というのが桜町仕法導入経緯の通説であった（前掲佐々井著書②・奈良本著書①・大藤論文②・守田著書）。しかし、実際には最初から尊徳に桜町領復興を任せるつもりはなく、彼は酒匂河原の表彰者の複数の候補から選抜されたということになる。松尾はこうした通説の流布を従来の研究者が事実関係を確認せずに『報徳記』に依拠したゆえと批判する。

③「小田原宿報徳社の成立と展開」（『小田原地方史研究』二二号、二〇〇〇年）は、小田原城下の町人たちで構成された小田原宿報徳社を検討し、同社は宿全体の救済よりも家政再建を必要とする者たちの互助組織が基本的性格であること、「社員が全員商人」とされていたが、実際には職人・僧侶・藩士なども含まれ、全体的には中下層町人を中心とした組織であったこと、などを明らかにし、通説に修正を迫る。また、小田原宿報徳社は下館藩の報徳信友講とともに最初の報徳社であり、それはオーウェンの影響を受けた一八四四年のロッチデール組合の結成、一八五四年の

ライファイゼンによる協同組合の設立より早く成立した協同組合であるという通説(30)に対しても、講的色彩の強い同社をヨーロッパの協同組合と無前提に比較できないと批判した。

④「小田原藩の『御分台』と二宮尊徳」(『神奈川地域史研究』二一号、二〇〇三年)は、小田原藩と尊徳の関係が良好でなかったのは、同藩の「分度」が未確立だったからとする『報徳記』の記述に依拠した通説(前掲佐々井著書②・奈良本著書①)に対し、同藩が「分度」など尊徳の財政再建方針を承諾しなかった理由を検討する。小田原藩は文政一一年に示した藩政改革の諭告で、関東領分からの年貢を朱印高の四割とし、そのうち四割を大久保家の入用、六割を家中への扶持とする「関東御朱印高四ツ物成」の基本方針をすでに打ち出しており、この方針は尊徳が同藩の復興仕法に着手した天保九年(一八三八)にも引き継がれていた。また、通説では天保八年二月に、尊徳は藩主忠真から仕法依頼の直書を与えられ、仕法実施が認められたとされるが、その直書の内容は飢民救済を依頼したものであり、財政問題はおろか領内復興を依頼するものでさえなかったという。そのため尊徳は正式な仕法依頼(直書)がないまま、領内仕法をおこなうことになってしまった。ここに尊徳が主張する「分度」=「御分台」を藩が承諾しなかった理由があるとする。すなわち、尊徳は過去八二ヵ年の平均年貢収納高を藩の「御分台」とするように求めたが、彼はもともと藩に「御分台」を承諾させる論拠(直書)を得ていなかった。さらに藩としても全く方針がなかったわけではなく、年貢収納についてはすでに「関東御朱印高四ツ物成」の基本方針があり、それが領内村々への報徳仕法で実現可能であれば、尊徳の説く「御分台」を積極的に導入する理由はなかったというのである。

松尾の一連の研究は、史料の丹念な読み込みにより、『報徳記』に依拠した通説を実証的に批判するというスタイルに特徴がある。岡田博とともに松尾によっても『報徳記』の史料としての問題性が明らかにされたことで、今後、『報徳記』の安易な引用による研究は許されなくなったといえる。

仁木良和「小田原藩竈新田村の報徳仕法について―小林平兵衛と相続講―」（『立教経済学研究』四五巻三号、一九九二年）は、小田原藩領駿河国駿東郡竈新田村（御殿場市）で地主小林平兵衛の主導により実施された仕法を分析する。同村仕法では無利貸付金による借財整理が実施されるが、村民の経営維持は困難であったとする。そして、弘化三年（一八四六）の藩の仕法中止により同村仕法も終息へ向かうが、報徳仕法導入以前に小林家により実施されていた相続講がそれを引継ぎ、無利貸付金事業を実施した。その結果、小作人は相続講を通じて生計をある程度安定させ、小林家は小作米の収入を確かなものにして経営を強固にしたという。ただ、それは農民の自立を促すよりも小林家に従属させるものでしかなかったとする。

個別の問題としては小林家と小作人の関係のさらなる追究が必要であるが、仁木に限らず地主仕法の評価には、小作人が地主から自立できないことを否定的にとらえたものが多い。しかし、小作人にとって地主から自立することが必ずしも経営上有利であるかは自明なことではない(31)。報徳仕法における地主仕法では、当然、地主経営の安定が目指されたが、同時に地主に富者としての責任、富の再分配を求めた。それは小作人らに有利な条件で農業を営む環境を作ることを意味するが、このことでかえって地主は安定的な経営を期待することができるのである（本書第九章）。

**下館藩仕法**　上牧健二は、①「天保後期下館藩の尊徳仕法―藩政改革過程の曲折―」（『常総の歴史』一七・一八号、一九九六・一九九八年）、②「下館藩における尊徳仕法導入の経緯」（『茨城史林』二一号、一九九七年、のち『かいびゃく』四六巻一一・一二号、一九九七年に転載）、③「下館藩領村における尊徳仕法―灰塚村を中心として―」（『茨城県史研究』八二号、一九九九年）を発表した。上牧の一連の研究は下館藩仕法の本格的な研究として評価できる。①・②は借財整理を目的に導入された同藩仕法が、家老や御用達商人らの尽力により進められるも、藩主の大坂加番による不在や、減俸を迫る仕法への家臣らの不満、彼らにおされた藩主の減俸案撤回などの停滞・曲折を経て後退していく過程を描いた。ただ、仕法実施に奔走する家老の動向など仕法を進める過程は具体的にうかがえるが、仕法関係役人の関知しない借財増加や家臣らの意向を受けた藩主の減俸案撤回など仕法の後退に結びつく動向の経緯についてはその内実がうかがえない。仕法をめぐる曲折の解明には、より立ち入った具体的な内情分析が必要であろう。③は下館藩仕法の停滞を察知した尊徳が、仕法の効果を「目前の証拠」として示すために藩領村々に実施した仕法の分析である。灰塚村仕法を筆頭に各村の仕法実施の経緯や事業の概要が紹介されるが、仕法によって村々はいかに変わったかに触れていないのが残念である。

**相馬藩仕法**　宇津木三郎②「西郷隆盛と報徳仕法」(『大倉山論集』四七輯、二〇〇一年)は、維新後も相馬藩の報徳仕法を継続していた中村県の、磐前県編入後における仕法継続に向けた西郷隆盛の動向を明らかにする。西郷は仕法継続を願う富田高慶との面談で、要路への働きかけを約すとともに、東は相馬から西は鹿児島から報徳仕法を展開させる構想を語ったという。これには西郷が安政元年(一八五四)の江戸滞在時に、水戸藩の藤田東湖から二宮尊徳の情報を得て報徳仕法に関心を抱いていたという前提があった。なお、藤田は尊徳の理解者である幕臣小田又蔵や剣客斎藤弥九郎から尊徳の情報を得ていたという。しかし、仕法継続は西郷の尽力にもかかわらず満足な結果を得られなかった。その理由として当時の政府が財政支出抑制のため、自主・自由・自立の近代的市民育成の建前のもと国民保護策に否定的であったことを指摘する。宇津木の研究は、報徳仕法の情報が西郷隆盛にまでおよび、実際に彼を動かしたこと、さらに、西郷への情報は小田又蔵や斎藤弥九郎を経由した藤田東湖であることなど、報徳仕法の影響の意外な広がりを示唆する好論といえる。今後、かかる人脈も含めた報徳のネットワークとその影響の検討が望まれる。

小川和也『牧民の思想―江戸の治者意識―』(平凡社、二〇〇八年)は、民政指導書である「牧民之書」の近世社会における受容の解明のなかで相馬藩仕法に触れている。相馬藩では嘉永六年(一八五三)に藩主相馬充胤が、明代の民政指導書『牧民心鑑』の訳註書である『牧民心鑑訳解』を板行した。これは報徳仕法のさらなる推進のため、その担い手である代官以下、村役人層に普及させ、彼らに民政官吏としての統治主体の形成を期待してのことであった。ただ、板行には相馬藩一藩を越えた普及の意図があったという。この時期、同藩は日光神領仕法のために幕府への献金をおこない、安政年間には藩士を箱館に派遣し、蝦夷地に移民・開拓事業を興すようになった。幕末期、同藩では対外圧力を背景に藩を越えた日本という国家意識が強まっており、封境を越えて広がろうとする報徳仕法は、日本という国家を「興起」させる旺盛な意欲につながっていたとする。小川の指摘は領域を越えた拡大を志向する報徳運動の背景に、幕末期の国家意識高揚の存在を示唆するものといえる。

## 2　旗本領仕法

**桜町仕法**　舟橋明宏「村再建にみる『村人』の知恵」（渡辺尚志編『新しい近世史四　村落の変容と地域社会』新人物往来社、一九九六年、のち舟橋明宏『近世の地主制と地域社会』岩田書院、二〇〇四年所収）は、報徳仕法で実施される荒地開発や諸普請に従事する人夫である破畑《はばた》に注目する。破畑は越後や相模から入百姓として桜町領に入り、村内の荒地開発に従事し、その働きが陣屋に認められると相応の潰式の相続を許され、土地・屋敷・農具・諸手当等が与えられたという。また、取立て後も開発や普請現場で働くが、それは貨幣の獲得機会になるだけでなく、所持地の増加にもつながった。人別・戸数増加策としての入百姓と、開発に必要な破畑・大工等の職人とは対応関係があり、彼らの編成が仕法を進めるうえで鍵になっていたことが示される。さらに、領内への報徳金の融資を分析し、融資対象に偏りはないと指摘して、前掲大塚論文①を批判する。

舟橋の研究は、仕法の中心事業である荒地開発の従事者であるにもかかわらず、これまで注目されてこなかった破畑の役割や実態を明らかにした画期的な研究といえる。また、仕法で活躍する破畑や職人などの入百姓・出稼人が、世話人を中心とするネットワークを形成していたことを指摘するが、こうしたネットワークの存在にも報徳仕法が多様な人々に受け入れられ、民衆運動として展開した背景があろう。

紺野浩幸「旗本宇津家の財政と桜町仕法」(『千葉史学』三七号、二〇〇〇年)は、桜町仕法成功の要因を領主宇津家の財政面から検討した。そして、仕法実施期の宇津家が本家の助成や諸種の年貢外収入を確保していること、宇津家が幕府への出仕を長期間停止して財政負担を削減していたことを明らかにし、これらにより財政赤字が知行所に転嫁されなかったことを仕法成功の要因として指摘する。

従来の研究が主に仕法の農政面に焦点をあててきたのに対して、宇津家の財政に焦点をあて、その特質から仕法成功の要因を指摘したことは貴重な成果である。ただ、領主財政のあり方が仕法の成否を左右する要因であることはたしかだが、たとえ領主からの負担を抑制できたとしても、村落荒廃の要因は村内における富の偏在など村側にも存在する。報徳仕法の成否の鍵は領主財政のあり方のみでなく、仕法独特の村・百姓経営の再建・再編にもあると思われる。そうでなければ、報徳仕法が領主だけにとどまらず、民衆にも受け入れられ、民間で仕法が実施されることもなかったのではないだろうか。

阿部昭①「旗本宇津家知行所仕法の請負について―報徳仕法の歴史的評価の方法をめぐって―」(『人文学会紀要』四〇号、二〇〇八年)は、尊徳の桜町仕法請負受諾の経緯を検討する。阿部は、仕法の依頼と請負の関係、およびその条件の文書手続による確認と保障は、金主への勝手賄いの依頼と、そのための知行所と金主間の年貢米引渡契約の裏書き保障に比定できるとする。そして、仕法請負条件の提示とその確約保障を強く求める尊徳の強い立場の背景には、勝手賄いを引受ける金主の立場が社会的に強くなっていたことがあるとする。

阿部の研究は仕法を請負った尊徳の立場の社会的根拠を示唆する重要な研究といえる。ただ、小田原藩主大久保忠真が尊徳の藩財政改革への起用を望んでいたとする通説を踏襲しており、前掲松尾論文②を踏まえていない。松尾によれば尊徳の起用は、小田原藩が財政改革の一環として分家宇津家への財政支援方針を米金援助から領地の難村復旧へと切り替えたことによるという。これは財政難に苦しむ藩の改革が、財政支出の抑制とともに、知行所の力＝民間活力（の復興）に依拠した方向へと傾斜したことを示唆する。とすれば、尊徳に認められた自立性と宰領権の根拠は、阿部のいう勝手賄いの金主の立場の強化という一般的社会的傾向のみでなく、小田原藩の藩政改革の特質にもあるのではないだろうか。

### 3　幕領仕法

**真岡代官領仕法**　宇津木三郎③「二宮尊徳と幕府勘定所吏僚山内総左衛門―報徳仕法の政治思想史的研究試論―」（『かいびゃく』三九巻七号～四〇巻一号、一九九〇・一九九一年）は、幕臣登用後、嘉永三年（一八五〇）までの尊徳と上司である山内総左衛門の関係を通して、報徳仕法の歴史的意義を検討する。従来、幕領仕法は停滞していたとされ、その要因として『報徳記』の記述を根拠に、報徳仕法が幕領の規則に抵触したことと、尊徳や仕法に対する山内の無理解が指摘されてきた。しかし、宇津木は山内が勘定所附御料所を預かる支配勘定という不安定な身分にあったことと、天保改革挫折後の反動たる勘定所の保守的体質を、幕領仕法停滞の要因として指摘した。ただ、山内の思想的立場は、規則を守り、社会的動向に対する作為を否定する無為主義に立つものであり、窮民撫育を志向する報徳仕法とは齟齬する志向を内在していたとも指摘する。そして宇津木は、かかる山内に伝統社会の枠組みに埋没した人間像をみる。一方、尊徳は伝統と規則に縛られる当時の人々の生活のあり方を批判し、「伝統社会の桎梏から解放されて、社会的実践を本質的な要件とする人間像を山内のそれに対して確立した」という。しかし、実践の場では身分制社会秩序を前提として事業を展開せねばならないため、尊徳は封建的身分制を取り込み、その枠内で指導者たちを伝統の桎梏から解放し、その人間的エネルギーを結集、組織化したという。

宇津木の研究は、当該期の勘定所の動向を踏まえて幕領仕法の停滞の背景を明らかにした点で貴重な成果である。ただ、前掲宇津木論文①と同様に、尊徳の対立者を伝統社会に埋没した人間として静態的にとらえることには疑問を感じる。

**利根川分水路調査**　木龍克己「二宮尊徳と利根川分水路調査—天保一三年の動向を事例として—」（『地方史研究』三二一号、二〇〇六年）は、尊徳の幕臣登用から利根川分水路調査・印旛沼工事の計画書提出までの経緯と、その計画書の目的と内容を検討する。そして、幕府の尊徳への関心は彼の治水技術のみにあり、農村復興の内容には関心がなかったと指摘し、一方、尊徳は農村復興を第一とする工事計画書を提出することで仕法指導者としての自己主張を貫いたという。

木龍の研究のうち、調査の行程や計画書の内容についての詳細な分析は貴重だが、幕府の尊徳への関心が治水技術のみにあったとの指摘は、その根拠となる史料の解釈とともに疑問がある。天保期の幕府は荒地・新田開発による年貢増徴に力を入れており[32]、幕府（水野忠邦）はかかる幕領の開発・復興の人材として尊徳に着目したと考えられ、彼への着目は治水技術にとどまらなかった（本書第一〇章）。

**蝦夷地開発**　檜皮瑞樹『仁政イデオロギーとアイヌ統治』（有志舎、二〇一四年）は、一九世紀における蝦夷地をめぐる統治政策の転換、アイヌ支配を可能にした統治イデオロギーの変容を明らかにするなかで、箱館奉行が導入した報徳仕法を検討している。箱館奉行は尊徳門人の相馬藩士らに命じて報徳仕法を用いた蝦夷地開墾を進め、開発に成果をあげた。しかし、報徳仕法の導入には開墾だけでなく百姓への啓蒙イデオロギーとしての機能も期待されており、蝦夷地における仁政的支配関係の構築、〝良民〟の創出が期待されたという。檜皮の研究は、研究蓄積の少ない蝦夷地の報徳仕法の実態を明らかにした点で貴重である。また、檜皮は異民族支配における仁政理念の暴力性を指摘しており、蝦夷地における報徳仕法についても、その暴力性を念頭に置いた分析の必要性を示唆している。

## 4　尊徳の思想と人間像

宇津木三郎④「二宮尊徳『人道作為』論の歴史的性格」（『かいびゃく』四四巻九号～四五巻一〇号、一九九五・一九九六年）は、尊徳の思想を桜町仕法成功の前後に確立され、その後一貫して不変とみなしてきた先行研究を批判し、尊徳の思想のうち「人道作為」論を対象に、その展開過程を検討した。そして、先行研究が福住正兄『二宮翁夜話』や斎藤高行『二宮先生語録』など尊徳門弟の手になる「語録類」を無批判に典拠として利用してきたことを批判して、検討の前提作業として、これら「語録類」の徹底的な史料批判をおこなった。その結果、「語録類」には編集過程で著者による師説への潤色・修正が加えられていることを明らかにした。「語録類」は、尊徳門弟が尊徳随身中に彼の談話や行動を記録した「聞書類」をもとに編集されたものであるが、宇津木はさらに「聞書類」も検討し、その師説への忠実さに対する信憑性を評価するとともに、「作為」の語の出現が弘化期以降であることを明らかにした。また、あわせて「人道」論の内容も検討し、天保期に説かれた「人道」論は、人間の営為である「人道」と自然の営為である「天道」との一致を説くものであったとする。すなわち、人間は本来的に人倫規範を持ち合わせており、人々の精神性を喚起するときは、「天道」に淵源を持つ本来の人倫規範への覚醒を求めたとする。しかし、弘化・嘉永期の「人道」論では「人道」と「天道」との一致が否定され、人間は本来的には人倫規範を持ち合わせず、混乱状態にあったが、聖人が社会規範制度一般を「作為」により創造し、これを救ったと説く。ここに「作為」の語が登場する。そして、かかる思想変革の背景として、①天保期には報徳仕法が各領主から必要な制度として受け入れられ、尊徳はその枠組みを前提として、仕法指導者に「天道」の理念に照らした主体的な力を引き出そうとすることができたこと、②弘化期以降は、諸藩の取組みの後退と幕府勘定所の民政に対する消極的姿勢により、仕法の展開のためには自然のままを旨とする「天道」観念を排除し、聖人＝為政者の「作為」を強調しなければならなかったこと、を指摘する。すなわち、天保期から弘化期以降の報徳仕法をとりまく状況の変化による尊徳の実践的課題の相違が、彼の思想変革の背景にあるというのである。宇津木の研究は「語録類」を典拠とする研究の問題を徹底的に批判し、「聞書類」を用いた尊徳研究の新たな研究方法を示したこと、ならびに、尊徳の思想について彼の実践課題を背景にした性格の変化を明らかにした点で画期的である。宇津木の研究以降、八〇年代までにみられたような「語録類」を用いた安易な尊徳研究は許されなくなったといわざるをえない。さらに、尊徳の思想についても、思想的内容を含む言説が発せられた時期・場所、その時の実践課題など状況を考慮しない評価も許されなくなったといえよう。

また、宇津木はこれまでの研究成果を一般読者向けに⑤『二宮尊徳とその弟子たち』（夢工房、二〇〇二年）にまとめた。これによれば、尊徳の指導方法は、積極的に村に入って農民の生活に関わり、一軒ごとに調査・生活設計・生活指導・記録をするもので、多くの専門スタッフを必要としたとする。これは村請制のもとで村に対していわば放任主義をとっていた領主支配の逆をいくものであり、この領地・領民への関わり方・考え方の違いが、尊徳と領主層との軋轢の要因になったとして、小田原藩仕法や幕領仕法の曲折を描く。そしてこのことが、自然のままでは荒廃する社会を為政者は主体的に修復しなければならないとする「人道作為」論を生み出す背景になったと主張する。尊徳の仕法は領主行政の貧困による民政の民間請負の最たるものといえるが、宇津木の研究はこの請負が生み出す矛盾を鋭く突いている。

柴桂子『二宮文―父尊徳の事業に尽した生涯―』（桂文庫、二〇〇〇年）は、尊徳自身ではないが、娘の文の生涯を中心に妻の波、嫁の鉸といった尊徳周辺の女性に焦点をあて、彼女らが報徳仕法で担った役割や、主体的に尊徳に協力し、仕法を支えていた実態を明らかにした。岡田博の研究以来、尊徳周辺の様々な人物が報徳仕法に重要な役割を担ってきたことが明らかにされてきたが、柴の研究はそのなかでも女性に焦点をあてた初めての研究として評価できる。柴は報徳仕法では女性も積極的な役割を担って活躍していたと主張するが、報徳仕法における女性の役割や活動は、今後検討を深められるべき課題であろう。

阿部昭は、②「『報徳思想』の成立と『若林自脩作文集』について」（『国士舘史学』第一六号、二〇一二年）、③「不退堂聖純著『墾田報徳序』より見た成立期の報徳思想」（『国士舘史学』第一七号、二〇一三年）、④「二宮尊徳の桜町領仕法と報徳思想の成立―仕法着手の史料論的研究―」（『地方史研究』第三六六号、二〇一三年）の一連の研究で成立期の報徳思想を検討する。②は尊徳と交流した不二孝導師若林自脩の著作「若林自脩作文集」の分析を通して自脩と「作文集」が報徳思想の成立に果たした役割を考察する。天保二年末、尊徳は桜町仕法延長をめぐり小田原藩と交渉を展開し、その過程で報徳元恕金やその理念となる報徳思想の取りまとめが急がれた。若林自脩は尊徳の身近でそれを補佐し、その結果として「若林自脩作文集」が天保五～六年に作成された。そこには「分度」「推譲」「人道作為」の語は見られないが、その萌芽的な思想がみられ、成立期の報徳思想の実態がうかがえるという。③は尊徳の草稿の浄書に携わった書家不退堂聖純の天保五年の著作「墾田報徳序」から成立期の報徳思想を分析する。そして、「若林自脩作文集」同様、完成期の報徳思想の基本理念が萌芽的な状態でみられると指摘した。④は『二宮尊徳全集』第一〇巻収録の桜町仕法着手時とされる史料の史料批判をおこなった。そして、それらの史料は実際には天保中期以降、嘉永期にかけて尊徳が加筆修正したものであることを明らかにし、天保中期以降の加筆修正部分には「分度」「推譲」「人道作為」などの理念が萌芽的にみられるも、未だ明瞭には表れていないと指摘する。

阿部の研究は地道な書誌学的史料論的分析から「報徳思想の原型」を明らかにする点に特徴がある。尊徳論には史料的根拠の薄弱な通説が多いだけに、かかる研究は貴重である。しかし、こうして明らかになった天保中期の尊徳の思想の性格については、報徳思想の「原型」「萌芽」といった評価に終始している。阿部が指摘するように、この時期の尊徳は桜町仕法の延長・拡大を課題とし、そのための仕法の理念化を進めていたと思われる。そうであるなら、この時期の思想をただ後年の思想の「萌芽」と評価するだけでなく、その時期の実践的課題を担った固有の性格を持つ思想として、「萌芽」ではない部分の評価も含め、分析を深めてもよいのではないか。

## 5　通史のなかの尊徳・報徳仕法

深谷克己『江戸時代』（岩波書店、二〇〇〇年）は、外圧や一揆などによる公儀の恩頼感の減退、百姓成立機能の磨耗といった天保期以降の社会で、眼前の危機克服をめざす社会指導者の一人として尊徳をとりあげた。尊徳や報徳運動を、幕藩体制が動揺を深めるがゆえの社会の側からの対応、努力としてとらえている。

平川新『全集日本の歴史一二　開国への道』（小学館、二〇〇八年）は、一八世紀半ば以降の時代を、領主層が民衆に献策を求め、あるいは民衆の側からの政策提言を積極的に受け止める歴史段階＝「献策の時代」としてとらえる。そして、小田原藩へ献策をおこなった尊徳とその登用をこうした時代の動向の一環として紹介した。尊徳・報徳仕法を領主側による「民衆知」の活用と位置づけているところに新味がある。

深谷・平川両氏の叙述からは、もはや報徳仕法はたとえ領主による施策として実施されたとしても、本質としては民衆側の運動としてとらえられるようになったことがうかがえる。

以上、一九九〇年代以降の研究は、一九八〇年代の村や民衆に基盤を持つ報徳仕法という視点を継承しつつ、研究対象や関心も多様化し、分析も精緻化していったという傾向がうかがえる。また、『報徳記』や『二宮翁夜話』などに依拠した従来の通説や評伝に実証的な再検討がおこなわれ、修正が加えられたことも特徴といえる(33)。

註

（1）大藤修「戦後歴史学における尊徳研究の動向」（二宮尊徳生誕二百年記念事業会報徳実行委員会編『尊徳開顕』有隣堂、一九八七年、のち大藤修『近世の村と生活文化―村落から生まれた知恵と報徳仕法―』吉川弘文館、二〇〇一年所収）。

（2）佐々井信太郎編『二宮尊徳全集』三六巻（二宮尊徳偉業宣揚会、一九三一年）五五～一六八頁。

（3）『二宮尊徳全集』三六巻六六六～八五三頁。

（4）『二宮尊徳全集』三六巻三二三～四七六頁。

（5）見城悌治『近代報徳思想と日本社会』（ぺりかん社、二〇〇九年）。

（6）なお、融通と高利貸との区別は、当該期の一般的利率との比較により判断されるが、次の大塚英二の基準も参照したい（大塚英二「村共同体における融通機能の組織化について」『歴史学研究』五六〇号、一九八六年、のち同『日本近世農村金融史の研究―村融通制の分析』校倉書房、一九九六年所収）。

融通であるが、再生産の保障に不可欠であり、金利や返済方法において後々に支障を来すことが少なく、小農維持、村々防衛のために活用されるものをそう呼び、原理としては基本的に人格的な関係に裏打ちされ、貸借関係にある両者は互いに他の経済状況（家株や家政状況、家内労働力など）を熟知する関係にあると位置付ける。そして、そうした基準から離れ、特にそれ自体の利倍・増殖を追求し、人格的な関係を媒介しないものを高利貸と位置付ける。

（7）前掲註（1）大藤論文。

（8）奈良本辰也「天保期の思想家二宮尊徳」（『思想』二九二号、一九四八年）・同『近世封建社会史論』（要書房、一九

五二年）・同「二宮尊徳」（『思想の科学』一巻五号、一九五四年）・同「『二宮尊徳』をどのように受けとめるか」（『理想』二六八号、一九五五年）。

(9) 奈良本辰也「『二宮尊徳』をかくについて」（『日本史研究』四一号、一九五九年）。

(10) 前掲註(1)大藤論文。

(11) 前掲註(1)大藤論文。

(12) 江守五夫「明治期の報徳社運動の史的社会的背景」（『明治大学法律研究所法律論叢』四〇巻一～三号、一九六六年、のち同『日本村落社会の構造』弘文堂、一九七六年所収）・佐々木隆爾「報徳社運動の階級的性格—静岡県中遠地方の事例を中心に—」（『静岡大学法経研究』一七巻三号・一八巻一号、一九六八・一九六九年）。

(13) 前掲註(1)大藤論文。

(14) 一九六〇年代までの天保期研究の研究史は、北島正元「天保期の幕政」（児玉幸多他編『近世史ハンドブック』近藤出版社、一九七二年）・同「天保期の歴史的位置」（同編『幕藩制国家解体過程の研究—天保期を中心に—』吉川弘文館、一九七八年）・青木美智男「天保期論」（同・山田忠雄編『講座日本近世史六　天保期の政治と社会』有斐閣、一九八一年）参照。

(15) その他、一九六〇年代までの研究としては、桑原真人「幕末期における関東農業の構造—相州足柄平野を中心に—」（『横浜市立大学学生論集』一一号、一九六五年）・深谷二郎「相州小田原藩財政の一考察」（『横浜市立大学学生論集』一一号、一九六五年、のち村上直編『近世神奈川の研究』名著出版、一九七五年所収）・大舘右喜「天保改革と日光神領」（『埼玉県立豊岡高校紀要』二号、一九六七年）などがある。

(16) 前掲註(1)大藤論文。

(17) 前掲註(1)大藤論文。

(18) 渡辺尚志「幕末・維新期における農民と村落共同体」（『歴史評論』四七五号、一九八九年、のち同『近世村落の特質と展開』校倉書房、一九九八年所収）。

(19) 前掲註(5)見城著書・同「戦時下の報徳思想と『満州国』」（『報徳学』二号、二〇〇五年）。

(20)大藤修「『土の哲学』と『金銭の哲学』―守田志郎著『二宮尊徳』の論評を通して―」(『報徳学』二号、二〇〇五年)。
(21)佐々木潤之介『幕末社会論』(塙書房、一九六九年)・同『世直し』(岩波書店、一九七九年)など。
(22)その他、一九七〇年代の研究としては、岩崎敏夫『二宮尊徳仕法の研究』(錦正社、一九七〇年)・小松郁夫「天保期における大磯宿の様相」(『神奈川県史研究』一一号、一九七一年)・秋山高志「谷田部藩領安政四年積穀騒動」(植田敏雄編『茨城百姓一揆』風涛社、一九七四年)・海野福寿「報徳仕法の展開」(中村雄二郎・木村礎編『村落・報徳・地主制』東洋経済新報社、一九七六年)などがある。
(23)松尾公就「大藤修著『近世の村と生活文化―村落から生まれた知恵と報徳仕法―』」(『日本歴史』六四五号、二〇〇二年)。
(24)前田寿紀「二宮尊徳の報徳思想・報徳仕法の内在論理と近代日本における報徳社によるその継承」(『淑徳大学社会学部研究紀要』三六号、二〇〇二年)・同「明治期における『(中央)報徳会』による『富国安民』思想・仕法の内在論理の継承」(『報徳学』二号、二〇〇五年)。
(25)見城悌治は「近代社会成立前夜を生きた尊徳の思想と方法は、過渡的要素を多く内包していたが故に、近代の側からそれぞれの期待に見合った内容を読み出すことは容易」だとして、様々な立場により読み替えられ利用される「適合報徳主義」こそ「近代報徳思想」であると主張する(前掲註〈19〉見城論文)。近代報徳思想はナイーブに近世の報徳思想との継受関係をみるよりも、近代の文脈のなかで分析されるべきであろう。なお、かかる観点から考察した近代報徳運動の特質については、拙著『近代西相模の報徳運動　報徳運動の源流と特質』(夢工房、二〇一三年)参照。
(26)前掲註(1)大藤論文。
(27)深谷克己「高度成長下における歴史意識の変容と歴史学」(『歴史学研究』五二五号、一九八四年、のち同『深谷克己近世史論集　第六巻　歴史学徒のいとなみ』校倉書房、二〇一〇年所収)。
(28)歴史学研究会近世史部会運営委員会(脇野博文責)「近世における社会集団と民衆 問題提起」(『歴史学研究』五三四号、一九八四年)。
(29)その他、一九八〇年代の研究としては、神奈川県県民部県史編集室編『神奈川県史　各論編三　文化』第二編四(青木美智男執筆、神奈川県、一九八〇年）・御殿場市史編さん委員会編『御殿場市史　第八巻　通史編上』第一〇章（内田哲夫執筆、静岡県御殿場市、一九八一年）・今部桃彦「報徳仕法について」（『甲斐路』四七号、一九八三年）・並松信久「二宮尊徳における農業思想の形成」（『農林業問題研究』七〇号、一九八三年）・岡田博「天保四年幸手宿打毀しと二宮尊徳」（『埼玉史談』三一巻二号、一九八四年）・弦間耕一「近世甲州における報徳活動の一考察」（地方史研究協議会編『甲府盆地―その歴史と地域性―』雄山閣、一九八四年）・佐々井典比古「三浦三崎の報徳仕法」（『郷土神奈川』一四号、一九八四年、のち『かいびゃく』三三巻六号、一九八四年に転載）・岡田博「桜町領の不二孝仲間」（二宮尊徳生誕二百年記念事業会報徳実行委員会編『尊徳開顕』有隣堂、一九八七年）・森豊「日光神領の報徳仕法」（同前）・佐藤高俊「尊徳屈身期における富田高慶」（同前）・岩崎敏夫「封建制を超えた相馬仕法」（同前）・河内八郎「常野地方の歴史的風土と報徳仕法」（同前、のち河内八郎『幕末北関東農村の研究』名著出版、一九九四年所収）・吉田純一「報徳仕法における家屋普請について」（『福井工業大学研究紀要』一七・一八号、一九八七・一九八八年）・本多耕一「二宮尊徳帳簿の研究」（『静岡学園短期大学研究報告』一号、一九八八年）・真岡市史編さん委員会編『真岡市史　第七巻　近世通史編』第五章第二節（大木茂執筆、栃木県真岡市、一九八八年）・石井孝「相馬藩富沢村の報徳仕法」（『大倉山論集』二五輯、一九八九年）・石井孝「二宮尊徳の一円観について」（『大倉山論集』二六輯、一九八九年）などがある。

(30)　神奈川県教育庁社会教育部文化財保護課編『神奈川県文化財図鑑』歴史資料編（神奈川県教育委員会、一九八九年）。

(31)　平野哲也は、下野国芳賀郡東水沼村の村方地主岡田家と村との関係を分析し、小百姓が岡田家に耕地を預け、同家の政治力・経済力のもとで、小作環境の整備を享受し、再生産の保障を得ようとしたこと、岡田家もこれに応じ、自家の経営基盤となる小作人の生産・生活の安定にさまざまな支援策をとったことを明らかにした。そして「地主というだけで小作料の搾取者と位置づけ、地主と小作人の間に対立・矛盾関係のみを見出すのは早計である」と指摘する（平野哲也『江戸時代村社会の存立構造』御茶の水書房、二〇〇四年）。地主経営のあり方も一様ではなく、地主による報徳仕法についても、その性格は実態に即した評価をする必要があろう。

(32)　藤田覚「天保十四年御料所改革について」（『日本歴史』三六二号、一九七八年、のち同『幕藩制国家の政治史的研究―天保期の秩序・軍事・外交―』校倉書房、一九八七年に増補改訂して所収）。

（33）その他、一九九〇年代以降の研究としては、平塚市編『平塚市史九　通史編古代・中世・近世』第二編第三章第五節（村上直・宇佐美ミサ子執筆、神奈川県平塚市、一九九〇年）・並松信久「報徳仕法の展開と土地所有観」（『京都産業大学国土利用開発研究所紀要』一二号、一九九一年）・内田清「竹松の報徳堀─嘉永元年の三町田報徳堀開発を中心に─」（『市史研究あしがら』三号、一九九一年）・浮田喜和「天保八年三月二宮尊徳による救急仕法の実態」（同前）・松尾公就「幕末期における針ヶ平・堤ヶ原の開発訴願運動」（『伊那』七六〇・七六一号、一九九一年）・仁木良和「報徳思想の受容について─小林平兵衛を事例として─」（『立教経済学研究』四七巻二号、一九九三年）・植松忠博「二宮尊徳の農村開発」（『国際協力論集』二巻一号、一九九四年）・矢嶋道文「二宮尊徳『農政思想』の再評価・その理論と実践─日本型『重商主義』思想研究─貿易思想と農政─」（『関東学院女子短期大学　短大論叢』九一・九三集、一九九四・一九九五年、のち同『近世日本の「重商主義」思想研究─貿易思想と農政─』御茶の水書房、二〇〇三年所収）・石井孝「二宮尊徳の学問と内政外交論─蘭学者との交流をめぐって─」（『日蘭学会会誌』三七号、一九九四年）・大藤修「二宮尊徳」（朝尾直弘他編『岩波講座日本通史　第一五巻　近世五』岩波書店、一九九五年）・石井孝「二宮尊徳とペリー来航情報をめぐって─開国論の立場から─」（『大倉山論集』三七輯、一九九五年）・矢嶋道文「二宮尊徳の農政思想─日光『御神領仕法』の理論と実践─」（『関東学院大学　経済系』一八七集、一九九六年、のち前掲矢嶋著書所収）・岡田博『郷土史のなかの報徳考─二宮尊徳の思想と報徳を醸成した村─』（まるはと叢書、一九九七年）・小山町史編さん専門委員会編『小山町史　第七巻　近世通史編』第一二章（大藤修執筆、静岡県小山町、一九九八年）・佐々井典比古『尊徳の森』（有隣堂、一九九八年）・佐々井典比古『尊徳の裾野』（有隣堂、一九九八年）・松尾公就「小田原領東筋代官の廻村指導報告書」（『かいびゃく』四七巻一一・一二号・四八巻一号、一九九八・一九九九年）・開成町編『開成町史　通史編』第五章第二節（松尾公就執筆、神奈川県開成町、一九九九年）・南足柄市編『南足柄市史六　通史編Ⅰ自然・原始・古代・中世・近世』近世編第四章第四節（松尾公就執筆、神奈川県南足柄市、一九九九年）・小田原市編『小田原市史　通史編近世』第一〇章（松尾公就執筆、神奈川県小田原市、一九九九年）・岩本由輝「陸奥中村藩中郷萱浜村における新百姓取立─二宮尊徳仕法の一環として─」（『東北文化研究所紀要』三二号、二〇〇〇年）・岩崎敏夫「民俗学からみた二宮尊徳の相馬仕法」（同前）・波多野想ほか「二宮尊徳にみる桜町領住宅および社会基盤の整備」（『日本建築学会計画系論文集』五四九号、二〇〇一年）・

松尾公就「二宮尊徳と大井の村むら」（『於保為』二一号、二〇〇一年）・大磯町編『大磯町史六　通史編古代・中世・近世』第三章第九節（馬場弘臣執筆、神奈川県大磯町、二〇〇四年）・松尾公就「堀と道普請にみる報徳仕法」（小田原近世史研究会編『交流の社会史―道・川と地域―』岩田書院、二〇〇五年）・木龍克己「尊徳の行動力と活動範囲―『日記』の概観と小田原出張―」（同前）・宇佐美ミサ子「大磯宿の飯盛女と茶屋町救済仕法」（同前）・松尾公就「小田原報徳仕法『畳置』をめぐる諸問題―弘化三年の小田原藩と二宮尊徳―」（『小田原地方史研究』二三号、二〇〇五年）・大塚英二「近世中後期遠州地域の農業技術と報徳仕法―森・金谷地方での分析―」（『愛知県立大学文学部論集　日本文化学科編』五六号、二〇〇七年、のち同『日本近世地域史序説』清文堂、二〇〇八年所収）・二宮町史編さん委員会編『二宮町史　通史編Ⅱ　近世』第七章（阿部昭執筆、栃木県二宮町、二〇〇八年）・二宮康裕『日記・書簡・仕法書・著作から見た二宮金次郎の人生と思想』（麗澤大学出版会、二〇〇八年）・阿部昭「二宮尊徳自家再建期の経営について―『全集』収載史料の読み直し―」（『国士舘人文学』四四号、二〇一二年）・松尾公就「二宮尊徳の窮民救済仕法―天保飢饉直後の野州烏山領と駿相州小田原領―」（小田原近世史研究会編『近世南関東地域史論―駿豆相の視点から―』岩田書院、二〇一二年）・同「伊豆韮山の報徳仕法と『報徳』ネットワーク」（『小田原地方史研究』二六号、二〇一二年）・阿部昭「桜町仕法諸施策の展開と住民動向―仕法着手から出奔事件まで―」（『栃木県立文書館研究紀要』一八号、二〇一四年）・同「仕法の永久相続論と報徳思想の成立」（『関東近世史研究』七五号、二〇一四年）・松尾公就「尊徳仕法にみる『分度』再検討―文政・天保期の『平均御土台』を考える―」（『小田原地方史研究』二七号、二〇一四年）などがある。

# 第二章　二宮尊徳の出現

## ――小田原時代の尊徳と地域・藩政――

### はじめに

二宮尊徳の出生から桜町赴任までの小田原時代は、のちの報徳仕法の前提として重要な意味を持つ。しかし、残された史料の乏しさもあり、従来『報徳記』や『二宮翁夜話』など、門弟による後世の編纂物にみられる逸話を素材にした伝記的な論評や概説がなされるのみで本格的な研究はされてこなかった(1)。

これら逸話によった尊徳論では、のちの報徳仕法につながる一家復興過程での「積小為大」の論理や、金融利得観念の会得などが着目され、尊徳を「並みの百姓」とは異なる非凡な考え・才覚を持った存在として特殊化するか、あるいは逆に当該期の家・村復興に奮闘する農民に普遍化して理解されてきた。

たしかに小田原時代の尊徳は、一家復興という当該期の多くの人々が抱える普遍的な課題に非凡な才能を持って取り組んだ百姓といえる。しかし、彼は西相模・小田原藩領の地域性や諸条件下で生活しており、彼の思惟・活動や、のちの報徳仕法の諸前提は、それらとの関わりのなかで生み出されたはずである。すなわち、報徳仕法にみられる独特の手法や発想の所以の解明には、彼の前半生である小田原時代の生活・活動の実態の検討が不可欠といえる。しかし、従来の尊徳論では彼を特殊化あるいは普遍化するなかで、この点をほとんど捨象してきた。そこで、本章ではこれまで研究されてこなかった桜町領赴任以前の尊徳の諸動向を明らかにし、報徳仕法の諸前提について考察していきたい。

さて、そのためには後世の編纂物の逸話によらない分析が不可欠であるが、これについては研究素材を「金次郎自身の文献・その場に居合わせた関係者の文献」にこだわり、尊徳の「一族一家主義」の形成から「一村一家主義」への意識の広がり・発展を指摘した二宮康裕の研究がある。(2) しかし、地域と尊徳との関連については、酒匂川の洪水が彼の「人道論」の原点になったこと以外触れておらず、この点、従来の尊徳論の枠内にある。二宮が目指す『報徳思想』の形成が如何なる背景をもち、如何に形成されていったのか」の解明のためにも、本章の関心である地域における尊徳の活動実態の考察は欠かせないと考える。また、近年小田原藩の藩政および藩政改革の実態解明が進み、二宮尊徳の桜町派遣の経緯についても藩政との関わりから明らかにされている。(3) これらの研究は本章を進めていくうえで不可欠の前提であるが、藩政・藩政改革を受けた領民の主体形成についてはいまだ研究されておらず、当該期の尊徳の検討はこの課題にも寄与すると思われる。なお、これについては、近世中期の藩政改革における改革主体を追究してきた近年の藩研究(4)が手がかりになると思われ、本章はこれらも踏まえて考察していきたい。

以上を念頭に、本章では小田原時代の尊徳の諸動向のうち、一家再興・本家一族諸家再興仕法・生業と生活・服部家仕法の四点をとりあげて検討する。

なお、二宮尊徳の生地である相模国足柄上郡栢山村（神奈川県小田原市）は、小田原城下から北へ六キロメートルほどに位置する小田原藩領の村である。天保期の石高は一二七〇石余、村の東端を酒匂川が流れ、たびたび氾濫に見舞われた。また、万治元年（一六五八）の検地帳によれば耕地反別は田が四六町余、畑が七反余で、水田耕作を中心とした主穀生産の村であった。(5)

# 一　二宮銀右衛門家と尊徳による再興

## 1　二宮銀右衛門家の成立

尊徳の生家は、祖父銀右衛門が二宮万兵衛家から分家して成立した。銀右衛門が分家した年は不明だが、安永七年（一七七八）正月の所持反別は二町三反六畝余であった。所持地で最も多いのが元地主伊右衛門の土地七反五畝二二歩である【表1】。伊右衛門家は当時没落過程にあった二宮家の総本家であり、分家の際に銀右衛門家の百姓株式の基礎になった土地と考えられる。

**【表1】安永7年の二宮銀右衛門家所持地**

| 元地主 | 反別 |
|---|---|
| 栢山村伊右衛門 | 7反5畝22歩 |
| 栢山村四郎兵衛 | 7畝6歩 |
| 栢山村岡右衛門 | 2反20歩 |
| 栢山村織右衛門 | 9畝23歩 |
| 栢山村三郎左衛門 | 2反1畝1歩 |
| 栢山村金三郎 | 1反7畝26歩 |
| 栢山村幸左衛門 | 5畝8歩 |
| 栢山村弥六 | 7畝28歩 |
| 栢山村勘左衛門 | 2反1畝8歩 |
| 栢山村彦八 | 9畝8歩 |
| 栢山村三四郎 | 1反9畝 |
| 栢山村所左衛門 | 6畝2歩 |
| 栢山村太兵衛 | 2畝16歩 |
| 栢山村嘉右衛門 | 2畝6歩 |
| 栢山村万兵衛 | 28歩 |
| 北久保村新七 | 1反 |
| 計 | 2町3反6畝22歩 |

※『二宮尊徳全集』14巻322～325頁より作成。

銀右衛門家の土地集積過程の詳細は不明である。ただ、銀右衛門が没した天明二年（一七八二）までに確認できる土地取得のうち、一〇件中九件の証文に「右之金子返進仕候はゞ、何年過候ても無相違御返可被下候」などの文言がみられる。銀右衛門家は相模国で盛行していた無年季的な金子有合次第質地請戻し慣行(6)にもとづく買得で所持地を集積していったと考えられる【表2】。

【表2】二宮銀右衛門家の土地取得

| 取得年月 | 反別 | 代金 | 売主 | 取引 |
|---|---|---|---|---|
| 寛延4年3月4日 | 7畝6歩 | 4両 | 栢山村四郎兵衛 | 有合 |
| 宝暦8年12月 | 1反6畝2歩 | 3両2分 | 栢山村又八 | 有合 |
| 宝暦9年11月 | 4畝27歩 | 2両3分 | 栢山村伊右衛門 | 有合 |
| 宝暦9年11月 | 3反3畝20歩 | 4両2分 | 栢山村元左衛門 | 有合 |
| 安永3年12月 | 2反1畝1歩 | 10両 | 栢山村三郎左衛門 | 有合 |
| 安永4年閏12月 | 4畝18歩 | 7両3分 | 栢山村金三郎 | 売渡 |
| 安永5年5月 | 7畝28歩 | 4両 | 栢山村弥六 | 有合 |
| 安永6年1月 | 1反6畝15歩 | 4両3分 | 栢山村勘左衛門 | 有合 |
| 安永6年1月 | 4畝23歩 | 2両 | 栢山村勘左衛門 | 有合 |
| 天明2年3月 | 2畝16歩 | 2両 | 栢山村太兵衛 | 有合 |

※『二宮尊徳全集』14巻308～314頁より作成。
※取引欄の「有合」は金子有合次第質地請戻しの慣行にもとづく土地取得、「売渡」は売主の売却による土地取得を意味する。

## 2 銀右衛門家の離散

銀右衛門には子がなく、兄万兵衛の次男利右衛門が養子になった。そして、天明七年に利右衛門の長男として尊徳（金治郎・金次郎）が生まれ、さらに二人の弟も生まれた。しかし、その後、寛政一二年（一八〇〇）九月、尊徳の父利右衛門が没し、享和二年（一八〇二）四月に母よしが没する相次ぐ不幸に見舞われた。

母の死により一六歳の尊徳は伯父万兵衛に、二人の弟は母方の実家に引き取られた。その際、親類立会いで銀右衛門家の所持地が調査され、七反五畝二九歩に減少していたことが判明した(7)。この減少＝売却の内訳をみると、安永七年以降の売却地は売却理由から次の二種にわけられる【表3】。一つは、「田畑追々請戻度旨懸合に付」と買主からの請戻しの希望を受けて売却した土地五反八畝三歩である―売却地A。もう一つは銀右衛門家が「水難・病難・不仕合打続、追々田畑有合売渡」した土地九反八畝二歩で、同家の危機に起因する売却地である―売却地B。売却地Bは、おそらく寛政三年に発生した酒匂川の洪水後や病没した父母の晩年の売却と思われるが、「有合売渡」であることが注目できる。

ところで、これらの土地売却からは、金子有合次第質地請戻し慣行が持つ百姓の高所持の維持・再生産という意味や(8)、それにともなう土

**【表3】二宮銀右衛門家の土地売却**

| 売却年月 | 反別 | 代金 | 買主 | 売却理由 |
|---|---|---|---|---|
| 天明4年12月 | 1反3畝8歩 | 3両3分2朱 | 栢山村金三郎 | 追々請戻度旨懸合に付【売却地A】 |
| 不　明 | 1反9畝 | 7両2分 | 栢山村喜蔵 | |
| | 6畝2歩 | 1両2分 | 栢山村所左衛門 | |
| | 9畝23歩 | 2両1分 | 栢山村織右衛門 | |
| | 1反 | 3両 | 北久保村新七 | |
| 計 | 5反8畝3歩 | 18両2朱 | | |
| 不　明 | 4反6畝3歩 | 15両3分 | 栢山村喜与八 | 水難・病難・不仕合打続、追々田畑有合売渡【売却地B】 |
| | 2反8畝13歩 | 6両1分 | 栢山村佐右衛門 | |
| | 8畝28歩 | 2両 | 栢山村久右衛門 | |
| | 5畝8歩 | 4両 | 栢山村浅右衛門 | |
| 寛政3年＊ | 9畝10歩 | 3両2分 | 栢山村岩右衛門 | |
| 計 | 9反8畝2歩 | 31両2分 | | |

※『二宮尊徳全集』14巻326～327頁より作成。　＊『二宮尊徳全集』14巻329頁より判明。

地の循環がうかがえる。すなわち、売却地Aはかつて元地主が経営危機などで銀右衛門家に手放した土地で、危機克服後に請戻しを要請されて売却した土地と考えられる。一方、売却地Bが「有合売渡」であるのも銀右衛門家の危機克服後の請戻しによる所持高回復が見込まれていたからであろう。

さて、享和二年四月の母の死による一家離散後、尊徳は残された七反五畝二九歩の所持地を「親類並同性（姓）之以助成、植付、草取」していた。しかし、その所持地も六月二九日の洪水で「不残」流失してしまった。親類一同は流失田地の諸役高掛物の弁済のため、尊徳の居宅・家財・諸道具・衣類等を売却して、残金は利回しを頼み、ここに銀右衛門家は分散同様となった。ただし、流失地となったが土地は「家株」として銀右衛門家に残された。

### 3　尊徳による銀右衛門家復興

享和二年に万兵衛家に引き取られた尊徳は、文化元年（一八〇四）には栢山村の名主家へ奉公し、同三年には所持地に小屋を建て独立したという[9]。そして同年三月、尊徳は寛政三年に父が売却した土地を初めて請戻した[10]。元金で請戻しており[11]、金子有合次第質地請戻し慣行にもとづく所持地の回復であった。

なお、この土地は享和二年の洪水以来、「御用捨中」＝年貢免除地となっており、尊徳はここを小作して三俵二斗の作徳米を得ていた[12]。そしてそれ以降、「土地共に相励」み、年々田畑を請戻すことができたとして、彼はこの土地を「開運之始、我為には大恩之御田地」としている。ここには、自家復興の基礎＝「開運之始」が年貢免除地であるとの意識がみられる[13]。彼は文政三年（一八二〇）に金融的手法で土地を「無年貢地」化する「手段金」を藩に献策するが（後述）、それはこの年貢免除地に対する意識から発想されたと考えられる。

さらに、尊徳はこの土地の請戻しにあたり、「我幼少にて無父母之艱難は身に預り申候間、他人之噺にても実に感涙を絞り申候」として、「親類縁者之儀は不及申、見聞候迄にても是皆因縁有之儀に付、厚く致世話遣申度」と述懐した。一家再興へ踏み出せた感慨が、自分と同じ「艱難」を抱える他者へ「厚く致世話遣申度」との思いを生んだのであろう。この思いは、まず一族の家政再建仕法として実行される（後述）。

これ以後、尊徳は「前々困窮之砌売渡置候」土地を請戻していく。しかし、文化六年一二月に売主からの「達て示談」による「過分之金子差出」しての土地取得以降、「借財相嵩、返納方に差支、荒地芝間之処、達て引請呉候」（文化七年二月）など、困窮した売主の要請を受けた土地取得をするようになる[14]。そして、文化六年一二月以降、文政四年一二月までに確認できる土地取得をみると、八件中五件の売主が二宮一族であり、ほか二件も取得地は二宮一族の元所持地であった[15]。当時、尊徳は自家の復興と並行して、絶家した総本家伊右衛門家の再興も試みており、本家からの分配地を「一族共有の財産[16]」とする観念によって一族の「助合」の必要性を説いていた（後述）。彼の土地取得は一族への融通―「助合」であるとともに、「一族共有の財産」たる同族団の土地確保の意味もあったと考えられる。

そのほか、尊徳の土地取得に関連して次の二件に触れておきたい。

一つは、二宮総本家伊右衛門家の元所持地の請戻し権の取得である。[17]宝暦七年（一七五七）に伊右衛門が孫兵衛へ売却し、文化五年に孫兵衛が峰右衛門へ転売した田地二反八畝余について、文政二年三月、孫兵衛が困窮を理由に上金の借用を峰右衛門へ相談した。しかし、峰右衛門が拒否したため、尊徳は孫兵衛へ上金相当額を渡して孫兵衛から古証文を受取り、請戻しの権利を得た。ただ、彼は「伊右衛門式相続之節は勝手次第請戻可申積」を取り決めて、田地は峰右衛門方へ差し置いた。尊徳は伊右衛門式再興を視野に入れつつ孫兵衛や峰右衛門の経営の成立をはかり、これを「両善之取計」としている。

もう一つは、「手段金」の献策である。[18]文政三年二月、尊徳は治郎左衛門から、免上げのため年貢諸役を勤められなくなったとして、一町八反八畝二歩の田畑を引受けてくれるよう歎談され、これを引受けた。増税で所持することが引き合わなくなった土地を無償で入手したことになるが、その際、尊徳はこの土地代金に相当する一〇三両を藩に上納（貸付）して藩の「上方御借財」の元金返済にあて、その利息相当金額の年貢を免除してもらうことを考えた。この上納金を藩の借財返済にあてれば、藩の借財を減らす「国益」になるとともに、その利息分が「除地同様之姿」になって領民の「潤沢」にもなると考えたのである。そこで同月、実際には鹿田四反一五歩の地代にあたる二二両二分を年一割五分の利息で藩に「手段金」として上納し、鹿田が熟地になるまで年貢を利息で振り替え、熟地になり次第報告して返金してもらうことを出願して許可された。これは金融的手法による土地の「無年貢地」化といえる。

小田原藩は文政元年に江戸商人からの借財借換えのため、大坂の鴻池善右衛門らから五年間の元金返済猶予で借財をしていた。しかし、猶予期間が終わる文政五年になると、それ以前の借財も含めて、さらに五年間の元金等の返済猶予を求めて鴻池らに交渉するようになる。[19]尊徳の「手段金」は、このような小田原藩の借財整理の苦悩の最中での献策であり、藩財政の状況を読んだうえの献策といえる。

## 4　桜町転居と所持地売却

文政五年、尊徳は二町四反二六歩の地主になっていた。[20]しかし、文政四年一〇月下旬には桜町仕法拝命が決まっており、[21]彼は文政五年三月一二日、桜町仕法の「土台金」[22]とするため所持地のうち一町四反二六歩を七二両余で売却した。ただし、証文はすべて「有合売渡申田地之事」の表題で、「代金返済仕候はゞ、田地無相違御戻可被成候」との文言がある。金子有合次第質地請戻し慣行にもとづく土地売却であり、のちの所持地回復が意識されていた。

一方、売残地の一町は小作地となった。[23]ただ、そのうち上田四反八畝一五歩については地代金二七両一分余を「手段金」として藩に上納し、「無年貢同様」の土地にしていた。[24]そのため、この土地の文政四年の年貢割付高は二四俵二斗四升四合であったが、「手段金利足之分引」として一〇俵九升七合が控除され、実質は一四俵一斗四升七合になっていた。文政九年以降、この土地は弟の三郎左衛門に管理が委託され、小作米は村民の土地請戻し資金や村持頼母子講掛金、夫銭などに活用された。さらに、天保二年（一八三一）には入札で高札の者に無年貢耕作させる「報徳田地」になったが、同四年、家政再建中の三郎左衛門と一族の澤右衛門に売却された。

## 5　小　括

二宮尊徳は没落した自家を一廉の地主へと復興させた。しかし、従来、彼の取得地や土地集積の過程・意味が論じられることはなかった。本節ではこれを検討し、銀右衛門家は当地域で盛行していた金子有合次第質地請戻し慣行にもとづき土地を売買し、尊徳もそれにもとづいて一家復興に踏み出したことを指摘した。また、文化六年一二月以後、尊徳の土地取得は困窮した二宮一族の「歎談」による買得が主になったが、そこには同族団としての融通―「助合」や同族団の土地確保の意味、本家伊右衛門式再興の意図があったと考えられる。

そして、年貢免除地が「開運之始」になったとの経験・意識は、尊徳に無年貢地を金融的に創出する「手段金」を発想・献策させた。これはのちに出精人へ貸与される報徳仕法独特の年貢免除地の前提となる重要な着想といえるが、借財に苦しむ小田原藩の財政問題が背景にあっての献策であった。この「手段金」の存在も従来指摘されることはなかった。また、一家復興へ踏み出した彼は他者へ「厚く致世話遣申度」との思いを抱くようになった。

さらに文政五年、尊徳は桜町領赴任にあたり所持地を売却した。この売却について大藤修は「自己をまさに無所有の状態に置くことによって、私欲を徹底的に排除しようとした」と評価した[25]。たしかに、「父之株式可成相続相成候様」[26]努めてきた尊徳にとって、桜町赴任・土地売却の決断には相当の葛藤があったであろう。しかし、その売却には金子有合次第質地請戻し慣行にもとづく、のちの所持地回復が意識されていた。また、所持地の四割は小作地として残されており、彼は「無所有の状態」にはなかった。むしろ、のちの所持地回復を見込んだ金子有合次第質地請戻し慣行があったからこそ、尊徳は土地売却・桜町赴任への決断に踏み出せたのではないだろうか。

そして、かかる所持地の売却、請戻しによる土地の循環は、のちの報徳仕法でもおこなわれる[27]。

## 二　二宮一族の再興仕法

### 1　総本家伊右衛門家再興の着想とその背景

二宮家の総本家伊右衛門家は、万治元年（一六五八）には六町四反余の土地を所持していた[28]。しかし、次第に困窮し、最後の当主儀兵衛は「家財ハ勿論、田畑居屋敷迄不残売払致退転」し、「本然恵性と号して仏門に入」り、晩年には「同性《（姓）》初、五人組、かとや《（門屋）》、譜代等順番に致扶持、非人乞食同様」の生活を送るほどに零落していた。そして、寛政九年（一七九七）、彼の死により本家は絶家した(29)。

尊徳は、伯父万兵衛家からの独立以前の文化二年（一八〇五）から、本家再興を企図し、「同性一統種々歎談」していた。しかし、一族の合意は得られなかった。のちに彼は、この「歎談」の内容を次のように述べている。

同家《（三郎左衛門家）》之儀は往古分家以来、猶又致分家、御田地不足に罷成、終に自然と致困窮、退転同様に罷成候、其根元は本家之式禄致頂戴、報其恩沢事無之故之儀にも可有之哉、第一本家致退転、仏事報謝も無之、全無縁同様不本意之至、左も可有之儀候、元家株田畑家屋敷迄致配分、父母妻子兄弟、生々世々相営来候幸、右大恩を弁候はゞ所持之式禄不残差戻し、本家致相続、且又先祖之菩提を可奉弔筈之儀には無之哉之段、年来度々及示談候得共、空敷相流居候間、銘々次第は有之候得共、当時持高之内、或は十分一、或は二十分一、不限多少差出、本家致相続度段及掛合候得共、一円承知無之、不致成就(30)

これは文政元年（一八一八）、尊徳が弟友吉の相続した二宮三郎左衛門家の家政再建（後述）にあたり述べた言葉である。分家は本家に対して「家株田畑家屋敷」を「配分」されて「生々世々相営」んできた「大恩」があり、本家相続のため分家が「所持之式禄不残差戻」すことは当然との認識がみられる。そして、この認識に立って尊徳は、一族に「当時持高之内、或は十分一、或は二十分一、不限多少差出、本家致相続度」ことを提案したのである。

しかし、一族は彼の提案を拒否した。尊徳の主張は分家への分与地を本家の「家産」の範疇内とする観念、あるいは本家から分配された土地を「一族共有の財産」(31)とする同族団の観念に立脚したものといえる。しかし、このような観念だけで代金をともなわずに提案が受け入れられるほど同族団は結束していたわけではなかった。

では、尊徳は本家再興にいかなる意味を見出し、何を意図していたのか。彼は後年、本家再興仕法を開始した理由を次のように述べている。

本家末家之別ありといへども、其本を顧る時は同根同体之儀、是故に本家之憂は末家にて力を尽し致補助、末家艱難に迫る時は、本家より救助いたし、相互に助合、一身の全き事を願ふが如くならば、本末永々致退転候憂有之間敷候に付、是非共致再興、相続之道相立、祖先之恩義を報じ度、幼年之時より一途に心懸候(32)

ここには「本家末家」の同族団は「同根同体」であり、「相互に助合」う必要があるとの認識が示されている。本家を再興し、「祖先之恩義を報じ」ることで同族意識を高め、同族団が持つ「助合」機能を活性化させることに本家復興の意味・意図があったといえよう。

尊徳がこのように考えた背景には、自身や弟たちが両親の没後に親類の家で暮したように、「親類並同性（姓）之以助成(33)」て生活してきた経験があった。文化元年、銀右衛門家の所持地調査の過程で尊徳と一族の金三郎の間に替地をめぐる問題が発生したが、尊徳は「一家同性（姓）之儀に付、拘損益、違論仕候ては先般愛憐を穢し可申哉恐入、亦は子孫永久憂ひも難計」として、五畝二〇歩の土地を金三郎に渡し、「家株」を減らした(34)。彼のそれまでの生活は「一家同性」に「愛憐」の恩義を感じさせるものであったのであり、それゆえに一層強く「一家同性」が意識された。そして一族の不和は「子孫永久憂ひ」のもととして恐れられたのである。さらに、尊徳は幼少期に儀兵衛が一族に対して「同性皆吾家より出、吾式禄配当し、或は名主、或は組頭、夫々他人の尊敬を受け、吾家之滅亡を憂ひざらんや、何ぞ吾家之相続を助けざらんや、其本乱れて末治るものあらず」と「朝夕罵」っていたのを聞いていた(35)。分家の「補助」を受けられずに没落した本家を眼前にしたことも、同族団結合の弛緩への恐れを抱かせたであろう。儀兵衛の叫びは尊徳が本家再興を一族に説いた論理と同一である。このような彼自身の経験が、同族団の「助合」の必要性を痛感させ、本家再興が着想されたのである。

## ２　伊右衛門式再興仕法の展開

さて、本家再興に一族の同意を得られなかった尊徳は文化二年、売れ残っていた本家の屋敷稲荷社地に竹木を植樹することを思いつき、手入れを始めた。文化六年、竹木が「案外生立」ち、これを伐採して得た二朱銭五七〇文を「善種」として「一家取立相続之趣法」を開始した。一二月には尊徳がこれに三分銭二八六文を足して計一両とし、翌年、翌々年と利廻しして一両一分永七二文余となった[36]。

文化九年九月、「同性（姓）一同」九名から本家再興仕法へ助成米が寄せられた。本家再興仕法に初めて一族から積極的な協力が得られたのである。助成米は尊徳の拠出も含めて四斗五升となり、五升を仏前に納め、残り四斗を延売に頼み、翌年一二月に一分二朱を受け取った。一族からの初の助成米を仏前に納めたところに「祖先之恩義を報じ」ることで同族意識を高めようとする意図がうかがえる。

その後、小額ではあるが尊徳は奉公先の服部家からもらった肴代、支払った田耕人足賃の辞退分、香典の省略分、回収を諦めていた貸付金の返納、路上の拾得金などを本家再興仕法の資金に入れていく。不時の収入や倹約分の仕法資金への加入は、のちの報徳加入金の方法と同一であり、この経験はその前提になったといえる。

また、文化一四年一〇月、二宮虎次郎ら同族の子弟五人に秋作取入出精として、本家再興仕法資金から一〇〇文ずつ褒美を与える表彰を実施した。すでに尊徳は文化一一年に服部家奉公人への表彰を実施しており（後述）、これを村の一族子弟に導入したのである。この後も彼は一族の子弟らに出精褒美金を与えていくが、これは彼らの出精奨励とともに同族意識の高揚を意図したものであろう。

文政元年一一月一五日、尊徳は「出精人」として酒匂河原で小田原藩主大久保忠真に表彰されるが、文政三年一二月に本家再興仕法資金を使用して、表彰の際の藩主忠真の被仰渡書と八朱金貸金議定（後述）の筆写を頼み、近村の者に配った。この文政三年以降から一族・村の枠組みを越えた本家再興仕法資金の使用がみられるようになる。一〇月には、ここから一両を投じて尊徳が献策した年貢納升の改正新升を作り、藩に献納した。一二月の出精人表彰では一族以外の子弟六名も対象となり、(37)翌年五月の田植え出精表彰では栢山村の一四名の百姓倅に褒美を与え、最大の出精表彰となった。また、八月一九日には「困窮大借」の飯田岡村（小田原市）に一三両を用立てる村貸しが本家再興仕法資金でおこなわれた。

その後、尊徳は文政五年三月の桜町赴任にあたり売却した田畑の代金七二両余と、翌年二月二九日に藩から下付された桜町への路用五〇両、三月一二日に売却した家財代金六両三分余を本家再興仕法資金に加えた。

## 3　権右衛門家再興仕法

文化一二年一二月、尊徳は一族の権右衛門家の再興仕法を立案・実施した。(38)同家は万治元年には七町四反余を所持していたが、文化一二年には六反三畝余にまで所持地を減らし、うち五反余は「引受人無之極々麁田」であった。また、当主権右衛門は「近年病身に相成、農業相勤兼」る状態で、一四両三分の借財があった。仕法着手にあたり尊徳が「極々麁田」五反余を除く一反二畝余を調べると、流失地ではあるが実際は四反四畝あることが判明した。しかし、その地代金は一〇両ほどにすぎず借財額に不足し、「伊右衛門式同様退転に相成候外無御座」かった。

そこで文化一三年、尊徳は親類の権蔵・佐野右衛門に相談して四反四畝のうち三反六畝を一六両で買ってもらい、これでまず借財を完済した。また、完済後に余った残金一両一分と尊徳が拠出した一両の計二両一分で「前々困窮之砌」に売却した下々畑一反余を請戻した。ただし、地代金は四両一分だったので不足分は尊徳が立替えた。さらに権右衛門の弟彦八が堀之内村（小田原市）の所持地一反余（代金三両）を拠出した。これらの耕地から作徳米九俵が得られたが、年貢諸役や尊徳の立替金返済を差し引きして一両二朱余が不足し、この不足分も尊徳が立替えた。なお、仕法による取得地や作徳米収入は直接権右衛門当人の所有にはならず、権右衛門家再興仕法（以下、「仕法」）が、いわば法人としてそれらを管理した。

文化一四年は、昨年取得した土地からの作徳米など九俵三斗二升が得られ、年貢諸役・立替金を差し引きして初めて一分余の余剰ができ、繰越金として利廻しされた。

文政元年は権右衛門が「取直趣法組立候付、気力相増」したとして、文化一三年に請戻した一反余の地代金四両一分を仕法金に差し出し、その土地を権右衛門へ引き渡した。権右衛門当人が「仕法」から土地を購入したかたちになる。この年は五両余を次年度に繰越した。

文政二年は、文化七年に尊徳が浅右衛門から買得していた元権右衛門所持地七畝余を、三両二分で尊徳から請戻した。ここに一族の土地の確保という尊徳の土地取得の意味がうかがえる（先述）。なお、この土地は「仕法」で管理せず権右衛門に渡され、その代わり作徳米のうち年一俵を「仕法」に拠出する「約定」を定めた。さらに文化一三年には彦八が拠出した堀之内村の一反余の土地が三両で元地主に売却され、「仕法」の管理地はなくなった。この年は一〇両の繰越金を出した。

文政三年は、かつて権右衛門家が「困窮」により売却した田畑七畝余を三両で請戻し、権右衛門へ渡した。この土地についても年一俵の作徳米を「仕法」へ拠出する「約定」が定められた。また、彦八より上田五畝が拠出されたが、この土地は「高免麁田」のため、地代金二両三分余を藩の「手段金」に上納して「無年貢地」とし、この土地からも年一俵の作徳米が「仕法」に拠出された。この年は五両二分余を繰越した。

文政四年は、さらに下々畑（反別不明）と下々田一反を計七両で請戻し、権右衛門へ渡した。
「仕法」は、文政四年までの六年間に借財完済と田畑四反余（反別不明地を除く）の請戻しに成果をあげた。尊徳は「漸土台相立候迄に御座候、是より以来致世話候はゞ其余ハ算勘も及申間敷、一統立直りにも相成可申候」と考えたが、歎願により「仕法」は権右衛門へ引き渡された。

## 4　三郎左衛門家再興仕法

文政元年、万兵衛家の本家であり尊徳の弟友吉が養子に入った三郎左衛門家の再興仕法が実施された。なお、友吉は養子入り後、常五郎と名乗った。

三郎左衛門家の所持地は延宝七年（一六七九）には一町八畝余であったが、文政元年には四反五畝に減少していた(39)。しかも、そのうち三反八畝余は「極々麁田」で「暮方出道無御座、無田同様」の状態であった。そこで「同性（姓）一統相挙て」、「弟友吉儀養子に差遣、取立呉候様達て頼談」があり、友吉の養子入りと三郎左衛門家再興仕法が実施されたのである。権右衛門家再興仕法で尊徳の手腕が一族に認められたのであろう。

尊徳は「無田同様」の三郎左衛門家再興に向けて、常五郎に「両三年も為致奉公(40)」せ、その「身体より採出し候金子」に一両なら一両、一〇両なら一〇両と「其一倍致補助」して田畑を請戻すことを提案した(41)。尊徳は、文化五年にも母方の実家に住んでいた一九歳の友吉（常五郎）に農間休日を利用した採薪販売を勧めており、弟にも自身と同様に小作や奉公、諸稼ぎなどの複合的な収入による一家復興を勧めたのである。これは城下近郊地域の利点を活かした生業戦略といえる（後述）。

しかし、この案に当人一同が承服しなかったため、尊徳は一族縁者七人が拠出した「家政取直相続祝儀金」六両一分余（うち五両は尊徳拠出）と、この年落札した頼母子講金六両一分二朱余にそれぞれ利金を加えた計一三両三分余を「種」として三郎左衛門家再興仕法を実施した。

その後、翌文政二年に助右衛門から一反一畝余の土地を二両三分で買得し、文政四年末にはかつて三郎左衛門家が困窮時に売却した計二反五歩を七両二分で請戻した。ただ、翌五年には文政二年に助右衛門から買得した土地を同人へ売却している。そして、文政六年には三郎左衛門家の所持地は計六反八畝余になった。ところが、ここで尊徳の桜町赴任により三郎左衛門家再興仕法は常五郎に引き渡されることになった。

## 5　小　括

各家の再興仕法は尊徳の桜町赴任後も続けられるが、本章の検討対象外のため省略する。尊徳は幼少期に一族の「助成」を受けて生活する一方、本家没落を眼前にしたことで同族団結合の重要性と、その弛緩への恐れを強く意識した。そのため、彼は早い時期から本家再興を企図し、同族団結合の強化とその「助合」機能の活性化を目指した。尊徳が一家再興を踏み出した際に他者へ「厚く致世話遣申度」との思いを抱いたのも、「助合」の重要性を痛感していたからであろう。

尊徳が本家再興＝同族団結合再生の論理として持ち出したのは、本家からの分配地を「一族共有の財産」とする同族団の観念であった。この観念は、没落しつつある本家が経営維持の論理として主張していたが、尊徳はそれを同族団結合の論理に読み替えて主張した。ここには代金はともなわないものの、元地主の潜在的な所持権を主張する点で金子有合次第質地請戻しの慣行と通底した意識がみられる。しかし、彼の提案は一族の同意を得られなかった。そこで彼は独自に本家再興を企図し、次第に一族の理解を得ていくとともに、一族子弟を対象にした出精表彰などで一族意識高揚をはかった。ここで実践された資金捻出や出精表彰の手法は、のちの報徳仕法で実施されることになる。

一方、尊徳は一族の権右衛門家・三郎左衛門家の再興も手がけたが、ここでも彼は一族・兄弟に協力を求め、同族団結合の強化をはかった。そして復興は元所持地の請戻しを基本として、金子有合次第質地請戻しの慣行を前提に実施された。そのなかで、尊徳が第三者から買得していた権右衛門の元所持地が権右衛門へ請戻されたが、これは本家の分配地を「一族共有の財産」とする観念の実践といえる。諸家再興仕法は一族「助合」の実践であるだけでなく、本家再興仕法とともに同族団結合の強化をはかる機会でもあった。そして彼は自家復興や一族諸家再興仕法を成功させることで一族への説得力・威信を増したといえる。

なお、文政三年以降、本家再興仕法の性格が変わる。本来、本家や一族のために使用されるべき本家再興仕法の資金が、一族や村を越えて使用されるようになる。文政三年は尊徳が藩に升改正・手段金・八朱金を献策した年である。小田原藩は文政元年の酒匂河原での藩主大久保忠真による教諭以降、民意・民間資金など民間活力に依拠した藩政改革を推進していく[42]。尊徳の献策は、かかる政策基調にそって呼びかけられた「御領内百姓共永々ノためニ相成候事共可申出旨[43]」に応じたものであった。一族や村の枠組みを越えた本家再興仕法の変化は、元来、他者へ「厚く致世話遣申度」と思っていた尊徳が、かかる藩政の展開に呼応して「御領内百姓共永々」を心がける主体へと形成されていったことを示すのではないだろうか。

# 三　城下周辺地域の生活――尊徳の生業

## 1　文化期の尊徳の生活

尊徳は所持地の拡大により一家復興を進めたが、決して農業専一の生活だったわけではない。

尊徳の日常生活を知る手がかりとして、文化二年（一八〇五）以降に彼が日々の金銭収支を記した「万扣帳」がある。(44)ただ、これにはすべての収支が記録されているわけではないようで、とくに文政元年（一八一八）以降には服部家仕法に関わる出納もみられ、純粋に私的な生活収支記録とはいえなくなる。そこで、ここでは文化期までの「万扣帳」から主に収入に着目して彼の生活を概観し、その傾向や特徴をうかがうことにしたい。

まず、文化二年の「万扣帳」には、すでに享和三年（一八〇三）に西栢山の清内（五両二分）と万兵衛（文化二年の残額二両三分二朱）に金を貸付けていたことが記録されている。これは尊徳の万兵衛家からの独立以前の貸付金であり、享和二年の居宅等の売却代金の残金などが彼らに貸付けられていたのであろうか。

文化三年には、一〇口の貸付金計一三両二分二朱一貫三八二文がみられ、貸付口数が増えている。以降、「万扣帳」には貸付金が頻繁にみられるようになる。

文化四年には、「作徳受取覚」として一三俵の小作米が書上げられ、尊徳の地主経営の開始が認められる。さらに「米かい置覚」として七俵二斗二升と代金二両一分二朱銭二貫八六四文が記され、米の投機的売買も確認できる。

文化五年には、二月～一〇月にかけて「きう金《給》」が書上げられ、何らかの奉公稼ぎがうかがえる。翌文化六年も二月～九月にかけて「きう金」が記載されるが、文化七年には給金記載が消える。なお、この年、尊徳は六月二八日～

七月二日まで富士登山、一〇月七日～一一月二四日まで伊勢参宮に行き、一二月に家を普請した(45)。

文化八年には、給金が再びみられ、湯代や髪結代の支出も頻繁にみられることから、小田原で奉公稼ぎをしていたと考えられる。また、「真木代」が記載され薪の販売もおこなっていた(46)。さらに、この年には一町七反三畝の小作地と小作米三三俵余が確認でき、尊徳の地主としての成長がみられる。一方、手作は米一俵三斗・餅米一俵半・唐干米二斗八升にすぎず、小田原に生活の比重を置いていたことがわかる。

文化九年も給金がみられるが、この年は尊徳が小田原藩家老服部家への奉公を開始した年である（後述）。以後、服部家への奉公は文化一二年まで続くが、文化一三・一四年には給金記載がみられなくなる。その一方で文化一三年の手作地は一町一反で取米三六俵半、小作地は三反六畝で小作米九俵半となり、手作地の割合が圧倒的に多くなっている。文化一四年の手作地はさらに一町九反六畝に増えている。これは生活の比重を小田原から栢山に移したことを示していよう。その理由として堀之内村のきのとの結婚が考えられる。

なお、化政期の貸付を含む支払勘定の概算によれば、文化二年には三分二朱銭一貫文だったが、文政四年には三一八両一分二朱九六貫九九四文にも及ぶといい(47)、彼の経営拡大がうかがえる。

## 2　城下周辺百姓の生活様式

次に、一例として文化一一年における尊徳の収入源をみたい【表4】。全てが網羅されているとは思われないが、米売却代金・扶持米・貸付金利息・薪売却代金など、城下で奉公に従事しつつ複数の収入源で生活していたことがわかる。

前述のように彼は結婚など生活の変化に応じて、生活の場の比重を栢山に置いたり小田原に移したりしていた。ま

## 【表4】文化11年『歳中万控帳』にみえる尊徳の収入記事

| 種別 | 日付 | 名目 | 金額 | 備考 | 計 |
|---|---|---|---|---|---|
| 貸金返済・利息 | 1月21日 | 関屋氏貸金返済 | 1分2朱 | | 3両3分2朱<br>銭2貫670文 |
| | 2月8日 | 関や氏・佐吉殿貸金返済 | 2分 | 貸金2分2朱のうち2分返済 | |
| | 3月16日 | 幸右衛門貸金返済 | 1両2朱 | 2朱は利息 | |
| | 4月9日 | 伴七貸金返済 | 2朱 | 去年大晦日貸付。利息62文無勘定 | |
| | 8月25日 | 鷲介貸金返済 | 300文 | | |
| | 10月14日 | 丹蔵貸金 | 1分 | | |
| | 11月19日 | 伴七貸金返済 | 161文 | | |
| | 11月24日 | 関屋氏貸金返済 | 1分81文 | | |
| | 11月27日 | 伴七貸金返済 | 2朱 | | |
| | 12月8日 | 猶蔵貸金返済 | 1貫728文 | | |
| | 12月10日 | 周介貸金返済 | 3分 | 武松やより | |
| | 12月22日 | 栢山源治貸金返済 | 2朱 | | |
| | 12月27日 | 金蔵貸金返済 | 400文 | | |
| | 12月30日 | 富治郎貸金返済 | 1分 | | |
| 扶持米・給金 | 2月27日 | 昼扶持 | 1分2朱250文 | 米1俵代金 | 4両2朱<br>銭3貫587文 |
| | 3月10日 | 不明 | 1両1分 | 名目無記載だが、給金記事箇所に記載 | |
| | 4月10日 | 昼扶持 | 1分2朱282文 | 米1俵代金 | |
| | 4月10日 | 三ツ割 | 2朱91文 | 「三ツ割」とは給付物を鷲介・今介・林蔵（尊徳）で三分割したもの。 | |
| | 5月4日 | 御肴代 | 164文 | | |
| | 5月28日 | 昼扶持 | 1分2朱282文 | 米1俵代金 | |
| | 5月28日 | 不明 | 2朱99文 | 名目無記載だが、給金関係部分に記載 | |
| | 7月3日 | 米1俵 | 1貫20文 | 1俵を3人で分けた1人分 | |
| | 7月12日 | 肴代 | 200文 | | |
| | 7月12日 | 盆渡 | 1両2朱 | | |
| | 8月27日 | 米1俵8升5合 | 2朱438文 | 1俵8升5合を3人で分けた1人分 | |
| | 10月27日 | 米1俵 | 2朱156文 | 1俵を3人で分けた1人分 | |
| | 12月17日 | 1俵半 | 2朱605文 | 1俵半を3人で分けた1人分 | |
| 米代金 | 2月14日 | 米1俵代金 | 1貫800文 | 辰右衛門へ売却 | 11両3分<br>銭2貫662文 |
| | 2月16日 | 米2俵代金 | 3分124文 | 池上村源右衛門へ15日売却 | |
| | 2月29日 | 米2俵代金 | 3分 | 井細田伊勢屋への売却 | |
| | 3月4日 | 米20俵代金 | 8両3分114文 | 井細田伊勢屋への売却 | |
| | 3月21日 | 米2俵代金 | 3分 | 源右衛門への売却 | |
| | 12月10日 | 米2俵代金 | 1分2朱 | 三郎左衛門への売却 | |
| | 12月22日 | 御蔵米1俵 | 1分2朱624文 | | |
| 薪等代金 | 8月27日 | ほた代 | 860文 | | 1両1分2朱<br>銭3貫83文 |
| | 10月23日 | ほだ賃銭 | 100文 | | |
| | 11月10日 | 薪代金 | 2分848文 | | |
| | 11月13日 | 薪代金 | 3分2朱783文 | | |
| | 11月13日 | 薪68束賃銭 | 280文 | | |
| | 11月13日 | 薪2束代金 | 112文 | | |
| | 11月20日 | 松枝2把代金 | 100文 | 源二郎へ売却代金 | |
| その他 | 12月5日 | 肥代金 | 500文 | 大根引代 | 銭1貫488文 |
| | 12月10日 | 縄代金 | 400文 | | |
| | 12月18日 | 縄代金 | 232文 | 源二郎より | |
| | 12月27日 | 縄代金 | 356文 | | |

※『二宮尊徳全集』14巻461頁～481頁より作成
※史料中、「とり」などと記され、明らかに尊徳が金銭を受取ったと判断できるもののみを記入した。
※史料中、名目が人物名のみで記されたものは利息や貸付日など貸金の返済であることがわかる注記が多いため、ここでは名目が人物名のみで注記がないものは貸金返済と判断した。

**【表5】服部家奉公人の出身村**

| 名前 | 出身村 | 名前 | 出身村 |
|---|---|---|---|
| 倉蔵 | 堀之内村 | おむら | 山田村 |
| 金蔵 | 飯泉村 | おふさ | 竹の花組 |
| 民蔵 | 飯泉村 | おまさ | 吉田島村 |
| 佐介 | 金子村 | おそで | 堀村 |
| 大五郎 | 善波村 | おきく | 松田村 |
| 猪之助 | 草柳村 | おうた | 飯泉村 |
| おかね | 岩村 | おれむ | 栢山村 |
| おとせ | 藤曲村 | | |

※『二宮尊徳全集』14巻1099～1111頁より作成。

**【表6】文化3年3月の府川村からの奉公人**

| 名前（戸主名） | 年齢 | 奉公先 | 奉公期間 |
|---|---|---|---|
| よね（半右衛門） | 16 | 塚原村清七 | 文化3年2月～文化4年2月 |
| はつ（八右衛門） | 17 | 蓮正寺村弥左衛門 | 文化3年2月～文化4年2月 |
| とり（庄兵衛） | 12 | 下新田与兵衛 | 文化3年2月～文化4年2月 |
| 長蔵（六右衛門） | 12 | 三竹山村仙右衛門 | 文化3年2月～文化4年2月 |
| ふゆ（六右衛門） | 9 | 小田原宮前町太吉 | 文化3年2月～文化4年2月 |
| 万五郎（蔦右衛門） | 24 | 沼田村形左衛門 | 文化3年2月～文化4年2月 |
| いこ（佐五右衛門） | 14 | 栢山村清五郎 | 文化3年2月～文化4年2月 |
| りよ（源蔵） | 17 | 家中山本内蔵 | 文化3年3月～文化4年3月 |

※小田原市編『小田原市史　史料編　近世Ⅲ』（神奈川県小田原市、1990年）№84より作成。

た、栢山・小田原いずれに比重を置いても往来はしており、小田原に出たら戻ってこないということはない。かかる彼の生活様式は、地域において決して特殊なものではなかったと思われる。たとえば、服部家における尊徳の同僚の出身地はみな小田原藩領の村々であり、周辺村民の城下での奉公は一般的であった【表5】。そのうち堀之内村倉蔵をみると、彼は文化一〇～一二年には服部家で奉公していたが、同一三年には堀之内村に戻って近村で日雇い稼ぎをおこない、文政三年には再び服部家で奉公している(48)。また、栢山村に近い府川村（小田原市）から出た文化三年の奉公人も奉公先はすべて小田原城下・藩領村であり、彼らも同様の生活を送っていたと思われる【表6】。城下近郊村々では小田原城下や周辺村を奉公先として、状況に応じて村・城下と生活の場を移動させることが一般的であったと考えられる。

【表7】 府川村の家数・人数の増減

| | 寛永期（1624～44） | 寛政2年（1790） | 文政5年（1822） | 天保9年（1838） | 嘉永5年（1852） | 安政6年（1859） |
|---|---|---|---|---|---|---|
| 村役人の家数 | 2 | 3 | 3 | 3 | 3 | 3 |
| 本百姓の家数 | 5 | 27 | 34 | 41 | 39 | 39 |
| 無田の家数 | 16 | 13 | 10 | 7 | 9 | 9 |
| 全家数 | 23 | 43 | 47 | 51 | 51 | 51 |
| 総人数 | | 176 | 213 | 222 | 260 | 247 |

※荒木仁朗「幕末期相州府川村質地請戻し騒動と村方文書引継問題」（『小田原地方史研究』22号、2003年）付表より作成。

## 3 小括

守田志郎は、土地を小作に預け村を出て働く尊徳を「並みの百姓」とは異なる存在として描いた(49)。たしかに一家離散から出発した尊徳の財産増加は彼の理財能力の非凡さを示している。しかし、彼の栢山・小田原双方に足場を置いた生活は地域の一般的な生活様式であり、彼はそのなかで才覚を発揮したといえる。そして、米穀生産を主体とした農村にありながら、城下に近く、武家奉公も含めた多様な稼ぎに従事した生活は、米穀生産を主軸とした社会観を持ちつつも多様な生業を編成する、のちの報徳仕法の基礎になったと思われる。また、土地を小作に出したうえでの諸稼ぎも、のちの報徳仕法にみられることである(50)。

ところで先述の府川村では近世中期以降、幕末期を除き家数・人別ともに一貫して上昇しており【表7】、のちに尊徳が赴く野州の村々とは著しい対照をなしている。そのこと自体、当該地域の特質として検討すべき研究課題といえるが、尊徳のように村にも城下にも生活基盤を置けた小田原城下周辺地域の生活様式がその一因として考えられよう。しかし、かかる小田原城下周辺地域と人口流出の激しい荒廃状況下の野州との著しいギャップは、のちの桜町仕法初期において尊徳を苦しませることになる(51)。

# 四　服部家仕法

## 1　家中奉公人の褒賞――「からくり」

文化九年（一八一二）、二六歳の時、尊徳は小田原藩家老の服部十郎兵衛家に奉公を始めた。天保七年（一八三六）正月に彼が服部十郎兵衛（清兵衛）へ宛てた書状には、「弐拾五年以前、御年十八才御時より、治身ヲ、治御家、終に治国と之次第、種々御伝授申上置候(52)」とあり、尊徳は一八歳の若殿（清兵衛）の教育係的な若党として奉公したといわれる。なお、この年から彼の服部家奉公人に対する金銭貸付が確認できる。

文化一一年、尊徳は服部家内で「槙倹約からくり糸」「出精からくり糸口」「夜遊法度からくり」と称する仕法を実施した(53)。「槙倹約からくり糸」では、女性奉公人を中心に「嶋木綿之切」「足袋壱足」などが与えられており、薪の倹約に努めた奉公人へ褒美を与える仕法であったと考えられる。また、「出精からくり糸口」では男性奉公人を中心に算盤や金銭が与えられており、これも出精人への褒賞であろう。さらに「夜遊法度からくり」では藁代が支出されている。おそらく夜遊びの代わりにその藁で奉公人に縄ないの夜なべをさせたと考えられる。これらの「からくり」は出精人褒賞などにより奉公人に倹約・出精を心がけさせる仕法であったと思われる。この三年後の文化一四年、彼は栢山村で一族子弟の出精人表彰を実施するが（先述）、それは服部家における奉公人への出精褒賞―「からくり」を村へ持ち込んだものといえる。また、この「からくり」に金二分銭一貫一一六文が支出されたが、その財源は尊徳が売却したと思われる薪・茅の代金など三両一分に、山代金や諸雑用など経費を引いた一両二朱余があてられている。

これらは『五常講真木手段金帳』に記されている。通説では「五常講」は服部家で使用する薪などの倹約分を資金にした家中での融通仕法とされるが、この史料からはそのような融通活動はみいだせない。ただ、文化一一年から翌一二年までに集めた薪の節約分など四両二朱余を、年一割五分で利廻しすると五年後に倍になる計算が記されている。これは家中から金の融通を求められた尊徳が、服部家からの退去にあたり、融通資金捻出の方法を倹約の心がけと結びつけて家中に示したものではないだろうか。

## 2　服部家家政再建仕法

服部家は禄高一二〇〇石の家老の家であった。しかし、当時の収入は渡し米（俸禄米）四〇三俵に減らされていた。この渡し米は月々二四俵または二三俵ずつ分割して渡されたが、一二月には八五俵、三月・七月には五三俵が渡され、これらは「大渡」と呼ばれた(54)。

### （1）文化一二年の仕法案

尊徳が服部家の家政再建に最初に取り組んだのは、服部家への奉公開始から三年後の文化一二年二月である。彼は、このとき「御家政御不如意罷成候付、御取直之儀達て御頼に付」として『御家政御取直趣法帳』を作成した(55)。その内容は、①まず、渡し米四〇三俵から飯米や仲間扶持米など計一一一俵余を引く。②次に、残りの二九一俵余（代金一二三両余）から奉公人給金・修繕費・生活雑貨などの諸雑用九五両余を引き、三六両余の余剰を出す。ただ、この諸雑用は「倹約仕候得ば金弐拾両位は相残り可申」として、さらに二〇両の余剰の上積みが見込まれた。③最後に屋敷内の山林・畑の作物を売れば二両余となり、計五九両余の余剰の捻出を可能とする仕法案である。

この仕法案は、限定された収入からいかに倹約して支出を減らし、余剰を生むかが主眼となっている。しかし、収入である渡し米の換金相場は見込みである一方、支出項目は「剃刀壱挺」「小刀弐本」など詳細を極めており、仕法案どおりの実行には非常な困難が予想され、実行された形跡もない。

## （2）文政元年の仕法案

次に服部家の家政再建に取り組んだのは文政元年（文化一五年）である。この年の三月、尊徳は『御賄方趣法割合帳』を作成して仕法を示した。(56)

仕法案は次の二通りであったようである。

第一案は、①渡し米四〇三俵のうち、「御部屋様分（服部家家族の私費か）」の六七俵、「英左衛門分（奉公人中の諸費用か）(57)」の二〇俵を引く。②次に、借入金元金返済に六六俵をあてる。③さらに、飯米昼扶持として五〇俵を引く。④以上を引いた残高二〇〇俵を払米にする、というものである。「御部屋様分」・「英左衛門分」・飯米昼扶持の支出を限定し、借入金元金返済を確保するという意味はあるが、払米代金の使途は記されず、非常に大まかである。

第二案は「月々趣法」とされるものである。①まず、借入金元金返済・「御部屋様分」・「英左衛門分」・飯米・諸雑費の支出を月々計二三俵半の定額（毎月の渡し米の平均額）にする。なお、「御部屋様分」・「英左衛門分」は第一案ではそれぞれ六七俵・二〇俵であったが、第二案では年額に換算するとそれぞれ四八俵・一二俵に減額されており、第二案はより緊縮的な計画といえる。②その他の酒肴味噌醤油代・奉公人給金・借入金利息支払は「大渡」月の渡し米から①の二三俵半を引いた残額を宛てる。③そして、槙や味噌の倹約、灯明の使用制限など一一か条の「台所取締ヶ条」を制定して守る。④さらに、服部家の衣服・修繕・臨時出費の減額についても追々相談し、それがかなえば一二月には三二両の元金返済ができ、六年後に借財完済が見込まれるというものである。また、②では「大渡」月の渡し米から月支出定額二三俵半を引いた残額を酒肴味噌醤油代・奉公人給金・利息支払にあてるとしているが、三月・七月の渡し米五三俵から二三俵半を引いた残額を二三俵とし（実際は二九俵半）、一二月の渡し米八五俵からの二三俵

【表8】服部家渡米収支内訳

| | 項目 | 文化13年 | 文化14年 | 文政元年 | 文政2年 | 文政3年 | 文政4年 |
|---|---|---|---|---|---|---|---|
| 収入 | 渡米 | 403俵 | 403俵 | 403俵 | 403俵 | 403俵 | 180俵 |
| | 閏月分 | 23俵 | | | 23俵 | | |
| | 持回り | | | | 15俵 | | |
| | 計 | 426俵 | 403俵 | 403俵 | 442俵 | 403俵 | 180俵 |
| 支出 | 御部屋 | | | 67俵 | 71俵 | 67俵 | 48俵 |
| | 御長屋 | 21俵 | 6俵 | 20俵 | 23俵 | 25俵 | 9俵 |
| | 飯米 | 80俵 | 93俵 | 46俵 | 55俵 | 48俵 | 35俵 |
| | 餅米引 | | | | 2俵 | | |
| | 残（払米） | 325俵 | 304俵 | 269俵 | 291俵 | 263俵 | 86俵 |
| | 計 | 426俵 | 403俵 | 403俵 | 442俵 | 403俵 | 180俵 |

※『二宮尊徳全集』14巻1058～1066頁より作成。
※俵未満切捨てのため計算は若干合わない。

半の差額も四六俵としている（実際は六一俵半）。つまり、仕法案上の収入を実際より少なく見積もり計画に余裕をもたせ、渡し米減少や相場変動等のリスクに備えていると思われる。

両案を比較すると、第一案は最低限の支出制限と借財返済金の確保しかされず、借財完済の道筋は明確ではないが、そのぶん実施は容易と思われる。第二案は規定が細かく緊縮的で第一案より実施は難しいが、借財完済への道筋は明確化されているという特徴がある。

さて、このように計画された服部家仕法案は実際に運用されたのであろうか。【表8】は、服部家の渡し米の収支、【表9】は、渡し米の払米代金など現金の収支である。【表8】の文政元年をみると、「御部屋」が六七俵、「御長屋（仕法案における「英左衛門分」）」が二〇俵であり、第一案が採用されたようである。しかし、【表8】【表9】にも第一案に定められた六六俵分の借入金元金返済がみられず、仕法案の完全実施ではなかった。それでも、この年は二〇両の残額捻出に成功しており、借財総額も減少した【表10】。また、借財の口数も文化一四年の三三口から文政元年の一二口に減少しており[58]、借換え整理の実施がうかがえる。ただ、この背後には相当な財政緊縮があったようである。【表9】から文政元年以降に、支出項目の「御雑用」「諸町人払」「御家来給金」「諸出

**【表9】服部家払米代金等収支内訳**

| | 項目 | 文化13年 | 文化14年 | 文政元年 | 文政2年 | 文政3年 | 文政4年 |
|---|---|---|---|---|---|---|---|
| 収入 | 払米代金 | 120両3分2朱 | 163両2朱 | 104両1分2朱 | 93両3分2朱 | 84両3分2朱 | 34両2分 |
| | 山畑御払物代金 | 14両3分2朱 | 2両1分 | 1両3分2朱 | | | |
| | 町人払直引 | | | 3両2分2朱 | | | |
| | 持回り | | | 1両3分 | 1分 | | |
| | 計 | 136両2分 | 165両1分2朱 | 112両 | 94両1分 | 84両3分2朱 | 34両2分 |
| 支出 | 御部屋 | | 13両2分2朱 | | | | |
| | 御長屋 | | 1両3分2朱 | | | | |
| | 御雑用 | 42両 | 33両2朱 | 59両1分2朱 | 68両2分2朱 | 63両2分 | 53両3分 |
| | 諸町人払 | 75両2朱 | 25両3分 | | | | |
| | 御家来給金 | 21両1分2朱 | 18両2朱 | | | | |
| | 諸出金 | 7両2朱 | 16両2分 | | | | |
| | 利息 | 27両2分 | 27両2分2朱 | 32両1分 | 36両2分2朱 | 34両2分 | |
| | 来年へ持回り | | | 1分 | | 1分2朱 | |
| | 残（延金） | | 28両1分2朱 | 20両 | | | |
| | 不足 | －36両3分 | | | －11両2朱 | －14両1分2朱 | －19両2朱 |
| | 計 | 136両2分 | 165両1分2朱 | 112両 | 94両1分 | 84両3分2朱 | 34両2分 |

※『二宮尊徳全集』14巻1058～1066頁より作成。
※朱未満切捨てのため計算は若干合わない。

**【表10】服部家借財額推移**

| 年 | 借財高 |
|---|---|
| 文化12年 | 184両2朱銭662文 |
| 文化13年 | 203両1分2朱銭417文 |
| 文化14年 | 246両3分銭688文 |
| 文政元年 | 232両2朱銭192文 |
| 文政2年 | 269両1分銭664文 |
| 文政3年 | 368両1分銭823文 |

※『二宮尊徳全集』14巻1058～1066頁より作成。

金」が「御雑用」に一本化されたことがわかるが、その額は文化一四年に九三両余であったのが、文政元年には五九両になっている。そして、これ以後、文政元年のような残額の捻出はなくなり、借財は逆に増えていった【表10】。

以上のように、服部家仕法は比較的実施が容易な第一案が採用されたようであるが、仕法案通りの運用ではなかった。それでも初年度は一応の成果をみたが、それ以降は逆に借財が増加し、成果を得ることはできなかった。その背景として次の二つがあげられる。

一つは、米価の下落である。【表8】【表9】の払米俵数と代金から売却時の米価を計算すると、文政元年は一両あたり約二・六俵だったが、同二年と三年は約三・一俵に下落している。すなわち、文政元年は二六九俵の払米で代金一〇四両余が得られたが、翌年は払米が二九一俵に増加したにもかかわらず、代金は九三両に減少したのである。渡し米で生活する服部家にとって米価下落はまさに死活問題であった。

もう一つは、文政元年八月の藩主大久保忠真の老中就任にともなう当主服部十郎兵衛の江戸詰めである。服部は文政三年に江戸に勤番したが様々な出費を強いられ、九月三〇日には「金子之儀諸道具不調にて罷越候事故、爰元にて余程相調、最早手薄」(59)と尊徳に訴えて金策を依頼している。結局、この年は「江戸御詰金不足」などで一二月に新たに一三四両余の出費が生じ、借財額は三六八両余に膨らんでしまった。

### (3) 八朱金の貸下げ

上述の服部家の家政運営の困難な状況から、尊徳は新たな対策の必要に迫られた。そして文政二年末から翌年八月にかけて、尊徳は米の先物買いに投資したが、かえって一〇〇両余の損失を出してしまった(60)。そこで文政三年一一月、尊徳は家老吉野図書へ「利易金《ヤスキ》」について相談し、藩主の御手元金一〇〇〇両の下付が決まった。そのうち七〇〇両は年八朱(八%)の低利で貸付ける八朱金に、残り三〇〇両は家中の極難者を対象とした百日限りの無利息貸付金となった[61]。服部家はこの八朱金から四五九両を借用[62]して借財を借換えた。

## 3 小括

服部家における尊徳の動向は史料の少なさや難解さもあってか、従来、概説的に叙述されるに過ぎなかった。そこで本節では先行研究で取り上げられることのなかった服部家での「からくり」を検討し、家中の出精人表彰ととらえ、尊徳による出精人表彰の嚆矢と位置付けた。また、服部家仕法では、服部家の俸禄米取りという硬直した収入構造のため、尊徳がとりうる手法は渡し米の範囲内での算段、渡し米を元手とした投機、低利金融への借換えと限定され、しかも実質収入は米相場に大きく影響されるため仕法の計画・実施ともに困難を極めたことを指摘した。これまで服部家仕法の不調の理由として服部家の自覚のなさと藩主の老中就任にともなう江戸詰めの出費が指摘されてきた。しかし米価下落の影響も大きく、俸禄米取りの武家の家政再建の難しさがうかがえる。

俸禄米取りである服部家は知行取りの領主と異なり、領地の開発や御用金賦課などによる収入増加は見込めず、支出抑制が家政再建策の主軸にならざるをえない。従来、服部家仕法の意義は服部家の定額収入に対して支出を抑制する「分度」の観念の確立とされてきたが[63]、それは俸禄米取りの武家の家政再建の必然といえる。むしろ、のちの報徳仕法にとっての服部家仕法の意義は、服部家が俸禄米取りであったこと自体にあるのではないだろうか。すなわち、この後、尊徳は桜町仕法に着手し、知行取りである領主宇津家の収入に「分度」を設定する。これは宇津家の収入を、いわば定額の俸禄米取り化すること、換言すれば宇津家の服部家化といえる。服部家仕法での「分度」は固定収入の枠内での算段であったが[64]、桜町仕法における「分度」には知行取りの領主をいわば俸禄米取り化させるという飛躍がある。これこそ報徳仕法の特徴の一つであり、その飛躍は尊徳の服部家仕法の経験に由来しよう。

服部家は俸禄米取りであるがゆえに家政再建方法が限定されていた。しかし、宇津家には服部家と異なり領地があり領民がいる。宇津家が俸禄米取りとして領地を持たないかのごとく荒地開発事業に干渉せず、尊徳に裁量権を認めるならば、彼は服部家よりも高い家政再建の可能性・現実性を宇津家に感じたのではないだろうか。尊徳は桜町仕法の立案にあたりこの点を提案し、仕法の請負条件にした(65)。

# おわりに

本章は、これまで特殊化・普遍化して理解されてきた小田原時代の二宮尊徳を、当該地域に生きた百姓として位置づけ、その活動実態に目を向けた。

そして、彼が一家復興を遂げた背景として、当地で盛行していた金子有合次第質地請戻し慣行や、居村・城下双方に足場を置く地域の生活様式を指摘した。彼は百姓成立を支える在地慣行や、地域の生活様式を活かすことで一家復興を遂げた。また、尊徳は幼少時の経験から一族の「助合」の必要性を痛感し、本家・一族再興仕法を実施するが、そこにも金子有合次第質地請戻し慣行に通底する考えがみられた。

さらに、俸禄米取りの武家である服部家の家政改革に従事した経験は、のちに知行取りの領主をいわば俸禄米取り化する「分度」を発想させた。報徳仕法は西相模・小田原藩領の地域性や、そこでの尊徳の経験が色濃く刻まれた仕法といえ、今後、報徳仕法の特質の検討を西相模・小田原藩領の地域性との関係から深化させる必要があろう。

最後に二宮尊徳の出現と小田原藩政との関わりに触れておきたい。近世後期の小田原藩の藩政改革は大久保忠真の老中就任後、文政元年(一八一八)の酒匂河原の教諭に端を発し、訴状箱設置・取締役設置・難村助成趣法などの諸政策を続々と展開させた。これらは領主権力の後退や財政難と表裏して、民意・民間資金など在地の活力・負担に依拠する地方政策への転換を意味した。[66] 文政三年の尊徳による升改正・八朱金・手段金の献策は、かかる藩政の動向に呼応したものであり、まさに民意・民間資金に依拠する藩政改革の基調に沿った行動といえる。また、大久保家の分家である宇津家の家政改革と尊徳の桜町仕法への登用も、かかる藩政改革の延長線上にあった。[67]

このような民間社会へともたれこむ藩政のあり方は、藩が呼びかけた「御領内百姓共永々ノためニ相成候事共可申出旨」に尊徳が応えたように、領民にも改革主体たることを要請し、その自覚を喚起するものであった。[68] それは、当初、一族を念頭に置いていたと思われる尊徳の他者へ「世話致遣度」との思いを、文政三年以降、一族・一村を越えて飛躍させた。この意味において、彼の一家復興初発における他者へ「世話致遣度」との思いは、のちの報徳仕法の出発点といえる。かかる思いと民間社会へともたれこむ小田原藩政の改革基調―領主行政の貧困―が重なることで、尊徳は歴史の表舞台へと押し出されていったのである。

## 註

（1）佐々井信太郎『二宮尊徳伝』（日本評論社、一九三五年）は、同編『二宮尊徳全集』全三六巻（二宮尊徳偉業宣揚会、一九二七～一九三二年）を編纂した成果が加えられているが、概して『報徳記』を下敷きにした叙述となっている。奥谷松治『二宮尊徳と報徳社運動』（高陽書院、一九三六年）も『報徳記』を下敷きにするが、小田原時代の尊徳を金融業者の成長として描いている。また、『報徳記』の内容の真偽にも触れるが、実証的な根拠にもとづいたものではない。奈良本辰也『二宮尊徳』（岩波書店、一九五九年）も『報徳記』を根拠に、尊徳は「積小為大」の原理とともに、廃田が貢租の対象外となる「封建制度の秘密」も見出したとしている。守田志郎『二宮尊徳』（朝日新聞社、一九七五年）は『二宮尊徳全集』を多用し、独自な視点で「並の百姓」とは異なる尊徳像を描くが、想像にもとづく叙述が多い。大藤修「二宮尊徳」（朝尾直弘他編『岩波講座日本通史　第一五巻　近世五』岩波書店、一九九五年）は『二宮翁夜話』を主な根拠にするが、積小為大の論理の体得などは村落荒廃と奮闘した当該期の農民の思想形成と実践活動を支えた「自得」の精神によるとしている。これら諸説はそれぞれ尊徳を考える視点の提示としては意味を持つが、当時の史料による実証的な裏付けに乏しい。

（2）二宮康裕『日記・書簡・仕法書・著作から見た二宮金次郎の人生と思想』（麗澤大学出版会、二〇〇八年）。ただ、二宮が指摘する「一族一家主義」から「一村一家主義」への発展というタームとシェーマは、下程勇吉『二宮尊徳の人間学的研究』（広池学園出版部、一九六五年）のものである。

（3）小田原市編『小田原市史　通史編近世』（神奈川県小田原市、一九九九年）・馬場弘臣「小田原藩における近世後期の改革と中間支配機構―取締役と組合村をめぐって―」（『おだわら―歴史と文化―』八号、一九九五年、馬場論文①）・同「小田原藩における俸禄米問題と行財政の改革」（森山恒雄教授退官記念論文集刊行会編『地域史研究と歴史教育』熊本出版文化会館、一九九八年、馬場論文②）・同「小田原藩における『取締役』制の展開と組合村」（白川部達夫編『近世関東の地域社会』岩田書院、二〇〇四年、馬場論文③）・松尾公就「小田原藩政の展開と二宮尊徳―藩主大久保忠真の酒匂河原での表彰の意義をめぐって―」（『地方史研究』二八三号、二〇〇〇年）など。

（4）小川和也『牧民の思想―江戸の治者意識―』（平凡社、二〇〇八年）・小関悠一郎『〈明君〉の近世―学問・知識と藩政改革―』（吉川弘文館、二〇一二年）。

（5）鈴木棠三・鈴木良一編『日本歴史地名大系一四　神奈川県の地名』（平凡社、一九八四年）・『二宮尊徳全集』一六巻（一九二八年）六四三～六七六頁。

（6）白川部達夫「近世質地請戻し慣行と百姓高所持」（『歴史学研究』五五二号、一九八六年、のち同『日本近世の村と百姓的世界』校倉書房、一九九四年所収）。

（7）『二宮尊徳全集』一四巻（一九二八年）三二一～三三七頁。

（8）前掲註(6)白川部論文。

（9）『小田原市史　通史編近世』第一〇章第一節（松尾公就執筆）。

(10) この請戻しに関する以後の記述は、注記がない限り『二宮尊徳全集』一四巻三二九頁による。
(11) 三両二分で請戻したが、寛政三年の売却金額と同額である（『二宮尊徳全集』一四巻三二七頁）。
(12) なお、万兵衛家に預けられた尊徳は、農事手伝いの合間に流失した所持地を開発し、菜種を植えて夜学の灯油を得たり、捨苗を植えて収穫米を得ていたという（『二宮尊徳全集』二〇巻〈一九二九年〉六六六頁）。
(13) なお、のちに尊徳は、洪水で変化した屋敷まわりの土地に捨苗を植えて米一俵の収穫を得ており、これを年々貸付け、積み立てた資金で文化三年に土地の請戻しをしたとも述べている（『二宮尊徳全集』一六巻三三六頁）。
(14)『二宮尊徳全集』一四巻三三〇頁。
(15)『二宮尊徳全集』一四巻三三〇〜三三六頁。
(16) 大藤修「幕藩制国家と家・社会」（同『近世農民と家・村・国家』吉川弘文館、一九九六年所収）。
(17)『二宮尊徳全集』一四巻三三一頁。
(18)『二宮尊徳全集』一四巻三三三〜三三六頁。
(19)『小田原市史　通史編近世』第九章第三節（馬場弘臣執筆）。
(20)『二宮尊徳全集』一四巻一一八七〜一一九〇頁。尊徳は文化一一年までに二町八反六畝九歩の土地を所持していたが、その後、文政二年までに四反五畝一三歩を売却していた。この売却に関する記述は注記がない限りこれによる。
(21) 前掲註(3)松尾論文。
(22)『二宮尊徳全集』一四巻三四二頁。
(23) この小作地に関する記述は、『二宮尊徳全集』一四巻三三九〜三五七頁による。
(24) このなかには文政三年に手段金を上納した四反一五歩も含まれている。
(25) 前掲註(1)大藤論文。
(26)『二宮尊徳全集』二〇巻六六六頁。
(27) たとえば、嘉永五年（一八五二）以降の相模国克譲社仕法では、経営危機にある地主・豪農の土地が克譲社に売却され、「仕法田地」として仕法財源化された。これには仕法財源の確保とともに家政再建中の土地の他者への分割・流失を防止する意味があり、家政再建後の請戻しが見込まれていた（本書第九章参照）。また、弘化四年（一八四七）の桜町領では、開発人足の不足から荒地開発に「手馴居候者」を募集し、願い出た者には「所持之家株小作に入付候共、又は質地に相渡し代金利廻し致し、開発田畑無年貢にて作立、妻子養育致し居、賃米賃金を以取続居候はゞ、是迄之家株之潤沢を以家株増益致し両全之儀」と、従来の所持地を小作に出すか質地に渡して開発に従事し、開発地の無年貢耕作を勧めている（『二宮尊徳全集』四巻五九七頁）。これについて舟橋明宏は、「入百姓は家と土地の即自的な結び付きを前提とする伝統的な『家産』意識が比較的希薄なのではないか」としているが（舟橋明宏「村再建にみる『村人』の知恵」渡辺尚志編『新しい近世史四　村落の変容と地域社会』新人物往来社、一九九六年、のち舟橋明宏『近世の地主制と地域社会』岩田書院、二〇〇四年所収）、ここに記されたことは、尊徳が桜町赴任の際におこなったこととほぼ同じである。小田原と異なり広大な手余荒地がある野州では所持地を小作に出したり、質地に渡したうえでの開発地の無年貢耕作も可能であり、それが特徴でもあるが、これは小田原時代の尊徳の経験の野州の実情に即した応用ともいえる。

(28) 『二宮尊徳全集』一六巻二八七～二九三頁。
(29) 『二宮尊徳全集』一六巻五五一頁。
(30) 『二宮尊徳全集』一六巻四七三頁。
(31) 前掲註(16)大藤論文。
(32) 『二宮尊徳全集』一六巻四一六頁。
(33) 『二宮尊徳全集』一四巻三二八頁。
(34) 『二宮尊徳全集』一四巻三二九頁。
(35) 『二宮尊徳全集』一六巻五五一頁。
(36) 伊右衛門式再興仕法については『二宮尊徳全集』一四巻六二〇～六三七頁による。
(37) ただ、尊徳の出精表彰で一族以外の子弟が初めて対象となるのは、彼が大久保忠真に表彰される五日前の文政元年一一月一〇日で、三名の一族外の子弟が含まれていた。
(38) 権右衛門家再興仕法については、『二宮尊徳全集』一六巻五四四～五六一頁による。

(39)『二宮尊徳全集』一六巻四七二頁。
(40)『二宮尊徳全集』一六巻五二六頁。
(41)『二宮尊徳全集』一六巻四七三頁。
(42)前掲註(3)馬場論文①。
(43)『二宮尊徳全集』一四巻一一八三頁。
(44)『二宮尊徳全集』一四巻三六二〜六〇八頁、六五三〜九九九頁。なお、帳簿の名称は年によって「日記万覚帳」「歳中万用扣帳」「金銀米銭出入扣帳」など異なるが、ここでは便宜上「万扣帳」に統一して表記する。
(45)『二宮尊徳全集』一四巻六一〇・六一一頁。
(46)二宮康裕は文化八〜一一年まで尊徳が早川村と風祭村（小田原市）の山伐採権を購入し、城下で薪販売をおこなったことを指摘している（前掲註(2)二宮著書）。
(47)『二宮尊徳全集』一四巻六五三頁の解説による。
(48)『二宮尊徳全集』一四巻一一二四〜一一三五頁。
(49)前掲註(1)守田著書。
(50)たとえば、前掲註(27)の桜町仕法の事例。
(51)本書第三章参照。
(52)『二宮尊徳全集』一四巻一一六六頁。
(53)『二宮尊徳全集』一四巻一〇九九〜一一〇二頁。
(54)『二宮尊徳全集』一四巻一〇六七頁。なお、小田原藩の俸禄米をめぐる諸問題については、前掲註(3)馬場論文②を参照。
(55)『二宮尊徳全集』一四巻一〇五〇〜一〇五四頁。
(56)『二宮尊徳全集』一四巻一〇五五〜一〇五七頁。
(57)文化一二年の仕法帳には「御長屋被下米」とある。
(58)『二宮尊徳全集』一四巻一〇六一・一〇六二頁。

(59)『二宮尊徳全集』一四巻一一一七頁。
(60)『二宮尊徳全集』一四巻一〇九三～一〇九五頁。
(61)『二宮尊徳全集』一四巻一一八六頁。
(62)『二宮尊徳全集』一四巻一〇六八頁。服部家は禄高一二〇〇石のうち三九九石余の差出米を出すことで八朱金を借用した。ただ、実際は禄高一二〇〇石で四〇三俵の渡し米が与えられているので、差出米三九九石余は計算上一三四俵となる。そして、一三四俵という額は、「去ル辰十二月一ヶ年米百三拾四俵ヅ、十五ヶ年差上、金四百五拾九両三歩拝借被 仰付候」という尊徳の覚書と一致する（『二宮尊徳全集』一四巻一一二一頁）。
(63)前掲註(1)佐々井著書・前掲註(2)二宮著書。
(64)ただ、服部家仕法の史料に「分度」の文言はみられない。
(65)阿部昭は、桜町仕法の尊徳が「地方支配の枠内で、きわめて大きな自立性と宰領権を認めた請負契約になっていた」ことを一般的な旗本の勝手賄の金主との相違として指摘している（阿部昭「旗本宇津家知行所仕法の請負について―報徳仕法の歴史的評価の方法をめぐって」『人文学会紀要』四〇号、二〇〇八年）。
(66)前掲註(3)馬場論文①。
(67)前掲註(3)松尾論文。
(68)前掲註(4)の諸研究では、中後期以降の藩政改革における「仁政」実践主体の認識の藩主から民政担当者・村役人への下降や、村役人層の「改革主体」としての思想形成が指摘されているが、二宮尊徳の藩政への関与やその後の活動はかかる動向と関連して理解できよう。

# 第三章　初期報徳仕法の展開

## ――桜町前期仕法における百姓政策を中心に――

### はじめに

近世史研究における報徳仕法研究は、一九七〇年代頃まで、報徳仕法を主として封建体制維持を志向した「領主的立場」に立ったものと評価してきた(1)。しかし、一九八〇年代以降、村落共同体論が研究潮流として現れると、村の側・民衆の側からみた報徳仕法といった視点でとらえ返されるようになった。そして、仕法における民衆の主体性や百姓の「家」の個別性の進展、それらを通じた村共同体の再編といった問題が論じられた(2)。そうしたなか、大藤修(3)は報徳仕法を「農民の立場」に立つものと評価し、仕法の性格規定を転回させた。これら八〇年代以降の研究は、報徳仕法に対する新しい研究視角を提起した重要な成果といえる。

ただ、大藤の「農民の立場」という言葉からもうかがえるように、従来の研究は百姓を「農民」としてとらえ、仕法における「農民」的百姓像を前提としてきた。だが、実際に村に住む百姓には、地主や金融業・諸商業を営む人々から、職人・日雇層らまでさまざまな者が存在し、「農民」という範疇では一括できない多様性がある。特に階層分解が進む近世後期において、その多様性は一層深化していったと考えられる。そして、当該期の村落復興にあっては、かかる多様な性格を持った人々、商業・金融業を営む人々や、稼ぎを求めて村外・領外へ流出する人々などをいかに復興過程に組み込むかが、復興の成否の重要な鍵になったと考えられる。そのため、報徳仕法においても多様な経営的性格を持つ人々の動向を仕法のなかに位置付けて検討することが、報徳仕法の性格や時代に持つ意味を考察するうえで不可欠と思われる。

本章は以上の問題関心に立ち、桜町仕法開始の文政四年（一八二一）から、尊徳が成田に参籠する文政一二年までの初期報徳仕法(4)—桜町前期仕法—を検討対象とする。大塚英二の指摘のごとく（後述）、当該期は仕法の停滞した時期とされ、仕法の形成過程と理解されるより、のちの仕法とは断絶したものと理解されることが多かった。本章では当該期の百姓政策や各層百姓の動向を仕法形成過程の問題として位置付け、この時期の仕法の特質と報徳仕法のその後の展開との関係に言及したい。

右の関心に関わり、本章では特に大塚英二(5)・舟橋明宏(6)の研究を前提としている。

大塚英二は、桜町前期仕法は停滞し、尊徳の成田参籠後、桜町後期仕法になって報徳仕法は発展したとする先行研究(7)を批判し、成田参籠以前の仕法が停滞していたとされるなかでも、仕法の論理は着実に成熟しつつあったと主張した。大塚は桜町前期仕法における土地政策を中心に検討し、近世的百姓土地所持状況の把握、百姓の土地相伝・家継承の論理の社会化策としての成熟など、尊徳の農政家としての成長と仕法論理の成熟過程を論じた。大塚の指摘は、従来の桜町前期仕法の見方を転換した点で重要である。しかし、一方で、尊徳の土地政策の着実な進展を検討の中心としているため、仕法下における村内各層の百姓の動向や、それに対する政策については触れていない。領内百姓の動向や、それに対する尊徳の百姓政策も仕法の一環であり、前期仕法における仕法形成過程の問題として考える必要があろう。

舟橋明宏は、荒地開発に携わった「破畑《はばた》」(8)に注目し、報徳仕法は下層民や出稼ぎ人の労働力を編成し、下層民を切捨てることはありえないと指摘した。舟橋の研究は、荒地開発の最前線を担いながらも、従来、注目されることがなかった破畑とその活動を検討した画期的な研究といえる。ただ、桜町後期仕法が検討の中心となっており、前期仕法への言及に乏しい。前期仕法における下層民の動向についても、仕法の形成過程の問題として検討する必要があろう。

さて、以上を踏まえ本章では、まず、桜町仕法着手当初の尊徳の百姓認識を検討する。その際、当該期の仕法の社会的立脚点や尊徳の取組みの展開過程を浮き彫りにするため、彼の仕法と周辺地域で先行した代官仕法や村落指導者層の村落復興策に通底する論理の関連性に注意したい。次に、報徳仕法で重視される荒地開発政策をとりあげ、荒地開発に関わる人々と、その政策の持つ諸問題を検討する。さらに、仕法における下層民・上層民政策をそれぞれ検討し、その仕法における位置付けを考察する。

検討対象地である下野国芳賀郡桜町領（栃木県真岡市）は、小田原藩主大久保氏の分家旗本宇津氏の領地である。元禄一一年（一六九八）、小田原藩主大久保忠朝の三男宇津教信が、下野国芳賀郡内の大久保氏飛地領の東沼村・物井村・横田村の三か村四〇〇〇石を分知されたことに始まる。なお、物井村は物井組・西物井組・下物井組の三組に分かれ、各々に名主が置かれ、各組は村とも呼ばれた。物井村内の桜町に陣屋が設置されたことから桜町領と呼ぶ。(9)

桜町領の年貢収納は享保期（一七一六〜一七三六）には米三一一六俵余・永二〇二貫余であったが、文政四年には米一〇〇五俵余・永一二七貫余に落ち込み、家数も享保期の四三三軒から文政五年には一五六軒に激減、宇津家の財政も窮乏した。(10)財政難に苦しむ同家は、これまで本家小田原藩の米金援助により漸く支えられる状況にあった。しかし、文政期に入り小田原藩は財政改革の一環として、宇津家への援助方針を米金援助から難村復興を基調とした再建策へと転換した。そのため、文政四年一〇月に二宮尊徳を桜町領に派遣することが決定された。(11)

尊徳は自宅のある相州足柄上郡栢山村（神奈川県小田原市）と桜町領・江戸の間を調査のためにいく度か往復した後、文政六年三月、①一〇年間の「御任年限中」は宇津家への上納高を物成米一〇〇五俵余、畑方金一二七両三分余、荏・

大豆石代・夫中間金一七両余に限定し、その余は上納に及ばないこと、②知行所入用として毎年米二〇〇俵・金五〇両を下付すること、③一〇年間は尊徳に小田原への引き上げを命じないこと、④格別の凶作時には定額の上納高の規定を適用しないこと、などの仕法請負条件を小田原藩と確認、宇津家当主釩之助が承認したうえで[12]一家で桜町陣屋に移住し、仕法が着手された。

## 一　桜町前期仕法における百姓認識

### 1　仕法開始時の百姓認識と政策

文政四年（一八二一）一〇月二〇日、仕法実施が決定したばかりの二宮尊徳は、仕法着手にあたり、小田原藩郡奉行の「仰渡」を伝達するかたちで桜町領の村役人・百姓惣代へ仕法実施の趣旨を申渡した[13]。それは「実に農夫の本業を務候はゞ、天然艱苦をまぬがれ候道理」と述べ、「此度之御趣意守り、農事に身をゆたねて、天道にも相かない、人たる道もひらけ」るとし、「小前一統申合」せて「農家を本業に正し取計候様申さと」すよう命じるものであった。ここでは農業専従者としての百姓像が掲げられている。

一方、桜町領の村々では仕法開始後、文政七〜九年に村議定が作成され、尊徳に提出された。文政七年一二月の横田村の議定[14]では、「侈りヶ間敷品決て不相用様可仕候」とした贅沢禁止、「博奕惣て、掛諸勝負、軒別相慎申候得共、尚又此度厳敷御利解被　仰聞候に付、誠以恐入承知奉畏候」とした賭博の禁止、「酒之儀は、先達て小売酒屋等迄も相止候様被　仰付候処、尚又此節御利解被　仰聞、小前之者共一統恐入奉畏候」とした酒売りの禁止などの項目があげられ、「御田地相続出精可仕候」と田地を相続する農業従事者としての出精でまとめられる。贅沢・賭博の禁止は村の風俗矯正と借財増加を防ぐ意図があり、酒売りの禁止は風俗矯正と新規商売を抑制して農業外の稼ぎを牽制する意図があると考えられ、文政四年の申渡しと対応している。翌年二月には東沼村でもほぼ同文の議定が作成された[15]。酒売りは「先達て」とあるように以前から禁止されていた。文政六年正月二五日には陣屋から「三ヶ村之内居酒商ひ致候もの共御趣法中は相止め可申段、村役人一同へ申渡候[16]」と指示が出されている。ただ、この酒売り禁止は「村方より申出候は、向後小売酒禁制仕候はゞ御趣法之一助にも相成可申に付、是迄居酒いたし候者共へ申付度[17]」と、村方からの献策を受けて出されたものだった。そして、酒売り禁止を破った者は実際に処分された。文政八年七月一六日、西物井組喜左衛門・豊治は酒を「隠し売致不届」として、喜左衛門は「嵩高元屋敷へ引越」、豊治は「可然地所見立申出候様」命じられた[18]。酒売り禁止は実効力を持って施行されていた。

また、文政九年の東沼村議定[19]をみると、先述の村議定と重複する内容も多いが、贅沢品の使用禁止がより詳細に規定されている。贅沢品の禁止は「村役人之外、畳一切相用申間敷事」の条文とともに、村内の身分秩序の維持と出費増による借財増加の牽制を意図していると思われる。また、「御田地・用水・堰・橋・道普請・夫人足等之儀、被仰出次第、刻限無遅滞罷出相勤可申事」や、「耕作農業之儀は、年始相済候上、不限晴雨怠たらず、専一に相励可申事」などは、農業専従者としての勤めや出精を求めるものといえる。さらに、「他出之儀猥りに致間敷候、無拠節は行先村役人へ相達可申事」と百姓の他出制限が掲げられていることが注目できる。他出制限は百姓の村外流出を防ぎ、村内の農業労働力を確保する意図があったと思われる。百姓を村内にとどめようとする他出制限は、当地域に先行する代官仕法にも共通してみられる規定である。

そして、文政一〇年八月には桜町領でも「他村へ男女共差遣候儀を被差止め候次第」と領民の他出が禁じられ、また「男女共他所へ縁組等之儀は、急度難相成候」と他所への縁組も禁止された[20]。これに違反した場合、「吟味之上厳重中付」られることになるが、他村から男女を貰い受ける分には勝手次第とされており、人口の領外流出を防ぎ、増加させようとする意図は明白である。また、同時に「是迄都て諸願届之儀、多分口上にて相届来候処、自今之儀は願届共に、都て書面を以可相届」として、「養子願」「出生届」「死失届」などに村役人の押印を付した書類提出を義務付け、手続の厳格化をはかった。(21)人別に関わる領民管理の徹底を進めたのである。

次に、百姓個々に対する処罰教戒の例をみたい。酒売り違反の例は先述したが、文政一〇年四月一五日、東沼村幾右衛門が綿打ち稼ぎのため妻子ともに村を出て、呼び戻され、押込めを申付けられた。この件については尊徳も取調べに関わり、(22)幾右衛門は村を出たことについて「旧来之惰弱之風俗不取直、第一農業等閑に致し、兎角心得方不宜様、自近年困窮相迫り」(23)と反省させられた。綿打ち稼ぎも生活維持のための努力であるが、ここでは、「農業等閑」にしたために「困窮相迫」ったとする、百姓を農業専従者とみる立場から反省させられている。同日には横田村金治も「農業心掛不宜」、「農業等も無怠様専一に心懸可致出精処、兎角万端惰弱」として手鎖を申付けられた。(24)このように、仕法での百姓への教戒は、「農業」に高い価値をおいておこなわれた。

最後に表彰をみたい。尊徳は桜町移住以前の文政五年以来、「農業出精」「耕作出精」などを理由に百姓を頻繁に表彰した。(25)たとえば、文政五年九月には「御知行所一統農業致出精、中にも格別相励候者を撰度」として入札で二五名を表彰した。(26)また、文政七年七月に西物井村金蔵ほか五人に「日雇出稼致居候処、立戻り本業致出精候」として米一俵ずつが下賜された。先述の幾右衛門とは逆に、村に戻ってきたことで表彰されたのである。(27)そのほか「自力開発」「半夏迄に田植相済候もの」など、百姓の表彰も「農業」に価値をおいておこなわれていた。

以上、初期報徳仕法は仕法開始以来、百姓に対して領内からの他出を抑制し、農業に専念させる、百姓を農業専従者とする認識に立って実施されていたことがわかる。

## 2　百姓認識の背景

百姓を農業専従者とする認識は、寛政一一年（一七九九）、芳賀郡東郷陣屋（栃木県真岡市）の幕領代官による「百姓之儀者農業第一之儀」(28)とする仰渡しや、明和五年（一七六八）の黒羽藩郷方改役鈴木武助による「ふり売・小酒屋の業を心掛」け、「農の本を失ひ候ものハ罪人也」という申渡し(29)など、桜町仕法開始以前の近隣の領主層に共通してみられるものであった。さらに領主層だけでなく、寛政九年、芳賀郡亀山村（栃木県真岡市）の「近来村々一統作奉公人払底ニ而、高持百姓一統難義ニ及候間惣百姓申合、以来新規商売等相始り候事村法度、農業出情可致事」(30)という村法度にもみえる。このような百姓を農業専従者とする認識は、近世中後期の荒廃村落での小前層の離農・離村にともなう高持百姓層の農業経営基盤の不安定化と、領主層の年貢収奪基盤の不安定化に対する、高持百姓・領主の両層共通の憂慮から強調されるようになった認識と考えられる。従ってこれを一義的に領主的立場あるいは農民的立場に立った認識とは規定できない。

尊徳の仕法は領主に対する「分度」の設定や、領内百姓への多額の貸付金融資（後述）など、それまでの領主仕法とは異なる面を持って開始された。しかし、目指すべき百姓像は、「百姓之儀者農業第一」とする先行の周辺領主層、地主・村役人・高持百姓層と共通するものであった(31)。尊徳は桜町領からの人口流出を防ぐため、こうした百姓認識を踏まえて仕法に着手したのである。そして、それにもとづいた生活規制の徹底が、仕法着手当初の尊徳の方針であった。また、これらの規制は村議定として領民からも引き出され、尊徳は表彰や処罰、廻村を通して徹底をはかった。

ただ、このような認識や方法について、尊徳自身には戸惑いがあったかもしれない。彼は故郷栢山村での一家復興過程において農業のみに従事していたのではなく、小田原城下への奉公稼ぎや米薪の販売など複数の収入源を得ており、生活の場も栢山村・小田原城下と移動させていた。かかる生活様式は小田原城下周辺村落の百姓にとっては一般的であり、野州の荒廃村落の百姓のように村を出たら戻ってこないということはない。小田原城下周辺村落では野州の荒廃村落とは反対に、近世中期以降、家数・人別ともに上昇傾向を示していた。初期報徳仕法における尊徳は、かかる地域ギャップに直面し、苦悩していたのではないだろうか(32)。

## 二　荒地開発と百姓

### 1　荒地開発の実際

報徳仕法にとって荒地開発は中心事業の一つである。荒地開発で領内の耕地拡大、個々の百姓の持高増加による経営安定、さらには新百姓取立てによる家数増加をはかり、年貢収納と仕法米の確保・増加が目指された。尊徳は文政五年（一八二二）一一月に荒地の反別帳提出を村役人に命じるなど、仕法開始当初から荒地開発の準備を始めていた(33)。

それでは、前期仕法において、いかなる人々が荒地開発を担ったのか。文政七年の荒地開発や道・堤の普請の記録によれば、開発地の所持者を含む組で開発している例と、荒地開発の専門家といえる「破畑」が開発している例がある。なお、開発は「持畑開発相願候」「引受度願出候」など領民の出願によりおこなわれた(34)。

組で開発する例として、文政七年二月一一日、西物井白金坪の忠七組二九人分による伝右衛門持分の畑の起返しがある。彼らはこの開発で賃銀三分余と扶持米三斗七升五合を得た。ただ、伝右衛門も開発に従事したが、自身の所持地の開発であるため、彼には賃銀が支払われなかった(35)。また、二月二一日には東沼村若者平治組一五人分が土持ちをして、賃銀一分二朱余と扶持米一斗五升を得た。この時も普請場所に平治の所持地があり、彼の賃銀・扶持米は支払われなかった。このような組による多人数での荒地開発は、開発の負担を個々の百姓から分散し、効率よく開発することができたと考えられる。

一方、破畑による開発だが、彼らによる開発地が最も広く、荒地開発の中心的な担い手は彼らであった。組での開発の場合も、その指導者は破畑であることがあり、先述の忠七組の忠七は破畑であった(36)。なお、破畑には出稼ぎ人や入百姓として他領から来た者が多い。

【表1】文政7年東沼村の開発状況

| 開発従事者 | 開発地所持者 | 開発面積 |
|---|---|---|
| 東沼村惣左衛門内破畑<br>竹次郎・直右衛門 | 東沼村弥兵衛 | 7反4畝8歩 |
| | 東沼村惣左衛門 | 1反4畝24歩 |
| | 東沼村伊兵衛 | 2畝21歩 |
| | 東沼村粂右衛門 | 4畝1歩 |
| | 東沼村丹蔵 | 1反4畝10歩 |
| | 東沼村太兵衛 | 4畝23歩 |
| | 東沼村喜太郎 | 1反1畝6歩 |
| | 東沼村浅吉 | 2反7畝4歩 |
| | 東沼村亀右衛門 | 4畝3歩 |
| | 東沼村伊八 | 1畝1歩 |
| | 東沼村茂左衛門 | 6畝24歩 |
| | 東沼村利兵衛 | 1畝22歩 |
| | 栃井平八 | 2反3畝22歩 |
| | 西沼村丈八 | 3反3畝16歩 |
| | 総計 | 2町4反2畝14歩 |
| 破畑直右衛門 | 物井村佐右衛門 | 3畝 |
| | 物井村文右衛門 | 1畝19歩 |
| | 西物井組佐吉 | 9畝7歩 |
| | 東沼村又次 | 4畝28歩 |
| | 東沼村金蔵 | 4畝19歩 |
| | 東沼村弥兵衛 | 1畝29歩 |
| | 総計 | 2反7畝2歩 |

※『二宮尊徳全集』11巻23～27頁より作成。
※総計は実計に合わないが史料のままとした。

次に、開発地の所持者を検討したい。文政七年の東沼村破畑竹次郎・直右衛門による開発地の所持者をみると、多くは東沼村民であり、村の開発地はその村民の所持地であることが多い【表1】。また、天保七年（一八三六）八月の貯穀量を基準とした「暮方」で、東沼村を含む桜町領全体の開発地所持者の階層比率をみると、それぞれ「上々」一二%、「中」四三%、「下」三一%、「皆無」一二%で、これは「暮方」そのものの構成比率とほぼ同じであり、開発地所持者に階層差はみられない(37)。なお、開発地所持者には宗門帳にみられない

【表２】 新百姓に取立てられ新家作を下されたもの

| | 文政６ | 文政７ | 文政８ | 文政９ | 文政10 | 文政11 | 文政12 | 天保１ | 天保２ | 天保３ | 天保４ |
|---|---|---|---|---|---|---|---|---|---|---|---|
| 東沼村 | 1 | | | 1 | | 1 | 8 | 1 | | 3 | 1 |
| 横田村 | | | | 1 | 5 | | | 7 | | | |
| 物井村 | | | 1 | 2 | 2 | 1 | | | | 2 | 1 |
| | 天保５ | 天保６ | 天保７ | 天保８ | 天保９ | 天保10 | 天保11 | 天保12 | 天保13 | 天保14 | 弘化１ |
| 東沼村 | 1 | 2 | 1 | 1 | | 2 | | | | | 1 |
| 横田村 | | | | | 1 | | | | | | |
| 物井村 | 2 | 2 | 1 | 3 | | 1 | 2 | 6 | | 1 | 1 |
| | 弘化２ | 弘化３ | 弘化４ | 嘉永１ | 嘉永２ | 嘉永３ | 嘉永４ | 嘉永５ | 嘉永６ | | |
| 東沼村 | | | | 2 | 3 | 3 | 1 | 1 | 1 | | |
| 横田村 | 1 | 1 | 2 | | 1 | | 1 | 1 | | | |
| 物井村 | 2 | | 4 | | 1 | 1 | 3 | | | | |

※『二宮尊徳全集』12巻1217～1225頁より作成。

者も含まれているが、彼らは入百姓として入村したが定着できなかった者であろう。

すなわち、開発地所持者には上層民から下層民、入百姓として定着を目指す者までおり、希望により荒地を開発してもらい、開発地を所持したと考えられる。ただ、開発地の面積をみると、名主弥兵衛の所持地が最も広く、村役人などを勤めうる経営に余力のある百姓ほど広い開発地を所持できたと思われる。開発地は経営拡大や村への定着をめざす個々の希望と経営状況に応じて開発され、与えられたのであろう。

なお、新家作・新百姓の取立ては、文政九年以降から多くみられる【表２】。これらは「次男、三男、或は潰退転式取立、又者入百姓其外出精人新家作被下置[38]」たもので、荒地開発で耕地を得た入百姓や分家などが取立てられた。そして、かかる建築工事の増加は、領内の大工や木挽きなどの職人に賃金・扶持米の獲得機会の増加をもたらし、彼らにも金が還流するようになっていった[39]。

## ２　荒地開発の問題

さて、開発地はそれを耕す力のある者にとっては農業経営を拡大し、富裕化の契機になりえたと考えられる。しかし、桜町領の耕地は元来生産性が低く、[40] その所持がかえって負担に転化する可能性も高かった。

文政六年に潰百姓清七式を相続した西物井村沢治[41]は、翌年には「是迄は日雇等にて夫食取続居候処、当年は農業出精致、沢治・金右衛門儀は取附之儀[42]」と、日雇稼ぎの生活から農業をして村に居付くことができるようになった。しかし、文政八年には「風と心得違致し家出仕」、「其上人別引離、清七式可差戻旨申聞」と、早くも相続した百姓式を返上しようとした。[43] また、文政九年には「常体律儀成者」とみられていた東沼村清右衛門が、「去々申より両年之不作にて借財返済方並扶喰等に差詰り、御田地相続之手段も行届兼[44]」出奔した。沢治・清右衛門のような経営の不安定な下層民は、前述の幾右衛門のごとく、生活のためには田畑を捨て、農業外の稼ぎや出村を選択せざるをえなかったのである。

また、文政七年二月一五日には、三ヶ村の役人から「小前之者共へ開発其外之儀共申聞置候得共、猶又御趣法御趣意を始、万端之儀御役所より申諭呉候様[45]」という願いが出された。村役人が開発など仕法の趣意を陣屋から小前に諭すよう要請していることは、小前層が荒地開発に消極的であったことを示唆している。実はこの年、「元来、御知行所村々之儀、数年致困窮、人少故、生田畑作立不行届、年々手余りに相成、余荷地詰り、自他共半作相成、致潰百姓候処、此上開発被仰付候ては、弥以村方一統及潰候外有御座間鋪[46]」と、開発中止を訴える者が出ていたのである。

前期仕法における荒地開発は、上層民から村への定着を目指す入百姓まで広い階層の人々の持高増加や新家取立ての機会となりえた。しかし、開発地は生産性が悪く、多量の労働力や肥料を投下する必要があり、経営を上昇させるつもりが、かえって負担となり、没落の契機になってしまう可能性があった。また、荒地開発は、これまで荒地としながら無年貢で耕作されていた土地が発覚する契機にもなり、[47] かかる土地が入百姓に渡されることで入百姓と在来の百姓との対立も起きていた。[48] 荒地開発は領民にとって必ずしも望ましいことばかりではなかったのである。

それゆえ、荒地を開発し、農業を強いる仕法についてゆけない下層民のなかには、沢治や清右衛門・幾右衛門のように、田畑を放棄し、農業外の稼ぎを求めて出村する者も現れたのである。

## 三　下層民の動向と尊徳の施策

### 1　助成と諸稼ぎ奨励

農業経営の不安定な百姓たちは、生活維持のため農業外の生業を求めて出村を選択した。しかし、出村した百姓は連れ戻され、「農業等閑」であったと百姓を農業専従者とする立場から反省を迫られ処罰された。生計を求める下層民の出村は、領内の労働力の流出であり、農業生産拡大や村再生を目指す仕法にとって大きな障害であった。そのため領民の他出抑制がはかられたが、下層民の流出を阻止し、かつ、彼らの生活を維持・再生させるための対策も講じる必要があった。ここでは生活に困窮しているとみられる者を下層民として、彼らの動向と尊徳の対策を検討したい。

まず、下層民対策の一つに、極難者への夫食米支給がある。たとえば、文政七年（一八二四）二月には、「極難渋之者共養育米」として一一人に一一俵、一二月には「極々大難渋之者」一二人に二四俵、文政九年七月には「極々難渋被下米」として三二人に五一俵の夫食米が与えられている。[49] これらは御救いの意味を持ち、百姓の村外流出を一時的に防ぐ効果があったと思われるが、経営の再建・自立・安定化をはかるものではなく、応急措置といえる。

かかる応急措置のほか、尊徳は在村してできる稼ぎを奨励した。文政七年、翌年実施予定の将軍の日光社参にともなう人馬徴発に備えて、尊徳は村内に「冬田耕」を命じ、ほとんどを年内に終わらせたが、結局参詣は中止された。そのため正月・二月が「閑暇」になったので、その間、「前々困窮に迫り、筵一切貯も無之、米麦取入之節万端差支居候儀に付」、「壱軒に付筵弐拾枚宛織立可貯置」きことを命じ、それより多く織った場合、一枚につき四八文を与えるとした。ただし、二〇枚以下だった者は逆に一枚につき四八文の過料を徴収するとしている。(50) この筵織りは勤勉性の教化とともに、百姓に現金取得の機会を与える目的もあったと考えられる。

また、尊徳は木綿織り出しを奨励し、百姓の織り出す木綿に補助金をつけて買い上げた。(51) これは後の仕法書に困窮者救済策として「極難貧者冬枯に至り、渡世に差詰り、当惑致し居り候節、木綿壱反売払代金壱分に相成候木綿壱分に買上げ、為褒美壱反に付銭弐百文差遣、（中略）出来次第相渡可申旨申渡候は丶、一時に致憤発、（中略）糸とり機織致精勤候事疑なし」(52) と記される。桜町領では多くの百姓が綿作に従事しており、(53) 木綿織り出しは現金収入の道の一つであった。尊徳はこのような現金収入を得るための諸稼ぎを奨励したが、それは在村してできる点が重要で、勤勉性を教化し、百姓の経営補助と人々の出村を防ぐものでもあった。これらは農業専従者としての百姓像に相応しい稼ぎであったといえよう。

## 2　陣屋労働者への編成

さらに、尊徳は下層民対策として、彼らを陣屋の労働力として仕法のなかに組み込んだ。次にみるのは文政七年正月一二日の日記中の記事である。

一横田村百姓金治致改心、御長屋御拝借相願、出精相勤度段相願、今日片付候事(54)

横田村の金治が「改心」し、陣屋の長屋を借りて働くことを願ったとのことである。一五日には金治は一家で長屋へ引越した。(55) 金治家は文政五年に二九歳の金治と五五歳の父の二人、文政一〇年には金治と妻、一歳の娘の三人という家であった。文政一一年には「年来之未熟、扶持等之用意も有之間敷」(56) として、月々米一俵を支給されていることから、経済状態も貧しいものであったと考えられる。

金治が長屋を拝借した文政七年の一〇月、彼が「酒狂」で脇差に手をかけ、居合わせた者に取り押さえられる事件が起きた。そのとき、金治は長屋を拝借し、そこで働く理由を「身持為可相慎当春御願申上、御役所御長家拝借仕罷在候[57]」と述べている。長屋拝借は「身持」を慎むためのものであった。

長屋を借り、そこに詰めて働いた金治の生活をみると、「西長屋金治、横田村田うないに罷越候事[58]」とか、「取〆り円蔵・金次（治）両人見廻差出候事[59]」とか、「二宮金治郎、御林松苗植、御長屋円蔵・金次（治）、桜町より儀兵衛・定七・横田村常右衛門・松苗屋共〆七人松苗植候事[60]」など、尊徳に従い仕法の労働力として働いている様子が頻繁にみられる。長屋詰めの生活は、尊徳の進める復興事業の手足となって働くものであった。

かかる長屋詰めの人足となった者の目標は何だったのか。次にみるのは文政七年閏八月一日、金治とともに陣屋で働いていた円蔵について書かれたものである。

> 一御中間円蔵儀、年来相勤居候処、借財等も相片付候に付ては、東沼村へ引込農業出精致候様いたし可然旨申聞候所、左様致度段名主弥兵衛を以申出に付、永々出精相勤候事故、家作金として金三両遣候、尤名主格茂左衛門同道にて罷出候[61]

円蔵は年来「御中間」として働いてきたが、借財も片付いたので東沼村で農業をするように尊徳が言い聞かせていたところ、円蔵はそうしたいと名主弥兵衛をもって申し出た。そのため家作金三両を遣したという。円蔵は陣屋労働力として働きながら借財を返済しつつ、借財を片付けたところで農業に従事することを表明したのである。これらは尊徳が勧めていたことであった。

つまり、円蔵ら長屋詰め人足は、仕法の手足として働きつつ、自己の経営を再建し、のちに村で一軒前の百姓として取立てられ、農業に出精することを目指していたと考えられる。先の金治も文政一三年に一軒前の百姓として取立てられた[62]。

**【表3】長屋詰めの者**

| 年 | 名前 | 人数 |
|---|---|---|
| 文政5 | 円蔵 | 1 |
| 文政6 | 円蔵・豊次郎 | 2 |
| 文政7 | 五右衛門・円蔵・金治・巳之吉 | 4 |
| 文政8 | 佐右衛門・巳之吉・金右衛門・与七・元右衛門・富次郎・又次 | 7 |
| 文政9 | 富次郎・又次・忠右衛門・栄七・佐右衛門・清七・巳之吉・元右衛門・直右衛門・金右衛門・与七・杢右衛門 | 12 |
| 文政10 | 巳之吉・又次・金右衛門・佐五右衛門・富次郎・太兵衛・忠右衛門・市太郎・与七・清七・佐右衛門 | 11 |
| 文政11 | 富次郎・伴次・佐右衛門・万兵衛・金右衛門・与七 | 6 |
| 文政12 | 佐右衛門・忠兵衛・忠次・万兵衛・安兵衛・岸右衛門・金兵衛 | 7 |
| 天保1 | 佐右衛門・小吉・円蔵・万兵衛・伝右衛門・仙右衛門・七郎治・忠次・岸右衛門・直兵衛 | 10 |
| 天保2 | 佐右衛門・岸右衛門・五右衛門・万兵衛・伝右衛門・浅吉 | 6 |
| 天保3 | 喜左衛門・万兵衛・四郎兵衛・仁右衛門・新兵衛・平重・佐右衛門・弥助・五右衛門・幸吉・祐吉・岸右衛門 | 12 |
| 天保4 | 新兵衛・金右衛門・竹次郎・此次郎・竹蔵・辰之助・金行・喜左衛門 | 8 |
| 天保5 | 新兵衛・喜左衛門・丈八・吉兵衛・金行 | 5 |
| 天保7 | 新兵衛・皆右衛門・岸右衛門・竹次郎・又兵衛・大嶋勇助・金行 | 7 |

※『二宮尊徳全集』11～12巻・35巻所収の「当座出入帳」、『二宮尊徳全集』3・35巻所収の「日記」より作成。
※天保6年は「当座出入帳」がないため省略した。

下層民を陣屋の長屋に詰めさせ働かせることは、困窮者救済の意味を持ち(63)、仕法進展の助けにもなったといえる。

【表3】は長屋に詰めていた者を管見の限りで拾ったものである。彼らが長屋に詰めている者のすべてとは限らず、一年間に長屋に詰める者の出入や、長屋に逗留しているだけの者も含まれている可能性がある。しかし、これをみると長屋詰めの者は仕法が始まった文政五年以来、徐々に増え、文政九年以降少なくとも五～一二人程の人数（家内の者は除く）が詰めている状態にあったことがわかる(64)。大塚英二は文政末年頃から土地政策が成熟してくると指摘したが(65)、それと符合して長屋詰めの人足も増加している。これは仕法・土地政策の進展とともに、彼らの労働力、見廻りや指揮など仕法推進者としての重要性が高まったことを示すと思われる。

以上、前期仕法での下層民政策をみた。先述のごとく前期仕法は百姓に村内での農業出精を強要し、出稼ぎを抑制する近世中後期以来の領主層や地主・村役人・高持層の百姓認識を基調としたものであった。しかし、それでは村で農業を続けられずに出奔する下層民に対応できず、何らかの施策が必要であった。

これに対し、尊徳は下層民を含めた百姓に夫食の給付といった応急的措置のほか、補助金をつけた木綿織り出しなど「農間余業」を奨励し、彼らを村に居付かせ、経営を維持させるように努めた。さらに、彼らを陣屋の労働力に組み込み、仕法を推進する労働力として働かせつつ、彼らの経営再建・生活救済をはかろうとした。そして、仕法の展開にともない長屋詰めの人足は漸増していった。前期仕法の取組みの過程で、尊徳はたんに下層民を農業に専念させようとしただけでなく、農業経営が困難な下層民に現金取得の機会を与えたり、賃労働者として仕法に編成する方向性も生み出していったのである。これは下層民を無理に農業で生活させるのではなく、労働力販売を必要とする彼らの存在形態に合わせた政策といえる。これにより農業経営では生活できず、荒地起返し政策を負担と感じる下層民と仕法を結びつけることができるようになるのである。

## 四　上層民の動向と尊徳の施策

### 1　村落指導者層としての自覚

次に、村役人層など経営に余裕があると思われる上層民の動向と、彼らへの対応をみていきたい。

桜町仕法が開始された際、「其時の救ひ・用捨を多分に請候事而已、名主・村役人・長百姓、国風欺職分之様に相心得居候[66]」という状況で、名主・村役人ら上層民は川欠や潰百姓分など種々の名目をつけて年貢免除地を出願し、領主の把握する土地所持・耕作状況を実態とあわないものにしていた。しかも、こうして得た利益は、いわば既得権化しており、混乱した土地関係を検分のうえで正し、荒地開発を実施する仕法は、彼らにとって既得権を侵害する望ましからぬ側面があった。実際、文政九年（一八二六）には、「切添切開」により開けた耕地からの「余歩取増」があるはずなのにそれを納めず、「心得方一同不宜」として西物井村名主平左衛門以下の村役人が処罰された(67)。また、文政七年には東沼村名主五右衛門が、仕法中にもかかわらず新借を作り「不束」として名主役を取り上げてられており(68)、村役人層は生活態度も規制された。

これら村役人層の「不正」や生活態度に対する処罰には、彼らに村落指導者層としての自覚を促す意図があった。尊徳は「常々持高相応之不致暮方を、奢不知分限をものは（村役人に―筆者注）相成間敷候」と考えており、そのような者が村役人になれば「小前一同分限を不相弁様相成」ると危惧していた(69)。そして、かかる対応は上層民と尊徳の間の摩擦を惹起させることにもなった(70)。

## 2　融資と育成

しかし、一方で尊徳は上層民に資金を融資し、経営を拡大させ、仕法へ組み込むことも試みた。

ここでは特に前期仕法で尊徳に見出だされ、仕法を支援した西物井村七郎治の動向をみておきたい。七郎治についてはすでに岡田博(71)が詳細に検討しており、ここではその要点を指摘する。

【表4】は文政九年、【表5】は文政一一年の桜町陣屋の七郎治に対する米金出入である。

これらの表から、尊徳が七郎治に干鰯や炭・大豆の買入など多様な名目で多額の金を融資していることがわかる。

しかし、最も多い品目は米である。七郎治は陣屋の指示で米を売買しており、陣屋の米の売買も請負っていた。

【表 4】物井村七郎治にたいする陣屋の金銀米銭出入（文政９年）

| 日付 | 出入額 | | 内　容 | 頁 |
|---|---|---|---|---|
| | 出 | 入 | | |
| 1月13日 | 2両 | | 小栗町米代遣候分、不足借用相願候に付遣ス | 318 |
| 1月22日 | | 15両 | 米買入貸附内取 | 319 |
| 1月25日 | | 5両 | 貸付金61両の内受取〆15両目 | 321 |
| 1月30日 | | 7両 | 米買入金61両の内受取 | 321 |
| | 1両2分 | | 大豆駄賃銭内渡 | 321 |
| | | 1貫648文 | 2月2日取、右同断 | 321 |
| 2月20日 | 10両 | | 干鰯買入金拝借相願候に付かし | 325 |
| 3月10日 | 1分2朱 | | 炭焚賃外駄賃とも内かし | 328 |
| | 7両 | | 干か買入、炭引請に付、金子拝借相願候間遣す | 328 |
| 3月25日 | 10両 | | 御知行所物井村七郎治、段々御改正相守候様相出精仕候に付、右金子内々拙者より遣候 | 332 |
| 4月1日 | | 10両 | 御払米代金内受取 | 335 |
| 4月6日 | | 4両3分 | 時借致候米代金之内 | 336 |
| 6月4日 | | 2両2分 | （真岡町油屋への払米34俵の代金17両の内受取り） | 338 |
| 6月5日 | | 2両 | 時借致し候 | 338 |
| 6月11日 | | 3貫文 | 物井村熊蔵一件之儀に付過料銭受取 | 342 |
| 6月13日 | | 1両 | 使市左衛門より受取 | 342 |
| 6月16日 | | 5両 | 是は正金受取 | 343 |
| 6月18日 | 麦6俵 | | （上吉田村金吾に売る24俵のうちから渡す） | 344 |
| 6月28日 | | 2両 | 是は小林村弥兵衛証文22両之内受取分 | 343 |
| 6月30日 | 2両 | | かし | 347 |
| 7月7日 | 餅米2俵<br>2斗 | | （代金1両554文の内、1両2朱取、つり266文は遣わす） | 350 |
| 7月12日 | 2両 | | 時かし | 352 |
| 7月20日 | 3両 | | 米買入手金遣候 | 354 |
| 7月23日 | 3両 | | 米代金内渡、市左衛門へ遣候 | 354 |
| 7月26日 | 2両 | | 小林米代金内渡 | 355 |
| 8月15日 | 5両 | | がし | 356 |
| | | 14両2分 | （6月4日の真岡町油屋への払米代金の残金受取） | 338 |
| 8月19日 | 5両 | | かし | 357 |
| 8月25日 | 2両 | | かし | 357 |
| 9月1日 | | 2両 | 25日時貸受取 | 358 |
| | 9両 | | 東沼村へ貸付相成候分、拝借相願候に付 | 358 |
| 9月3日 | 1両 | | かし | 358 |
| 9月6日 | | 5両 | 吉田村米代金内受取 | 360 |
| 9月14日 | | 5両 | 米代金受取 | 362 |
| 9月15日 | | 5両 | 直右衛門より受取 | 362 |
| 9月18日 | 1両 | | 時かし | 363 |
| 10月3日 | 15両 | | 小林村弥兵衛方へ時貸致置、入用之節返済可申付候 | 368 |
| | 4両 | | 今夕方時貸遣わし候 | 368 |
| 10月7日 | | 2両2分 | 小林村弥兵衛五両之内 | 368 |
| 10月8日 | 2両 | | 大豆買入金不足に付拝借相願候に付遣候 | 369 |

| 日付 | 出入額 | | 内　容 | 頁 |
|---|---|---|---|---|
| | 出 | 入 | | |
| 10月10日 | 2両 | | かし | 369 |
| 10月13日 | 1両 | | 時かし | 369 |
| 10月14日 | 3両 | | かし | 370 |
| 10月18日 | 2分2朱372文 | | （勝俣真作殿が遣わした米2俵の買入代金、米は上物井車政吉へ遣し搗入れ、白米中里河岸へ出廻米仕る） | 371 |
| 10月28日 | | 15両 | 是者口々貸附金内受取可致勘定也 | 373 |
| 11月16日 | 5両 | | かし | 375 |
| 11月19日 | 5両 | | 米代金遣候 | 376 |
| 11月20日 | 5両 | | かし | 377 |
| 11月29日 | 5両 | | 米買置金内渡し | 379 |
| 12月2日 | 5両 | | 米代金内かし | 380 |
| | 200文 | | 時かし | 380 |
| 12月4日 | 5両 | | 米代金内かし | 381 |
| 12月8日 | 5両 | | 米代金かし | 381 |
| 12月10日 | 10両 | | 米代金内かし | 381 |
| 12月14日 | 5両 | | 米代金内かし | 382 |
| 12月15日 | 5両 | | 米代金文蔵へ相渡す | 382 |
| 12月17日 | | 米28俵 | 受取り | 386 |
| | | 米20俵 | （受取り） | 386 |
| 12月18日 | | 米36俵 | 受取り | 386 |
| 12月21日 | 5両 | | 米代内渡し | 388 |
| | | 米10俵 | 喜左衛門より受取 | 388 |
| 12月23日 | | 米8俵 | 売置米之内栃井忠治方より受取置候 | 389 |
| 12月24日 | | 米16俵 | 〆120俵受取 | 389 |
| 12月25日 | 10両 | | 米売置内渡す | 389 |
| 12月26日 | 5両 | | 米買入金内渡し | 390 |
| | | 米24俵 | （幸右衛門倅馬附20俵、勝蔵馬附2俵、重吉馬附2俵、〆24俵、144俵の内） | 390 |
| 12月27日 | | 米2俵 | 向原重吉より取 | 391 |
| 12月28日 | 3両 | | 米代金内かし | 393 |
| 12月29日 | | 米77俵 | （買入米か） | 395 |
| | | 2分2朱272文 | 荏1叺代受取 | 396 |

※『二宮尊徳全集』11巻316～397頁「当座金銀米銭出入控帳」より作成。

## 【表5】 物井村七郎治にたいする陣家の金銀米銭出入（文政11年）

| 日付 | 出入額 | | 内　容 | 頁 |
|---|---|---|---|---|
| | 出 | 入 | | |
| 1月4日 | | 2分 | 金子不足に付受取 | 687 |
| 1月21日 | | 1両 | 金子不足に付受取 | 689 |
| 1月28日 | | 1両 | 金子不足に付受取 | 690 |
| 3月4日 | 4両 | | 江戸にて御代官中拝借致候に付村方相渡候以上 | 695 |
| | 2両 | | 家内より遣候 | 695 |
| 3月11日 | 2両 | | かし | 695 |
| 3月13日 | | 1両1分 | （3月11日の2両の貸しのうち受取 | 696 |
| | 銭10貫 | | 使伴次遣候 | 696 |
| | 銭10貫 | | 使与七に遣候 | 696 |
| 3月15日 | | 1両1分2朱1貫888文 | （与七分久下田宿買物につき、3月11日の2両の貸しの残金3分と3月13日に渡した20貫＝3両200文の合計3両3分200文のうちから受取る） | 698 |
| | | 1分527文 | （正作はかま代として、3月11日の2両の貸しの残金3分と3月13日に渡した20貫＝3両200文の合計3両3分200文のうちから受取る） | 698 |
| | | 1分724文 | （与七ひとへ物代として、3月11日の2両の貸しの残金3分と3月13日に渡した20貫＝3両200文の合計3両3分200文のうちから受取る） | 698 |
| 3月19日 | | 1両1分2朱200文 | （3月11日の2両の貸しの残金3分と3月13日に渡した20貫＝3両200文の計3両3分200文のうちから3月15日の買い物分を差し引いた残金を受取る） | 698 |
| | | 2両 | （七郎治の買置米のうち30俵を小川河岸で売り渡した代金10両1分2朱600文のうち） | 699 |
| 3月27日 | | 4両 | 米代金の内受取 | 700 |
| 3月30日 | | 3両3分2朱 | 米代金受取 | 701 |
| 4月8日 | | 2分2朱 | 杉苗木賃取金子不足に付受取、使伴治遣わす | 703 |
| 4月11日 | | 3分 | 使より受取 | 704 |
| 4月20日 | 米50俵 | | 右は同人（七郎治）方去暮買置候米之内払申付候 | 706 |
| 4月21日 | | 8両 | 米50俵代之内受取 | 706 |
| | | 318文 | 去月真岡町にて時貸金之分受取 | 706 |
| 5月5日 | 米60俵 | | 七郎治買預置候米之内小川河岸出相払申候（代金22両2朱39文のうち5両受取） | 708 |
| 5月11日 | | 5両 | 米代金内金にうけとる | 708 |
| 5月20日 | | 5両 | 米代金にうけとる | 709 |
| 5月25日 | | 4両 | 朝うけとる | 709 |
| | | 5両 | 米代金（夜受取る） | 710 |
| 6月29日 | 1両 | | かし | 715 |
| 7月9日 | 5両 | | かし | 717 |
| 7月12日 | 2両2分 | | 夜かし | 718 |
| 8月3日 | | 2両 | 金子入用に付受取 | 720 |
| 8月25日 | 10両 | | 拝借相願に付貸付遣候 | 725 |
| 8月28日 | 10両 | | かし | 726 |
| 8月30日 | 9両2分 | | 大豆金拝借相願候に付貸付遣候 | 726 |
| 9月5日 | 10両 | | 米買入金内渡し | 727 |
| 9月9日 | 10両 | | 米買入金内渡し | 727 |

| 日付 | 出入額 | | 内　容 | 頁 |
|---|---|---|---|---|
| | 出 | 入 | | |
| 9月13日 | 7両 | | 米買入金内渡し | 727 |
| 9月14日 | | 1両 | 金子不足使伴治を以受取申所也 | 728 |
| 9月15日 | | 10両 | 御払米代金之内使桜屋文蔵より内受取 | 728 |
| 9月16日 | 2両 | | かし | 729 |
| 9月18日 | 20両 | | 米買置金内渡し | 729 |
| 9月29日 | 10両 | | 米買置金内渡し | 730 |
| 10月5日 | 10両 | | 米買置金拝借相願に付遣候、使文蔵相渡す | 731 |
| 10月7日 | | 麦2俵 | 但上物井政吉車より受取 | 732 |
| 10月9日 | 10両 | | かし | 732 |
| 10月15日 | 20両 | | 米買置金内渡し | 733 |
| 10月18日 | 5両 | | 米買置金内渡す | 735 |
| 10月16日 | 116文 | | 去9月23日より28日迄日数6日之間、諸入用過受取 | 738 |
| 10月19日 | 20両 | | 米買置金内渡し | 738 |
| 10月30日 | | 米60俵 | 受取預置候 | 742 |
| 11月2日 | 5両 | | 拝借相願候に付貸付 | 743 |
| 11月13日 | 10両 | | かし | 744 |
| 11月15日 | 2両 | | かし | 745 |
| 11月16日 | 10両 | | 米買入かし | 745 |
| 11月23日 | | 9両 | 江戸納金不足に付時借致候以上、 | 746 |
| | | 米40俵 | (2俵は上物井政吉車へ、38俵は御陣屋西蔵へ入) | 746 |
| 12月13日 | 米30俵 | | 同人買置米之内相払 | 748 |
| 12月27日 | 3両 | | かし | 750 |
| | | 米24俵 | 4斗5升入うけとる | 750 |
| 12月29日 | 4両3分661文 | | かし | 751 |
| | 2両 | | かし | 751 |
| | | 2両2分 | (夜) うけとりもふし候 | 752 |

※『二宮尊徳全集』11巻686～752頁「当座金銀米銭出入控帳」より作成。

さて、文政九年と文政一一年の七郎治に対する米金出入・融資状況を比較すると、文政一一年の米買入金の融資額が同九年に比較して増加しており、七郎治は尊徳から多額の融資を受けつつ、商売を徐々に拡大させていたことがうかがえる。すなわち、仕法の展開とともに彼の商売の規模も拡大するという具合に、彼の商売は仕法に組み込まれ、一体化していったと考えられる。

また、注目すべきは、文政一一年に「金子不足に付受取」として、陣屋が七郎治から金を受取っていることである。つまり、七郎治が陣屋の財政を支援しているのである。この財政支援は文政一二年正月に尊徳が成田へ参籠した際、大きな役割を果たした。尊徳は参籠に際し陣屋の金のほとんどを持ち出していたが、[72] 七郎治は底をついた陣屋の財政に「小使入用」として金を出し、尊徳不在の陣屋財政を支援していた。[73] また、彼は領内の困窮者支援もおこなっており、[74] 死後、天保五年（一八三四）に「御趣法御入用米金御融通に至まて骨折、村内今日之営にも差支候者へは、夫々米金等差遣、深切利解申聞」[75] かせたことなどが賞されている。

以上のように七郎治の特徴は、尊徳によって商売を展開する一方、私財を出して仕法を支援するようにもなっており、仕法と商売を結び付け、仕法に協力する「仕法髄身」[76] の商人となっていくことである。ここには他利のなかに自利を追及する経済道徳的態度[77] がみられる。

そのほか、尊徳に育成された上層民に横田村久蔵がいる。文政八年、「横田村忠右衛門倅（久蔵―筆者注）、算・ぢん功記、弐品遣度、右之事出精仕候様に承知仕候事」[78] と、尊徳は久蔵に商売の資質を見出したのか、塵劫記など算術書を与え、算術の素養を身につけさせたと思われる。久蔵は一七歳であった。彼は天保期に商売を始め、[79] 荒地開発世話役として他領の仕法にも貢献するようになる。[80]

尊徳は上層民に村落指導者層としての自覚を喚起するとともに、彼らへの融資や育成をはかり、彼らの経営に仕法を組み込ませることで自ら仕法に協力し、融通能力を持ち、「助合」を実践しうる上層民の創出をはかったのである。

## 五　仕法資金の動向

最後に、これまでの諸政策を裏付ける仕法資金の動向を検討したい。

【図1】は桜町領の年貢米収納高の変遷である。仕法開始以来、収納高は凶年を除き上昇している。荒地開発を進める仕法が成果をみせているといえるが、文政九年（一八二六）以降に大きく伸びており、先述の新家作・新百姓取立てと軌を一にしている。また、収納高が上昇しても宇津家への上納米は一〇〇五俵と変わらないので、仕法資金となる収納額と上納米の差額＝「土台外」も増加傾向にある。仕法は領民へ直接の年貢減免はしないが、「土台外」を仕法資金として領民に再分配したのである。

【図1】 桜町領の収納米変遷

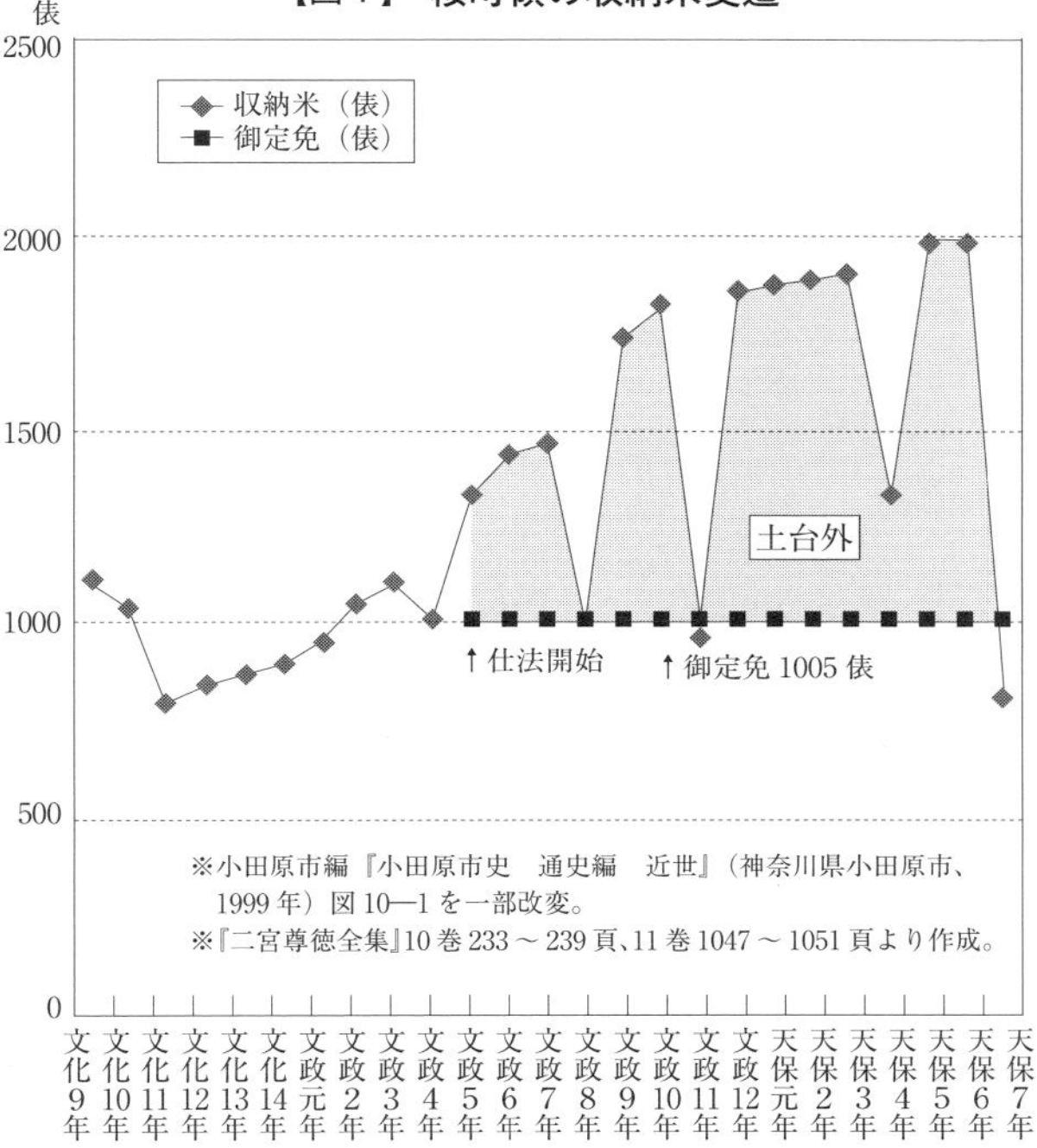


次に仕法資金の収支をみたい。【表6】は文政八年の仕法米収支である。この年は一九九五両余の「諸入金」があった。その内訳は御任金五〇両と御任米一一二両余のほか、「土台外」米の売却代金も含むと思われる幸手宿商人からの米代金二二五両余、「凶作に付」として小田原藩代官から借用した二〇〇両のほか、領民への貸付金の返済や領民からの借用金・預り金も多い。たとえば、先述の物井村七郎治からは貸付金返済・借用金を含めて二四四両余を受取っている。仕法資金の拡大・再生産は「土台外」米や御任米金のみでなく、領民からの借用金など外部資金や、領民への貸付金とその返済という資金循環によるところも大きい。

**【表6】 文政8年の仕法御任金出入**

| 用途口座 | 金額 | |
|---|---|---|
| | 金（両－分－朱） | 銭（文） |
| 1. 諸入金 | 3/1/1995 | 351 |
| 2. 陣屋入用 | 23 － 1 － 3 | 245 |
| 3. 諸被下金 | 48 － 1 － 1 | 302 |
| 4. 新家作被下金 | 5 － 0 － 0 | — |
| 5. 五か年賦金 | — | — |
| 6. 屋根替料被下金 | 1 － 1 － 2 | — |
| 7. 三か年賦金 | — | — |
| 8. 川道普請金 | 2 － 2 － 2 | 248 |
| 9. 御陣屋頼母子講 | 94 － 1 － 0 | 145 |
| 10. 小田原大成趣法講 | 23 － 0 － 2 | 236 |
| 11. 開発諸道具買入 | 6 － 1 － 3 | 253 |
| 12. 田畑開発料被下 | 46 － 3 － 0 | 48 |
| 13. 開発料内渡 | 21 － 2 － 1 | 180 |
| 14. 利息付貸付金 | 213 － 1 － 0 | 426 |
| 15. 融通無利貸付 | 372 － 2 － 3 | 179 |
| 16. 預金利付返済 | 5 － 1 － 0 | |
| 17. 借用金利付返済 | 250 － 0 － 0 | 319 |
| 18. 無利預金返済 | 273 － 3 － 1 | 258 |
| 19. 御払米運賃諸掛り | 12 － 2 － 2 | 248 |
| 20. 干粕干鰯買入 | 118 － 2 － 1 | 185 |
| 21. 別物雑合払方 | 1 － 3 － 3 | 178 |
| 22. 米買入代金<br>大豆買入払方 | 168 － 2 － 0<br>102 － 3 － 0 | 155<br>1099 |
| 23. 御林植込苗木代 | 0 － 3 － 2 | 764 |
| 24. 二宮雑用 | 23 － 1 － 0 | 459 |

※二宮町史編さん委員会編『二宮町史　通史編Ⅱ近世』（栃木県二宮町、2008年）表7－19を一部改変。
※出典は『二宮尊徳全集』11巻185～292頁。

一方、支出だが、8川道普請、12開発料被下、13開発料内渡といった開発・普請関係支出は七〇両余、3諸被下金、4新家作被下金、6屋根替料被下金といった領民に支給される支出は五四両余で、開発や褒賞などに直接支出される額は全体からみれば意外と少ない。

また、20干鰯干粕買入代は、一括購入により領民に肥料を安価に提供することで、領民の農業生産を支援する意味があったと思われ、22米大豆買入には資金増加を狙った投機的な買い入れもあったと思われる。さらに、9御陣屋頼母子講、10小田原大成趣法講、14利息付貸付金、15融通無利貸付、16預金利付返済、17借用金利付返済、18無利預金返済といった金融関係の支出は一二〇〇両以上となり、支出の大半を占める。大量の融資資金の投入は領内の金融閉塞を打開して生産を活性化させるとともに、高利貸しからの借換えを促し、百姓経営を安定させるねらいがあったと考えられる。[81]

なお、領民向けの貸付金には14利息付貸付金と15融通無利貸付金の二つがあった。利息付貸付金は七二口に二一三両余が貸付けられ、平均貸付額は約三両になる。その使途には質地請戻金や馬代金、婚姻費用、諸品仕入金などがみられる。一方、融通無利貸付金は三二六口に三七二両余が貸し付けられ、平均貸付額は一両余である。ただ、このうち七郎治の二八口一八四両余の貸付が平均貸付額を押し上げており、これを除けばほとんどが両未満の貸付けで、その平均額は約二分二朱である。また、貸付対象も長屋詰めの者から陣屋役人まで幅広く、多くは「時貸し」で、農具代や衣類・旅費などに使用されている。利息付貸付金は高額だが生産拡大が見込まれるもの、融通無利貸付金は臨時の出費や下層民への融通といった性格の違いがうかがえ、これらを組み合わせて領内全階層の金回りを良くするとともに、高利貸しの侵入を防ぐことが目論まれたと考えられる。これら尊徳の資金は領民の生活を金融面で支援し、先述の百姓政策の裏付けになったといえる。

文政五年の借財調査によれば、「証文無之時貸之分、又者不正之口々、凡四百両程」を除いて、桜町領の借財総額は六三四両余にのぼり、その多くは真岡町の商人や他村からの借用金で、領内からの借用金は九七両余と約一五％に過ぎなかった(82)。尊徳がもたらす資金が領内へ与えた影響は絶大であったといえよう。

## おわりに

桜町前期仕法は近世中後期以来の周辺地域で強調された、農業専従者としての百姓認識を立脚点として開始され、荒地開発により、文政末期頃には新百姓が取立てられるようになった。

しかし、かかる認識は農業外の稼ぎを求めざるをえない下層民を抑圧する側面を持っていた。そして、農業で生活できない下層民は処罰を覚悟してでも村を出た。この動向に対し、尊徳は他出禁止令を出さざるをえなかった。ここに桜町前期仕法が「停滞」していたとされる一因があろう。

また、上層民のうち村役人層には、土地や貢納に関する一定の裁量権を恣意的に取り扱っていた者もおり、尊徳は彼らの恣意的な取り扱いを排除しようとした。そのため彼らのうち仕法に不満を抱く者は、尊徳と対立した。

文政一一年（一八二八）四月、尊徳は桜町仕法取扱いの辞任を願うが、その願書には、仕法請負時の取決めの違約や、陣屋役人の異動による混乱など領主側への不満のほか、上下の百姓からの仕法への障害が記されていた。[83] そして、この翌年、尊徳は成田へ参籠しており、彼は苦悶のなかにあったと思われる。

しかし、そのなかでも在村してできる諸稼ぎを推進したり、下層民を陣屋労働力として編成し、仕法の進行と同時に彼らの再生をはかったり、仕法と結び付いて商売をする上層民を育成するなどの動向がみられるようになっていた。百姓を農業専従者ではなく陣屋で賃労働者として編成して働かせることは、陣屋の持つ困窮者救済の機能を活用していく意味を持つ。そこには、下層民を賃労働者として活かす、当該期の階層分解に対応した仕法の方向性がある。この方向上に天保七年（一八三六）の烏山藩の飢民救済仕法の際、困窮者に賃銀を与えて荒地を開発させることで救済したり、[84] 舟橋明宏が指摘した、農業をやめ破畑稼ぎに専念する「新しい破畑」[85] への転身という動向が生まれてこよう。

また、上層民に対しても彼らを教戒する一方、融資や所持地の開発を推進させるなどして仕法に組み込んだ。それにより彼らの経営を強化し、仕法を財政的に支援したり、他の百姓に融通する力量を備えさせるとともに、村落指導者としての自覚を促そうとした。

桜町前期仕法は百姓を農業専従者とする認識を基調として始められた。しかし、当該期の階層分解の現実に対応して農業生産を村で維持展開し、村落を再生させるためには、農業専従者だけでなく、商人・職人・日雇といった様々な性格を持つ百姓を編成し、彼らの経営にあわせた政策を施す必要があった。そのうえで荒地開発や融通の活性化による百姓・村の安定が実現されると考えられる。桜町前期仕法はそうした政策の形成過程であったといえる。

ただ、その前提には多様な生業を複合的に組み合わせて一家復興を遂げた尊徳の小田原時代の経験があったのではないだろうか。(86)桜町前期仕法の百姓政策は、小田原時代の経験を踏まえた尊徳が、野州に入り込み、小田原城下周辺村とのギャップに苦悩しつつ、現地の百姓たちと向きあうなかで形成されたと考えられるのではないだろうか。ただ、桜町前期仕法で形成されてきた上下百姓の編成は、まだ萌芽的断片的なものであった。これは報徳金融の整備とともに、後期仕法になって明確になる。その検討は次章でおこなう。

## 註

（1）奥谷松治『二宮尊徳と報徳社運動』（高陽書院、一九三六年）・上杉允彦「報徳思想の成立―桜町仕法を中心として―」（『栃木県史研究』一四号、一九七七年）・長倉保「小田原藩における報徳仕法について―とくに一村仕法の問題を中心に―」（北島正元編『幕藩制国家解体過程の研究―天保期を中心に―』吉川弘文館、一九七八年、のち長倉保『幕藩体制解体の史的研究』吉川弘文館、一九九七年所収）など。

（2）大藤修「関東農村の荒廃と尊徳仕法―谷田部藩仕法を事例に―」（『史料館研究紀要』一四号、一九八二年、のち同『近世の村と生活文化―村落から生まれた知恵と報徳仕法―』吉川弘文館、二〇〇一年所収）・栃木県史編さん委員会編『栃木県史　通史編五　近世二』第一〇章（深谷克己執筆、栃木県、一九八四年）・大塚英二「近世後期北関東における小農再建と報徳金融の特質」（『日本史研究』二六三号、一九八四年、のち同『日本近世農村金融史の研究―村融通制の分析―』校倉書房、一九九六年所収）など。

（3）前掲註(2)大藤論文。

（4）報徳仕法の名称は天保二年（一八三一）、大久保忠真の「以徳報徳」の賞詞に因むといわれているが、本章では対象時期の仕法をその後の仕法との連続性のなかで位置付けるため、天保二年以前の仕法も「報徳仕法」と表記する。

（5）大塚英二「報徳仕法成立期における諸問題―仕法論理成立過程再検討の素材―」（『名古屋大学人文科学研究』一五号、一九八六年、前掲註(2)大塚著書所収）。

(6) 舟橋明宏「村再建にみる『村人』の知恵」(渡辺尚志編『新しい近世史四　村落の変容と地域社会』新人物往来社、一九九六年、のち舟橋明宏『近世の地主制と地域社会』岩田書院、二〇〇四年所収)。
(7) たとえば、佐々井信太郎『二宮尊徳研究』(岩波書店、一九二七年)・前掲註(1)上杉論文・真岡市史編さん委員会編『真岡市史　第七巻　近世通史編』第五章第二節(大木茂執筆、栃木県真岡市、一九八八年)など。
(8) 破畑とは土地の開発などに従事する人足のことで、土方・土工の北関東の方言であり、「黒鍬」と言い換える場合もあるという(前掲註(6)舟橋論文参照)。
(9) 寶月圭吾編『日本歴史地名大系九　栃木県の地名』(平凡社、一九八八年)。
(10) 佐々井信太郎編『二宮尊徳全集』一〇巻(二宮尊徳偉業宣揚会、一九二八年)二四八・八三〇頁。
(11) 松尾公就「小田原藩政の展開と二宮尊徳―藩主大久保忠真の酒匂河原での表彰の意義をめぐって―」(『地方史研究』二八三号、二〇〇〇年)。
(12) 『二宮尊徳全集』一〇巻八一〇頁。
(13) 『二宮尊徳全集』一〇巻七九二・七九三頁。実際にこれを桜町領民へ申渡したのは尊徳が桜町領に出張した一〇月二三日〜一一月二日までの間と思われる(『二宮尊徳全集』一四巻(一九二八年)一〇〇二・一〇〇三頁)。
(14) 『二宮尊徳全集』一〇巻一〇八二・一〇八三頁。
(15) 『二宮尊徳全集』一〇巻一〇八三〜一〇八五頁。
(16) 『二宮尊徳全集』三巻(一九二七年)一四頁。
(17) 『二宮尊徳全集』三巻六〇頁。
(18) 『二宮尊徳全集』三巻六〇頁。
(19) 『二宮尊徳全集』三巻九九・一〇〇頁。
(20) 『二宮尊徳全集』一〇巻一一〇一頁。
(21) 『二宮尊徳全集』一〇巻一一〇〇頁。
(22) 『二宮尊徳全集』三巻一一〇頁。

(23)『二宮尊徳全集』三巻一一六頁。
(24)『二宮尊徳全集』三巻一一七・一一八頁。
(25)『二宮尊徳全集』一〇巻一〇二三〜一〇四一頁。
(26)『二宮尊徳全集』一〇巻一〇二五頁。
(27)『二宮尊徳全集』一〇巻一〇三一頁。
(28)真岡市史編さん委員会編『真岡市史　第三巻　近世史料編』(栃木県真岡市、一九八五年)第二章№三九。
(29)栃木県史編さん委員会編『栃木県史　史料編近世四』(栃木県、一九七五年)第八章№一七。
(30)『真岡市史　第三巻　近世史料編』第二章№三七。
(31)前掲註(5)大塚論文では、尊徳が代官領や幕府農政に示唆を受けていたことが指摘されている。
(32)本書第二章参照。
(33)『二宮尊徳全集』三巻六頁。
(34)『二宮尊徳全集』一一巻(一九二八年)一一〜二七頁。
(35)『二宮尊徳全集』一一巻二一頁。
(36)文政七年三月一七日の記録に「西物井破畑忠七組人足差出候」とあり、忠七は破畑であった(『二宮尊徳全集』三五巻(一九三一年)二九二頁。
(37)天保七年八月の「暮方」の構成比率は上々一三%・上四%・中二八%・下三〇%・下々一一%・皆無一三%である(『二宮尊徳全集』一二巻(一九二八年)二九二〜三三六頁)。
(38)『二宮尊徳全集』一二巻一二二〇頁。
(39)文政七年に陣屋から手間賃を支出される大工は、すべて桜町領民である(『二宮尊徳全集』一一巻二〜一一頁)。
(40)尊徳は桜町領の地味について「当国之内にても、極々下面之様子」で、表高に比して実質の土地生産性は低く、地味の悪い「下国下面之土地」と認識していた(『二宮尊徳全集』一一巻一一七二頁)。また、天保三年(一八三二)の横田村藤蔵の報徳金拝借証文には「新開発麁田計にて難取続」いので、報徳金を借り「古田」を買請けたとある。開発地は「麁田」で経営の維持が困難であったことがうかがえる（『二宮尊徳全集』一三巻（一九二八年）六四一頁）。
(41)『二宮尊徳全集』三巻九七頁。
(42)『二宮尊徳全集』三巻三九頁。
(43)『二宮尊徳全集』三巻九七頁。
(44)『二宮尊徳全集』三巻七五頁。
(45)『二宮尊徳全集』三巻三三頁。
(46)『二宮尊徳全集』一一巻一一七一頁。
(47)仕法着手早々の文政五年一一月一九日、尊徳は村役人に従来、小前たちが開発し無年貢で耕作していた「荒地」の反別を調べさせ、仮に取箇をつけた帳面を提出させている（『二宮尊徳全集』三巻六頁）。
(48)仕法中、入百姓が一夜のうちに一三軒、八〇人ほどが引き払ってしまう事件があった。尊徳はこの事件の背後には、在来の百姓が自由に利用していた荒地を入百姓が田地に戻してしまったことに対する不満があったと考えていた（『二宮尊徳全集』一一巻一一七四頁）。
(49)『二宮尊徳全集』一一巻一三九・一四一・三四八頁。
(50)『二宮尊徳全集』三巻五四頁。
(51)『二宮尊徳全集』一一巻六七〇〜六八六頁。
(52)『二宮尊徳全集』一巻一一二七頁。
(53)青木虹二「関東における棉作と木綿生産―序説―」（『経済と貿易』七三・七四号、一九五九年）。
(54)『二宮尊徳全集』三五巻二八六頁。
(55)『二宮尊徳全集』三五巻二八七頁。
(56)『二宮尊徳全集』三巻一四一頁。
(57)『二宮尊徳全集』三巻四七頁。
(58)『二宮尊徳全集』三五巻二九〇頁。

(59)『二宮尊徳全集』三五巻二九二頁。
(60)『二宮尊徳全集』三五巻二九三頁。
(61)『二宮尊徳全集』三巻四二頁。
(62)『二宮尊徳全集』一二巻一二一九頁。
(63)鈴木壽は幕末信州の旗本仙石氏領の中間について、「御在所より罷出候御奉公人」であり、「何れ茂困窮人共ニ而、為稼、郷中より罷出」た者と紹介している（鈴木壽『近世知行制の研究』学術振興会、一九七一年）。仙石氏領民にとって中間奉公は困窮者救済の意味を持っていた。桜町領の陣屋詰人足も同様の意味を持つといえ、武家奉公の領民にとっての機能として興味深い。また、岩田浩太郎によると、利根川で「船越役」を担う下層民はその業務で得られる金で困窮から立ち直ることが見込まれており、「船越役」には困窮者救済の社会的意味があったという（岩田浩太郎「幕末維新期の村方人足役と下層農民」『歴史学研究』五四八号、一九八五年）。本章でみる長屋詰め人足も同様の意味を有するといえよう。
(64)文政一二年以降の陣屋詰めの者は仕法に積極的に関わる上層民も多い。
(65)前掲註(5)大塚論文。
(66)『二宮尊徳全集』一一巻一一七二頁。
(67)『二宮尊徳全集』三巻九二頁。
(68)『二宮尊徳全集』三巻三五頁。
(69)『二宮尊徳全集』一一巻一一七三頁。
(70)たとえば西物井村名主平左衛門は、天保二年（一八三一）に仕法を揶揄する落書を書いている（『二宮尊徳全集』三五巻四一七頁）。
(71)岡田博「二と三を結んだ人たち　その四　峯高七郎治」（『かいびゃく』二九巻一〇～一二号、三〇巻一・二号、一九八〇・一九八一年、のち同『報徳と不二孝仲間―二宮尊徳と鳩ヶ谷三志の弟子たち―』岩田書院、二〇〇〇年所収）・同『郷土史の中の報徳考』（まるはと叢書、一九九七年）。

(72) 前年の繰越金は二三両一分一朱銭一四貫九一四文だったが、尊徳は二二両銭八〇〇文を持ち出した(『二宮尊徳全集』一一巻七六一頁)。
(73) 正月四日の尊徳の出奔から四月八日の帰着まで、七郎治は八回、計一八両一分二朱の金を出している。
(74) 七郎治は二節で取り上げた清右衛門の「扶喰暮方」の世話を申し出ている(『二宮尊徳全集』三巻七五頁)。
(75) 『二宮尊徳全集』一一巻一二二一頁。
(76) 尊徳が作成した『蓮城院過去帳』では七郎治は「仕法髄身六人之内励勤第一」とされている(『二宮尊徳全集』一二巻一一五〇頁)。
(77) 渡辺尚志は豪農を類型化し、「自己の経営の不可欠の前提として、貧農・小前層の経営の維持・安定、村落共同体の安定を重視する、すなわち他利のなかで自利を追求する」タイプの豪農を「在村型豪農Ⅰ」とした(渡辺尚志「幕末・維新期における農民と村落共同体」『歴史評論』四七五号、一九八九年、のち同『近世村落の特質と展開』校倉書房、一九九八年所収)。この類型でいえば、七郎治も「在村型豪農Ⅰ」の範疇に属すといえるが、報徳仕法はかかるタイプの上層民を育成し、そうした上層民を必要とするものであったといえる。
(78) 『二宮尊徳全集』三五巻三二〇頁。
(79) 本書第四章参照。
(80) 久蔵は烏山藩仕法で藩の「御徒士格」となり、「帰発世話方」として開発事業に従事した(本書第七章参照)。
(81) 二宮町史編さん委員会編『二宮町史　通史編Ⅱ』第七章(阿部昭執筆、栃木県二宮町、二〇〇八年)。
(82) 『二宮尊徳全集』一〇巻二四九～二六九頁。
(83) 『二宮尊徳全集』一一巻一一七〇頁。
(84) 本書第七章参照。
(85) 前掲註(6)舟橋論文。
(86) 本書第二章参照。

# 第四章　報徳仕法の構造
## ――桜町後期仕法における百姓編成と報徳金融――

### はじめに

近世後期に全国各地で実践された村落復興運動のなかでも、二宮尊徳が創始した報徳仕法・報徳運動は、農村だけでなく宿場・漁村・城下町など多様な場で、武士・地主・商人・日雇層など多様な人々により実践され、同時代や後世に与えた影響も大きい。そして、報徳仕法がそのように多様な人々の共感を呼び実践されえたのは、報徳仕法に時代に即した多くの人々を引き込みうるだけの仕組み・構造があったゆえと考えられる。

本章はかかる問題意識に立ち、尊徳が手がけた最初の報徳仕法である野州桜町仕法のうち、彼の成田参籠を経た文政一二年（一八二九）以後の桜町仕法―桜町後期仕法―を対象に、仕法下における諸階層の人々の動向や報徳金融に焦点をあて、報徳仕法が諸階層の人々をいかに編成したかという観点から報徳仕法の構造を検討する。なお、桜町仕法は報徳仕法のなかで最も成果をみせ、模範とされる仕法であるが、「報徳」の名称や報徳金融の成立など、報徳仕法が確立するのは後期仕法においてである。本章が桜町後期仕法を対象とする理由は、報徳仕法の形成過程にあった前期仕法に続き(1)、確立された報徳仕法を検討するためである。

以上を踏まえ、本章では次の二点に留意して検討を進めたい。

一点目は、仕法実施地域における生業の多様性である。従来の研究では仕法における「農民」的百姓像が前提とされていた。そのため、田畑を持たない百姓は「貧農」として仕法対象外に置かれたとする「下層民切捨て論」の背景になっていた[(2)]。また、「農民」でない百姓の仕法における位置付けの検討も乏しかった。しかし、当該期は階層分解が進行し、農業以外の生業に従事する者―在方商人・日雇・出稼ぎなど―が村々に広範に現われる時期であり、かかる「農民」範疇で捉えきれない多様な百姓の支持をいかに調達し、彼らを仕法に組み込むかは復興の成否に関わる現実的な課題であったと考えられる。

これについては、不二孝で結ばれた桜町領や各地の在方商人が、米麦の売買運用や仕法資金の活用などで仕法を支えた実態を明らかにした岡田博[(3)]の研究や、荒地開発の労働力である「破畑《はばた》」に注目し、報徳仕法は彼ら半プロ層も基盤にしたとする舟橋明宏[(4)]の研究が示唆に富む。本章はこれらの研究を踏まえ、土地を所持する百姓や商業を営む百姓、賃労働に従事する百姓それぞれが、村の復興過程でいかに編成され、仕法を構成したかを考察したい。

二点目は、報徳金融が各層百姓にとっていかなる役割を持ち、構造化されていたかという問題である。大塚英二[(5)]は、報徳金融を領主仕法の拝借金制度や村備貸付の年賦方式、無利貸付方式を組み合わせ、高利貸資本の領内介入を阻止するものと評価した。しかし、報徳金は「安定的な農民を中心に展開し」、極難渋人は対象とされず仕法から切捨てられたと指摘した。この指摘に対して大藤修[(6)]は報徳金の融資例の少なさをもって報徳仕法が下層民を切捨てたとは結論できないとして、報徳金融だけでなく他の施策も視野に入れ、仕法全体の分析を通じて考察する必要性を主張した。また、舟橋明宏は報徳金融の融資額には階層差がみられるが、対象者には偏りはないとしている。さらに、大塚は仕法下での百姓の家政再建にも言及し、報徳仕法は質地関係を媒介に上層民から金を吐きださせ経営を縮小させ、貧富の「平均化」をはかり、中層農を意識的に増大させるものであると主張した。

報徳金融の対象や各層百姓にとっての意味については大塚と舟橋の見解に齟齬がみられ、なお検討を要しよう。また、報徳金融の分析のみでは仕法の対象を評価できないとする大藤の指摘も重要で、本章では報徳金融と村内の質地金融との相互関係、仕法下における金融構造を他の百姓政策とあわせて有機的に検討したい。

以上の点に留意し、本章では多様な生業と階層差を持つ百姓が、諸政策や報徳金融と関わり、報徳仕法のなかでいかに編成され構造化されていたかを考察し、報徳仕法が当該期の人々に支持され、成果をあげた要因の一端を明らかにすることを課題とする。

## 一　桜町後期仕法の前提

### 1　桜町前期仕法

桜町後期仕法の検討の前に、桜町前期仕法の概要を本章の主題に関わる範囲で確認しておく(7)。

桜町仕法は小田原藩の財政改革にともない、分家である宇津家への支援が従来の米金援助から難村復興に転換されたことに端を発し、文政四年（一八二一）一〇月、二宮尊徳の桜町領派遣の決定により開始された(8)。

同月、尊徳は仕法開始にあたり、その趣旨を述べた「仰渡」を村々へ伝えたが(9)、それは百姓を農業専従者とする認識に立脚したもので、これは近世中後期の村落荒廃下の周辺地域で強調された百姓認識でもあった(10)。仕法はかかる認識に立脚して開始され、宇津家への上納米の一〇〇五俵余への制限などを定めた仕法請負条件のもと(11)、荒地開発や農業出精人の表彰等が実施された。

しかし、百姓を農業専従者とする認識は、農業を続けられず農業外に稼ぎを求める人々を抑圧する側面を持った。そのため、農業で生活できない百姓の村からの流出や、無年貢耕作の発覚を恐れる在来の百姓と対立した入百姓の出奔も絶えず、尊徳は領内に他出禁止を触れ出さざるをえなかった。(12) さらに、村役人層は従来からの土地や貢納に関する一定の裁量権を恣意的に取扱っており、尊徳は彼らの恣意的な取扱いの排除を目指した。(13) そのため彼らのなかには仕法に不満を抱き、尊徳を批判する者もいた。(14) かかる上下の百姓からの仕法への障害とともに、陣屋役人の異動による混乱もあって、文政末期には仕法停滞の様相をみせた。文政一一年四月、尊徳は仕法取扱いの辞任を願い、(15) 翌年には成田へ参籠するなど、苦悶していた。

ただ、こうした前期仕法にあっても、文政九年以降には新百姓取立てが増加するなど(16)仕法は成果をみせつつあった。また、尊徳は、在村してできる諸稼ぎの推進や、(17) 下層民を陣屋の労働力として編成し、仕法の進行と同時に彼らの再生をはかるなど、(18) 村から流出しがちな下層民への対策を生み出しつつあった。また、上層民に対しては賞罰により村落指導者としての自覚を促す一方、資金融資により仕法と結び付いて商売を営む者を育成するなどの動向もみせていた。(19) 各層百姓を仕法に編成する方向性をみせていたのである。

桜町前期仕法は百姓を農業専従者とする認識を基調として始められたが、当該期の階層分解の現実に対応して農業生産・家数を維持し、村落を再生させるためには、農業専従者だけでなく商人・職人・日雇などの様々な性格を持つ百姓を編成していかざるをえなかった。桜町前期仕法はかかる政策の形成過程といえ、その前途に桜町後期仕法が展開することになる。

## 2 成田参籠と桜町領民

仕法の停滞に苦悩した尊徳は、文政一一年四月に仕法取扱いの辞任を願い、翌年正月四日に江戸へ出府後、失踪し、成田に参籠した。この尊徳の江戸出府を受けて、桜町領内に仕法継続を願う運動が発生した。仕法を支持する百姓が領内に生まれていたのである。

尊徳は江戸出府に際して、村役人らへ「当村之振合にては何分御趣意難押立段」を「内々」に話していた。(20)そのため「昨年御趣法強ても無之、当年も御出府に付ては如何有之事」と、尊徳の江戸出府に仕法中断の懸念を抱いた東沼村名主弥兵衛・物井村名主文右衛門・東沼村金蔵・横田村金治・物井村岸右衛門らは、桜町領百姓惣代として正月一〇日、仕法継続を願い江戸へ出た。(21)

しかし、彼らは小田原藩役人から「金次郎いよいよ江戸御屋敷へは不罷出候」として帰村を命じられ、帰村後に「小前一統」から「猶又相願呉候」と迫られた。そこで、二月一二日に再び「三ヶ村惣代」として物井村名主文右衛門が出府することになった。(22)

さらに、これとは別に二五日には小前一四人が「御趣法之儀御願申度」と出府した。彼らのなかには「役元へ無断」で出府した者もいたが、(23)仕法継続を領主に認めさせることに成功した。尊徳の帰村後、彼らはこの出府を奇特として表彰された。(24)この一四名は領内で仕法継続を

**【表1】文政12年2月25日に出府した14名**

| 村 | 名前 | 備考 |
|---|---|---|
| 下物井村 | 岸右衛門 | 不二孝仲間 |
| 西物井村 | 宇兵衛 | |
| | 伴治 | 不二孝仲間 |
| | 弥七 | 不二孝仲間・文政8年取立て |
| | 惣右衛門 | |
| | 清右衛門 | 不二孝仲間・文政10年取立て |
| | 金右衛門 | 不二孝仲間 |
| 東沼村 | 惣兵衛 | 文政12年取立て |
| | 善兵衛 | |
| | 市左衛門 | 入百姓・破畑 |
| | 佐兵衛 | 入百姓・大工 |
| 横田村 | 寸平 | 入百姓・破畑 |
| | 善蔵 | |
| | 平吉 | |

※『二宮尊徳全集』3巻176頁、12巻1217～1220頁、岡田博『報徳と不二孝仲間―二宮尊徳と鳩ヶ谷三志の弟子たち―』（岩田書院、2000年）より作成。

最も強く望んだ者たちといえるが、彼らには不二孝仲間が多く、(25)入百姓の破畑・大工もいた【表1】。また、正月一〇日に出府した者のうち、東沼村名主弥兵衛は文政七年の同村の荒地開発における最大の開発地所持者であり、(26)横田村金治は家政再建のため陣屋の長屋に詰め、文政一三年に一軒前の百姓として取立てられた者である。(27)上下の百姓から障害を受けていた仕法だが、尊徳の江戸出府は彼らのような者を中心に仕法が「小前一統」に広く支持されつつあることを顕在化させたのである。

さて、尊徳は四月八日に成田から帰村した。二九日には桜町領三か村役人一同が尊徳に改めて仕法継続を願い、「村役人一同御長屋へ詰切、御趣法御用向相勤」めることなどを誓約した「規定書之覚」を提出し、(28)仕法へ向けた領内の一致が確認された。ここに尊徳の成田参籠の意義があったといえる。こうして桜町後期仕法の幕が開いた。

## 二　桜町後期仕法における百姓編成

### 1　下層民編成の諸相

桜町後期仕法における下層民対策はいかに展開したか。ここでは仕法において困窮者とされる者を下層民として、仕法が彼らをいかに編成していったのか、仕法と彼らの結び付きや下層民対策の展開を検討したい。

#### (1) 下層民の長屋詰め労働

桜町前期仕法の下層民のなかには、借財返済などのため陣屋の労働力として長屋に詰めて働く者がおり、長屋詰めには困窮者救済の意味があった。(29)長屋に詰めて働く者の後期仕法の動向を検討する。

一横田村百姓仲右衛門へ被仰渡書左之通

当凶作に付、深御配慮を以其方儀身元相尋候処、本業薄力にして暮方夫食差詰り、及餓命候一段に至り、歎ヶ敷所行、格別之以　御仁恵、取締加役申付候、依之為給料、雑穀弐人扶持被下置候間、必至を極め昼夜不厭労苦村々相廻り、窮民費に相成候儀致吟味、暮方足合に相成候様精々心を用、専一不正急度取糺可申出候[30]

これは天保七年（一八三六）の飢饉の際、横田村仲右衛門が夫食に詰まり、生活維持のため「取締加役」として扶持米で生活するようになったことを示すものである。後述のごとく彼は陣屋の長屋に詰めて働くが、後期仕法でも長屋詰めには困窮者救済の意味があったことがわかる。その後の仲右衛門をみてみよう。

御開発頂戴田畑高反別取調之事

（中略）

右仲右衛門式、家株田畑高反別御取調被仰付候処、同人儀、前々困窮致難渋居候処、去ル文政五午年以来、御取立御趣法被　仰出、種々様々御憐愍被成下置候へ共、元より惰弱、何分立直兼、潰同様罷成、他所稼に罷在居候処、天保七申之大凶荒饑饉に付、無拠御陣屋へ御長屋詰被　仰付、御知行所村々取締助役精勤可仕旨被仰渡、重々冥加至極難有勤仕罷在候に付、追々荒地起返し被下置候田畑、明細取調書上申候処、少も相違無御座候以上

弘化四丁未年八月

横田村　仲右衛門㊞
組頭　元右衛門㊞
同　武　助㊞
名主　円　造㊞

御役所様[31]

仲右衛門は弘化四年（一八四七）、「御長屋詰」で「取締助役」として働いたことで開発地を与えられた。なお、「取

締助役被　仰付、精勤仕候段奇特に被　思召、荒地起返し御取立被下置候」[32]ともあり、彼の長屋詰めでの働きが「奇特」と評価される「精勤」であったため、一軒前の百姓として取立てられたことがわかる。

長屋詰め後の百姓取立ては、次の史料にもみられる。

(天保四年)
二月五日

万兵衛
佐右衛門　へ
伝右衛門

其方共御百姓取立為御手宛、出精次第新開発田作取被　仰付置、追々御百姓相成候者有之、冥加至極大恩に付、種籾壱石九斗蒔取米不残致献納度段願出、達
御聴候処、農業出精之趣被遊御満足、依之御酒被下置候[33]

万兵衛ら三人は日記や金銀米銭出入帳などから長屋に詰めていたことがわかり[34]、彼らは長屋に詰めつつ、百姓取立ての手当てとして開発地を作り取りしていた。そして、追々「御百姓」になる者があらわれ、冥加として取米の献納を願い出た。なお、万兵衛は文政一〇年（一八二七）に小田原藩領相模国足柄上郡西大井村（神奈川県大井町）から来た百姓で、破畑人足として他の報徳仕法実施地域にも出張し、天保九年に下物井村の潰百姓品右衛門式を相続した[35]。長屋は他領から来た者が百姓として取立てられるまでの生活の場にもなっていた。

また、天保三年八月二四日、小田原藩領相模国足柄上郡千津嶋村（神奈川県南足柄市）百姓仁右衛門が「御長（屋）相勤度段相願候」と長屋で働くことを願って訪れ、陣屋では「右大借に付、無拠留置候事」とした[36]。仁右衛門は借財返済のために長屋詰めで働くことが有効であると考えたのであろう。長屋に詰めて働くことは困窮者にとって賃銀・扶持米獲得手段としての意味を持ち、困窮者救済の意味があったと考えられる。

次に長屋詰めの者たちの働きをみたい。桜町陣屋の日記中の記事には「東沼村惣兵衛古屋敷畑拵、御長屋喜左衛門・五右衛門・新兵衛・岸右衛門・外破畑」(37)などと農事手伝いや荒地開発に従事している様子がみられる。かかる働きは前期仕法でもみられたが、後期仕法では「西沼村丈八・御長屋万兵衛両人、青木村田見廻り差遣候事」(38)など、他領の報徳仕法実施地域―ここでは旗本川副氏領常陸国真壁郡青木村(茨城県桜川市)―への出張もみられる。仕法実施地域の拡大につれて、長屋詰めの者の活躍の場も拡大していったのである。

しかし、長屋に詰めて働いた者は管見では一年に五〜一三人(家内の者は除く)ほどで(39)、上層民の長屋詰めもみられ、尊徳の門弟なども逗留するようになる。そのため、困窮者にとっては次にみる破畑稼ぎが生活維持、賃金獲得のより広い機会になったと思われる。

### (2) 百姓と破畑稼ぎ

荒地開発で活躍する破畑については、すでに舟橋明宏がその働きや編成を検討している。本章では報徳仕法の下層民政策の一環という視点から、破畑稼ぎがそれに従事する者にとって持つ意味を考察したい。

破畑人足には出稼ぎ人や入百姓が多いが、在来の百姓の倅などが破畑稼ぎを始めることもある。文政一二年一二月、東沼村幾右衛門は「来寅年悴竹蔵破畑差出度、仙右衛門を以相願」い、内金として陣屋から三両を借りた(40)。幾右衛門は文政一〇年に「中々取続兼極々難儀」のため出村し、引戻されて入牢を命じられた百姓であり(41)、困窮打開のため悴を破畑にして内金を借りたと考えられる。また、天保七年の凶作時には、「取立皆無」となった下物井村百姓利右衛門の聟勇蔵が「破畑稼にて取続申候」と破畑稼ぎによる生活維持をはかった(42)。破畑稼ぎには困窮者の生活維持手段の意味があった。ほかに、天保八年暮から行方不明になり水戸付近で発見された西物井村忠七は、天保九年四月二三日に桜町領に引戻され、二四日には「借財返済之ため、忠七儀は烏山に罷在て岸右衛門方へ破畑人足に遣ひ呉候様相頼」

んだ。翌日、忠七は烏山へ行った。(43) 困窮者にとって破畑稼ぎは長屋詰め同様に生活維持や借財返済手段としての意味があったのである。

また、先述の万兵衛のように他領から破畑を勤めたうえで新百姓取立てを願いに来る者もいる。天保七年七月二九日、小田原藩領相模国足柄下郡岩村（神奈川県真鶴町）の久五郎・同足柄下郡和田河原村（南足柄市）の久蔵が桜町領を訪れた。久五郎は「御陣屋へ罷越、破畑人足相稼申度由頻申出」、久蔵も「荒地開発破畑人足相勤、其上当地新百姓相成度由を以、是非御取立被下置候様」願った。しかし、この年は凶作のため尊徳は他所からの破畑を皆休ませ、国元に返していたので彼らの願いは叶わなかった。ただ、桜町領での新百姓取立てを望むなら、たしかな証書を持参すれば取りはからうとしている。(44) 彼らのように破畑稼ぎを求めて他領から流入する人々にとって桜町領・報徳仕法は稼ぎの場と認識されていたのである。

ところで、借財返済のため破畑人足として烏山へ行った忠七のように、破畑も報徳仕法の広がりとともに他の仕法実施地域へと派遣され、その活動範囲も拡大した。烏山の他に「谷田部へ参り居候破畑万兵衛」(45) など谷田部藩仕法への桜町領破畑の派遣もみられる。また、尊徳の幕臣登用後は、幕領や日光神領仕法でも桜町領の破畑が多数活躍しており、他の報徳仕法実施地域に桜町領の破畑が派遣され、活動している様子が頻繁にみられる。(46) 前期仕法で桜町領の領民は他領への出稼ぎを禁じられたが、後期仕法では他領の報徳仕法実施地域へ働きに出るようになった。報徳仕法の各地での展開は破畑稼ぎの需要と活躍の場を大きくし、破畑稼ぎの志願者は増加したと考えられる。

さて、破畑稼ぎは下層民の生活維持、借財返済の意味を持つと述べたが、破畑人足として働くことで彼らの生活はどうなったのだろうか。

一戸田村後ろ沢新百姓喜六と申者、先年破畑渡世にて物井村辺に四五年罷在、同所へ罷越し、御趣法に依て可也

**【表 2】普請多参加破畑人足**

| 名前 | 回数 | 居村 | 檀那寺 | 暮方（天保７） | 暮方（弘化２） |
|---|---|---|---|---|---|
| 周吉 | 22 | 東沼 | 円林寺 | 下 | 下 |
| 嘉吉 | 22 | 東沼 | 円林寺 | 下々 | 極々難 |
| 藤蔵 | 36 | 横田 | 本誓寺 | 中 | 上 |
| 喜之七 | 13 | 横田 | 本誓寺 | 上 | 上 |
| 要蔵 | 12 | 横田 | 本誓寺 | 下 | 上 |
| 市之丞 | 28 | 横田 | 本誓寺 | — | 上 |
| 幸助 | 39 | 横田 | 円林寺 | 下 | 極難 |
| 千代蔵 | 41 | 物井 | 円林寺 | 下 | 極難 |
| 万兵衛 | 49 | 下物井 | 円林寺 | 皆無 | 上 |
| 滝蔵 | 33 | 下物井 | 円林寺 | 上々 | 上 |
| 善吉 | 22 | 下物井 | 円林寺 | 下 | 上 |
| 長次 | 10 | 西物井 | 海潮寺 | 中 | 上 |
| 長太 | 30 | 西物井 | 海潮寺 | 下々 | 極々難 |
| 定吉 | 13 | 西物井 | 円林寺 | 中 | 極難 |

※『二宮尊徳全集』12 巻 1273 ～ 1283 頁より作成。破畑人足として 10 回以上働いた者のうち、暮方が判明する者のみ。天保 7 年の「暮方」は上々・上・中・下・下々・極難の六段階で、貯穀が足りている者が上々・上とされる。弘化 4 年の「暮方」は上々・上・中難・極難・極々難の五段階だが、天保 7 年と同じく貯穀が足りている者が上々・上とされる。

取続申候に付、為礼罷出候事

一志鳥村新百姓半兵衛儀、東沼村多兵衛弟にて、破畑稼之為同所へ罷越し、当節可也取続候由にて、蕎麦粉弐袋持参、右同断(47)

右は嘉永元年（一八四八）一二月の記述で、破畑として桜町領で働いていた烏山藩領下野国那須郡戸田村（栃木県那珂川町）新百姓喜六と、破畑稼ぎのために桜町領から引越していった烏山藩領下野国那須郡志鳥村（栃木県那須烏山市）新百姓半兵衛の二人が「可也取続」くことができた礼として、尊徳を訪れた記事である。彼らにとって「破畑渡世」「破畑稼」が生活安定の重要な契機になったことがわかる。

【表2】は弘化四年八月～嘉永元年四月の期間に物井村内で荒地開発や道普請等に参加した破畑のうち、一〇回以上参加し、「暮方」の判明する者の一覧である。(48)両年に「暮方」が記されている一三名のうち、五名が「暮方」を上昇させる一方、下降は二名にとどまっている。彼らの生計のうち破畑稼ぎが占める割合は不明だが、彼らは桜町領内外の他の普請にも頻繁にみられ、破畑稼ぎによる収入の比重は小さくなかったと考えられる。舟橋明宏は天保末年頃からの破畑人足の不足のため、弘化四年に陣屋の呼びかけで所持地を小作や質地に出して開発に専念する「新しい破畑」が出現したと指摘した(49)。荒地開発や諸普請のための破畑人足の需要は高く、破畑稼ぎで「暮方」を上昇させていくことも可能だったのではないだろうか。

また、【表2】の普請だけで、表に載っていない者も含めて七〇人ほどが破畑として参加している。彼らの普請参加日数は様々だが、破畑稼ぎが広範な人々の賃金獲得の手段になっていたことをうかがわせる。すべての破畑人足の生活が安定したとはいえないが、生活安定の契機の一つであったとはいえよう。それは次の史料からもうかがえる。

（前略）尊地西物井組長重儀、年来破畑相勤罷在候処、当年は外方相頼置候田地被相戻候に付、外へ仕附人相尋候処、当時引受作附候もの無之、依之無拠破畑相止、農業致度旨申出候に付、（中略）可相成は農業一向丹精仕、相続相成候はゞ、当方にても年来世話仕候廉も相立、本意至極大慶無量に御座候、乍併当人之所持田畑承り候処、至て少にて、迚も家内不残食足り候程は無之赴（趣）（中略）、何も破畑仕候ても、外職よりも多分の賃銭を得候儀には無之候へ共、又暮方も大に減少にて、雑用等は決て相掛り不申に付、反て当人之為には破畑仕方可然愚案仕候、何卒宜敷御勘考、幾重にも奉希候（後略）(50)

右は尊徳の子二宮弥太郎が、慶応元年（一八六五）三月二九日に桜町陣屋役人の横山平太へ宛てた書翰である。西物井組長重は従来破畑を勤めてきたが、耕作を頼んでいた田地が戻ってきたため、仕方なく破畑をやめ、「農業」をしたいと弥太郎に申し出た。しかし、所持田畑は小さく生活できない。長重は「無拠破畑相止」とあるように、破畑をやめることに気が進まない様子であり、田地が戻ってこなければ家内とも従来どおり生活できたことがうかがえる。破畑は他職より賃銭が多いわけではないが雑用がかからないため、弥太郎は長重に「農業」よりも従来どおり破畑をさせた方がよいと考えている。

桜町領には所持地の少ない百姓が破畑稼ぎで生活できる環境があり、脱農化は必ずしも困窮や仕法からの切捨てを意味しなかった。幕末期ではあるが破畑稼ぎが下層民の生活安定化の重要な契機となり、仕法当事者が長重のような日雇層の仕法への組み込み、生活安定を気遣っていることもうかがえる。

なお、困窮者・下層民を仕法の労働力として編成することが彼らの救済とともに仕法推進の意味を持つことを、尊徳は当然、認識していた。たとえば、彼は常陸国真壁郡青木村仕法について「大凶荒饑饉之年柄、米麦雑穀諸式高直渡世難相成者共、僅合勺之救を慕ひ、夥敷相聚り、村柄先づ古へに立戻り、一村之幸ひ、是より大成はなし、古語に財散則民聚と宣へり、前条之通大凶荒饑饉、諸国一統差詰り、流民相聚」[51]と述べていた。報徳仕法は「渡世難相成」困窮者を荒地開発事業などに編成することで救済する「財散則民聚」の仕法であった[52]。尊徳は困窮者を仕法に編成、活用することで彼らの救済と荒地開発などの仕法進展をはかったのである[53]。

## 2　上層民の諸相

### （1）後期仕法と上層民の商業

前期仕法において自己の商業と仕法を結び付け、仕法に貢献する上層民が現れたが、後期仕法ではそうした上層民がさらに増え、彼らと仕法との関係も深化する。本節では仕法と上層民の商業との関係や、上層民による下層民の支援などに焦点をあて、彼らの仕法における役割を考察したい。

【表3】は天保元年、物井村百姓七郎治に対する陣屋の金銀米銭等の出入である。七郎治は前期仕法以来、陣屋から金を渡され米穀売買をしていたが[54]、後期仕法でも同様に陣屋から金を渡され米を売買していた。これらは尊徳の指

【表3】物井村七郎治にたいする陣屋の金銀米銭出入（天保元年）

| 日付 | 出入額 | | 内容 |
|---|---|---|---|
| | 出 | 入 | |
| 1月23日 | | 1両2分 | （6両の内受取） |
| 1月25日 | | 100両 | 真岡へ相頼候為替金 |
| 1月25日 | | 38両8匁2分 | 米80俵代 |
| 1月28日 | 2両2分 | | 時かし |
| 1月29日 | 5両 | | 横田村土持賃銭内渡 |
| 2月5日 | | 2両2分 | 去28日時貸受取 |
| 3月2日 | 30両 | | （蓼沼村権兵衛に売った米代金のうち） |
| 閏3月23日 | | 15両3分521文 | 米うり金うけとる |
| 閏3月30日 | 1両2分 | | かし |
| 4月19日 | | 1両 | 文銭にてうけとる |
| 4月19日 | 1分 | | はばたうちきんに相わたす |
| 4月19日 | 1分1朱 | | （遣す） |
| 4月21日 | 6両 | | 米代金大根田清左衛門より（受取遣す） |
| 4月23日 | 1分 | | はゝ田金遣す |
| 4月30日 | 1両 | | かし |
| 5月1日 | | 5両 | 村方助成米に差出候分、去丑10月仕切之積り、但し両8斗かへ相場にて代金受取 |
| 5月1日 | | 1分2朱 | 右代金（助成米）10月より4月迄利足受取 |
| 6月1日 | 4両1分2朱 | | 畑田おこしちん |
| 6月15日 | | 3分 | くけた（久下田）町米代金之かねかし其利足うけとり |
| 6月23日 | 2両 | | 時かし |
| 7月1日 | 1分 | | 開発賃銭内かし |
| 7月2日 | | 9両3分2朱 | 江戸にて七郎次より受取夫仲間金相納候 |
| 7月2日 | 5両1分2朱554文 | | （渡す） |
| 7月4日 | 1朱 | | 小買物代内渡し |
| 7月10日 | 8両 | | 時かし |
| 7月12日 | 2両 | | かし |
| 7月17日 | | 10両 | 江戸よりさくやう（借用）の内かしの分うけとる |
| 7月23日 | 1両2分 | | ときかし |
| 8月8日 | 3両3分2朱 | | かし |
| 8月17日 | 2両2分 | | はばたじん（破畑賃）内かし |
| 8月27日 | 3両2分 | | はゞ田内かし |
| 8月27日 | 1両2分 | | 七郎次入用に付貸付 |

| 日付 | 出入額 | | 内容 |
|---|---|---|---|
| | 出 | 入 | |
| 9月3日 | | 1両2分 | 但8月27日時貸之分受取相済候 |
| 9月18日 | 3両 | | （開発料内かし） |
| 9月18日 | 2両 | | （開発料内かし） |
| 10月1日 | 5両 | | 開発金内渡し |
| 10月8日 | 20両 | | 米買入金内渡 |
| 10月15日 | 10両 | | 米買入金内渡し |
| 10月15日 | 10両 | | 小川河岸米買置度に付、金30両拝借願候に付遣す |
| 10月21日 | 10両 | | 米買入金遣す |
| 10月29日 | 6両2分 | | 開発内渡し |
| 11月1日 | 3両2分 | | 開発金内渡 |
| 11月11日 | | 戸はき700本 | 百本目方14匁代銭45文、代銭327文 |
| 11月22日 | | 4両2分 | 頼母子講掛け金受取 |
| 11月22日 | 13両 | | 5,6日之内かし |
| 11月27日 | | 戸はき2000本 | （久下田仕入、代銭900文） |
| 11月30日 | | 12両 | 当月21日13両時貸之内受取相済 |
| 12月1日 | 5両 | | 開発金内渡し（岸右衛門とも） |
| 12月3日 | 1両3分 | | 金子差支に付時貸 |
| 12月22日 | 6両 | | 横田村被下金手形3両、1枚1両2分2枚 |
| 12月24日 | 6両2分3朱 | | 買入諸払方内渡 |
| 12月27日 | 7両 | | 米買入金相渡す |

※『二宮尊徳全集』11巻848～909頁より作成。

示を受けた仕法米の運用であった。また、破畑賃金も受け取っており、破畑の世話をしていたこともわかる。これは前期仕法ではみられなかったことで[55]、七郎治の仕法との関わりが深化している。七郎治は天保四年一一月に亡くなるが、その翌年に彼は「御趣法御入用米金御融通に至まで骨折、村内今日之営にも差支候者へは、夫々米金等差遣、深切利解申聞[56]」かせたことなどを賞された。

　七郎治の死後、彼と入れ替わるようにして商売を営み活躍した者に横田村久蔵がいる。彼は早くから尊徳に商売の資質を見出だされたのか、一七歳の時に塵劫記などの算術書を与えられていた[57]。天保五年、久蔵は報徳金を借りて本格的な商売を始めた。

　　報徳金御拝借証文之事

（中略）

〆金百弐拾両

（中略）

右者私儀農間手透之節、糠・塩・粕・干鰯商売仕度段奉願上候処、村方六軒極困窮之御百姓引請致世話、数年溜置候金子拾九両弐分弐朱相納候段、奇特に被思召、右に付商売為手宛、格別之以御仁恵、報徳元恕金之内、書面之金子御拝借被仰付、諸色仕入等差支無御座、存外繁栄仕、冥加至極難有仕合奉存候、（中略）

御知行所横田村

百姓忠左衛門悴（右）

拝借人　久蔵

請　人　誠蔵

（他五名略）

天保五午年六月

二宮金次郎様(58)

久蔵は以前から、糠・塩・粕・干鰯などの商売を始めようとしていたが、村方の六軒の困窮者を引請けて世話し、数年間貯めていた一九両余を陣屋に納めてしまった。ところが、そのことが奇特とされ、商売手当として報徳金一二〇両の融資を受けた。これにより久蔵は商売を始めたのである。

【表4】は天保七年の久蔵に対する陣屋の金銀米銭等の出入である。七郎治同様、米麦の買入や破畑賃金の取扱いがみられる。しかし、七郎治と比較した特徴は、久蔵が他の報徳仕法実施地域と関係を持っていることである。たとえば天保五年に仕法が実施された谷田部藩の米の買入れや（一〇月一〇日・一一月四日）、飢民救済仕法が実施されて

【表 4】 横田村久蔵にたいする陣屋の金銀米銭出入（天保７年）

| 日付 | 出入額 | | 内容 |
|---|---|---|---|
| | 出 | 入 | |
| 1月23日 | 2朱380文 | | さちて（幸手）町勘助方へひかく（飛脚）ちん入用（西長屋新兵衛共） |
| 2月19日 | | 米2俵 | 二宮ふちまへ（扶持米）うけとる |
| 7月14日 | 2両 | | はゞた内に相わたし候事（久蔵立替）8月14日差引 |
| 8月14日 | 6両2分1朱 | | （人足282,5人分の破畑金8両2分400文の内、7月14日内貸し分の2両を差引した残金） |
| 9月3日 | 4両 | | 細川様御ちげふ（知行）所やたべへ大麦船へつみたてふなちん相わたし候事 |
| 9月30日 | 56文 | | 同人（久蔵）入用 |
| 10月3日 | 15両 | | 同人（久蔵）質物代金差支拝借相願候に付貸付候事 |
| 10月7日 | 米33俵 | | 同人（久蔵）拝借相願候に付去未御年貢米之内横田村円蔵方より相渡追て新米又は両2斗8升かへにて代金上納候積り |
| 10月8日 | 20両 | | 米代金内かし、20日夜差引 |
| 10月10日 | | 米70俵 | （代金94両3分2朱324文、右者細川様地用米川嶋河岸問屋藤蔵方買預置申候、右者横田村久蔵取扱買入候事） |
| 10月10日 | 20両 | | 時貸し、十八日差引相済 |
| 10月16日 | 38両3分 | | 小麦買入金差支拝借相願候に付貸遣し相渡す |
| 10月18日 | | 小麦230俵 | （代金172両2分の内10月10日20両渡す、10月16日38両3分渡す、10月15日太助より渡す、10月18日100両渡す、〆178両3分、差引6両1分過） |
| 10月19日 | 30両 | | 春麦30俵買入代金差支拝借相願候に付、貸遣候事 |
| 10月24日 | 30両 | | 米かへ入金子相わたし候事 |
| 11月4日 | 25両 | | 茂木米かへ入金相わたし候事 |
| 11月11日 | 3両 | | 時かし |
| 11月21日 | 15両 | | 米代金かへ入内金にかし |
| 11月28日 | | 稗15俵 | 代金弐拾両相わたし候事、12月18日さしひく |
| 11月28日 | 25両 | | 米かへ入代金かし |
| 11月29日 | 10両 | | 銭取かい金渡す |
| 12月1日 | 10両 | | 米かへ入代金相わたし候 |
| 12月4日 | 銭67貫 | | うけとる、代金10両分 |
| 12月4日 | 米27俵 | | からす山天性寺へ物井馬にておくり候 |
| 12月8日 | 20両 | | 米代金内渡し |
| 12月14日 | 10両 | | 米代金内わたす申候 |
| 12月16日 | 20両 | | 代金相わたす申候 |
| 12月18日 | 10両 | | 米代金内わたす申候 |

※『二宮尊徳全集』12巻89～169頁より作成。

いる烏山藩への米の送付がみられる（一二月四日）。

久蔵と他の報徳仕法実施地域との関係はこれにとどまらない。天保九年一〇月には烏山藩の「大桶村荒地帰発世話方」として荒地開発状況や開発地からの収穫状況を報告し、開発地からの収益で溜井・用悪水堤普請や極難者の屋根替え、分家取立てなどを実施するように藩の新田方・勧農方役人へ願い出ている。(59)

久蔵は報徳金をもとに商売をはじめ、陣屋の米の買入れや破畑賃金も取扱い、仕法に関係していった。さらに、他領で報徳仕法が実施されると、そこにも関係し、報徳仕法の展開につれて彼の仕法に取り組む範囲も広くなっていった。

また、久蔵のほかにも陣屋から融資を受け、商売を始める者が現れる。たとえば西物井村の喜左衛門は大豆買入金や米代金・干鰯金として陣屋から多額の融資を受け、人足の扶持米などが彼の買入れ米から支給されている。(60)物井村政吉・忠治らも多額の金を尊徳から借りて干鰯を買い入れており、彼らも領内で商業を営んでいた。(61)忠治も破畑の世話をしており、天保末期には破畑への扶持米が彼を通して支給されている。ほかに天保一三年には東沼村平治が「油〆相始め度旨申聞、就夫菜種買入金に差支候」として尊徳から金を借り、「返納之儀は右之油追々〆次第売捌」いて済ますとしている。(62)さらに、東沼村仙右衛門は天保六年五月、「米値段宜敷相捌候ニ付、為報徳金拾五両相納度之旨願出」(63)た。米商売で得た利益を報徳金として納めることで仕法に還元している。以上の者はみな弘化二年には「暮方」が「上々」「上」とされる上層民である。

後期仕法では、仕法を梃子として商売を新たに始める上層民が増え、彼らは何らかのかたちで仕法に貢献することになった。

### （2）上層民の「推譲」と村請制的「助合」の論理

村の責任で年貢上納を請負う近世の村請制村落では、村民は年貢皆済・百姓成立のため相互に融通などの「助合」

が必要とされた(64)。しかし、百姓経営の弾力性に乏しく相互の「助合」が果せない荒廃村落では、村の「助合」機能の再生が課題となる。

前期仕法においても文政一一年一〇月一二日、凶作のため年貢納入などに入用がかからないよう「村役人之内其外長百姓重立候者、小前救之ため助合可被致候(65)」という申達しがあった。この申達しは村請制的な「助合」を上層民に求めたものといえる。後期仕法では村の「助合」はいかに発揮されるようになったのであろうか。

横田村
百姓　元右衛門

其方共兼々承知致居候村柄取直し永続之ため出格之御趣法被仰出、種々御救御用捨被下置、他村は追々立直り候処、其村に限り行届兼候者有之、依て極難之百姓善蔵へ万事取締之ため、後見を申付候間、耕作之仕方或は夫食之手当、猶又悪習を取紕善廉有之におゐては早々申出何様にも取立可遣候

（文政一二年）
丑五月三日

右同断　常吉は　庄次郎へ
右同断　平蔵は　寸　平へ
右同断　宇兵衛は　忠右衛門へ
右同断　与八は　円　蔵へ
右五人銘々へ申渡同断(66)

尊徳が成田から帰った翌月の文政一二年五月三日、横田村に仕法の行届かない者がいるので元右衛門が「極難」の百姓善蔵を後見し、耕作の仕方・夫食の手当などを世話し、善蔵に善事があれば陣屋へ報告するようにとの内容である。同様のことが庄次郎ら四人にも申し渡されている。元右衛門ら後見人は天保七年の暮方が「上」「上々」とされ

る上層民である。[67] 上層民が下層民の後見を命じられているのである。
また、天保七年の凶作時には、下物井村で「上々」三人、「中」二人の百姓が「田畑共引受、一家同様夫食助合、御百姓相続」させるため、「取立皆無」となった五軒の百姓を後見した。[68] 困窮者には一人五俵の夫食が必要とされ、困窮者家族は各自何らかの稼ぎにより夫食を得るが、不足分は貯穀をあてる。それでも足りない分は引受人となった百姓が夫食を供出して補い、彼らの生活を救済する。また、この時、引受人や村役人家が困窮者の奉公先にもなった。かかる上層民による下層民の後見は前期仕法ではみられなかった。

次は横田村久蔵が困窮者を引請けた際の史料である。久蔵は干鰯商売を開始するにあたり、このことを賞され報徳金の融資を受けた（先述）。

御仕法金御拝借証文之事

（中略：六人の百姓の借財高書上）

〆金五拾壱両壱分三朱銭九拾文

此引当

拝借人久蔵所持

反別一町九反三畝拾二歩

（中略）

右者御百姓六人名前之者共、数年不仕合打続、借財相嵩、返済方に差詰り、第一夫食種穀等之手宛無御座、立潰同様に相成、私組合親類方々之儀に付、何様にも御百姓相続相成候様致度旨被及相談、無拠引請万端世話仕、取立遣し度奉存、依之年来溜置候金子拾九両弐分弐朱相納、別段書面之借財高、報徳元恕金之内御拝借仕、借財高夫々致返済、御百姓六軒相続之道相立、冥加至極難有仕合奉存候、（中略）万々一拝借人久蔵差支之儀有之候節は、請人方へ質物引取、御割合之通御返上納仕、如何様之儀出来共、少も御苦労相掛申間敷候、（中略）

御知行所横田村
百姓忠左（右）衛門悴
拝借人　久蔵
（他四名略）

天保五午年五月

二宮金次郎様(69)

久蔵は自分の金一九両余を納め、組合・親類の困窮者六人に代わり、五一両余もの報徳金を借りている。久蔵は彼らの代わりに自己の所持地を担保にしているが、これは借財ができない下層民に代わり上層民が金を借り、その借財のリスクを上層民が負うことで、下層民の潰れを防ぐことを意味するといえ、上層民の融通による困窮者救済の一環と考えられる。また、久蔵が困窮者のために自分の金一九両余を拠出したことも上層民の融通機能の一側面といえ、これが尊徳により奇特とされ、先述のごとく彼は商売資金の融資を受けることができた。なお、困窮者が直接報徳金を借りず上層民の久蔵が借りることは、報徳金融の側からみれば返済の確実性を高めることにもなろう。

後期仕法では上層民が困窮している下層民を引請けて世話をしたり、下層民に代わり借金をするようになった。これらは前期仕法ではみられなかった。桜町領の奇特・出精人表彰を記録した「御褒美被下申渡書抜帳」には、困窮者の引請け、救済による表彰が後期仕法以降にみられるようになる(70)。仕法はかかる上層民を育成し、彼らに下層民の救済を求め、下層民の潰れを防ぎ、村請制的な「助合」の論理の再生をはかった。

# 三　報徳金融の構造

## 1　報徳金の融資対象

報徳仕法の特徴の一つである報徳金融は、桜町後期仕法の天保三年（一八三二）から運用がみられる(71)。大塚英二によれば、報徳金は村落共同体内の融通関係と行政的な金融措置を組み合わせたもので、五ヵ年賦で元金を返済し、翌年にもう一年賦分の額の冥加金を納めることで完了する。これは約五分五厘の年利に相当し、村備金など当時の他の低利金融よりさらに低利であったという(72)。また、報徳金融の対象は「暮方」が「上々」「上」の安定的な百姓を中心とし、貧困者は対象とならず切捨てられたとした。さらに、上層民には質地関係を媒介に金を吐きださせ、貧富の「平均化」をはかり、報徳仕法は中層民を意識的に増大させたと述べた。これに対して舟橋明宏は、報徳金の融資額に階層差はあるが対象に偏りはないとして、大塚の下層民切捨ての評価を批判した。

本節では報徳金の融資対象、村内での質地関係に注目し、大塚・舟橋両氏の研究を検討しつつ、桜町領における報徳金融と百姓間の質地金融との関係を考察したい。

### （1）報徳金の融資対象

まず、報徳金の融資対象を検討する。【表5】は弘化二年（一八四五）の「暮方」が判明する東沼村百姓に対する天保三年～弘化四年の報徳金の融資額である（名前は弘化二年時、弘化二年以前の融資額と天保七年の「暮方」は当主の継承関係を遡って記載。継承関係や「暮方」が不明の者は省略した）。これによれば、特に天保四・七年、弘化元・三年の融資数の多さが目立つ。そこでこれらの年の融資状況を検討する。

**天保四年**　この年の融資は飢饉対策である。融資対象者は天保七年の「暮方」で「下」を中心に「中」以下の者が多い。
**天保七年**　この年も飢饉対策で、夫食米の貸付がおこなわれた。融資対象者は天保七年の「暮方」で「下」を中心に「中」以下の者が多い。
**弘化元年**　この年も飢饉対策としての無利年賦金の貸付である。融資対象者は弘化二年の「暮方」が「中難」以下、「極難」以上の者である。この年の融資は飢饉対策であるにもかかわらず、最下層の「極々難」が融資対象になっていないが、彼らには夫食が無償で配給されていた。ここに「極難」と「極々難」との差がみられる。
**弘化三年**　この年は四月に出精人表彰にともなう融資があった。表彰者は入札で選ばれるが、「暮方差支無之」[73]き者は入札対象外とされた。選出された融資対象者は弘化二年の「暮方」で「上々」三人、「上」「中難」「極難」「極々難」各一人であった。また、一〇月にも理由は不明だが一〇人に融資がおこなわれ、弘化二年の「暮方」で「上」六人、「極難」三人、「極々難」一人が融資対象者となった。結果として同年は「上」層を中心とした融資になった。なお、最下層には「極難窮民撫育人撰入札」により「御救米」が給付された[74]。

以上の検討から、天保四・七年・弘化元年における報徳金の融資では、暮方が「上々」「上」とされる者がほとんど対象となっていないことがわかる。これらの年の融資は飢饉対策であるから「上々」「上」層の者が対象とされないのは当然といえるが、弘化元年の融資では最下層の者も報徳金の融資対象者とされず、夫食が無償配給された。また、弘化三年の表彰にともなう融資でも最下層の者はほとんど対象とされず、また、「暮方差支無之」者も入札対象外とされた。これらから「上々」や「極々難」の両極層は報徳金の中心的な融資対象ではなかったことがうかがえる。

## （２）報徳金の融資頻度と目的

次に、かかる報徳金の融資対象者の偏りをもとに、弘化二年時の「暮方」表示によって階層を「上々」、「上・中難・

| 天保9 | 天保10 | 天保11 | 天保12 | 天保13 | 天保14 | 弘化元 | 弘化2 | 弘化3 | 弘化4 |
|---|---|---|---|---|---|---|---|---|---|
| | | | | | | | | | 11両2分 |
| | | | | | | | | | |
| | | | | 5両1分 | | | | | |
| | | | | | | | | | |
| 3両 | | | | | | | | | 14両2分 |
| | | | | | | | | 5両 | |
| | | | | | | | | | |
| | | | | | | | | | |
| | | | | | | | | | |
| | | | | | | | | | |
| | | | | | | | | | |
| | | | | | | | | | |
| | | | | | | | | 10両 | |
| 9両 | | 7両2分 | | | | | | 5両 | |
| 10両 | | | | | | | | | |
| | | | | | | | | 5両 | |
| | | | | | | | 10両 | 10両 | |
| | | | 7両 | | | | | 10両 | |
| | | | | | | | | 10両 | |
| | | | | | | | | 7両 | |
| | | | | | | | | 10両 | |
| | | | | | | | | 5両 | |
| | | | | | | | | | |
| | | | 5両 | | | 1両2分 | | | |
| | | | | | | 1両 | | | |
| 5両 | | | | | 10両 | | | | |
| | | | | | | 1両 | | | |
| | | | | | | 3両2分 | | | |
| | | | | | | 3両2分 | | 7両 | |
| | | | | | | 3両2分 | | | |
| | | | | 6両 | | 3両2分 | | 10両 | |
| | | 2両2分 | | | | 3両2分 | | | |
| | | | | 3両2分 | | 3両2分 | | 7両 | |
| | | | | | | 3両2分 | | | |

【表5】　東沼村報徳金融資対象者

| 名前 | 暮方（天保７） | 暮方（弘化２） | 天保３ | 天保４ | 天保５ | 天保６ | 天保７ | 天保８ |
|---|---|---|---|---|---|---|---|---|
| 作兵衛 | 上々 | 上々 | | | | | | |
| 仁兵衛 | 上々 | 上々 | | | ６両 | | | |
| 保太郎 | 上々 | 上々 | | | | | | |
| 仙右衛門 | 上々 | 上々 | | | ２両２分 | | | |
| 市左衛門 | 中 | 上々 | ９両 | | | | | |
| 与惣兵衛 | 中 | 上々 | | | | 68 両 | 7 俵 | |
| 茂左衛門 | 中 | 上々 | | | | | | |
| 平助 | 中 | 上々 | | | | | | |
| 佐兵衛 | 中 | 上々 | ５両 | | | | | |
| 伊八 | 中 | 上々 | | | | | | |
| 辰蔵 | 中 | 上々 | | | ６両３分 | | | |
| 直右衛門 | 中 | 上々 | | | | | | |
| 利兵衛 | 中 | 上々 | | | ７両２分 | | | |
| 庄兵衛 | 中 | 上々 | | | | | 4 俵 | |
| 文二郎 | 上 | 上 | | | | | 3 俵 | |
| 善兵衛 | 中 | 上 | ６両 | | | | | |
| 平次 | 中 | 上 | | | ２両２分 | | | |
| 喜兵衛 | 下 | 上 | | 1 両 2 分 1 朱 | | | 3 俵 | |
| 清兵衛 | 下 | 上 | | 1 両 3 分 1 朱 | | | 3 俵 | |
| 数右衛門 | 下々 | 上 | | | | | 4 俵 | |
| 新左衛門 | | 上 | | | | | | |
| 庄五郎 | | 上 | 10 両 | | | | | |
| 菊治 | | 上 | | | | | | |
| 幾右衛門 | 下 | 中難 | | 5 両 3 分 1 朱 | | | 8 俵 | |
| 保兵衛 | 下 | 中難 | | 6 両 2 分 3 朱 | | | 12 俵 | |
| 熊吉 | 中 | 中難 | | | | | ６両 | |
| 三和之助 | | 中難 | | | | | | |
| 平蔵 | 上々 | 極難 | | 5 両 | | | 3 俵 | |
| 新兵衛 | 中 | 極難 | | | | | 9 俵 | |
| 浅吉 | 中 | 極難 | | 4 両 1 分 | | | 8 俵半 1 両 2 分 2 朱 | |
| 多兵衛 | 中 | 極難 | | 4 両 | | | 13 俵 1 両 2 分 2 朱 | ８両 |
| 豊蔵 | 中 | 極難 | 10 両 | | | | | |
| 惣五郎 | 下 | 極難 | | 4 両 3 分 3 朱 | | | 11 俵 | |
| 周吉 | 下 | 極難 | | | | | 2 俵 | |

| 天保９ | 天保 10 | 天保 11 | 天保 12 | 天保 13 | 天保 14 | 弘化元 | 弘化２ | 弘化３ | 弘化４ |
|---|---|---|---|---|---|---|---|---|---|
| | | | | | | 3両2分 | | | |
| | | | | | | 3両2分 | | | |
| | | | | | | 3両2分 | | | |
| | | | | | | 3両2分 | | 7両 | |
| | | | | | | 3両2分 | | | |
| | | | | | 1両 | 3両2分 | | | |
| | | 8両 | | | | 3両2分 | | | |
| | | | | | | | | | |
| | | | | | | 3両2分 | | | |
| | | | | | | | | | |
| | | | | | | | | | |
| | | | | | | | | | |
| | | | | | | | | | |
| | | | | | | | | 12両 | |
| | | | | | | | | | |
| | | | | | | | | | |
| | | | | | | | | | |
| | | | | | | | | | |
| | | | | 1両1分 | | | | | |

極難」、「極々難」と三区分し、天保三年から弘化四年の期間の各層の報徳金の融資頻度と目的を検討すると、次の通りである。

**「上々」層**　一四人で延べ一八年融資を受けた年があり、一人約一・三年は融資を受けた年があることになる。目的は田地買請のほか、親類・組合の困窮者救済もある。[75]

**「上・中難・極難」層**　二九人で延べ七九年融資を受けた年があり、一人約二・七年は融資を受けた年があることになる。目的は田地買請・質地請戻し・商売資金・飢饉対策と多様である。

**「極々難」層**　一〇人で延べ一〇年、一人一年融資を受けた年があることになる。目的は飢饉対策である。

右の融資頻度から、報徳金融は全体として「上々」や「極々難」の両極の人々ではなく、「上」から「極難」までの中間層が主たる対

| 名前 | 暮方（天保７） | 暮方（弘化２） | 天保３ | 天保４ | 天保５ | 天保６ | 天保７ | 天保８ |
|---|---|---|---|---|---|---|---|---|
| 要七 | 下 | 極難 | **２両２朱** | 3両2分1朱 | | | 16俵1両 | |
| 藤右衛門 | 下 | 極難 | | | | | 5俵 | |
| 治兵衛 | 下 | 極難 | | | | | 12俵 | |
| 金蔵 | 下 | 極難 | | | **９両** | | 10俵 | |
| 甚左衛門 | 下々 | 極難 | | | | | 13俵 | |
| 安蔵 | 下々 | 極難 | | 3両1分3朱 | | | 8俵 | |
| 民吉 | 下々 | 極難 | | | | | 7俵1両2分 | |
| 儀兵衛 | 下々 | 極難 | | 1両2分2朱 | | | 7俵 | |
| 銀治 | | 極難 | | | | | | |
| 友右衛門 | 下 | 極々難 | | | | | 5俵 | |
| 三之助 | 下々 | 極々難 | | | | | 7俵半 | |
| 嘉吉 | 下々 | 極々難 | | | | | | |
| 吉兵衛 | 下々 | 極々難 | | 3両2分3朱 | | | 8俵半 | |
| 岩吉 | 皆無 | 極々難 | | | | | | |
| 兵吉 | 皆無 | 極々難 | | 1両2分 | | | 12俵 | |
| 忠七 | 皆無 | 極々難 | | 3分3朱 | | | | |
| 又治 | 皆無 | 極々難 | | | | | 8俵 | |
| 伊兵衛 | 皆無 | 極々難 | | | | | | |
| 半左衛門 | | 極々難 | | | | | | |

※金額がゴシック体で記されているものは土地買請、質地請戻しの名目での融資。　※朱未満は切り捨て。
※「三ヶ村大小貧富暮方取調書上帳」（『二宮尊徳全集』12巻780～788頁）に名前のみえる者を記載。
※「報徳金貸附名前番附帳」（『全集』13巻284～299頁）、「御知行処東沼村報徳証文扣帳」（『二宮尊徳全集』13巻617～639頁）、「夫食囲雑穀取調書上帳」（『二宮尊徳全集』12巻292～302頁）、「三ヶ村大小貧富暮方取調書上帳」（『二宮尊徳全集』12巻780～788頁）から作成。

象であったことがわかる。また、この分類で「上々」層とされ、天保三～七年頃に融資を受けた者には、天保七年時の「暮方」が「中」の者が多く、これを考慮すれば実質的な「上々」層への融資頻度はさらに低くなろう。なお、融資目的にも階層による相違があり、特に「上々」層による困窮者救済を目的とした借用が注目される。

## 2　報徳金融の構造

なぜ、仕法による救済がより必要と考えられる最下層の人々が、報徳金の中心的な融資対象にならなかったのであろうか。

【表6】は東沼村の「田畑質地証文取調帳」にみえる百姓間の貸主・借主それぞれに、天保七年・弘化二年の「暮方」を付したものである。ここから後期仕法期は前期より質地貸借関係が増えていることがわかり、村内金融の活性化がうかがえる。[76]なお、「田畑質地証文取調帳」に記録のない質地貸借も存在し、[77]質地関係数の実態はさらに多かったと考えられる。さて、貸主・借主の「暮方」をみると、借主に「皆無」「下々」「極々難」層が多く、村内の質地金融の中心的な対象が下層民であったことがわかる。一方、貸主には「上々」層が多くみられ、質地貸借関係が上層民と下層民の間で結ばれる傾向を示している。

このような質地関係の増加傾向をいかに考えればよいのか。大塚英二は「町場の高利貸資本の収奪から逃れても、それは領内で質地関係を結ぶことにつながり、それを解消するためにさらに報徳金融を受けても、また質地関係を再生産させていくという状況」と質地関係と報徳金融の連鎖を指摘している。しかし、質地金融を借りる中心的な層と報徳金融を借りる中心的な層にはズレがあり、【表5】で「家株増益」を目指して田地買請・質地請戻しのため報徳金融を受けた者は、【表6】では借主よりもむしろ貸主に多い。この質地関係の増加傾向は大塚のいう意味での連鎖の増大というよりも、仕法や報徳金融などで経営の安定をみた上層民の下層民に対する融通機能が発揮されてきたことを示すのではないだろうか。この意味で「報徳金融方式が農民間における質地関係を促進させる作用、言うなれば富裕者から困窮者へ低利で金を融通させる作用を持っていた」という大塚の指摘は的を射ている。[78]こうして報徳仕法を契機に富裕化、安定化しえた上層民は、下層民への融通、または下層民に代っての報徳金の拝借などを通して、下層民を支えるようになったと考えられる。「上々」層と「極々難」層の両極層が、報徳金融の中心的対象にならないのは、報徳金を借りなくても安定した「上々」層民が、「極々難」層へ融通や「助合」をおこなうからと考えられる。

**【表6】 東沼村の質地関係証文にみられる借主と貸主**

| 借用年 | 借主 | 貸主 | 借主暮方 | | 貸主暮方 | |
|---|---|---|---|---|---|---|
| | | | 天保7 | 弘化2 | 天保7 | 弘化2 |
| 文政4 | 要蔵 | 丹蔵 | 中 | 上々 | 中 | 極難 |
| | 庄蔵 | 金蔵 | — | — | 上々 | 極難 |
| | 清七 | 市左衛門 | 下 | 極難 | 中 | 上々 |
| 文政5 | 五右衛門 | 市左衛門 | 上々 | 上々 | 中 | 上々 |
| | 文治（物井） | 金蔵 | 下々 | 中難 | 上々 | 極難 |
| 文政6 | 市左衛門 | 伊助（西沼） | 中 | 上々 | — | — |
| | 清七 | 金蔵 | 下 | 極難 | 上々 | 極難 |
| 文政7 | 五郎右衛門 | 金蔵 | 上々 | 上々 | 上々 | 極難 |
| | 三之助 | 多吉 | 下々 | 極々難 | 下 | 極難 |
| 文政8 | 太兵衛 | 丹蔵 | 中 | 極難 | 中 | 極難 |
| 文政10 | 新兵衛 | 金蔵 | 中 | 上々 | 上々 | 極難 |
| | 幾右衛門 | 周吉 | 下 | 中難 | 下 | 極難 |
| | 領右衛門（西沼） | 市左衛門 | — | — | 中 | 上々 |
| 文政11 | 儀兵衛 | 仁兵衛 | 下々 | 極難 | 上々 | 上々 |
| | 利兵衛 | 多吉 | 中 | 上々 | 中 | 極難 |
| 文政12 | 岩吉 | 仁兵衛 | 皆無 | 極々難 | 上々 | 上々 |
| | 常治 | 佐七 | 欠落 | — | 中 | 上 |
| | 円蔵 | 市左衛門 | 皆無 | — | 中 | 上々 |
| | 惣五郎 | 市左衛門 | 下 | 極難 | 中 | 上々 |
| 天保1 | 儀兵衛 | 佐七 | 下々 | — | 中 | 上 |
| | 岩吉 | 作兵衛 | 皆無 | 極々難 | 上々 | 上々 |
| | 岩吉 | 市左衛門 | 皆無 | 極々難 | 中 | 上々 |
| | 幾右衛門 | 市左衛門 | 下 | 中難 | 中 | 上々 |
| | 幾右衛門 | 善兵衛 | 下 | 中難 | 中 | 上々 |
| | 民吉 | 喜太郎 | 下々 | 極難 | 下 | 中難 |
| 天保2 | 平蔵 | 仙右衛門 | 上々 | 極難 | 上々 | 上々 |
| | 岩吉 | 五郎右衛門 | 皆無 | 極々難 | 上々 | 上々 |
| | 平治 | 伴治 | 中 | 上 | — | — |
| | 領右衛門（西沼） | 市左衛門 | — | — | 中 | 上々 |
| | 幾右衛門 | 市左衛門 | 下 | 中難 | 中 | 上々 |
| | 幾右衛門 | 市左衛門 | 下 | 中難 | 中 | 上々 |
| | 幾右衛門 | 善兵衛 | 下 | 中難 | 中 | 上々 |
| | 弥兵衛 | 市左衛門 | 中 | 中難 | 中 | 上々 |
| 天保3 | 竹吉 | 作兵衛 | — | — | 上々 | 上々 |
| | 忠七 | 作兵衛 | 皆無 | 極々難 | 上々 | 上々 |
| | 三之助 | 市左衛門 | 下々 | 極々難 | 中 | 上々 |
| | 惣五郎 | 善兵衛 | 下 | 極難 | 中 | 上 |
| | 知右衛門（嶋村） | 丹蔵 | — | — | 中 | 極難 |
| | 平蔵 | 伴治 | 上々 | 極難 | — | — |

| 借用年 | 借主 | 貸主 | 借主暮方 | | 貸主暮方 | |
|---|---|---|---|---|---|---|
| | | | 天保７ | 弘化２ | 天保７ | 弘化２ |
| 天保３ | 徳蔵 | 善兵衛 | 皆無 | 極々難 | 中 | 上 |
| | 徳蔵 | 市左衛門 | 皆無 | 極々難 | 中 | 上々 |
| | 平治 | 伴治 | 中 | 上 | — | — |
| | 友右衛門 | 伴治 | 下 | 極々難 | — | — |
| | 富吉 | 伴治 | — | — | — | — |
| | 武七 | 市左衛門 | 下々 | 極難 | 中 | 上々 |
| | 太兵衛 | 市左衛門 | 中 | 極難 | 中 | 上々 |
| | 幾右衛門 | 市左衛門 | 下 | 中難 | 中 | 上々 |
| 天保４ | 三之助 | 善兵衛 | 下々 | 極々難 | 中 | 上 |
| | 三之助 | 市左衛門 | 下々 | 極々難 | 中 | 上々 |
| | 幾右衛門 | 市左衛門 | 下 | 中難 | 中 | 上々 |
| 天保５ | 忠七 | 仙右衛門 | 皆無 | 極々難 | 上々 | 上々 |
| | 忠七 | 仙右衛門 | 皆無 | 極々難 | 上々 | 上々 |
| | 忠七 | 仙右衛門 | 皆無 | 極々難 | 上々 | 上々 |
| | 忠七 | 利兵衛 | 皆無 | 極々難 | 中 | 上々 |
| | 忠七 | 仁兵衛 | 皆無 | 極々難 | 上々 | 上々 |
| | 弥兵衛 | 仙右衛門 | 中 | — | 上々 | 上々 |
| 天保６ | 儀兵衛 | 仙右衛門 | 下々 | 極難 | 上々 | 上々 |
| | 忠七 | 仙右衛門 | 皆無 | 極々難 | 上々 | 上々 |
| | 弥惣次 | 仙右衛門 | — | — | 上々 | 上々 |
| | 常吉 | 仙右衛門 | — | — | 上々 | 上々 |
| 天保７ | 清右衛門 | 熊吉 | 中 | 上々 | 中 | 中難 |
| 天保８ | 忠七 | 仙右衛門 | 皆無 | 極々難 | 上々 | 上々 |
| 天保９ | 伊助（西沼） | 市左衛門 | — | — | 中 | 上々 |
| | 富次 | 利兵衛 | 下々 | — | 中 | 上々 |
| 天保10 | 元右衛門（西沼） | 市左衛門 | — | — | 中 | 上々 |
| | 元右衛門（西沼） | 市左衛門 | — | — | 中 | 上々 |
| | 元右衛門（西沼） | 吉兵衛 | — | — | — | — |
| 天保11 | 又治後家 | 仁兵衛 | 皆無 | 極々難 | 上々 | 上々 |
| | 茂吉 | 仙右衛門 | 皆無 | — | 上々 | 上々 |
| | 又治後家 | 仙右衛門 | 皆無 | 極々難 | 上々 | 上々 |
| | 又治後家 | 仙右衛門 | 皆無 | 極々難 | 上々 | 上々 |
| 天保12 | 勝次 | 仙右衛門 | 下々 | 極々難 | 上々 | 上々 |
| | 茂吉 | 作兵衛 | 皆無 | — | 上々 | 上々 |
| 天保13 | 儀右衛門（西沼） | 市左衛門 | — | — | 中 | 上々 |
| | 文吉 | 市左衛門 | — | — | 中 | 上々 |
| 天保14 | 藤右衛門 | 熊吉 | 下 | 極難 | 中 | 中難 |
| | 虎吉 | 市左衛門 | — | — | 中 | 上々 |
| | 多兵衛 | 安兵衛 | 中 | 極難 | 下 | 中難 |
| | 新兵衛 | 熊吉 | 中 | 極難 | 中 | 中難 |

| 借用年 | 借主 | 貸主 | 借主暮方 | | 貸主暮方 | |
|---|---|---|---|---|---|---|
| | | | 天保7 | 弘化2 | 天保7 | 弘化2 |
| 弘化2 | 仙弥 | 市左衛門 | 下 | 極難 | 中 | 上々 |
| | 徳右衛門（西沼） | 熊吉 | — | — | 中 | 中難 |
| | 徳右衛門（西沼） | 市左衛門 | — | — | 中 | 上々 |
| | 吉蔵（下物井） | 利兵衛 | 下 | 中難 | 中 | 上々 |
| 弘化3 | 嘉吉 | 藤右衛門 | 下々 | 極々難 | 下 | 極難 |
| | 善次（西沼） | 市左衛門 | — | — | 中 | 上々 |
| | 源兵衛 | 市左衛門 | 下 | 極々難 | 中 | 上々 |
| | 平蔵後家 | 八百吉 | — | 極難 | — | — |
| 弘化4 | 豊蔵 | 庄五郎 | 中 | 極難 | — | 上 |
| | 岩蔵 | 市左衛門 | 下 | 極難 | 中 | 上々 |
| | 銀次 | 磯吉 | — | 極難 | 中 | 上々 |
| | 弥兵衛 | 久左衛門（西沼） | 中 | — | — | — |
| 嘉永1 | 嘉吉 | 留吉 | 下々 | 極々難 | — | — |
| | 惣五郎後家 | 理兵衛 | 下 | 極難 | 中 | 上々 |
| | 岩蔵 | 市左衛門 | 下 | 極難 | 中 | 上々 |
| | 嘉吉後家 | 藤右衛門 | 下々 | 極々難 | 下 | 極難 |
| | 五郎右衛門 | 磯吉 | 上々 | 上々 | 中 | 上々 |
| 嘉永2 | 久兵衛（西沼） | 富吉 | — | — | — | — |
| | 岩蔵 | 新左衛門 | 下 | 極難 | — | 上 |
| | 安蔵 | 市左衛門 | 下々 | 極難 | 中 | 上々 |
| | 浅吉 | 新左衛門 | 中 | 極難 | — | 上 |
| | 利兵衛 | 市左衛門 | 中 | 上々 | 中 | 上々 |
| | 清助 | 半左衛門 | 皆無 | 極々難 | — | 極々難 |
| | 鉄蔵 | 数右衛門 | — | — | 下々 | 上 |
| | 岩次 | 儀兵衛 | — | — | 下々 | 極々難 |
| | 利兵衛 | 作兵衛 | 中 | 上々 | 上々 | 上々 |
| | 岩吉 | 仁兵衛 | 皆無 | 極々難 | 上々 | 上々 |
| 嘉永3 | 岩蔵 | 市左衛門 | 下 | 極難 | 中 | 上々 |
| | 鉄蔵 | 清右衛門 | — | — | 中 | 上々 |
| 嘉永4 | 次兵衛 | 市左衛門 | 下 | 極難 | 中 | 上々 |
| | 久兵衛 | 数右衛門 | 上々 | 上々 | 下々 | 上 |
| | 与惣兵衛 | 仁兵衛 | 中 | 上々 | 上々 | 上々 |
| | 浅吉 | 三之助 | 中 | 極難 | 下々 | 極々難 |

※『二宮尊徳全集』13巻415～443・512～538頁より作成。
※空欄は「暮方」不明。※借主・貸主の名前が当主以外の家内の者の場合、当主の「暮方」を記載した。

【表7】 借財整理仕法を受けた百姓とその暮方

| 名前 | 村 | 借財整理年 | 暮方（天保7） | 暮方（弘化2） |
|---|---|---|---|---|
| 平治 | 東沼 | 天保3 | 中 | 上 |
| 勇治 | 横田 | 天保7 | 下 | 上々 |
| 藤蔵 | 横田 | 天保13 | 中 | 上 |
| 弥吉 | 横田 | 天保13 | 中 | 上 |
| 吉左衛門 | 物井 | 天保14 | ― | 中難 |

※『二宮尊徳全集』13巻705～743頁から暮方が確認できる者のみを掲載。

これと関連して、次に桜町領民の借財整理仕法を検討したい。【表7】は天保七年と弘化二年の「暮方」が比較可能な天保期において借財整理仕法を実施した者である。

東沼村平治は三八両余の借財のため、天保三年から断続的に借財整理・家政再建仕法を実施した。(79) 彼は弟伴治の助けも得て(80)天保五・六年に借財を半金ずつ返済したが、弘化四年には屋敷地を除く所持地一町六反余の質入れが確認でき、村内の質地関係を軸とした融通により借財を整理し、質地小作で生計を営んだことがうかがえる。その後、嘉永四年（一八五一）に報徳金から必要額の半額の融資を得て一町三反余を請戻した。借財返済直後の天保七年における平治の「暮方」は「中」であった。なお、彼は同年一二月、同組合で「暮方」が「下々」の儀兵衛を引受け表彰され、(81) 弘化二年には「暮方」を「上」に上昇させている。平治家は元来上層民であったと思われるが、借財整理後は小作での生活とはいえ、かえって下層民を引受けるだけの余裕が生まれたのではないだろうか。

横田村藤蔵は、天保一三年の借財整理仕法時には三町七反余の土地を所持しており、所持高でみれば最上層に属すると思われるが、四四両余の借財を抱えていた。天保七年の「暮方」は「中」である。藤蔵の借財返済の詳細は不明だが、諸道具・米穀を売却して諸役・利息を支払っており、残りは平治同様に所持地を質地に出して返済したと考えられる。弘化二年の「暮方」は「上」であった。藤蔵は入百姓の破畑でもあり、借財整理後は生計の比重を破畑稼ぎに傾けていったと思われる。嘉永元年の手作地は五反で、多くの破畑を率いて幕領仕法の開発にも従事した。(82)

【図1】報徳仕法の金融構造

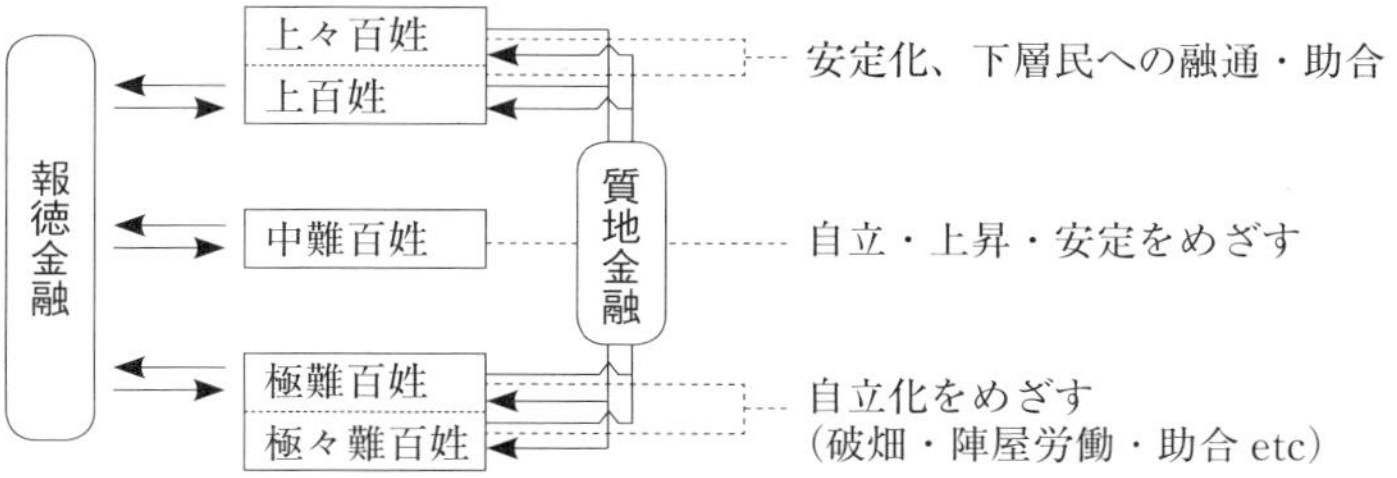


【表7】のうち、潰百姓式の相続に際して借財を整理した吉左衛門を除くと、借財整理仕法を受けた者は「暮方」が「中」「下」の中層民であり、その後「暮方」を上昇させていることがわかる。「暮方」は経営規模ではなく貯穀が基準であり、経営規模が大きくても余裕がなければ下位に位置づけられ、その逆もある。ゆえに「暮方」における中層民は規模にかかわらず経営状態が均衡している者といえ、藤蔵のようにかなりの田畑を所持する者もいるが、経営に弾力性を欠き、高利貸との金融関係や凶作・病難などにより容易に没落する可能性がある者と考えられる。これを整理し、経営を安定させることが借財整理仕法の目的と考えられる。そのため経営規模を縮小しても下層民を引き受ける余裕ができたり、破畑稼ぎに生業の比重を移すなどして「暮方」を上昇させることができたと思われる。

これらのことと報徳金融の主たる融資対象者が上下の両極層を除いた人々であったことを考えると、報徳金融の主たる目的は、没落と上昇の岐路にある中層民の経営の安定化、強化・上昇であったと考えられる。報徳金拝借証文の文言には、「前々質地に相渡置候書面之畑（中略）今般請戻し、家株追々立戻り[83]」とか、「元来家株小高に付、御田地不足仕（中略）、書面之田畑（中略）買請、家株増益仕[84]」とあるように、「家株」の「立戻り」や「増益」を目指したものが多い。

以上の報徳金融資対象者と百姓間の質地金融の動向から、村の全体的な金融関係をみると、報徳金融は中層民を主たる対象とし、下層民に対しては上層民を担い手とした村内百姓間の融通、あるいは上層民が困窮者の代りに借りた報徳金が対応するという構造がみてとれる。そのため報徳金の融資対象の偏りをもって、仕法が下層民を切捨てたとはいえない。また、仕法が中層民を意識的に増大させ、平均化をはかる意図を持っていたとも思われない。報徳金融は大塚の指摘のごとく、金融関係を報徳仕法の枠組みのなかで完結させ、町方高利貸資本の侵入による村の貧窮化を防ぐものであると考えられる。そして、村を高利貸資本から防衛するためには村内に融通能力のある百姓を作り、村請制的融通システムを再構築しなければならない。村内に蓄財のある者＝上層民が必要となるのである。

こうして報徳仕法を契機に富裕化した上層民は、下層民に融通の役割を果たすようになり、中層民は報徳金融で安定化を目指し、村全体としては報徳金融の枠組みに包摂され、金が還流し、底上げがなされる【図1】。報徳仕法はかかる構造を目指していたと考えられ、村を中層民だけのフラットなものにしようと意図していたとは思われない。むしろ、報徳仕法は村で融通を担い、いわゆる「推譲」を実践し、村請制的な「助合」をおこなえる上層民が存在する村を再建すべき村の目標にしたと考えられる。

## おわりに

人口減少と荒地拡大をともなう村落荒廃は、村の生産力の減退とともに地主層の経営基盤を崩し、村の「助合」・融通も後退させ、村請制を解体しつつあった。報徳仕法はかかる状況に抗して村請制村落の復興を目指したが、そのためには人々を村に呼び、荒地開発を進めるとともに、村に「助合」や融通を担える者をつくる必要があった。

ただ、村に多様な生業を営む者や農業外の生業を志向する者が現れる当該期の状況で、先行する領主仕法のごとく領民に農業専従者という百姓認識に訴え、農業を強いるのみでは効果はなかった。そこで桜町後期仕法では、出稼ぎ・日雇としての性格を持つ下層民を陣屋の労働力や破畑などとして仕法に編成し、地主・商人的性格を持つ上層民も仕法資金の運用や下層民に対する融通、下層民に代わっての報徳金の借用などの「助合」を担う者として活用・編成していった。舟橋明宏の指摘のごとく、入百姓を導入して村の復興を企てる仕法が下層民や脱農化した者を対象から切捨てるとは考えられず、破畑稼ぎを通して「暮方」を上昇させる者もいた。

また、報徳金融は没落と上昇の岐路にある中層民を主たる対象とし、彼らの経営の上昇・安定化をはかった。これには「助合」・融通を担う上層民を育成し、報徳金を媒介に村の「助合」・融通を活性化させるねらいもあった。それゆえ、天保七年（一八三六）に「暮方」が「中」の者の弘化二年（一八四五）における「暮方」の上昇は顕著で、「暮方」の上昇には階層差がある。しかし、それは仕法が中層民のみを対象としたことを意味するわけではない。

こうして桜町仕法は、弘化三年に収納米を二〇四五俵余へ、嘉永六年（一八五三）に家数・人別を一八七軒、一一〇〇人へと回復させる成果をみた(85)。

桜町領では貞享～元禄期（一六八四～一七〇四）にかけて急激な新田開発により新百姓が急増、小農自立が果たされ、宇津家の小田原藩からの分家を可能にした。しかし、新百姓の経営は零細かつ脆弱で領内に突出した経済力を持つ者もなく、自然災害や御用金の賦課等により百姓経営は容易に危機に陥り、荒廃状況の前提となった(86)。かかる状況に対して報徳仕法が目指したのはかつての小農への回帰でも中層農のみのフラットな村でもなかった。報徳仕法は階層分解の展開により多様な生業の人々が出現する当該期の地域の状況を前提に、各層百姓の多様な経営にあわせた再建をはかり、彼らを荒地開発・村復興へと編成した。必ずしも農民とはいえない人々も包含したうえでの村の再建である。この点、報徳仕法は「家」の個別性、経営の個別能力を重視し、「個別性を強めた家と家のつながりによって成り立つ村落」を目指したという深谷克己の指摘が示唆に富む。[87] そこに武家から商家まで多様で広範な人々に支持され、実践されえた報徳仕法の時代性と普遍性があろう。

最後に、桜町仕法の成果の前提として本章で追究できなかった次の二点を指摘しておきたい。

一点目は当該期の農業景気である。桜町後期仕法の時期にあたる天保期以降は、周辺地域でも家数・人別の回復がみられた。平野哲也はかかる回復基調について、天保期以降の穀物価格上昇傾向に促された百姓の帰農・帰村志向と耕地開発の活発化を指摘している。[88] 桜町後期仕法の成果もこの農業景気が背景にあったと考えられる。ただ、桜町領の家数・人別の回復は周辺村より顕著であり、[89] それは報徳仕法の諸政策が当該期の人々の農業志向、土地開発志向に合致していたためと考えられる。破畑の活躍も、かかる農業志向を背景とした開発の活性化があってのことといえよう。従来、桜町仕法は前期仕法の停滞に対して、後期仕法の発展が対比的に語られ、その要因として尊徳の思想的成長や仕法論理の転換または成立、成田参籠による尊徳の精神的安定などが指摘されてきた。[90] しかし、かかる仕法の停滞と発展の前提として、天保期を境とした穀物価格の上昇、農業景気といった経済変動も視野に入れる必要があろう。

二点目は対領主関係である。本章は百姓編成を中心とした仕法の構造を考察対象としたため、仕法の財政構造、領主との関係は捨象した。阿部昭は仕法の継続・条件をめぐる尊徳と小田原藩・宇津家との交渉を明らかにしているが、[91] かかる交渉なくして仕法の継続・成果はなかった。また、紺野浩幸は仕法実施期の宇津家が本家の助成や諸種の年貢外収入を確保し、知行所に財政赤字を転嫁しなかったことを仕法成功の要因と指摘している。[92] 多くの領主仕法が財政「分度」の設定・維持の困難から仕法中止に追い込まれたことを考えれば、仕法の前提として重要な指摘であろう。

註

（1）前期仕法については、本書第三章参照。

（2）たとえば菅野則子「天保期下層農民の存在形態」（『歴史学研究』三五六号、一九七〇年、のち村上直編『近世神奈川の研究』名著出版、一九七五年所収）では、仕法は中層農強化を目指し、仕法の対象外とされた下層農は脱農化したと評価している。

（3）岡田博「二と三を結んだ人たち」（『かいびゃく』二九巻三・六～一二号、三〇巻一～三・五～一二号、三一巻一～二・四～一二号、三二巻一～六・八～一〇・一二号、三三巻一～五・七～一二号、一九八〇～一九八四年、のち同『報徳と不二孝仲間―二宮尊徳と鳩ヶ谷三志の弟子たち―』岩田書院、二〇〇〇年に改題。岡田著書①）、同『郷土史の中の報徳考』（まるはと叢書、一九九七年、岡田著書②）。

（4）舟橋明宏「村再建にみる『村人』の知恵」（渡辺尚志編『新しい近世史四　村落の変容と地域社会』新人物往来社、一九九六年、のち舟橋明宏『近世の地主制と地域社会』岩田書院、二〇〇四年所収）。

（5）大塚英二「近世後期北関東における小農再建と報徳金融の特質」（『日本史研究』二六三号、一九八四年、のち同『日本近世農村金融史の研究―村融通制の分析―』校倉書房、一九九六年所収）。

（6）大藤修「戦後歴史学における尊徳研究の動向」（二宮尊徳生誕二百年記念事業会報徳実行委員会編『尊徳開顕』有隣堂、一九八七年、のち、大藤修『近世の村と生活文化―村落から生まれた知恵と報徳仕法―』吉川弘文館、二〇〇一年所収）。

（7）本項の内容は本書第三章による。

（8）松尾公就「小田原藩政の展開と二宮尊徳―藩主大久保忠真の酒匂河原での表彰の意義をめぐって―」（『地方史研究』二八三号、二〇〇〇年）。

（9）佐々井信太郎編『二宮尊徳全集』一〇巻（二宮尊徳偉業宣揚会、一九二八年）七九二・七九三頁。実際にこれを桜町領民へ申渡したのは、尊徳が桜町領に出張した一〇月二三日～一一月二日の間と思われる（『二宮尊徳全集』一四巻〈一九二八年〉一〇〇二～一〇〇三頁）。

（10）かかる認識は、明和五年（一七六八）の黒羽藩郷方改役鈴木武助の「農の本を失ひ候ものハ罪人也」とする申渡しや（栃木県史編さん委員会編『栃木県史　史料編近世四』〈栃木県、一九七五年〉第八章No.一七）、寛政一一年（一七九九）の芳賀郡東郷陣屋による「百姓之儀者農業第一之儀」とする仰渡し、寛政九年、芳賀郡亀山村の「近来村々一統作奉公人払底ニ而、高持百姓一統難義ニ及候間惣百姓申合、以来新規商売等相始り候事村法度、農業出情可致事」という村法度に共通してみられ（真岡市史編さん委員会編『真岡市史　第三巻　近世史料編』〈栃木県真岡市、一九八五年〉第二章No.三七・三九）、荒廃村落での小前層の離農・離村にともなう高持百姓層の農業経営基盤の不安定化と領主層の年貢収奪基盤の不安定化に対する、高持百姓・領主の両層共通の憂慮から強調されるようになった認識と考えられる。

(11)『二宮尊徳全集』一〇巻八一〇頁。

(12)『二宮尊徳全集』一〇巻一一〇一頁。

(13)『二宮尊徳全集』三巻（一九二七年）九二頁。

(14)たとえば西物井村名主平左衛門は、天保二年（一八三一）に仕法を揶揄する落書を書いている（『二宮尊徳全集』三五巻〈一九三一年〉四一七頁）。

(15)『二宮尊徳全集』一一巻（一九二八年）一一七〇頁。

(16)『二宮尊徳全集』一二巻（一九二八年）一二一八～一二二〇頁。

(17)たとえば尊徳は木綿の織り出しを奨励し、補助金をつけて買い上げた（『二宮尊徳全集』一一巻六七〇～六八六頁）。

(18)桜町陣屋の長屋には「身持為可相慎」とか、借財返済のうえ一家取立てを目指す困窮者が詰め、仕法事業に従事していた。

(19)たとえば後述の西物井村七郎治は、尊徳から融資を得て商業を展開する一方、財政的な仕法支援もおこない、「仕法髄身」の商人といえる存在になっていった（前掲註（3）岡田著書②・本書第三章参照）。

(20)『二宮尊徳全集』三巻一九七頁。

(21)『二宮尊徳全集』三巻一七三頁。

(22)『二宮尊徳全集』三巻一七四・一九七頁。

(23)『二宮尊徳全集』三巻一七六・一九七頁。

(24)『二宮尊徳全集』三巻一七八・一八六頁。

(25) 前掲註（3）岡田著書①。
(26)『二宮尊徳全集』一一巻二三～二七頁。
(27)『二宮尊徳全集』三巻四八頁、一二巻一二一九頁。本書第三章参照。
(28)『二宮尊徳全集』三巻一九七頁。
(29) 本書第三章参照。
(30)『二宮尊徳全集』三巻四五九頁。
(31)『二宮尊徳全集』一三巻（一九二八年）七六八頁。
(32)『二宮尊徳全集』一三巻七六七頁。
(33)『二宮尊徳全集』三巻二四九頁。
(34)『二宮尊徳全集』三巻一一巻・三五巻所収の「当座出入帳」・「日記」に「御長屋万兵衛」などと表記されている。
(35) 佐々井典比古「下物井村万兵衛の半生」（『かいびゃく』四八巻四～八号、一九九九年）。
(36)『二宮尊徳全集』三五巻四三三頁。
(37)『二宮尊徳全集』三五巻四二一頁。
(38)『二宮尊徳全集』三五巻四二五頁。
(39) 本書第三章参照。
(40)『二宮尊徳全集』一一巻八二二頁。
(41)『二宮尊徳全集』三巻一一六頁。
(42)『二宮尊徳全集』三巻四七〇頁。
(43)『二宮尊徳全集』三巻五六五頁。なお忠七は仕法開始以来、破畑稼ぎをしていた在来の百姓である。
(44)『二宮尊徳全集』三巻四二七頁。
(45)『二宮尊徳全集』三巻四一八頁。
(46) 本書第一一章参照。

(47)『二宮尊徳全集』四巻（一九二八年）八七二頁。
(48)天保七年と弘化二年では「暮方」評価の表現が若干異なるが、両年とも貯穀が足りている者を「上々」「上」としていることから、天保七年の「中」を弘化二年の「中難」、「下」を「極難」、「下々」「皆無」を「極々難」として検討する。
(49)前掲註(4)舟橋論文。
(50)『二宮尊徳全集』三四巻（一九三一年）一一五〇頁。
(51)『二宮尊徳全集』二二巻（一九二九年）五三頁。
(52)本書第五章参照。
(53)岩田浩太郎は、利根川で下層民が担う「船越役」について、下層民はその業務で得られる金で困窮から立ち直ることを見込まれ、困窮者救済の社会的意味を有すると指摘した（岩田浩太郎「幕末維新期の村方人足役と下層農民」『歴史学研究』五四八号、一九八五年）。本章における陣屋労働や破畑稼ぎも同様の意味を有したといえる。
(54)前掲註(3)岡田著書②・本書第三章参照。
(55)本書第三章参照。
(56)『二宮尊徳全集』一一巻一二二一頁。
(57)文政八年六月六日の日記に「横田忠右衛門悴（久蔵 - 筆者注）、算・ぢん功記、弐品遺度、右之事出精仕候様に承知仕候事」とある（『二宮尊徳全集』三五巻三二〇頁）。
(58)『二宮尊徳全集』一三巻六四三・六四四頁。
(59)『二宮尊徳全集』三巻五八九頁。烏山藩仕法では桜町領の岸右衛門や久蔵、青木村の勘右衛門など、他領の報徳仕法実施地域の人々が指導者として参加していた（本書第七章参照）。
(60)『二宮尊徳全集』三五巻五〇六頁以降の「金銀米銭出入帳」。
(61)『二宮尊徳全集』三五巻六三〇・六四三・六八九頁など。
(62)『二宮尊徳全集』三五巻七六四頁。
(63)報徳博物館編『報徳博物館資料集1　尊徳門人聞書集』（報徳博物館、一九九二年）七〇頁。

(64)　深谷克己『百姓成立』（塙書房、一九九三年）。
(65)　『二宮尊徳全集』三巻一六八頁。
(66)　『二宮尊徳全集』三巻二〇五頁。
(67)　『二宮尊徳全集』一二巻三〇二頁。
(68)　『二宮尊徳全集』三巻四六九頁。
(69)　『二宮尊徳全集』一三巻六四五頁。
(70)　『二宮尊徳全集』一〇巻一〇二三～一〇七七頁。
(71)　『二宮尊徳全集』一三巻二八〇～二九八頁。
(72)　前掲註(5)大塚論文。なお、「報徳冥加金利足成替り中勘帳」（『二宮尊徳全集』一二巻五〇九～五一四頁）では、三通りの報徳金融の年利計算が示されている。すなわち、①報徳金を一〇ヵ年賦で借り、その年賦償還後、二ヵ年間続けて年賦償還金と同額を冥加金として納める場合は、年利二分九厘二毛三弗、②七ヶ年賦で一ヶ年の冥加金を納める場合は年利四分二厘三毛九弗、③五ヵ年賦で一ヶ年の冥加金を納める場合は五分四厘七毛二弗となり、報徳金融が低利金融であったことがわかる。
(73)　『二宮尊徳全集』一三巻八八四頁。
(74)　『二宮尊徳全集』一三巻八七一～八七五頁。
(75)　天保五年の辰蔵の借用は「大借」に及び、「難渋」した兄新兵衛に田畑を買い調えてやるためであり、天保九年の市左衛門の借用は「前々不仕合打続困窮」した同組合の三之助に田地を請戻させるためであった。なお、天保六年の与惣兵衛家六八両の借用が額として突出しているが、詳細は不明である。以下、報徳金の融資目的は「報徳証文扣帳」（『二宮尊徳全集』一三巻六一七～六三九頁）による。
(76)　文政四～一二年の八年間の質地関係件数は一九件で年二・三件だが、天保元年～嘉永四年までの二一年間では九三件で年平均は四・四件に倍増する。
(77)　たとえば、後述の借財整理仕法にみえる質入は記録されていない。

(78) 前掲註(5)大塚論文。
(79) 平治と次にみる藤蔵の家政再建については前掲註(5)大塚論文、及び『二宮尊徳全集』一三巻六九一～七〇九頁による。
(80) 伴治は平治の借財を「残金引受皆済」したとして表彰された(『二宮尊徳全集』三巻三八一頁)。
(81) 『二宮尊徳全集』三巻四六四頁。
(82) 『二宮尊徳全集』四巻七七〇・八一四頁。
(83) 『二宮尊徳全集』一三巻六七六頁。
(84) 『二宮尊徳全集』一三巻六六八頁。
(85) 『二宮尊徳全集』一三巻一九五・一二二七～一二三一頁。
(86) 前掲註(5)大塚論文・下重清「二宮尊徳以前―桜町領の開発と旗本領主財政―」(『二宮町史研究』五号、二〇〇九年)。
(87) 栃木県史編さん委員会編『栃木県史　通史編近世二』第一〇章(深谷克己執筆、栃木県、一九八四年)。
(88) 平野哲也『江戸時代村社会の存立構造』(御茶の水書房、二〇〇四年)。
(89) 前掲註(5)大塚論文。
(90) 奈良本辰也『二宮尊徳』(岩波書店、一九五九年)・加藤仁平『成田山における二宮尊徳の開眼』(龍渓書舎、一九七七年)・上杉允彦「報徳思想の成立―桜町仕法を中心として―」(『栃木県史研究』一四号、一九七七年)・児玉幸多「人間と大地との対話」(同編『日本の名著二六　二宮尊徳』中央公論新社、一九八四年)・大塚英二「報徳仕法成立期における諸問題―仕法論理成立過程再検討の素材―」(『名古屋大学人文科学研究』一五号、一九八六年、のち前掲註(5)大塚著書所収)など。
(91) 二宮町史編さん委員会編『二宮町史　通史編Ⅱ』第七章(阿部昭執筆、栃木県二宮町、二〇〇八年)。
(92) 紺野浩幸「旗本宇津家の財政と桜町仕法」(『千葉史学』三七号、二〇〇〇年)。

# 第五章　報徳仕法の事業展開と民衆

## ——常州真壁郡青木村仕法の構造と主体形成——

### はじめに

近世後期から近代移行期の政治・社会情勢を考えるうえで、村落荒廃克服を目指し、多くの人々に受容され、広範な民衆運動として発展をみせた報徳仕法は重要な意味を持つ。

大藤修(1)は、報徳仕法を「家」「村」荒廃の克服を目指した農民の主体的営為にもとづく「農民の立場」に立ったものと評価し、それまでの領主的・反動的とされていた報徳仕法の評価を転回させた。大藤の研究は、尊徳の思想・仕法の内在的理解を進め、豊かな研究視角を提示した重要な研究といえる。しかし、仕法の実践主体を老農や村役人層に代表される「農民」―本百姓にみており、下層民や農業以外の諸生業に従事した人々の仕法における主体性には触れていない。これまでの報徳仕法研究は、仕法の農本主義的なイメージからか、概して、その担い手・主体を農民・村役人層を中心として論じられることが多かった。

たしかに、報徳仕法は「家」「村」荒廃の危機克服を目指した農民や村役人に感銘を与え、彼らの献身により運動として発展をみせた。しかし、報徳仕法を支えた不二孝仲間の商人たちの活躍を明らかにした岡田博(2)の研究や、土木作業従事者である破畑《はばた》や大工・木挽などの諸職人・出稼ぎ人に注目し、人別戸数増加策としての入百姓と、開発・普請に従事する彼らとの対応関係、仕法における下層民や諸職人の意義を明らかにした舟橋明宏の研究(3)にみられるように、報徳仕法には多様な生業・階層の人々が参加していた。

当該期の村落社会における多様な生業の展開や、村役人・豪農層と下層民・貧農層との対立状況を踏まえれば、多様な生業を営む人々や下層民をいかに編成していくかは仕法の成否に重要な意味を持つ。また、報徳仕法が広範な民衆の自律的な運動・ネットワークとして展開しえた背景も、この問題のなかにあろう。そして、仕法がそのように多様な人々を動員する運動であったと考えるならば、彼らの仕法における主体性・主体形成のあり方もまた検討する必要があろう。

本章は右の問題関心から、荒地開発や諸普請などの仕法事業とそれに従事する人々に焦点をあて、彼らを編成した仕法の構造(4)を明らかにするとともに、そうした構造から形成される人々の主体のあり方、また、その主体が持つ仕法や当該期の社会における意味を考えたい。

ここで構造・主体の関係を重視するのは、従来、報徳仕法における人々の献身や「改心」、生活様式の変革など主体形成の契機が、教諭・表彰などの教化政策に求められ、人々が日夜従事した仕法の構造そのものから内在的に検討されることがなかったことによる。報徳仕法で説かれる通俗道徳が、貧困の克服など実践的な問題意識に立脚している以上、説得力を持つためには、通俗道徳の実践と実益を結びつける構造が必要であった。報徳仕法がなぜ人々を動員でき、人々は仕法に献身できたのか、仕法事業に従事した人々にとって持つ意味に即して理解する必要があろう。

本章の検討対象は常陸国真壁郡青木村（茨城県桜川市）の仕法である。報徳仕法が実施された天保期は旗本川副勝三郎知行地で、村高は八五八石余であった。なお、青木村仕法については川俣英一と山中清孝の先行研究があるが、両者とも本章の問題関心に答えるものとはなっていない(5)。

本章では仕法の質・内容の違いから、天保四〜一四年（一八三三〜一八四三）の仕法を第一期仕法、弘化元〜四年（一八四四〜一八四七）の仕法を第二期仕法と区分して分析する。

## 一　青木村の荒廃と仕法前夜

### 1　荒廃の状況

青木村仕法の前提として、仕法実施以前の青木村の概況を簡単に検討したい。【表1】は青木村の年貢収納の動向であるが、大きく二つの画期がみられる。

第一の画期は元禄期である。年貢収納は承応〜天和期が最高で六〇〇〜四〇〇俵の収納がみられたが(6)、元禄期にはそれまでの半分以下に急減する。確たる理由は不明だが、おそらく承応〜天和期の高収納は、水利条件や環境とのバランスを欠いた新田開発により実現されたもので、元禄期になり、その矛盾が顕現したものと考えられる。以降、元禄〜安永期までの約百年間には、振幅はあるが一五〇俵以上の収納をみせている。

第二の画期は寛政期である。寛政期以降、収納はほぼ一五〇俵以下となり、文化期以降には、二桁の年が目立ってくる。ここから、青木村の荒廃は寛政期以降に本格的に進行していったことがわかる。また、この傾向は家数にもみられる。青木村が尊徳や領主へ提出した願書類によると(7)、元禄期〜明和期ころまでは一三〇軒ほどであったが、文政期には三九軒と約三分の一にまで減少し、うち一〇軒は新百姓であったという。こうした状況を青木村を訪れた諸国行脚僧は、「家ありや、芒の中の、夕けふり(8)」と詠んだという。

## 2　荒廃の背景と尊徳への接触

次に、村落荒廃を生み出した背景を考えてみたい。

まず、注目したいのが、青木村が農業用水とする桜川と用水堰の青木堰である。桜川の川底は「左右共、岩石之類は不及申に、小砂利等一切無之、全寄洲灰土之如くにして、何分水保兼申候」[9]という状態であり、用水堰は当地の農

【表１】青木村田畑貢租の推移

| 年 | 田取米 | | 畑取永 | |
|---|---|---|---|---|
| | 実数（俵） | 指数 | 実数（貫） | 指数 |
| 承応３（1654） | 633 | 118.3 | 40.1 | 97.8 |
| 万治元（1658） | 557 | 104.1 | 38.5 | 93.9 |
| ３（1660） | 599 | 111.9 | 39.5 | 96.3 |
| 寛文２（1662） | 466 | 87.1 | 43.4 | 105.9 |
| 天和２（1682） | 420 | 78.5 | 43.5 | 107.9 |
| 元禄６（1693） | 191 | 35.7 | 53 | 129.4 |
| 15（1702） | 169 | 31.5 | 76.9 | 187.6 |
| 16（1703） | 84 | 15.7 | 76.9 | 187.6 |
| 宝永５（1708） | 185 | 34.5 | 74.4 | 181.6 |
| ６（1709） | 142 | 26.5 | 74.4 | 181.6 |
| 宝暦３（1753） | 177 | 33 | 87.5 | 213.4 |
| 11（1761） | 113 | 21.1 | 82.4 | 201 |
| 明和元（1764） | 170 | 31.7 | 82.4 | 201 |
| ８（1771） | 13 | 2.4 | 79.9 | 194.9 |
| 安永２（1773） | 193 | 36 | 79.9 | 194.9 |
| 寛政５（1793） | 148 | 27.6 | 45.8 | 111.7 |
| ６（1794） | 87 | 16.2 | 43 | 105 |
| ７（1795） | 121 | 22.6 | 43 | 105 |
| ８（1796） | 159 | 29.7 | 43 | 105 |
| ９（1797） | 106 | 19.8 | 43 | 105 |
| 10（1798） | 124 | 23.1 | 41 | 100.1 |
| 11（1799） | 101 | 18.8 | 43 | 105 |
| 12（1800） | 117 | 21.8 | 44.2 | 107.8 |
| 享和元（1801） | 126 | 23.5 | 44.2 | 107.8 |
| ２（1802） | 114 | 21.3 | 44.2 | 107.8 |
| ３（1803） | 145 | 27.1 | 44.2 | 107.8 |
| 文化元（1804） | 131 | 24.4 | 44.2 | 107.8 |
| ２（1805） | 70 | 13 | 44.2 | 107.8 |
| ３（1806） | 93 | 17.3 | 44.2 | 107.8 |
| ４（1807） | 80 | 14.9 | 44.2 | 107.8 |
| ５（1808） | 75 | 14 | 44.5 | 108.5 |
| ６（1809） | 98 | 18.3 | 44.2 | 107.8 |
| ７（1810） | 120 | 22.4 | 44.2 | 107.8 |
| ８（1811） | 80 | 14.9 | 44.2 | 107.8 |
| ９（1812） | 95 | 17.7 | 44.2 | 107.8 |
| 10（1813） | 90 | 16.8 | 44.2 | 107.8 |
| 11（1814） | 136 | 25.4 | 44.2 | 107.8 |

| 年 | 田取米 | | 畑取永 | |
|---|---|---|---|---|
| | 実数（俵） | 指数 | 実数（貫） | 指数 |
| 12（1815） | 39 | 7.2 | 44.2 | 107.8 |
| 13（1816） | 120 | 22.4 | 44.2 | 107.8 |
| 14（1817） | 19 | 3.5 | 44.2 | 107.8 |
| 文政元（1818） | 15 | 2.8 | 44.2 | 107.8 |
| 2（1819） | 99 | 18.5 | 44.2 | 107.8 |
| 3（1820） | 142 | 26.5 | 44.2 | 107.8 |
| 4（1821） | 58 | 10.8 | 44.2 | 107.8 |
| 5（1822） | 164 | 30.6 | 44.2 | 107.8 |
| 6（1823） | 13 | 2.4 | 44.2 | 107.8 |
| 7（1824） | 148 | 27.6 | 44.2 | 107.8 |
| 8（1825） | 68 | 12.7 | 44.2 | 107.8 |
| 9（1826） | 34 | 6.3 | 44.2 | 107.8 |
| 10（1827） | 80 | 14.9 | 44.2 | 107.8 |
| 11（1828） | 107 | 20 | 44.2 | 107.8 |
| 12（1829） | 80 | 14.9 | 44.2 | 107.8 |
| 天保元（1830） | 153 | 28.5 | 34.4 | 83 |
| 2（1831） | 65 | 12.1 | 34.4 | 83 |
| 3（1832） | 80 | 14.9 | 34.4 | 83 |

※『二宮尊徳全集』22巻151～159頁より作成。
※承応3年～安永2年の取米の単位は俵に換算した。
※指数は承応3～天和2年の平均値を100としている。

業に特に重要な意味を持っていた。しかし、青木堰は「高関《（堰）》難場」とされ、維持が困難な堰であった。堰普請は、青木村が幕領であった元禄一五年（一七〇二）には、支配所村々に命じて多くの人足と費用をかけて実施されていたが、宝永五年（一七〇八）、幕領から旗本知行地になると、青木堰の普請は青木村一村の手で実施しなければならなくなり、堰の維持は困難をきわめた。文政四年（一八二一）に堰普請がなされた際は、その年の用水のみで破損した。

幕領から弱小領主への交替が、堰の維持を困難にしたことがわかるが、こうした用水堰の不備の状態は、「追々用水田方引渡り兼、荒地増長仕、無余儀近村え奉公に出、多分離散いたし[10]」といった状況を生み出した。そして、この傾向に拍車をかけたのが、天明七年（一七八七）に起きた火災であった。この火災で三一軒が類焼し、被災者は渡世に詰り、日雇・他所稼ぎに出たまま帰村しなかったという[11]。

人口減少・荒地拡大など近世中後期の村落荒廃の背景には、政治的経済的な諸要因が複合的に絡み合って存在している。青木村でそれらを具体的に検討することはできないが、用水堰の問題が一つの重要な契機となり、火災などの災害が拍車をかけ、荒廃状況が促進されたものと考えられる。そのため、青木村では、堰の復旧・普請が荒地開発・村復興にとって最重要課題として認識された。

文政一一年、隣村の真岡代官領高森村（桜川市）で入百姓を導入し、青木村の荒地を開発・耕作させる計画が企図された。その際、まず企図されたのが堰・掘割普請であった。しかし、その事業には約三〇〇両余もかかることが判明した。そこで、この計画の世話人らは「御用達は不及申に、心当り之所々」を資金調達に奔走したが、「誠に一村退転亡所同様之儀に付、金子借用一切致調達兼」(12)と応じる者はいなかった。村の荒廃は金融閉塞状態を生み出し、それが村の復興を阻むことにもなっていたのである。青木村にとって、復興資金をいかに調達するかも重要な課題となっていた。

そして、青木村と尊徳の最初の接触は、この堰・掘割普請の資金調達をめぐってのことであった。資金調達に困り果てていた世話人らは、青木村役人らとともに野州桜町領（栃木県真岡市）の尊徳を訪ね、資金の借用を嘆願したのである。青木村の尊徳に対する期待は当初、堰普請の資金調達にあったことがわかる。しかし、尊徳は「趣法繁多」との理由で嘆願を拒絶した(13)。堰普請とその資金調達のみを願う青木村の姿勢に不審感を抱いたのであろう。その後、代官の交替と元締の病死もあって、文政の復興計画は実行に至らなかった。

## 二　青木村第一期仕法

### 1　仕法準備

文政の復興計画の挫折後も青木村は尊徳へ嘆願を続けていた。そして、天保二年（一八三一）に、仕法へ向けた動きが本格化する。

天保二年一一月晦日、青木村百姓は連名で野州桜町領の尊徳へ、用水堰普請に向けた村方の立直りを願う願書を提出した[14]。尊徳はまたも拒否するが、青木村百姓に、一村立直りには新堀堰普請だけでなく、荒地開発や入百姓夫食・種穀・農具代など多額の入用がかかるので、「一村取直し大望之儀は暫差置、用水之有無に相拘り不申、眼前荒地残居候生畑手入致し、粟稗作立候ても、御百姓相続可相成之旨[15]」を諭した。堰普請を重視した青木村の嘆願に対し、尊徳は復興には総合的な施策が必要であり、まず、身近な耕地を手入れするような、実直な生活態度への改革を諭したといえる。

さらに、尊徳は火災の原因となる茅を刈り、それで屋根を修復することを指示した。尊徳は、大破した家小屋を修復しないことで、「住居に差支、無拠他所稼に罷出来候得共」、「帰村致し兼、是迄余多退転致候[16]」と述べ、住居の荒廃が人々の村流出を促し、帰村を妨げていると考えていた。この指示で、青木村百姓は一七七八駄の茅を刈り、尊徳は約一四両（金一分につき三〇駄）でこれを買取った。そして、この茅で寺社七棟・民家二四軒の屋根を葺いた[17]。

これらの措置は村側の復興への意欲を試すとともに、仕法へ向けた村内の一致を目指したものといえ、さらに、屋根修復により百姓の村流出を抑止する意図も持った。

また、茅刈り・屋根修復に賃金を与えていることに注目したい。青木村では「荒田畑に生茂りたる茅ヲ刈て家宅ヲ修覆シ、雨露を凌ぎ、先祖ノ丹精にてゆづり渡せし家を致相続度儀は無之哉と言ば、困窮難渋に付不及段を歎く」という状態で、こうした「常々安き事ヲ不勤」態度に対して、尊徳は「右賃金を遣し、其心根を為糺」と述べた[18]。単なる労働強制ではなく、賃金を与えることで、村復興を敬遠する者や困窮者の意欲を引き出し、彼らを取り込むことができたと思われるが、このことは一方で、「常々安き事ヲ不勤」と認識されるような、村落荒廃状況下における生活様式とは異なる生活様式を持った主体への形成を村人に働きかけるものであったといえる[19]。

| B（仕法費用） | | | | | C（年賦返済） | （A＋C）−B |
|---|---|---|---|---|---|---|
| ③ 畑捲り賃 扶持米代 | ④ 畑起発賃 扶持米代 | ⑤ 家作入用 諸色買入 扶持米代 | ⑥ その他 | ⑦ 夏秋取立 上納分 | 拝借金返納として仕法費用を百姓から支出 | 差引 |
| 10両1分2朱 | 63両1分1朱 | 18両1分3朱 | 65両1朱 *1 | 15両 | 56両1朱 | −91両3分1朱 |
| 計277両　大豆　66俵1斗5升 | | | | | | |
| 13両2分3朱 | 53両2分1朱 | 104両3朱 | 153両 *2 | 15両 | 26両1朱 | −69両1分3朱 |
| 計219両2分1朱 | | | | | | |
| 21両1分3朱 | | 69両3朱 | 15両3分3朱 | 15両 | 6両1分 | 23両2分 |
| 計139両1分3朱 | | | | | | |
| 18両1分1朱 | 25両1分1朱 | | 72両1分 *3 | 15両 | | −27両2分3朱 |
| 計131両2朱 | | | | | | |
| | | | | | | 計−165両1分3朱 |

衛方へ渡した米麦その他代金140両を含む　*3 加生野村年貢米永繰替・荒田畑溜井用水道橋普請他

これ以後、仕法実施へ向けた動きは進展する。天保三年五月、青木村民は領主川副家と尊徳へ仕法実施の嘆願書を提出し、翌四年二月、川副家は尊徳へ正式に仕法実施を依頼した(20)。

領主の依頼を受けた尊徳は青木村の石高・田畑比率、年貢や人口の変遷などを川副家用人へ質問した。しかし、諸帳面が見当らず急な調査に間に合わなかったため、天保三年の上納高をもとに青木村年貢のうち領主への上納高の「分度」を米八〇俵、永三四貫余とし(21)、それ以上の収納は仕法資金とすることを定め、仕法が開始された。三月三日、尊徳は青木村を視察し、七日に堰普請をおこない、二三日には悲願であった堰を完成させた(22)。この堰普請は民家の茅屋根を川に沈め、大量の石を投げ込むという独特な方法で築造したものであったといわれる。

## 2　青木村第一期仕法の事業

天保四年から開始された青木村仕法は、いかなる仕組みで実施されたのであろうか。以下、仕法事業とその担い手に焦点をあてて検討していきたい。

### （1）青木村第一期仕法の概要

**【表2】仕法資金収支**

| 年 | 領主取分 | | A（物成永冥加残金） | | | | |
|---|---|---|---|---|---|---|---|
| | 年貢米 | 畑物成 | 土台外米新帰発畑冥加永 | 冥加大豆麦米 | 拝借籾返納 | ①世話礼儀 | ②堰普請人足賃堰普請石付人足賃 |
| 天保8 | 80俵 | 34両2分3朱 | 129両 | 66俵1斗5升 | | 84両1分1朱 | 20両 |
| 天保9 | 40俵 | 34両2分3朱 | 165両1分3朱 | 46両3分2朱 | 51両2分3朱 | | 19両3分2朱 |
| | | | 計264両1朱 | | | | |
| 天保10 | 80俵 | 34両2分3朱 | 99両3分3朱 | 27両3分1朱 | 29両 | | 17両2分2朱 |
| | | | 計156両3分 | | | | |
| 天保11 | 80俵 | 34両2分3朱 | 95両3分2朱 | 7両2分 | | | |
| | | | 計103両1分2朱 | | | | |
| | | | | | | | |

※『二宮尊徳全集』22巻479～499頁より作成。*1烏山へ送る　*2石橋村荒地開発料として同村松兵

青木村仕法のながれを事業内容と収支から概観する。

【表2】は青木村仕法の収支の内訳である。史料の制約上、天保八～一一年の期間しか明らかにしえない。まず、村の負担として領主への年貢米八〇俵・畑物成三四両余があり、これは「分度」として固定されている。さらに、「土台外米新帰発畑冥加永」「冥加大豆麦米」といった上納物Aがある。これは、領主への上納高の「分度」を越えた荒地開発などによる増収分で、仕法の財源となるものである。

次に、仕法資金である冥加米永の使途をみたい。【表2】によると、堰普請関係②・荒地開発関係③④・家作賃金関係⑤など土木事業の項目が多いのが注目される。これらの項目の仕法費用B全体に占める割合は約五〇％にあたる。また、その他⑥に含まれる支出の多くは、他の仕法実施地域[23]への融通であり、そこでも土木事業に費やされることを考えれば、青木村とは直接関係しない部分も含めて、土木事業が支出全体に占める割合はかなり大きい。なお、年賦返済金Cは粕代金など尊徳からの拝借金の返済である[24]。

青木村仕法は、冥加米永として百姓が上納した資金を自村あるいは他の仕法実施地域の諸普請や荒地開発にあて、これを繰り返す仕組みになっていたことがわかる。つまり、青木村の百姓が上納した冥加米

永の多くは、仕法を通して土木事業に従事した人々に再分配されていたのである。ただ、実際は冥加米永だけでは足りず、不足分は尊徳が支出していた。

### （2）仕法事業とその担い手

仕法資金は土木事業に使用される割合が大きく、それらの事業に従事する人々へ分配されることがわかった。それでは、そのような事業に従事したのはいかなる人々であったのか、いくつかの事例から検討したい。

**堰普請関係**　**【表3】**は、天保四年三月九日〜二二日に実施された堰堤普請で、石・杭木・竹を運んだ人足と駄数

**【表3】天保4年堰堤普請石・杭木・竹運び人足**

| 名前 | 参加日数 | 駄数 | 留意事項 |
|---|---|---|---|
| 定右衛門 | 5 | 44 | 新百姓 |
| 仙吉 | 1 | 10 | 百姓善吉倅：大借 |
| 儀兵衛 | 5 | 60 | |
| 倉次 | 8 | 91.5 | 身元不明 |
| 六兵衛 | 4 | 43 | 新百姓：大借 |
| 粂吉 | 10 | 101 | 百姓重兵衛倅 |
| 豊次 | 11 | 116.5 | 百姓新吉倅 |
| 国吉 | 11 | 116.5 | 百姓惣吉倅 |
| 周蔵 | 7 | 64.5 | 借家人：大借 |
| 健次 | 10 | 92.5 | 百姓善六倅 |
| 彦次郎 | 9 | 88 | |
| 勘右衛門 | 1 | 15.5 | |
| 定次郎 | 4 | 41.5 | 百姓定右衛門倅 |
| 周作 | 5 | 47.5 | 百姓岩吉倅 |
| 利左衛門 | 8 | 80 | 大借 |
| 松太郎 | 1 | 5 | 百姓善六倅 |
| 儀助 | 3 | 29 | 新百姓 |
| 角治 | 5 | 40 | 百姓吉左衛門倅 |
| 伊勢松 | 7 | 59 | 身元不明 |
| 儀平 | 4 | 36 | 身元不明 |
| 喜助 | 4 | 33 | |
| 重兵衛 | 1 | 10 | |
| 名前無記載 | 1 | 9 | |

※『二宮尊徳全集』22巻334〜337頁より作成。
※「大借」は天保5年の借財状況（『二宮尊徳全集』22巻357頁）。

**【表4】天保8年2月石運び人足**

| 名前 | 日数 | 駄数 | 留意事項 |
|---|---|---|---|
| 重蔵 | 4 | 30 | 百姓重兵衛忰 |
| 藤左衛門 | 3 | 24 | 百姓岩吉養子 |
| 幸右衛門 | 3 | 19 | 身元不明 |
| 定次郎 | 1 | 8 | 百姓定右衛門倅 |
| 茂十郎 | 2 | 14 | |
| 豊次 | 1 | 9 | 百姓新吉倅 |
| 格治 | 1 | 17 | 百姓吉左衛門倅 |
| 健次 | 1 | 7 | 百姓善六倅 |
| 半之丞 | 1 | 9 | 借家人：大借 |
| 喜助 | 1 | 10 | |
| 才兵衛 | 1 | 11 | 名主勘右衛門弟 |
| 勇吉 | 1 | 6 | |

※『二宮尊徳全集』22巻380頁より作成。
※「大借」は天保5年の借財状況（『二宮尊徳全集』22巻357頁）。

を示したものである。この期間に石・竹・杭木合わせて一二五〇駄が運ばれ、賃米一〇石余が人足に与えられた。これによると人足の大部分は百姓倅や新百姓で、また大借を抱えている者もいる。名主勘右衛門も参加しているが、仕法推進者の立場からの参加であろう。その他、天保八年の石運び人足にも同様の傾向がうかがえる【表4】。また、天保六年に溜井普請が実施されたが、そこでも担い手の中心は新百姓や百姓倅であった【表5】。人足のなかには宗門帳に記載がない身元不明者も多いが、彼らは他所から出稼ぎに訪れ、普請に携わった者であろう。

【表5】天保6年2月21日～3月9日 溜井普請ざる持人足

| 名前 | 日数 | 荷数 | 留意事項 |
|---|---|---|---|
| 孫太郎 | 1 | 275 | 身元不明 |
| 要吉 | 9 | 1868 | 百姓源兵衛倅 |
| 六兵衛 | 1 | 254 | 新百姓：大借 |
| 周蔵 | 6 | 1767 | 借家人：大借 |
| 豊次 | 7 | 1988 | 百姓新吉倅 |
| 定治郎 | 5 | 809 | 百姓定右衛門倅 |
| 嘉兵衛 | 7 | 1917 | |
| 平次右衛門 | 9 | 2256 | |
| 利左衛門 | 9 | 2486 | 大借 |
| 嘉平 | 1 | 50 | 新百姓 |
| 儀助 | 4 | 862 | 新百姓 |
| 与右衛門 | 7 | 1889 | 借家人 |
| 喜之助 | 7 | 1265 | 新百姓 |
| 儀兵衛 | 9 | 2147 | |
| 市右衛門 | 8 | 1630 | 新百姓：大借 |
| 周作 | 7 | 1573 | 百姓岩吉倅 |
| 藤右衛門 | 1 | 251 | 身元不明 |
| 藤左衛門 | 8 | 1738 | 百姓岩吉倅 |
| 健次 | 5 | 1138 | 百姓善六倅 |
| 吉兵衛 | 4 | 823 | 百姓栄助倅 |
| 松右衛門 | 1 | 140 | 身元不明 |
| 平五郎 | 3 | 796 | 身元不明 |
| 安蔵 | 10 | 2754 | 百姓吉左衛門倅 |
| 清助 | 1 | 140 | 新百姓 |
| 五右衛門 | 9 | 2391 | |
| 粂吉 | 7 | 1371 | 百姓重兵衛倅 |
| 太兵衛 | 2 | 340 | 身元不明 |
| 忠蔵 | 8 | 2244 | 新百姓 |
| 物井村忠蔵 | 1 | 227 | |
| 浪之助 | 5 | 1072 | 百姓粂吉倅 |
| 藤七 | 2 | 361 | 身元不明 |
| 五三郎 | 3 | 665 | 身元不明 |
| 惣吉 | 2 | 448 | |
| 竹作 | 1 | 271 | 身元不明 |
| 長五郎 | 1 | 264 | 身元不明 |
| 浅吉 | 2 | 472 | 身元不明 |
| 茂十郎 | 4 | 1078 | |
| 留吉 | 2 | 467 | 身元不明 |
| 竹三郎 | 2 | 596 | 百姓元三郎倅：大借 |
| 竹蔵 | 1 | 210 | 身元不明 |
| 多右衛門 | 1 | 230 | 身元不明 |
| 与市 | 1 | 253 | 百姓作兵衛倅 |
| 佐右衛門 | 1 | 240 | 新百姓 |
| 六兵衛 | 1 | 225 | 新百姓：大借 |
| 粂吉・浪之助 | 2 | 928 | |
| 平次右衛門・周蔵 | 1 | 523 | |
| 才兵衛 | 1 | 250 | 名主勘右衛門弟 |

※『二宮尊徳全集』22巻362～365頁より作成。
※「大借」は天保5年の借財状況（『二宮尊徳全集』22巻357頁）。

**荒地開発・畑捲り**　【表6】は、史料上「慶蔵起」と記されるなど、明らかに荒地開発に従事したと判明する者を宗門帳と合わせて作成したものである。青木村百姓の倅や厄介、新百姓・借家人が従事しているのがわかる。彼らは出稼ぎや分家・新百姓取立てを望んでいた者と考えられる。なお、【表6】に載らない身元不明の者もいるが、彼らは青木村に定着せず、宗門帳に記載されなかった者と思われる。

また、青木村の荒地開発は桜町領の破畑の稼ぎ場にもなっていた。天保四年六月、桜町領の破畑忠七組は二町二反五畝一四歩の畑を開発し、一〇両三朱余の賃金と四石九斗余の扶持米を与えられた(25)。忠七は天保七年に出奔事件を起すが、連れ戻され、「借財返済之ため」、「烏山に罷在て岸右衛門方へ破畑人足に遣ひ呉候様相頼」み、烏山（栃木県那須烏山市）で破畑稼ぎをするようになる(26)。破畑稼ぎには借財返済など困窮打開の意味もあったことがわかる。時期は下るが嘉永元年（一八四八）に青木村の重蔵・藤左衛門・善右衛門・周蔵・健次らも「甚及難渋、依之破畑日雇稼仕」り、「往々取立」を願っていた(27)。

【表6】宗門帳で確認できる破畑・荒地起返し従事者

| 名前 | 身分 | 檀那寺 |
|---|---|---|
| 慶蔵＊ | 青木村百姓勇助厄介 | ― |
| 周蔵＊ | 借家人 | 天台宗薬王寺 |
| 伊作＊ | 青木村百姓勇助厄介 | ― |
| 清助 | 分家並潰式取立 | 天台宗薬王寺 |
| 喜之助 | 新百姓 | 浄土真宗正行寺 |
| 与左衛門 | 借家人 | 浄土真宗正行寺 |
| 角助＊ | 新百姓 | 浄土真宗正行寺 |
| 倉吉＊ | 青木村勘右衛門甥 | 天台宗薬王寺 |
| 波之助＊ | 青木村百姓重兵衛倅 | 天台宗薬王寺 |
| 由兵衛＊ | 借家人 | ― |
| 庄蔵＊ | 新百姓 | 天台宗薬王寺 |
| 鹿蔵 | 借家人 | ― |

※『二宮尊徳全集』22巻172～180・220～225・285頁より作成。
※＊印は「青木村破畑周蔵組」として下石橋村で用水普請に従事した者（『二宮尊徳全集』26巻901～902頁）。

**諸普請**　最後に家屋などの諸普請をみたい。【表7】は天保六～一〇年の間に諸普請で働いた人物と、その賃金の一覧である。諸普請には青木村以外の村の者も働いており、天保六・九年には桜町領の者が働いている。物井村木挽

**【表7】諸普請人足賃**

<table>
<tr><th>年</th><th>名前</th><th>仕事内容</th><th colspan="2">賃金</th><th>扶持米</th></tr>
<tr><td rowspan="18">天保6</td><td rowspan="5">阿部品大工栄蔵</td><td>手間</td><td colspan="2">1分</td><td>1斗2升5合</td></tr>
<tr><td>新家作2棟</td><td colspan="2">8両</td><td>8俵（1俵4斗入り）</td></tr>
<tr><td>柱代金</td><td colspan="2">2両2分2朱</td><td></td></tr>
<tr><td>家作仕直し</td><td colspan="2">1両</td><td>1俵</td></tr>
<tr><td>雪隠2棟</td><td colspan="2">1分3朱</td><td>1斗7升5合</td></tr>
<tr><td>東沼大工清七</td><td>手間</td><td colspan="2">2朱</td><td>5升6合2勺</td></tr>
<tr><td rowspan="2">横田村大工重蔵</td><td>新家作1棟</td><td colspan="2">3両2分</td><td>3俵1斗</td></tr>
<tr><td>雪隠1棟</td><td colspan="2">3朱</td><td>7升5勺</td></tr>
<tr><td>会津茅手新左衛門</td><td>屋根葺1棟</td><td colspan="2">3分</td><td>3斗2升8勺</td></tr>
<tr><td>大嶋村茅手源兵衛</td><td>屋根葺2棟</td><td colspan="2">1両3分</td><td>1俵3斗3升3合3勺</td></tr>
<tr><td rowspan="3">物井村木挽甚太郎</td><td>手間</td><td colspan="2">4両2分3朱</td><td>4俵3斗5升</td></tr>
<tr><td>賃挽</td><td colspan="2">1両3分</td><td></td></tr>
<tr><td>—</td><td colspan="2">1両1朱</td><td></td></tr>
<tr><td>木挽勇吉</td><td>賃挽</td><td>3貫312文</td><td rowspan="4">3両1分2朱</td><td></td></tr>
<tr><td>伊右衛門</td><td>—</td><td>4貫916文</td><td></td></tr>
<tr><td>太兵衛</td><td>—</td><td>2貫254文</td><td></td></tr>
<tr><td>元山直吉</td><td>—</td><td>11貫807文</td><td></td></tr>
<tr><td>仲七</td><td>—</td><td colspan="2">2分3朱</td><td></td></tr>
<tr><td rowspan="3">天保8</td><td rowspan="2">犬田村大工倉蔵</td><td>家作1棟</td><td colspan="2">3両2分</td><td>3俵2斗</td></tr>
<tr><td>雪隠1棟</td><td colspan="2">1分1朱</td><td>1斗2升5合</td></tr>
<tr><td>茅手・大工清蔵</td><td>屋根葺1棟</td><td colspan="2">3分</td><td>3斗2升7合</td></tr>
<tr><td rowspan="24">天保9</td><td rowspan="3">犬田村大工倉蔵</td><td>家作1棟</td><td colspan="2">3両2分</td><td>3俵2斗</td></tr>
<tr><td>雪隠1棟</td><td colspan="2">3朱</td><td>7升5合</td></tr>
<tr><td>蔵1棟</td><td colspan="2">4両2分</td><td>4俵2斗</td></tr>
<tr><td rowspan="3">茅手清蔵</td><td>屋根葺3棟</td><td colspan="2">2両3分2朱</td><td>3俵5勺2才</td></tr>
<tr><td>雪隠屋根葺3棟</td><td colspan="2">2朱1貫200文</td><td>6升5合</td></tr>
<tr><td>蔵屋根葺1棟</td><td colspan="2">3分</td><td>3斗</td></tr>
<tr><td rowspan="2">阿部品村大工栄蔵</td><td>家作1棟</td><td colspan="2">3両2分</td><td>3俵2斗</td></tr>
<tr><td>雪隠1棟</td><td colspan="2">3朱</td><td>7升5合</td></tr>
<tr><td>横田村大工重蔵</td><td>家作1棟</td><td colspan="2">4両2分</td><td>4俵2斗</td></tr>
<tr><td>藤左衛門</td><td>自分屋根葺？</td><td colspan="2">3分</td><td>3斗</td></tr>
<tr><td>浪之助</td><td>自分屋根葺？</td><td colspan="2">2分2朱</td><td>2斗5升</td></tr>
<tr><td>助右衛門</td><td>自分屋根葺？</td><td colspan="2">3分2朱</td><td>3斗5升</td></tr>
<tr><td>勘右衛門</td><td>自分屋根葺？</td><td colspan="2">3分2朱</td><td>3斗5升</td></tr>
<tr><td>物井村元山甚太郎</td><td>—</td><td colspan="2">2両</td><td>2俵</td></tr>
<tr><td>村方大工紋左衛門</td><td>—</td><td colspan="2">1両2分</td><td>1俵2斗</td></tr>
<tr><td>物井村木挽甚太郎</td><td rowspan="9">家作入手間＊</td><td colspan="2">7両3分</td><td>7俵3斗</td></tr>
<tr><td>龍蔵（柳蔵）</td><td colspan="2">1分3朱</td><td>1斗9升3合7勺5才</td></tr>
<tr><td>藤四郎</td><td colspan="2">1両1分</td><td>1俵1斗1升8合7勺5才</td></tr>
<tr><td>善五郎</td><td colspan="2">1分3朱</td><td>1斗8升7合5勺</td></tr>
<tr><td>市蔵</td><td colspan="2">1分2朱</td><td>1斗5升</td></tr>
<tr><td>伊平</td><td colspan="2">1朱</td><td>3升7合5勺</td></tr>
<tr><td>太兵衛</td><td colspan="2">2分2朱</td><td>2斗5升</td></tr>
<tr><td>直吉</td><td colspan="2">1両2分1朱</td><td>1俵2斗2升5合</td></tr>
<tr><td rowspan="4">天保10</td><td rowspan="2">村大工紋左衛門</td><td>家作3棟</td><td colspan="2">12両2分</td><td>9俵</td></tr>
<tr><td>雪隠3棟</td><td colspan="2">2分3朱</td><td>2斗7升5合</td></tr>
<tr><td rowspan="2">茅手犬田村吉蔵</td><td>屋根葺3棟</td><td colspan="2">3両2分</td><td>3俵1斗6升7合</td></tr>
<tr><td>雪隠屋根葺3棟</td><td colspan="2">1分600文</td><td>1斗3升7合5勺</td></tr>
</table>

※『二宮尊徳全集』22巻367～371・386～387・393～396・405～406頁より作成。
※名前が不明なものは除く。単位が貫を超えた場合、文は切捨て。1俵は4斗入り。
＊8名の賃金・扶持米は、8日につき1分と1斗とされ、総計12両2分2朱、12俵2斗6升2合5勺をが与えられた。ここでは各人の賃金・扶持米をそれぞれの合計労働日から計算した。賃金については朱以下を切捨てたので総計に合致しない。

甚太郎は入百姓で、天保五年に難渋人として金二〇〇疋を受取り、翌年に潰百姓式を相続して家作を与えられた者である。横田村大工重蔵も入百姓で借家し、天保五年に難渋人として金を受け取っている。東沼村清七は天保七年の暮方が「下」とされる百姓である。(28)桜町領の入百姓や難渋人が青木村で働いているのである。また、天保一〇年には青木村大工紋左衛門が一人で家作をおこなっている。彼も青木村の入百姓で借家人であった。

表中にみられる他村の者については知りえないが、青木村仕法での諸普請が他領の仕法実施地域である桜町領の難渋人や青木村の入百姓などにより担われ、賃金・扶持米が与えられており、これら諸普請も困窮打開の意味を持ったと思われる。また、家作には新百姓の家が多く、新百姓の定着にも意味を持った。

## (3) 仕法事業の意味と構造

以上、青木村仕法において普請・開発など諸事業の担い手として働いた人々を検討した。史料の制約上、限られた事例の検討となったが傾向はつかめる。その中心は新百姓・借家人・百姓の倅や村外からの出稼ぎ人であり、多くは「難渋」とされる人々であった。彼らにとって、これら普請・開発などの諸事業は新百姓取立て・分家取立て、あるいは経営安定・困窮打開のための賃金取得の意味合いがあったと考えられる。

また、村にとっては日雇出稼ぎなどによる人口流出を抑え、荒地開発・諸普請により村の農業生産力の向上をはかる意味があった。さらに、村内の有力者は荒地開発により所持高を増加させることができた。名主勘右衛門は弘化元年（一八四四）には開発田畑・買請田畑八町八反四畝歩を増やし、弟二人も百姓に取立てられた（後述）。

青木村仕法は、冥加米として村から上納された米金や、尊徳からの資金が、仕法資金として諸事業に投下されることで、それらを担う新百姓・借家人などの下層民、分家を望む次三男へ再分配される構造となっていたのである。

こうした仕法のあり方について、尊徳は「大凶荒飢饉之年柄、米麦雑穀諸式高直渡世難相成者共、僅合勺之救を慕ひ、夥敷相聚り、村柄先づ古へに立戻り、一村之幸ひ、是より大成はなし、古語に財散則民聚と宣へり、前条之通大凶荒飢饉、諸国一統差詰り、流民相聚」と述べている。報徳仕法は「諸国一統差詰り」という社会状況のなか、「渡世難相成者」に普請・荒地開発などの事業で賃金取得の機会を与え、そのことで同時に人別増加をはかるという、「財散則民聚」の仕法であったのである。それゆえ、仕法は「渡世難相成者」といった困窮者層からも支持されるものであったと考えられる。

そして、こうした構造は、仕法事業に従事した人々に勤労精神を内面化させ、従来の生活様式を変革させる仕組みでもあったと考えられる。青木村民は、「荒田畑起返し次第、賃金扶持米被下置、猶又難渋之者、夫食種穀肥代、其外農具に至迄、無差支御手宛被成下、入用次第米金無利足にて御繰入、御取立被下置候御仁恵」の仕法により、「積年之弊風一変仕、本業に進候」と考えていた。尊徳が述べた「賃金を遣し、其心根を為糺」という方法が実を結んだといえる。

川俣英一は、仕法で生産量の増加をもたらしたのは尊徳の勤労主義・倹約主義であると述べた。しかし、たんなる精神主義・教化のみでなく、困窮者や新百姓・次三男、出稼ぎ人を仕法事業に組み込み、上納された冥加米永を彼らの従事する仕法事業に投下する仕法の再分配構造こそ、勤労主義や生活様式の改革に説得力を持たせ、彼らの勤労精神を引き出し、仕法に成果をもたらした理由なのではないだろうか。こうした仕法の構造こそが、仕法に参入する人々の勤労精神を引き出す主体形成を保証したと考えられる。仕法事業が、それを担う人々や地域にとってどのような意味を持ったかを内在的に検討しなければ、なぜ人々が仕法に献身できたのか理解することはできないであろう。

### 3　青木村第一期仕法の成果

青木村第一期仕法は、すでに天保九年には「当年も世上一統不作之趣に相聞、別て御心配之儀奉遠察候、其中にも青木村之儀は、出精之様相見へ、世間よりは出来方もよろしく趣に申聞、重畳之次第」[31]との成果をみせていた。天保四～一四年までの青木村の家数をみると、三九戸から六二戸へと増加し、人口も一八四人から三二九人へと増加した[32]。この家数増加の多くは新百姓の増加による。また、荒地開発により上納米も天保三年には年貢八〇俵のみであったものが、天保一〇年には領主へ上納する八〇俵も含めて三〇七俵にまで増加した[33]。そして、青木村名主勘右衛門は、仕法につき「格別骨折相勤」めたことで一〇か村取締代官役を命じられ、苗字帯刀を許され、三人扶持を与えられた[34]。

## 三　青木村第二期仕法

### 1　青木村仕法の転換点

青木村仕法は天保一〇年代には目覚しい成果をみせてきた。しかし、実はこの頃から仕法は様々な問題に直面し、転換を迫られることにもなったのである。

第一の問題は領主川副家の財政問題である。川副家はこの頃から、知行所村々と尊徳に献金や借金を次々に要求するようになる。青木村年貢の「分度」は定められていたが、領主財政自体の「分度」は定まっていなかったのである。

川副家は天保一〇年（一八三九）一二月、「暮用金之儀差支之趣」として年貢を担保に一〇〇両を尊徳から借り、翌年も「向後之処暮方手当等に差支相成、当惑仕候」として尊徳に金策を頼んだ[35]。天保一二年正月には知行所村々に

「去暮並当年之御賄向」先納を命じた(36)。村々では不安定な領主の財政状況に対して翌年正月、「去年中出金丈、村々にて相差上切に致し、御地頭所様御難渋相成不申様取計」を申し入れ、青木村では一三五両を「差上切」とすることになった(37)。

さらに天保一三年末には「暮仕舞金」が二〇両不足したとして、代官役の勘右衛門が尊徳に借金を求めた。尊徳は二〇両を用立てるが、「田畑荒増起返り、家数人別も余程相増候処、年々御不足金差出し候も余り如何之儀」と不審感を募らせ、勘右衛門に天保一二年の御用立金・献納金を取調べ、出頭するように指示した(38)。このような領主の献金要求は青木村に借財を強いることになった。

第二の問題は、村方騒動や訴訟など青木村で百姓間の摩擦がみられるようになったことである。天保一四年六月、勘右衛門母の葬送の際、「衣類着用等之儀」について騒動が起き(39)、さらに、青木村の百姓が水戸へ出訴する事件も起きた(40)。事件の詳細は不明だが、当該期、周辺地域では入百姓層の成長を背景に、新古の百姓間で格式をめぐる騒動が頻発しており(41)、新百姓が村内で力を持ってきたことの現れと考えられる。また、争論は「勘右衛門へ格式等被申付、外村々之用向迄被申付、種々挙被用候を悪人共憎嫉を含事(42)」から起きたとされ、背景には仕法により格式を上げ、所持高を増加させた勘右衛門に対する批判意識があったといえる。

この件について尊徳は村方に数度の教諭をおこない、村方では改心のうえ趣法を守る旨の議定書を世話人へ提出して一応の解決をみた(43)。しかし、この騒動で青木村は「多分之諸雑費相掛り、村方一同借財相増、暮方立直り兼候体(44)」となってしまった。翌天保一五（弘化元）年二月二八日、尊徳が村柄の再把握調査を命じた結果、青木村民の借財高は三〇九両余にのぼることがわかった(45)。

## 2　仕法建て直しに向けて

天保一四年の村方騒動から「百姓人気弛み暮向立直兼候」[46]と考えた尊徳は、同年の冥加米二一九俵余・冥加永二二両二分余と、天保八年の疫病流行時に貸付けた夫食の返納籾九六俵余を村方に下げ渡した。[47]さらに同年から開発田を作り取りとし、仕法の建て直しがはかられた。

建て直しに向けての最初の動きは勘右衛門の財産拠出であった。弘化元（一八四四）年一二月、勘右衛門はこれまでに村方で生じた問題について「全ク私壱人之心取違候所行より事起り」、「一言之申訳無御座」と反省し、仕法以来集積した開発田畑・質取地八町八反四畝と村方貸付金九四両一分余を仕法土台金に加えた。[48]これらの拠出は二期仕法の資金となった。先述のように、青木村民のなかに勘右衛門に対する批判意識があり、勘右衛門の行動はこうした批判に対応したものといえよう。

続いて翌年二月には、青木村名主新吉ほか村役人、小前百姓一同も「改心」し、仕法に専念する旨の請書を川副家役人へ提出した。[49]翌三月には名主新吉・組頭平次右衛門・喜助が、「心得違仕」、「先非後悔」として、名主・組頭役辞退を申し出て、組頭役のみ改選された。[50]そして、「心底之開発不行届」[51]、「心中之開発」[52]などと、心の問題が特に焦点となってくる。

## 3　第二期仕法の展開

青木村第二期仕法は、勘右衛門が拠出した財産などを原資とした「御趣法土台金」を運用して実施された。以下、「御趣法土台金」の運用状況から二期仕法を検討したい【表8-1～5】。

**弘化元年一二月**　勘右衛門が拠出した仕法開始以来の開発地・質取地と村方への貸付金、桜町領の仕法資金などにより、青木村の仕法土台金が創設され、村内鎮守社や民家の屋根替え、堰普請などの費用などに支出された。なお、

**【表８－１】青木村第二期仕法収支（弘化元年 12 月）**

| | | |
|---|---|---|
| 収入 | 桜町御趣法金 | 135 両 |
| | 勘右衛門、天保４年以来、質取地帰発田畑８町８反４畝代土台金加入 | 107 両２分（非現金） |
| | 勘右衛門差出田畑辰作徳米銭 | 13 両２分 |
| | 勘右衛門、是迄村方へ無利足貸付金取纏ひ、加入 | 94 両２分 |
| | 総計 | 350 両２分２朱 |
| 支出 | 西沼村丈八、万端御趣法向世話に相成候につき、差し遣わす | 10 両 |
| | 去卯年、村内鎮守社屋根替その外堰普請帰発賃銭諸入用分 | 35 両２分 |
| | 辰年、村内屋根替その外堰普請帰発賃銭諸入用分 | ７両２分 |
| | 田方置据反別代金 | 107 両２分 |
| | 村方貸付金 | 94 両２分 |
| | 西沼村丈八貸付金 | 32 両 |
| | 総計 | 297 両 |
| 次年度繰り越し | | 63 両２分 |

※「三才報徳現量鏡」（『二宮尊徳全集』22 巻 822 ～ 826 頁）より作成。
※金額は朱未満を切捨てたので、収支・支出の各合計と「総計」が一致しないものもある。

**【表８－２】青木村第二期仕法収支（弘化２年正月～３月）**

| | | |
|---|---|---|
| 収入 | 持回り | 63 両２分 |
| | 御仕法土台金加入（９名より） | 50 両２分２朱 |
| | 用水高堰大破につき再普請、諸入用金 103 両のうち相馬大膳亮内、草野半右衛門より時借 | 90 両 |
| | 田地売払代金 | 11 両２分 |
| | 去辰村方貸付金取立 | 64 両１分 |
| | 証文書替分 | 27 両３分 |
| | 総計 | 310 両１分 |
| 支出 | 極難困窮潰等にて返済手段のない者、家名相続整い暮方立ち直る迄、無利貸付置据 | ８両１分 |
| | 出精人入札４番札より御褒美被下代、農具代金 | ２両 |
| | 非常囲籾稗作付に付、肥し代御手宛之分、粕干鰯代 | 13 両１分２朱 |
| | 用水堰普請入用諸色人馬賃金御下被下置分 | 103 両２分 |
| | 田畑１町４反４畝 12 歩買入代 | 23 両１分２朱 |
| | 山１ヶ所買入代 | ３両１分 |
| | 御趣法金１ヶ年貸付 | ９両３分 |
| | 他向貸付金 | 46 両 |
| | 出精人無利５ヶ年賦貸付 | 65 両 |
| | 総計 | 285 両３分２朱 |
| 次年度繰り越し | | 24 両２朱 |

※「三才報徳現量鏡」（『二宮尊徳全集』22 巻 826 ～ 830 頁）より作成。
※金額は朱未満を切捨てたので、収支・支出の各合計と「総計」が一致しないものもある。

【表８－３】 青木村第二期仕法収支（弘化２年４月～１２月）

| | | |
|---|---|---|
| 収入 | 持回り | 24両2朱 |
| | 無利５ヶ年賦返納金 | 10両 |
| | 無利１ヶ年賦返納金 | 9両3分 |
| | 当巳田畑徳米銭 | 14両1分2朱 |
| | 当巳買入田畑作徳米銭 | 2両1分2朱 |
| | 潰元右衛門・伊助田地作徳米 | 2両 |
| | 去酉無利７ヶ年賦貸付当巳返納籾取立 | 52両 |
| | 非常御囲籾代金：川久保田当巳取刻代御土台へ差加 | 15両 |
| | 当巳違作につき御収納米80俵の内、御引方分米15俵代、御趣法御土台へ加入 | 9両1分 |
| | 夫食用意として作り立てた非常御囲稗350俵代金、御土台金へ加入 | 87両2分 |
| | 御趣法金加入：大和田山城より、質地・貸付金等 | 29両2分 |
| | 御趣法金加入：出精人表彰辞退の褒美を加入（３名より） | 40両 |
| | 当春中下付された堰再普請諸入用金103両2分の内、56両3分頂戴、外は御土台金へ加入 | 46両 |
| | 御趣法御土台田畑売渡請戻代金 | 9両1分 |
| | 総計 | 348両2分2朱 |
| 支出 | 出精奇特人御褒美（１～３番札） | 45両 |
| | 出精人４番札以下農具代 | 1両 |
| | 用水堰のため田地を潰すにつき、鍬田村へ差遣す米２俵代金 | 1両2朱 |
| | 質地田畑代金 | 17両1分2朱 |
| | 村方貸付金 | 4両1分2朱 |
| | 無利５ヶ年賦貸付 | 60両 |
| | 他向貸付 | 40両1分2朱 |
| | 総計 | 169両2分 |
| 繰り越し | | 178両3分2朱 |

※「三才報徳現量鏡」（『二宮尊徳全集』22巻826～830頁）より作成。
※金額は朱未満を切捨てたので、収支・支出の各合計と「総計」が一致しないものもある。

村民が拠出した田畑や仕法資金で村民から買い取った田畑は、のちに「報徳田畑」などと呼ばれ、そこからの収穫が仕法財源となった。

**弘化二年正月～三月**　青木村百姓九人から五〇両ほどが土台金に加入された。彼らは五人が「無差支」層、四人が「中難」層であり、うち三人は入百姓であった。また、三月に実施された用水堰普請の入用金として九〇両が加えられた。この堰普請は「彼是村方暮方に相響、弥以人気取失ひ、猶難捨置相成候(53)」ことが危惧されたため、尊徳がその

**【表８－４】青木村第二期仕法収支（弘化３年１月～ 12 月）**

| | | |
|---|---|---|
| 収入 | 持回り | 178 両３分２朱 |
| | 去巳無利５ヶ年賦返納金 | 25 両 |
| | 去巳他向貸付当午返納金 | 15 両 |
| | 荒地起返田方冥加米永 | 123 両２分 |
| | 新帰発畑 | 10 両１分 |
| | 非常御囲籾代金：川久保田当午取穀代御土台に加入 | ６両３分２朱 |
| | 報徳田畑作徳米銭 | ９両１分２朱 |
| | 去巳買入田畑作徳米 | １両１分２朱 |
| | 元右衛門田地作徳米 | ２両 |
| | 報徳加入田畑作徳米（大和田山城が拠出した田畑） | ２両３分２朱 |
| | 去酉無利７ヶ年賦貸付返納籾代 | 37 両 |
| | 総計 | 413 両２朱 |
| 支出 | 去卯年より御用捨の荒地起返田畑冥加米永年賦返納金、尊徳へ上納 | 205 両 |
| | 去巳年御囲稗 350 俵余の内、当午夫食として下し置かれる | 37 両２分 |
| | 用水堰のため田地を潰すにつき、鍬田村へ差遣す米２俵代金 | ３分２朱 |
| | 去巳御囲稗 200 俵払の節、相場下落につき、損金になる | 30 両 |
| | 御地頭所様御用炭、当午正月御類焼につき、御下金なきため御仕法金より弁済 | 20 両１分２朱 |
| | 去巳並当午年、江戸往返並村方諸入用の分払い | 24 両１分 |
| | 堰番給金 | ３分 |
| | 当午正月御地頭所御類焼につき、御長屋献納のところ、普請金に差支え、御仕法金より繰替 | 73 両２分 |
| | 他向貸付：高森村米 20 俵代 | ７両２分２朱 |
| | 総計 | 399 両３分２朱 |
| 次年度繰り越し | | 12 両３分２朱 |

※「三才報徳現量鏡」（『二宮尊徳全集』22 巻 835 ～ 838 頁）より作成。
※金額は朱未満を切捨てたので、収支・支出の各合計と「総計」が一致しないものもある。

入用金を調達したものであった。この期間は繰越金も含めて三一〇両の収入で、用水堰普請に一〇三両を支出した。

また、三月には「人気取直し之為」、「平常心懸宜敷、詰り村為にも相成候人物(54)」を入札で選出する出精人表彰が実施された。心の問題が焦点となったことに対応する政策といえる。三番札までに選出された出精人には無利息の報徳金が貸与され、四～七番札には鍬・鎌が与えられた。一～三番札の出精人には「無差支」層が多く、選出されても拝借した報徳金の一部または全額を辞退する者もいた。使途の

【表8－5】 青木村第二期仕法収支（弘化4年1月～12月）

| | | |
|---|---|---|
| 収入 | 持回り | 12両3分2朱 |
| | 去巳無利5ヶ年賦返納金 | 25両 |
| | 荒地起返田畑冥加米永 | 120両3分 |
| | 新帰発畑 | 10両1分 |
| | 非常御囲籾代金：川久保田当午取穀代御土台に加入 | 10両2分 |
| | 報徳田畑作徳米銭 | 9両1分 |
| | 去巳買入田畑作徳米銭 | 1両2分2朱 |
| | 元右衛門田地作徳米 | 1両3分 |
| | 報徳加入田畑作徳米銭（大和田山城が拠出した田畑） | 2両3分 |
| | 去酉無利7ヵ年賦貸付返納籾代 | 37両2朱 |
| | 大和田山城方借用金、土台に加入 | 17両2分 |
| | 総計 | 250両2分 |
| 支出 | 当未年江戸往返並村諸入用之分引 | 23両2朱 |
| | 勘右衛門、弘化元年12月、起返り田畑代金・貸付金〆204両、御仕法御土台金に加入した内、今般、献納金内借皆済のため、御土台金より御下げ願い上げ、差出し申す事 | 113両1分2朱 |
| | 大和田山城、これまで御仕法御土台金に御加入願い上げた内、今般、献納金内借皆済のため、御土台金より御下げ願い上げ、差出し申す事 | 17両1分2朱 |
| | 百姓9名、これまで御仕法御土台金に御加入願い上げた内、今般、献納金内借皆済のため、御土台金より御下げ願い上げ、差出し申す事 | 50両2分2朱 |
| | 儀兵衛ほか2名、弘化2年、出精人無利貸付金辞退につき下付された御褒美を土台金へ加入するよう願い上げたが、今般、御地頭所献納金内借皆済のため御下げ願い | 40両 |
| | 総計 | 221両2分 |
| 残金 | 15両3分2朱 | |

※「三才報徳現量鏡」（『二宮尊徳全集』22巻838～839頁）より作成。
※金額は朱未満を切捨てたので、収支・支出の各合計と「総計」が一致しないものもある。

多くは借財返済だが、田畑買請に使う者もいた。

また、「極難」・潰百姓二家の家名相続のため八両一分余を無利息で貸付け、「中難」「極難」の者六名にそれぞれ金三分余～三両余の間で九両三分余を一年賦で貸付けている。ほかに他向貸付金が四六両あるが、これは利殖を目的とした村外向けの貸付金であろうか。この期間の仕法金支出は堰普請と貸付金で大部分が占められている。

**弘化二年四月～一二月**　この期間の収入は青木村の医者で神官の大和田山城が拠出した質地・貸付金計二九両余のほか、非常囲稗三五〇俵（八七両余分）

を土台金に加えたことが大きい。

支出には三月に出精人に選出され、貸付金を辞退した三人への褒美金がある。しかし、それも返上されている。また、一一月に実施された出精人表彰の選出者への貸与六〇両のほか、「極難」層の四人と「無差支」層の一人の田畑を一七両余で質地にとっている。さらに、村方貸付金が「中難」層を中心に六名へ計四両、他向貸付金が四〇両と貸付金が大部分を占めている。しかし、持回り金は一七八両と多い。

**弘化三年一月～一二月**　天保一四年以来、作り取りになっていた冥加米代が土台金に入るようになった。報徳田畑の作徳米や貸付金の返済も入り、順調に規模を拡大している。しかし、これまでの恩沢に報いるとして尊徳へ冥加米二〇五両を上納したことと、(55)火災で焼失した川副家屋敷の長屋献納に七三両を支出したことで、仕法金の百姓への融資はおこなわれなくなる。

**弘化四年一月～一二月**　収入は返納金や作徳米などで、持回り金を除けば昨年並の収入を得ているが、支出のほとんどが献納金内借金の返済にあてられている。

以上の二期仕法における報徳金の収支状況をみると、収入は順調で、支出についても弘化二年までは百姓への貸付けや土木事業がみられ、村への還元がみられた。しかし、弘化三年以降、領主の屋敷類焼にともなう出費、献納金内借金の返済に多くを使うようになり、村への資金投下はほとんどみられなくなっていた。

## 4　村の借財整理と「青木村乱妨」

弘化三年以降、仕法は村に金を投下できなくなってしまった。さらに、弘化元年の段階で三〇九両あった青木村の借財は、弘化四年には長屋献納にともなう借金や利息などが嵩み、六四七両にも膨らんでいた。仕法の構造は崩壊し、

**【表9】明神山集会の参加者・不参加者内訳**

| 内　訳 | | 参加者（37人） | 不参加者（15人） |
|---|---|---|---|
| 出精人 | | 14人（37%） | 5人（33%） |
| 世話人・村役人 | | 0（0） | 6（40） |
| 新百姓・分家・借家人・厄介 | | 18（48） | 3（20） |
| 暮方 | 差支無 | 7（18） | 6（40） |
| | 中難 | 13（35） | 3（20） |
| | 極難 | 11（29） | 1（6） |

※「青木邑山籠人数取調帳」（『二宮尊徳全集』22巻913～916頁）より作成。
※各項目の数字は宗門帳で確認できる範囲のみ。
※「暮方」は天保15年のもの（『二宮尊徳全集』605～612頁）。

村では「他借高利之口々、借入致出金、最早元利六百四拾両余と相嵩、上下一同致難渋、此儘差置候はゞ、如元退転可致哉も難計、十方に暮致嘆息[56]」と危機感を抱き、借財返済手段について、仕法世話人と尊徳の間で折衝がおこなわれた。

そのような折衝が進められるなか、小前百姓三七名が、一一月二六日から二九日まで明神山（桜川市）へ籠り、「折々声を発し候乱妨之体[57]」の集会を催すという事件が発生した。この集会に参加しなかった者は一五名で、主に村役人・仕法世話人、「無差支」層らであり、村役人・仕法世話人と小前百姓との対立構図がうかがえる。背景に「高利之口々借入、奉献納、小前之者共儀は、其根元を不弁、只村役人之横領と而已申唱、己が窮迫を補はんが為騒立候[58]」、「高利之口々借入、取繕置申候に付、小前之者共儀は、外村同様、御趣法世話方村役人私欲身勝手横領抔と心得違ひ之者有之[59]」との動きがあったといい、小前層は献納金のために村借を増加させていく村役人・仕法世話人に対して「横領」との不信感を強めていたと考えられる。

【表9】は明神山集会の参加者・不参加者の内訳である。集会の参加者には「中」「極難」層の者が多いが、出精人被選出者が一四人おり、その内半分は新百姓であり、一～三番の高順位の表彰者や、仕法土台金への加入者もいる。川俣英一はこの騒動を「仕法が必ずしも農民の内在的自発心によって支えられていたとはいい難い一つの証し」とするが、この騒動の参加者にはむしろ、仕法を通して実直に勤労に励み、仕法の精神を内面化していた者たちが多く、それゆえにこそ、村の借財が増加する事態について、仕法執行部たる村役人・仕法世話人への批判意識を強めていたと考えられる。

結局、借財返済は弘化三年に尊徳へ差出した冥加米永、土台金からの支出や村中の有穀で返済することになった。

## 5　仕法引取とその後の青木村

「青木村乱妨」後、尊徳は村の「取治」のため、弘化五（嘉永元）年正月から大工・木挽・破畑人足世話方を派遣し、「糾明同様之御心法」で老若男女に手業を申し付け、屋敷数ヶ所の地直しや新百姓の家作普請をさせた。[60] 一方、川副家には事件について「御法通り取調候得ば、追々引合多く、詰り一村不残呼出し候様にも罷成、不容易」として、処分をしないように求め、穏便に済ませた。

そして、この年七月、以前から懸案されていた仕法の川副家への引取りが正式に決まった。その際、川副家は仕法引取り以後も「分度」外の冥加米永は「恩報」として尊徳へ納めることを幕府勘定奉行に申し出て許可された。[61] しかし、この冥加米納入をめぐり、尊徳と川副家の間に摩擦が起きることになる。

尊徳は、嘉永元年（一八四八）分の冥加米については「其御筋へ御伺之上」として受取りを延期していたが、[62] 嘉永二年になり、元・二年の冥加米の受取りを求めた。[63] しかし、川副家では「先達て無拠急入用出来仕、種々調金手段仕候処、早速不行届」、「当分時借仕、遣合セ罷在候」[64]と冥加米を遣いこんでしまっていた。

嘉永三年九月、尊徳は青木村へ立ち寄った。尊徳はそこで荒田畑の多さに驚き、その理由を村役人に尋ねたところ、家が二、三〇軒余も不足しているためとのことであった。[65] 当時、青木村では「入百姓家小屋普請無之者逃去り候」[66]という状況で、開発地の耕作が滞り、手余地が発生していたのである。そこで尊徳は新百姓取立てのため、荒田畑と蕎麦畑の反別を小前一人ごとに名前を取調べ、提出するように青木村役人へ指示した。[67]

しかし、青木村はその調査結果を尊徳へ提出しなかった。一二月の尊徳宛青木村役人書簡によると、川副家用人は

「(仕法が川副家へ)御取戻に相成候上は、不依何事に、当方にて取調差引等致居候儀、若御用にも御座候は丶、此方へ御掛合可有之筈」として、村方が尊徳へ調査結果を提出することを禁じたという(68)。この書簡に尊徳は「忘恩不実之返翰(69)」と怒り、冥加米永も差出さず「散乱致し候次第(70)」と批判した。これに対して青木村では、「村方よりは諸上納物不残、地頭所へ上納仕、地頭所より御返報も可仕訳柄に相成居候得共、私共にて散乱仕候儀には無之、何遍御尊書被成下置候共、荒畑等之取調、両様共御挨拶之儀は相成兼申候」と反論し、「御仕法之儀地頭所におゐて御引取に相成候へば」、「何分にも私共御挨拶当惑仕候」と述べた(71)。ここから、川副家は村と尊徳が直接に接触することを忌避していたことがうかがえる。結局、嘉永元〜三年の冥加米永は、洪水で堰普請等に費やした嘉永二年分を除き、嘉永四年二月に尊徳に納められた(72)。しかし、村と尊徳を分断する領主の意図は以後鮮明になっていく。

嘉永四年九月、尊徳は「永代神社修復造営祭祀料」として三〇〇両の資金を拠出し、運用する仕法を提案した(73)。しかし、川副家用人は「村方へ種々御示談御座候は、難有筋には御座候へ共、仮令ば繋る犬、食を以招候如く、筋道も失ひ、其犬悶へ苦み、繋る縄を噛切如く、惑乱可及、左候得ば猶厳敷被繋候同様にて、上下動乱之基と奉存候(74)」と拒絶した。領主側は村民(犬)が仕法(食)で尊徳と結びつくことで、領主支配(縄)に支障が生じ(噛切)、「上下動乱」の事態になるのを恐れたのである。

さらに、嘉永六年、尊徳が冥加米永や貸付金について糺すため、村役人らを差し出すよう川副家用人に要請したところ、「去ル申年中、御仕法向被引取、万端於地頭取計候事に付、御用之向は私共より可申達候、右に付村方へ御直談には及申間敷事に被存候」と拒絶された。また、尊徳が青木村百姓に日光神領仕法への手伝いを要請したことについても、「村方高不相応人別少く、一同出精為致候ても、田畑手廻り兼、草畑等出来致し候趣、左候へば自然再荒之基御座候、依之乍思《(恐)》も御手伝人夫等差出兼申候(75)」と断られた。青木村仕法は領主による尊徳と村の分断によって終息を迎えることとなったのである。

## おわりに

青木村の報徳仕法は、開発地や他の仕法実施地域からの冥加米永を入百姓や百姓の次三男、他の仕法実施地域から働きに来た下層民らへ賃金として再分配し、彼らの生活手段、諸稼ぎの一部とさせ、人別増加をはかる「財散則民聚」の構造を持っていた。それは同時に、尊徳が「右賃金を遣し、其心根を為糺」といったように、仕法事業の担い手となる人々の勤労意欲を引き出し、それまでの生活様式を変革させる主体形成の過程とも結びついていた。第一期仕法の成果はこうした構造に支えられていたといえる。

しかし、この構造は、財政分度を確立しえなかった領主の財政破綻により変質し、仕法執行部たる村役人・世話人らは村の借財増加を余儀なくされた。そして、こうした事態に対して小前百姓たちは、村役人・世話人らにとの批判意識を持ち、「青木村乱妨」が起きた。「青木村乱妨」に加わった者には仕法を通して実直に勤労に励む主体を形成した出精人が多く、それゆえにこそ、彼らは村の借財を重ねる村役人・世話人に対して激しい批判意識を抱いたものと考えられる。

大藤修は、報徳仕法は領主の財政緊縮化、「分度」の遵守、「仁政」の実践を前提に、農民に対して禁欲的な自己規律を要求するものであるため、領主が「仁政」を実践しない限り農民が領主を指弾する論理に転化し、領主はそれを危惧したと指摘した。青木村でも領主は仕法引取り後、尊徳と村民の分断をはかったが、それは尊徳と村民が結びつき、領主の統制を越えた村民による「上下動乱」が生じるのを恐れたからであった。しかし、仕法は村役人以下の人々にまで復興の主体として自覚させ、動員する構造を持っていた。そのため、その構造が変質すると、彼らは村役人・世話人など仕法指導層を批判し、対立を生む可能性を持った。仕法の破綻は領主と領民の間だけでなく、村・地域内部においても対立を生み、重層的な対立状況を生み出す可能性も持った。

報徳仕法は、衰退した幕藩領主に代り、尊徳の指導のもと広範な民間の手で自律的に「復古」を目指し、「勤勉」「倹約」を実践する運動でもあった。それは近世社会に普遍的な政治的・道徳的価値にもとづいた実践であったが、当該期の社会状況の中ではそれ自体が、現実の秩序を突き崩す可能性をはらんでいたといえる。

註

（1）大藤修「関東農村の荒廃と尊徳仕法—谷田部藩仕法を事例に」（『史料館研究紀要』一四号、一九八二年、のち同『近世の村と生活文化—村落から生まれた知恵と報徳仕法—』吉川弘文館、二〇〇一年所収）。

（2）岡田博「二と三を結んだ人たち」（『かいびゃく』二九巻三・六～一二号、三〇巻一～三・五～一二号、三一巻一～一二・四～一二号、三二巻一～六・八～一〇・一二号、三三巻一～五・七～一二号、一九八〇～一九八四年、のち同『報徳と不二孝仲間—二宮尊徳と鳩ヶ谷三志の弟子たち—』岩田書院、二〇〇〇年に改題）。

（3）舟橋明宏「村再建にみる『村人』の知恵」（渡辺尚志編『新しい近世史四　村落の変容と地域社会』新人物往来社、一九九六年、のち舟橋明宏『近世の地主制と地域社会』岩田書院、二〇〇四年所収）。

（4）仕法の構造には、仕法の前提となる領主の年貢分度の設定など、領主と仕法との関係がある。しかし、本章ではそれを視野に入れつつ、主として人々の仕法事業への編成や富の再分配など仕法実施地域内における構造を検討する。

（5）川俣英一は報徳仕法を領主的視点に立ったときのみ積極的評価が得られるとし、仕法は「農民の内在的自発心によって支えられていたとはいい難い」と主張した（川俣英一『幕末の農村計画—二宮尊徳の青木村仕法について—』茨城県田園都市協会、一九七六年）。また、山中清孝は川俣の研究を批判し、「尊徳の農村復興にかける熱意、バイタリティ、農民に対する深い愛情にもとづく長期計画には素晴らしいものがある」と評価した（山中清孝「関東農村の〝荒廃〟と二宮尊徳の仕法―常陸国真壁郡青木村仕法を中心に―」『江戸川学園人間科学研究所紀要』三号、一九八七年）。両者の研究は仕法の評価については正反対だが、ともに仕法事業が村内部でどのように実施されたかの検討が不十分なため、実際に仕法事業で働く人々にとっての仕法の意味や、仕法に携わった人々の主体性に触れていない。これらを理解せず、領主的立場からの強制や尊徳の農民への愛情といった外在的・抽象的なものに人々の働きの源泉を求めるならば、仕法が社会的、自律的な運動として展開した理由は説明できず、仕法の持つ当該期における意義について片面的な理解となろう。そのためには、仕法が人々に受容された背景を仕法の構造から内在的に理解するとともに、そこから形成される主体を検討する必要があろう。

（6）佐々井信太郎編『二宮尊徳全集』二二巻（二宮尊徳偉業宣揚会、一九二九年）一四八頁。史料上は石表示だが一俵四斗一升入りの俵に換算した。

（7）『二宮尊徳全集』二二巻四・六二頁。

（8）『二宮尊徳全集』二二巻五〇頁。

（9）『二宮尊徳全集』二二巻六二頁。なお、近辺の土質は花崗岩の風化による砂壌土だという（飯島光弘編『大和村史』茨城県大和村、一九七四年）。

（10）報徳博物館編『報徳博物館資料集1　尊徳門人聞書集』（報徳博物館、一九九二年）七三頁。

（11）『二宮尊徳全集』二二巻六二頁。

（12）『二宮尊徳全集』二二巻四九頁。

（13）『二宮尊徳全集』二二巻四九頁。

（14）『二宮尊徳全集』二二巻四頁。

（15）『二宮尊徳全集』二二巻六三頁。

（16）『二宮尊徳全集』二二巻五一頁。

（17）『二宮尊徳全集』二二巻二九七～三〇五頁。

(18)『二宮尊徳全集』二二巻三〇一頁。
(19)荒廃下の村人の生活には、勤労や工夫の積み重ねで生活を建て直そうとしても将来の保障を得られない一方で、領主の土地把握が不完全ななかでの無年貢地耕作などにより、公式の生産高は低くても、それなりに生活できる現実があった。報徳仕法は、そのようないわば低位安定した生活様式の改革を求めるものであった(宇津木三郎『二宮尊徳とその弟子たち』夢工房、二〇〇二年)。
(20)『二宮尊徳全集』二二巻六・二三六頁。
(21)『二宮尊徳全集』二二巻五二頁。
(22)『二宮尊徳全集』三巻(一九二七年)二五四頁、二二巻五二頁。
(23)青木村からは下野国都賀郡下石橋村(栃木県下野市)の仕法へ資金が融通されていた。下石橋村仕法については、本書第六章参照。
(24)また、⑦は領主への上納物と思われるが、仕法費用のうちに含まれている理由は不明である。
(25)『二宮尊徳全集』二二巻三四七頁。
(26)『二宮尊徳全集』三巻五六五頁。
(27)『二宮尊徳全集』八巻(一九三〇年)九一四頁。
(28)『二宮尊徳全集』三巻三〇五〜三〇六・三七九頁、一二巻(一九二八年)二九五頁。
(29)『二宮尊徳全集』二二巻五三頁。
(30)『二宮尊徳全集』二二巻八三頁。
(31)『二宮尊徳全集』六巻(一九二九年)四五七頁。
(32)『二宮尊徳全集』二二巻一七二〜一八〇・二二〇〜二三五頁。
(33)『二宮尊徳全集』二二巻四九一頁。
(34)『二宮尊徳全集』六巻六五六頁。
(35)『二宮尊徳全集』六巻六一八・六七四頁。

(36) 『二宮尊徳全集』六巻八三九頁。
(37) 『二宮尊徳全集』六巻一〇六一頁。
(38) 『二宮尊徳全集』六巻一二三一頁。
(39) 『二宮尊徳全集』二二巻九四・六三三頁。
(40) 『二宮尊徳全集』七巻（一九二九年）一一七・一一八頁。
(41) 小室昭「一村方騒動とその歴史的背景について―笠間藩領茨城郡大田村の事例―」（『茨城県史研究』二四号、一九七二年）。
(42) 『二宮尊徳全集』二二巻九四頁。
(43) 『二宮尊徳全集』七巻一三六頁。
(44) 『二宮尊徳全集』二二巻六二三頁。
(45) 『二宮尊徳全集』七巻二二四頁、二二巻六一二～六二〇頁。
(46) 『二宮尊徳全集』二二巻一〇五頁。
(47) 『二宮尊徳全集』二二巻五八八～五九八頁。
(48) 『二宮尊徳全集』二二巻六二〇～六二八頁。
(49) 『二宮尊徳全集』二二巻六三〇～六三五頁。
(50) 『二宮尊徳全集』二二巻六三八～六四三頁。
(51) 『二宮尊徳全集』二二巻五四七頁。
(52) 『二宮尊徳全集』七巻一八七頁。
(53) 『二宮尊徳全集』七巻七三五頁。
(54) 『二宮尊徳全集』七巻七三五頁。
(55) 『二宮尊徳全集』四巻（一九二八年）四九六頁。
(56) 『二宮尊徳全集』七巻一二一三頁。
(57) 『二宮尊徳全集』八巻二八頁。

(58)『二宮尊徳全集』七巻一三〇八頁。
(59)『二宮尊徳全集』八巻三一頁。
(60)『二宮尊徳全集』八巻五二頁。
(61)『二宮尊徳全集』二一巻一〇七四頁。尊徳は天保一三年(一八四二)に普請役格として幕臣に登用されていたため、尊徳への米金献納には勘定奉行の許可が必要だった。尊徳の幕臣登用の経緯については、本書第一〇章参照。
(62)『二宮尊徳全集』二一巻一〇五五頁。
(63)『二宮尊徳全集』八巻五二三頁。
(64)『二宮尊徳全集』八巻五五〇頁。
(65)『二宮尊徳全集』八巻八三九頁。
(66)『二宮尊徳全集』八巻八五一頁。
(67)『二宮尊徳全集』八巻八一七頁。
(68)『二宮尊徳全集』八巻八三三頁。
(69)『二宮尊徳全集』八巻八四〇頁。
(70)『二宮尊徳全集』八巻八五一頁。
(71)『二宮尊徳全集』八巻八五八頁。
(72)『二宮尊徳全集』五巻(一九二八年)二三五頁、八巻九一三~九一六頁、二二巻九九一~九九二頁。
(73)『二宮尊徳全集』八巻一〇二七頁、二三巻九八三~一〇二一頁。
(74)『二宮尊徳全集』九巻(一九三〇年)五六頁。
(75)『二宮尊徳全集』九巻三七六頁。

# 第六章　下石橋村の報徳仕法

## ——民間実施仕法の一事例——

### はじめに

近世後期、村落荒廃の克服を目指した運動や改革などの試みが、北関東を中心に各地で実施された。そのなかで二宮尊徳の報徳仕法は、領主の依頼による仕法の実施とともに、民間で自主的主体的に実施される仕法もみられ、実施地域、担い手ともに広がりをみせ、当該期を特色づける大きな運動となっていく。

本章の対象とする下石橋村仕法は、先行の報徳仕法実施村である常陸国真壁郡青木村（茨城県桜川市）の仕法に触発され、天保九年（一八三八）から下野国都賀郡下石橋村（栃木県下野市）の松兵衛を中心に、青木村の支援を受けて民間で自主的に実施された仕法である。この仕法により、下石橋村・下大領村・小金井宿関根井・笹原新田（以上、下野市）の荒地が開発された。

本章の課題は、先行研究で検討されることのなかった下石橋村仕法の実態を明らかにすることにあるが[1]、そのなかで以下の点に留意したい。

報徳仕法が資金的にも人的にも個別領主の領域や村を越えた広域性を持っていることはすでに知られており、特に報徳仕法における不二孝仲間のネットワークの役割や実態を明らかにした岡田博の研究は特筆できる。(2)報徳仕法に関わる民間の人々の交流・関係は、報徳仕法が個別の領主仕法にとどまらない民間の主体的な運動としての性格を持つ特徴といえ、領主仕法においても民間で実施される仕法においても、その意義に留意する必要があろう。そこで、本章では、下石橋村仕法の実施と深く関わる青木村仕法との関係に留意し、仕法実施地域相互における関係がいかなる意味を持ったかを考えたい。(3)

次に、これと関連するが、仕法諸事業が仕法に携わる人々にとって持つ意味を考えたい。後述のごとく下石橋村仕法では、荒地開発や用水普請など土地整備とともに新百姓を導入し、人別増加もはかられる。その過程で下石橋村に住む人々以外の者も含む多くの人々が労働力として動員された。深谷克己は、(4)報徳仕法が仕法に携わる人々に「ただ金を貸し付けて追いつめたのではなく、稼ぎの場を与えたのである。小さな余稼ぎと、報徳仕法としてすすめられるさまざまな普請工事がその機会になった」と述べ、荒地開発・普請などの仕法諸事業が、報徳金貸付とともに持つ人々の生活再建に向けた意味を示唆した。また、舟橋明宏は(5)仕法での土木事業などに従事する破畑《はばた》や、諸職人について「人別・戸数増加策としての入百姓と、荒地開発諸普請に必要な破畑・大工・木挽等の諸普請とは対応関係がある」と指摘した。

本章ではこれらの指摘に学びつつ、下石橋村の人々だけでなく、青木村の人々にとって下石橋村仕法の諸事業が持つ意味も検討したい。そして、仕法が運動となって広まりをみせるように、多くの人々に望まれ、支持を受けて実施された背景を考えてみたい。

なお、下石橋村仕法が実施された地域は、天保期は佐倉藩領に属していた。松兵衛の居住する下石橋村の石高は二七五石余とされ、そのうち二六〇石余が佐倉藩領、残りが壬生藩領となっている。(6)

# 一　仕法の開始

## 1　仕法の発端

下石橋村仕法は、天保八年（一八三七）正月、下石橋村の組頭松兵衛が助郷掛合のため、常陸国真壁郡青木村を訪れたことが発端となって始まった。

下石橋村では、これ以前から「人少致困窮、田畠手余退転亡所同様之姿に罷成、取直之手段数年手を尽候得ども、何分立直兼」という状況で、具体的な様子は不明だが、特に「近年巳申両度之大凶荒饑饉に付、必至と差詰、十方に暮罷在」とあり、天保四年、同七年の飢饉を経て困窮の度を増したという(7)。

一方、青木村では天保四年以来、村民や領主川副氏の依頼を受けて名主勘右衛門を中心に報徳仕法が進められていた。青木村を訪れた松兵衛は、青木村の人々が「深雪掻分、村内一同荒地開発致出精居候を見請、致憤発(8)」、仕法の実施を思い立った。

松兵衛は尊徳へ仕法の実施を願い出たが、多忙を理由に断られた。しかし、嘆願を繰り返し、ついに西沼村（栃木県真岡市）丈八や物井村（真岡市）岸右衛門、青木村勘右衛門らが世話人となって仕法が実施されることとなった。そして、青木村の冥加米永（領主への年貢とは別に仕法の財源として尊徳へ上納する米銭）のうちから、試みとして資金を拝借して仕法が開始されることになった。

## 2　仕法の計画

仕法実施にあたり、仕法の計画・見積もりを記した『野州都賀郡小金井宿之内関根井・下大領村・下石橋村荒田起返御伝馬相続仕法帳』(9)が作成された。

これによると、開発する荒地は一三町歩とされ、この開発に必要とされる費用は、起返金八一両一分・堀浚金二〇両・小屋掛金三分で合計一〇二両と見積もられた。そして、このうち三町歩分の開発費用二三両余は村々から借用し、一〇町歩分の開発費用七八両余は報徳金を借用して賄うことになっていた(10)。

これらの資金により開発された田地からの収入の見積もりと、借用資金の返済計画は次のとおりである。

まず、開発田地からの収穫は、年々三九〇俵（一俵四斗入）と見積もられ、四公六民の割合で分割する。すなわち、収穫の六割にあたる二三四俵は「民」の取分とされる一方、残り一五六俵（代金六二両）は「公」の取分とされた。しかし、ここでの「公」とは領主への年貢のみを指すものではなく、関根井・下大領村の伝馬金、村々から借用した開発資金や報徳金の返済も含まれている。そして、収穫が見積もり通りであれば、初年度から関根井立馬代金、下大領村伝馬金を出金し、借入金の返済も続けつつ、三年目には村々からの借用金を皆済し、積立金が生じる。そして、六年目に全ての借用金の返済が完了するとともに、五年間の鍬下年季が終了して下石橋村・関根井・下大領村の年貢上納と下石橋村伝馬金の出金が開始される。しかし、その後も積立金は累積し、一一年目には積立金が一六三両にものぼると見積もられた。

# 二　仕法の実施とその内容

## 1　仕法一年目

下石橋村仕法は、天保九年（一八三八）から実施された。しかし、「当戌四月試帰発相始候」[11]とあり、試験的なものとして始められた。

最初の事業は四月九日から実施された下石橋村字沼下より小平までの用水普請と帰《起》発田（開発田）刈払いであった。この用水普請は青木村から来た土木工事の専門的職人である破畑の周蔵組人足によりおこなわれた。この用水普請の人足賃を含め、四月に調達した仕法資金のうち一六両余は青木村勘右衛門、二両は桜町領物井村岸右衛門からの資金である。青木村・物井村といった報徳仕法関係村の人的・資金的協力のもと仕法が開始されたのである。

さて、この年の仕法金の収支は【表1】の通りである。資金の調達先をみると、青木村勘右衛門（青木村からの融通はほとんど勘右衛門の名前でおこなわれる）・物井村岸右衛門といった仕法関係地域からの借入れと、それ以外の周辺地域からの「利付」の借入れがあることがわかる。

実は、この年の青木村からの資金調達は、前述した四月中の一六両余以後、一一月まで途絶えてしまい、その間、周辺村の人々から利付の資金を借り入れざるをえない状況にあったのである。その理由は、「去ル申大凶荒饑饉後、未立直兼、雑穀諸色高直に付、渡世六つヶ敷折柄故、帰発之趣承及、入百姓共追々罷越、無余儀高利之口々、十一月限借入、賃金扶持米等相渡」[12]したというものであった。つまり、天保飢饉後の渡世が難しい時節柄、荒地開発など仕法の諸事業を聞いて入百姓が来訪してきたため資金不足に陥り、一一月を返済期限として周辺村民から【表1】にみる利付資金六一両余を借用せざるをえなくなったというのである。この間、松兵衛は箪笥や「村持太鼓」を質に入れて資金を調達している[13]。

一一月になって、青木村から再び約五〇両の冥加米永からの資金が融通された。また、開発田からの取米の収入

**【表1】天保9年仕法金収支**

<table>
<tr><th></th><th colspan="2">名目</th><th colspan="2">金額</th><th>合計</th></tr>
<tr><td rowspan="12">収入</td><td rowspan="2">帰発料借入金</td><td>物井村岸右衛門</td><td>2両</td><td rowspan="2">68両3分2朱永21文</td><td rowspan="12">148両3分永27文</td></tr>
<tr><td>青木村勘右衛門</td><td>66両3分2朱永21文</td></tr>
<tr><td rowspan="9">帰発入用利付借入金</td><td>石橋村林右衛門</td><td>14両3分</td><td rowspan="9">61両2朱永29文</td></tr>
<tr><td>真岡町兵右衛門</td><td>7両2分1朱23文</td></tr>
<tr><td>多功村又右衛門</td><td>2両3分1朱永44文</td></tr>
<tr><td>小林村重左衛門</td><td>2両3分1朱</td></tr>
<tr><td>石橋村松兵衛</td><td>7両3分41文</td></tr>
<tr><td>石橋村世話人</td><td>1両2分</td></tr>
<tr><td>石橋村儀兵衛</td><td>19両2分</td></tr>
<tr><td>小金井宿桐屋佐右衛門</td><td>3両2分</td></tr>
<tr><td>笹原新田角屋伊左衛門</td><td>3分1朱</td></tr>
<tr><td colspan="2">戊年帰発田取米</td><td colspan="2">18両2分3朱永39文</td></tr>
<tr><td rowspan="19">支出</td><td colspan="2">名目</td><td colspan="2">金額</td><td>合計</td></tr>
<tr><td colspan="2">時借返済</td><td colspan="2">80両1朱永23文</td><td rowspan="18">148両3分2朱永31文</td></tr>
<tr><td colspan="2">時借利足</td><td>4両永61文</td><td rowspan="17">68両3分1朱永8文</td></tr>
<tr><td colspan="2">荒地開発賃</td><td>24両</td></tr>
<tr><td rowspan="5">新百姓小屋掛</td><td>茂吉</td><td>2分永49文</td></tr>
<tr><td>安兵衛</td><td>3両2分永97文</td></tr>
<tr><td>甚蔵</td><td>2分3朱永2文</td></tr>
<tr><td>新助</td><td>1分2朱永32文</td></tr>
<tr><td>清蔵</td><td>1分1朱永32文</td></tr>
<tr><td colspan="2">諸費</td><td>8両2朱永55文</td></tr>
<tr><td colspan="2">帰発田刈払</td><td>3分1朱永1文</td></tr>
<tr><td colspan="2">用水普請</td><td>7両1分永58文</td></tr>
<tr><td rowspan="2">帰発田手作入用</td><td>粕・種籾</td><td>2両3分</td></tr>
<tr><td>苗代・新田代拵・田植等人足賃</td><td>8両1朱永13文</td></tr>
<tr><td colspan="2">稲刈取人足</td><td>2両1朱永46文</td></tr>
<tr><td colspan="2">米・糯米</td><td>3分3朱永5文</td></tr>
<tr><td colspan="2">御伝馬金・高掛り</td><td>4両3分2朱永53文</td></tr>
<tr><td colspan="5">差引</td><td>－2朱永4文<br>(松兵衛立替)</td></tr>
</table>

※文未満は切捨て。　※『二宮尊徳全集』26巻891～904頁より作成。

一八両余が入り、期日になって返済に難渋していた周辺村民からの借入金を返済することができた。返済した借入金額は約八〇両であった。この返済金には四月に調達した青木村勘右衛門からの一六両余も含まれており、この一六両余は青木村仕法の冥加米永からの融通ではなく、勘右衛門個人による資金の立替えであったことがわかる。

この年、下石橋村仕法で調達された資金は、周辺村からの利付借入金、青木村冥加米永、開発田取米などを合わせて一四八両余であったが、荒地開発や新百姓小屋掛など実際に仕法事業で費やされた仕法金は六八両余であった。四月から一一月までの仕法事業は、周辺村民からの借入金や勘右衛門らの立替金によりおこなわれ、一一月以降、青木村冥加米永の融通や開発田取米の収入を得て、借入金の返済がおこなわれたのである。

また、仕法事業に使用された六八両余だが、その使途を【表1】からみると、荒地開発や五軒の新百姓の小屋掛、用水普請などに費やされている。荒地開発は「新百姓相成度趣」にて下石橋村へやってきた「破畑元請」吉五郎らによりなされた。

この年の開発田地の耕作は「心見」としておこなわれ、二町四反の田地が開発され、一〇石三斗の取米が得られ、冥加米として仕法入用金に繰り込まれた。しかし、特定の耕作者は決められず、苗代畔付けから稲扱きまで吉五郎や新百姓、新百姓の家内の者など人足を雇っておこなわれた(14)。

## 2　仕法二年目

仕法二年目、天保一〇年の仕法入用金の収支は【表2】の通りである。仕法にかかる費用のほとんどは青木村からの資金で九三両余となる。しかし、このうちの一四両余は、後述の魚油・〆粕代金返済のため松兵衛が所持地を青木村勘右衛門へ質地に渡して調達した金であった。

**【表2】天保10年仕法金収支**

<table>
<tr><td rowspan="8">収入</td><td colspan="2">名目</td><td colspan="2">金額</td><td>合計</td></tr>
<tr><td rowspan="5">帰発料<br>借入金</td><td>青木村勘右衛門</td><td>85両3分永41文</td><td rowspan="5">112両1分3朱<br>48文</td><td rowspan="7">133両3分<br>3朱永58文</td></tr>
<tr><td>青木村新吉</td><td>7両3分永53文</td></tr>
<tr><td>桜町役所</td><td>2分</td></tr>
<tr><td>御趣法金</td><td>8両2朱永17文</td></tr>
<tr><td>真岡塚田兵右衛門</td><td>10両1分</td></tr>
<tr><td colspan="2">新帰発田当亥冥加米納</td><td colspan="2">16両1分3朱永58文</td></tr>
<tr><td colspan="2">新帰発畑当亥冥加永納</td><td colspan="2">5両永14文</td></tr>
<tr><td rowspan="22">支出</td><td colspan="2">名目</td><td colspan="2">金額</td><td>合計</td></tr>
<tr><td colspan="2">下石橋村耕地を質地に出して返済する魚油・〆粕代</td><td colspan="2">14両3朱永46文</td><td rowspan="21">148両1分<br>1朱永92文</td></tr>
<tr><td colspan="2">戌年松兵衛立替分</td><td colspan="2">2朱永4文</td></tr>
<tr><td colspan="2">帰発人足賃（田）</td><td>32両1分3朱永29文</td><td rowspan="19">134両永42文</td></tr>
<tr><td colspan="2">帰発人足賃（畑）</td><td>42両永9文</td></tr>
<tr><td rowspan="7">新百姓諸<br>色御手当</td><td>甚蔵</td><td>16両3分</td></tr>
<tr><td>新助</td><td>3両3分2朱永19文</td></tr>
<tr><td>清蔵</td><td>3両2分2朱永15文</td></tr>
<tr><td>吉蔵</td><td>4両1分2朱永36文</td></tr>
<tr><td>又右衛門</td><td>3両1分1朱永4文</td></tr>
<tr><td>安兵衛</td><td>2両永44文</td></tr>
<tr><td>茂吉</td><td>6両2分1朱永44文</td></tr>
<tr><td colspan="2">新百姓相成度趣にて致出精候に付相渡置候処、国元佐倉御城下へ引取申候間、損毛仕候</td><td>3分永45文</td></tr>
<tr><td colspan="2">安兵衛・嶋太郎・<br>松之助一件入用</td><td>7両1分3朱永9文</td></tr>
<tr><td colspan="2">帰発田刈払</td><td>1分3朱永32文</td></tr>
<tr><td colspan="2">帰発田畑刈払</td><td>1両2分3朱永41文</td></tr>
<tr><td colspan="2">道普請</td><td>3分永45文</td></tr>
<tr><td colspan="2">堀普請</td><td>1両3分3朱永39文</td></tr>
<tr><td colspan="2">地下ケ普請</td><td>1分3朱永39文</td></tr>
<tr><td colspan="2">上野高久屋啓助方より<br>米買受</td><td>2朱永8文</td></tr>
<tr><td colspan="2">青木村より米受取新百姓へ相渡相場違分</td><td>1朱永37文</td></tr>
<tr><td colspan="2">御伝馬金・高掛り</td><td>5両3朱永4文</td></tr>
<tr><td colspan="5">差引</td><td>－14両1分<br>2朱永33文<br>（松兵衛立替）</td></tr>
</table>

※文未満は切捨て。『二宮尊徳全集』26巻905～921頁より作成。

この年は三町四反八畝九歩半の田と六町七反二畝四歩半の畑が開発され、前年の開発地と合わせて冥加米四九俵一斗余（代金一六両余）と畑冥加永五両余の計二一両余の収入を得た。

また、新たに二軒の新百姓の小屋掛がなされたほか、新百姓には鍬・鎌・振桶などの農具が与えられた。さらに、尊徳は一一月二四日付書状で、「新百姓之内、甚蔵と申者、農業出精いたし候様相聞候間、米弐拾五俵為取続差遣度、其外之者迚も、出精之廉、常々見届置可被申出候、先当年は三俵づゝ差遣」すと松兵衛に指示し、甚蔵に二五俵、ほか五名に三俵ずつ農業出精に対する褒美を与えた(15)。これらは新百姓の定着に向けた出費と考えられ、新百姓一軒当りにかける費用は昨年よりも多くなっている。

そして、この年から開発田は一人当り四、五反ほどの割合で八人の百姓に分割され、それぞれから冥加米が上納されるようになった。その百姓のほとんどが新百姓であった(16)。

また、開発田の刈払いも新百姓の妻やその子どもによりおこなわれ、正月には延べ三一人に一分三朱余、一一月・一二月には延べ一一〇人に一両二分三朱余の賃銭が与えられた(17)。前年は、「心見」として人足を雇って耕作していた開発田が、この年から分割されて特定の新百姓により耕作・経営されるようになったことがわかる。

しかし、一方で、魚油・〆粕一一俵余の代金一四両余の返済が滞り、青木村からの冥加米永のうちから立替えられることになった。そのため下石橋村内の松兵衛の所持地が青木村勘右衛門へ質地に渡され、新百姓により耕作されることになった(18)。

## 3　仕法三年目

仕法三年目の天保一一年における仕法入用金の収支は【表3】の通りである。青木村からの借用金が激減し、一四

**【表3】天保11年仕法金収支**

| | 名目 | | 金額 | | 合計 |
|---|---|---|---|---|---|
| 収入 | 帰発料借入金 | 青木村勘右衛門 | 14両3分1朱永28文 | | 41両3分3朱永48文 |
| | 新帰発田当亥冥加米納 | | 9両1朱永58文 | | |
| | 新帰発畑当亥冥加永納 | | 1両3分1朱永43文 | | |
| | 新帰発田手余候に付青木村より人足雇作立候取米 | | 8両3分2朱永36文 | | |
| | 松兵衛分去亥年青木村へ質地相渡候田地作徳米 | | 7両1分永6文 | | |
| 支出 | 名目 | | 金額 | | 合計 |
| | 去亥年入用不足に付松兵衛立替分引 | | 14両1分2朱永33文 | | 39両3分永85文 |
| | 仕付残田手作入用 | | 2両1分永33文 | 25両1分2朱永52文 | |
| | 帰発田手余分、青木村より罷越手作仕候に付新百姓雇人足賃金・扶持米 | | 8両2分3朱永20文 | | |
| | 稲扱纏 | | 1両1分永31文 | | |
| | 諸雑用 | | 2分 | | |
| | 褒美被下 | | 2両1朱永48文 | | |
| | 佐倉表へ冥加米献納 | | 1両1分1朱永58文 | | |
| | 御伝馬金・高掛り（去戌年より荒地開発場之内、右村々〈小金井・笹原・関根井〉地所有之候に付差遣） | | 4両1分永21文 | | |
| | 出火の節米焼失損毛 | | 3両3分3朱永49文 | | |
| | 出火の節悪米に成候に付損毛 | | 3分2朱永39文 | | |
| 差引 | | | | | 2両2朱永24文 |

※文未満は切捨て。　※『二宮尊徳全集』26巻926～932頁より作成。

両余となっている。また、この年から新たな荒地開発がおこなわれなくなる一方で、昨年から引続き開発田を耕作している百姓の耕作面積が、一人当り二～三反ほど増加している。ただ、開発田一町七反五畝が手余りとなり、青木村から人足を雇って耕作するようになっている[19]。これは、前述した「新百姓相成度趣にて致出精」していた吉五郎らが、前年に「国元佐倉御城下へ引取」ってしまったことによる影響と考えられる（後述[20]）。

## 4　天保一二年以降の仕法

天保一二年以降、荒地開発

や堀・道普請、新百姓の取立てなどといった積極的な施策はみられなくなる。天保一一年の暮に、これまで仕法に費やされた開発田畑からの冥加米永と、青木村などからの拝借資金との合計金額が計算された。

それによれば、天保九～一一年の三年間に下石橋村の開発田畑から産出され、仕法に投入された冥加米永の合計代金は六七両三分二朱余であった。また、青木村から借入した資金は冥加米永ほかも含め一六三両余であった[21]。この二口計二三〇両一分三朱余が天保一一年一一月までに下石橋村仕法に投入された仕法資金の総額であった。

これ以後は仕法のために拝借した青木村の冥加米永などの返済に主軸が置かれたと考えられ、毎年、世話人にあててその年の開発地からの冥加米を取調べ、提出している[22]。

## 5　仕法の成果

下石橋村仕法の具体的な内容を示す史料は、弘化三年（一八四六）まででみられなくなる。これまでの仕法を通して得られた成果をみてみよう。

まず、開発された耕地であるが、天保九・一〇年の荒地開発により、田五町八反六畝九歩半（開発賃五六両一分三朱）、畑六町七反二畝四歩半（開発賃四二両）、計一二町五反八畝一四歩が開発された[23]。ここから先述した六七両三分二朱余の冥加米永が、天保一一年までに上納されたのである。

次に、人口の増加である。下石橋村の総人口の動向は明らかにしえないが、宗門帳から新百姓取立てに限りその動向がわかる。それによると、仕法開始後、天保九年に二家六人、天保一〇年には五家二三人が取立てられ、仕法によって合わせて七軒二九人が取立てられた。このほかに、仕法以前に取立てられたと思われる新百姓が一家三人いる[24]。

さて、仕法実施により以上の成果が得られたことが判明するが、このことが村のあり方をどのように変え、地域

| 天保13 | 天保14 | 弘化1 | 弘化2 |
|---|---|---|---|
| 1町1反1畝28歩 | 1町1反1畝28歩 | 1町1反1畝28歩 | 1町1反1畝28歩 |
| 1町1反3畝4歩 | 1町1反3畝4歩 | 1町1反3畝6歩 | 1町1反3畝6歩 |
| 1町2反7畝2歩 | 1町2反7畝2歩 | 1町2反7畝2歩 | 1町2反7畝2歩 |
| | | | |
| 5反 | 5反 | 5反 | 5反 |
| | | | |
| 7反9畝22歩 | | | |
| 4反1畝11歩半 | 4反1畝11歩半 | 4反1畝11歩半 | 4反1畝11歩半 |
| 2反7畝17歩 | 1町7畝9歩 | 9反7畝 | 9反7畝 |
| | | | |
| 1町5反 | 1町5反 | 1町5反 | 1町5反 |
| 5反5畝 | 5反5畝 | 5反5畝 | 5反5畝 |

にどのような意味を持ったかは史料の制約から詳細にはつかめない。ただ、安政五年（一八五八）に下石橋村ほか八か村により作成された御伝馬勤方議定証文に、「下石橋村之儀は別段人少之処、名主松兵衛世話ヲ以、百姓多分ニ出来、正人馬ニ而相勤候様相成」[25]と記されており、周辺地域では松兵衛の世話により村の立直りに成功したものと認識されていた。また、下石橋村が伝馬役を正人馬で勤めることができるようになったこともわかる。

## 三　下石橋村仕法の諸相

### 1　開発田地と新百姓

下石橋村仕法の成果は、主に新百姓取立てと荒地開発にみられたのであるが、ここで仕法中における新百姓と開発田地の耕作

**【表4】開発田・質地耕作者一覧**

| 耕作者 | 耕作地面積（冥加米俵数） | | |
|---|---|---|---|
| | 天保10 | 天保11 | 天保12 |
| 新助（新百姓） | 4反1畝24歩 | 7反 | 6俵1斗8升 |
| 吉蔵（新百姓） | 4反4畝3歩 | 7反 | 7俵6升 |
| 又右衛門（新百姓） | 4反9畝9歩 | 7反8畝10歩 | 6俵3斗1升 |
| 吉五郎（破畑・佐倉帰国） | 5反4畝 | | |
| 茂吉（新百姓） | 4反1畝24歩 | 9反7畝 | |
| 吉三郎（佐倉帰国） | 2反7畝3歩 | | |
| 弥左衛門・松之助 | 2町4反9畝15歩 | | |
| 甚蔵（新百姓） | | 1反8畝 | 2俵6升 |
| 越石孫三郎 | | 5反 | 3俵2升 |
| 安兵衛（新百姓） | | 1反5畝20歩 | |
| 青木村 | | 1町7反5畝 | |
| 越石五郎右衛門 | | | 9俵2斗8升 |
| 越石政五郎 | | | 2俵 |
| 越石助三郎 | | | 1俵 |
| 越石四郎右衛門 | | | 3俵2斗5升 |
| 清蔵（新百姓） | | | |
| 半兵衛 | | | |
| | 松兵衛持地青木村へ質地渡分 | | |
| 甚兵衛 | | 2町5畝 | |
| 甚蔵（新百姓） | | | 15俵1斗 |
| 清蔵（新百姓） | | | 6俵1斗 |

※天保12年は冥加米俵数のみの記載。升未満は切捨て。
※『二宮尊徳全集』26巻942～949頁より作成。

についてみていきたい。

先述のように、下石橋村仕法では、仕法の開始とともに「雑穀諸色高直に付、渡世六つヶ敷折柄故、帰発之趣承及、入百姓共追々罷越」す状況になったといい、仕法の諸事業により渡世に詰まった人々が、稼ぎを求めて入百姓として集まってきた様子がうかがえる。仕法開始後、小屋掛され、宗門帳に登録された新百姓は七家二九人にのぼった。しかし、新百姓取り立てを望んでも取り立てられる以前に国元へ帰ってしまった者もおり、宗門帳に記載された者以外にも稼ぎを求めて、あるいは新百姓取り立てを望んで当地を訪れた者がいたことがわかる。

【表4】は開発田地の耕作者の変遷である。これによれば、天保一〇年

（一八三九）には開発田地がほぼ四～五反ずつ、主に新百姓によって耕作されていた。しかし、天保一一年には吉五郎・吉三郎・弥左衛門・松之助が耕作者からはずれ、手余りとなった田地を青木村や越石の百姓らが耕作するようになり、翌一二年も越石百姓による耕作がおこなわれたことがわかる。耕作者からはずれた者のうち、吉五郎・吉三郎は天保一〇年に国元佐倉へ帰ってしまった者である。ここから、天保一〇～一二年の期間は開発田地の耕作者が定まらず、手余り地が生じるといった不安定な時期であったことがうかがえる。荒地を開発し、耕作者となっても開発田地は生産性が低いため、耕作を維持し取続くことは容易ではなかったと思われる。そして、この問題は、次にみるように、仕法推進者である松兵衛の借財の原因ともなる。

開発田地の耕作者が定まってくるのは天保一三年からで、一四年からは六人の百姓により耕作されるようになった。一人当りの耕作面積も天保一〇年当初に比べて広くなっている。耕作者が淘汰され、それまで多くの耕作者に分散して耕作された田地が六人に集約されたことがわかる。

## 2　松兵衛の借財

天保一〇～一二年の間、開発田地の耕作は不安定であった状況をみたが、そのただ中の天保一一年二月、仕法推進者である松兵衛の一一二両余もの借財整理がおこなわれた。

この時期に松兵衛の借財整理がおこなわれた理由は、「飢饉後一統難渋之折柄、新百姓共罷越、金銀米銭出入融通宜敷相成候様潤沢仕候間、借財口々別て申延成兼、案外難渋之趣に付」[26]というものであった。つまり、仕法の開始により、下石橋村の金銀米銭の融通がよくなったことで、債権者に対して借財返済を延ばすことができなくなったためというのである。仕法により青木村から多くの資金が投入され、村の融通状況がよくなったことが、かえって松兵衛に対する借財返済の要求を強める結果になってしまったといえよう。

また、この借財整理は世話人の西沼村丈八・物井村岸右衛門・青木村勘右衛門らが立ち入っておこなったが、彼らが松兵衛の借財整理を引受けた理由は、「村柄為取直、荒地開発、人別増、御趣法相始候時節、折悪敷古来之御百姓及潰候ては、実以失本意候儀に付」というものであった。世話人たちは仕法推進者が潰れることで仕法の面目が立たなくなること、また「古来之御百姓」が潰れることで仕法へ向けた気運が衰退することを恐れたのであろう。(27)

さて、松兵衛の借財返済方法であるが、借財返済には①報徳金を借りて返済する「正金済之事」、②家財や書物類、薪・萱・土蔵・田畑など松兵衛の財産で返済する「質物相渡済方仕候事」、③借財を世話人が引請けて返済を取り計らう「助成済方之事」の三種類の返済方法がとられた。

①は七口一八両三分、②は一一口四三両二分三朱、③は一八口四九両二分一朱余の借財であった。松兵衛の借財で注目したいのは、③のうち、壬生町（栃木県壬生町）徳兵衛と青木村勘右衛門に対する借財計二九両三朱余である。これらの借財について壬生町徳兵衛に対する借財返済の説明では、「去ル戌年より試帰発場御田地、土地柄悪敷故、入百姓取続兼候に付、無拠世話人物井村岸右衛門借財引請済方取計、御田地相渡相続為仕申度候事」(28)と説明されている。勘右衛門に対する借財とは前述の〆粕代金のことであるが、その説明は、徳兵衛と「同断に付」と記されている。(29)つまり、開発田地の土地柄が悪く、入百姓が取り続かないために借財返済を世話人が引き受けるといっており、開発田耕作者の不安定が松兵衛の借財返済の支障になっていたことがうかがえる。これらの借財は〆粕代金のように開発田地に何らかの関わりがあるものと考えられ、松兵衛の借財と先にみた開発田地の耕作状況とは関連があると思われる。

この借財整理が順調に進んだか否かを具体的に示す史料はみられない。しかし、弘化四年（一八四七）八月二六日、仕法の取りまとめのため下石橋村を訪れた物井村岸右衛門との面会のなかで、松兵衛は「右開発に付、五拾両出金致し居候間、開発場冥加米永之儀は是非請取申さねば不相成段」を申し出て、「五六ヶ年も相立候上に無之候ては、青木村へ返金相成兼」と話した。また、「新百姓共相続方無覚束候付、御地頭佐倉役所へ願立、入百姓共引取可申段も申出」た[30]。松兵衛は荒地開発に五〇両を投資し、その金が回収できない限り青木村から拝借した冥加米永は返金しないといい、新百姓の相続も不安定のため、佐倉藩へ願い立て引き取らせるとまでいっている。また、開発田地の面積を記した『帰発田反別取調帳』には、仕法の最終整理段階と思われる時期の書き込みがあり、そこには「松兵衛出奔[31]」との記述もある。

さらに、嘉永元年（一八四八）に世話人から尊徳へ提出された冥加米の取調帳に次の記述がある。

右帰発田畑冥加米之儀は、去ル天保九戌年より子年迄三ヶ年、六拾両余之儀は、帰発入用に組入、同十二丑年より弘化三午年迄六ヶ年分米弐百八拾俵余、金弐両余之儀は、松兵衛取立預り置、去未年之儀も右同断、未タ取立帳相廻り不申、其発端荒地起返り産出候米金を以、年賦返納之儀は勿論、入百姓夫食雑穀、新家作農具肥耕之手宛、御百姓相続相整候様取計可申約束之処、如何相成候哉之旨年々掛合仕候得共、一切相分り不申候間、無余儀有体之始末取調奉歎願候、以上[32]

すなわち、開発地から産出した米金は松兵衛が取り立て、年賦返納や入百姓の諸手当を取り計らう約束になっているが、弘化四年以降、それら仕法の実施状況がどうなっているのか一切わからないというのである。弘化四年八月二六日に松兵衛が述べたように、開発地の冥加米永は青木村に返納されず、松兵衛が受取っていたのであろう。これらの事態と松兵衛の借財との具体的な関係は不明だが、弘化四年以降、下石橋村仕法と松兵衛をめぐる状況が思わしくない状態にある様子がうかがえる。

荒地開発や人口増加などの村復興は、地主である松兵衛の経営安定にも結びつくものであるといえるが、一方で仕法の世話人として、仕法への投資もおこなうため、自らの経営を没落させるリスクもともなう。松兵衛は発起人として仕法に私財を投入するなど献身し、期待を大きくしていったと思われるが、それゆえにこそ、仕法が不調・挫折を迎え、経営を脅かしはじめると、松兵衛は仕法に失望・不信感を募らせ、冥加米永不納など仕法指導層と対立した行動をとっていったと考えられる。

## 3　青木村と下石橋村仕法

下石橋村仕法は、領主から尊徳へ正式の依頼があった仕法ではなく、尊徳の承認・指導のもと、報徳仕法に関係する地域の人々の手により始められ、運営された。発端は松兵衛が青木村を訪れ、仕法に専念する青木村民の姿を見て感銘を受けたことであったように、村落荒廃という当該期の共通の課題を抱える人々の復興を目指す願いから生まれた仕法といえる。下石橋村仕法は、常に青木村と密接な関係を持って実施された。また、下石橋村仕法は青木村のほか桜町領の物井村岸右衛門や、西沼村丈八などが世話人となっており、下石橋村仕法を支えたのは個別領主の領域を越えた報徳仕法を担う民間の人々であった。

青木村との密接な関係については、青木村勘右衛門らが世話人となっていることや、青木村の冥加米永が下石橋村仕法へ融通されたことが注目される。青木村からの冥加米永の融通がなければ、下石橋村仕法の諸事業を実施することは不可能であった。このような個別領主の領域を越えた資金の融通は報徳仕法の特徴である。しかし、それのみではなく、青木村から下石橋村へ荒地開発や諸普請を担う労働力の動員という関係にも注意したい。

下石橋村仕法開始当初、諸普請を担う労働力が不足していた段階で、青木村の破畑が多く働いた。天保九年四月、

「青木村破畑周蔵組」として用水普請に働いた者のうち、青木村の宗門帳で確認できる者は、周蔵・由兵衛・与左衛門・鹿蔵・慶蔵・伊作・角助・喜之助・波之助・倉吉・清助・庄蔵の一二人いる。このうち、周蔵・由兵衛・与左衛門・鹿蔵は青木村借家人、慶蔵・伊作は青木村百姓勇助厄介、角助は青木村新百姓弥之助父、喜之助は青木村新百姓、波之助は青木村重兵衛倅、倉吉は青木村勘右衛門甥、清助・庄蔵は分家並潰式取立であった。青木村から下石橋村に破畑として働きに来た者は、青木村の新百姓・分家、あるいは借屋人、百姓の厄介・倅などであることがわかる。彼らは青木村において経営の安定や新百姓取り立てを目指す者で、青木村においても荒地開発など諸普請に携わり、賃金を得ていた者であった。

　下石橋村仕法では先述のように渡世に詰まった人々が入百姓として参入し、開発田の耕作や人口増加など仕法の発展を支えたと考えられるが、青木村仕法においても、尊徳は「大凶荒飢饉之年柄、米麦雑穀諸色高直渡世難相成者共、僅合勺之救を慕ひ、夥敷相聚り、村柄先づ古へに立戻り、一村之幸ひ、是より大成はなし」(33)として、渡世に詰まった者が賃米賃金を求めて青木村に集まり、村が復興した意味は大きいと述べている。

　彼らにとって青木村仕法における開発などの諸事業は、彼らが青木村で新百姓として取り立てられたり、生計を安定・補助するための賃金獲得の場になっていたと考えられるが、下石橋村仕法での開発事業もそうした稼ぎ場の一つであったと考えられる。ただ、青木村破畑による用水普請は初年のみなので、下石橋村での働きは仕法の支援という意味合いが強かったもしれない。しかし、彼らの働きは他の仕法実施地域でもみられ、彼らにとって仕法実施地域の広がりは支援地の広がりであるとともに、稼ぎ場の広がりも意味したと考えられる。

　仕法実施地域における荒地開発・諸普請などの事業は、村の生産力の増大をはかる意味を持つと同時に、渡世に詰まった人々の困窮救済の意味も持ったと考えられる。このことはまた、困窮人や入百姓を仕法実施地域に定着させ、村の人口増加にもつながる。

仕法は開発地から産出された冥加米永を困窮者や入百姓に再分配し、彼らを組み込むことで、荒地開発や人別増加などの村復興を実現することができたといえよう。そして、こうした個別領主の支配領域を越えた仕法地域間での労働力の交流・融通は、開発事業などで労働力が不足している地域の仕法を支え、仕法を広めたと考えられる。

## おわりに

下石橋村仕法は、青木村仕法の冥加米永の融通を受けたことで実現できたのであるが、それは天保飢饉以後の「渡世六つヶ敷折柄」に稼ぎを求める「渡世難相成者共」を呼び込むこととなった。そして、仕法実施にあたってはそのような者を入百姓や諸普請の労働力として組み込み、かつ、不足する労働力を青木村から調達することで荒地開発、人別増加といった成果が得られたといえる。

下石橋村仕法で諸普請に携わった者は、地域に流入する困窮者、青木村の新百姓、借家人、次三男らなのであるが、彼らにとって仕法は「渡世六つヶ敷折柄」に稼ぎ場を与えてくれる困窮救済の意味を持ったといえる。「帰発之趣承及、入百姓共追々罷越」し、「僅合勺之救を慕ひ、夥敷相聚」った彼らは仕法を底辺から支える者であったといえよう。

しかし、下石橋村仕法は順調に進行し、期待通りの成果をあげたとはいえなかった。

当初作成された仕法の見積もりでは、初年度に一三町歩の田地が開発され、その取米は三九〇俵になるとされていた。しかし、実際の初年度の開発田は二町四反で、取米は一〇石三斗、四斗入俵にして二五俵三斗にすぎなかった。また、

【図1】冥加米納高推移

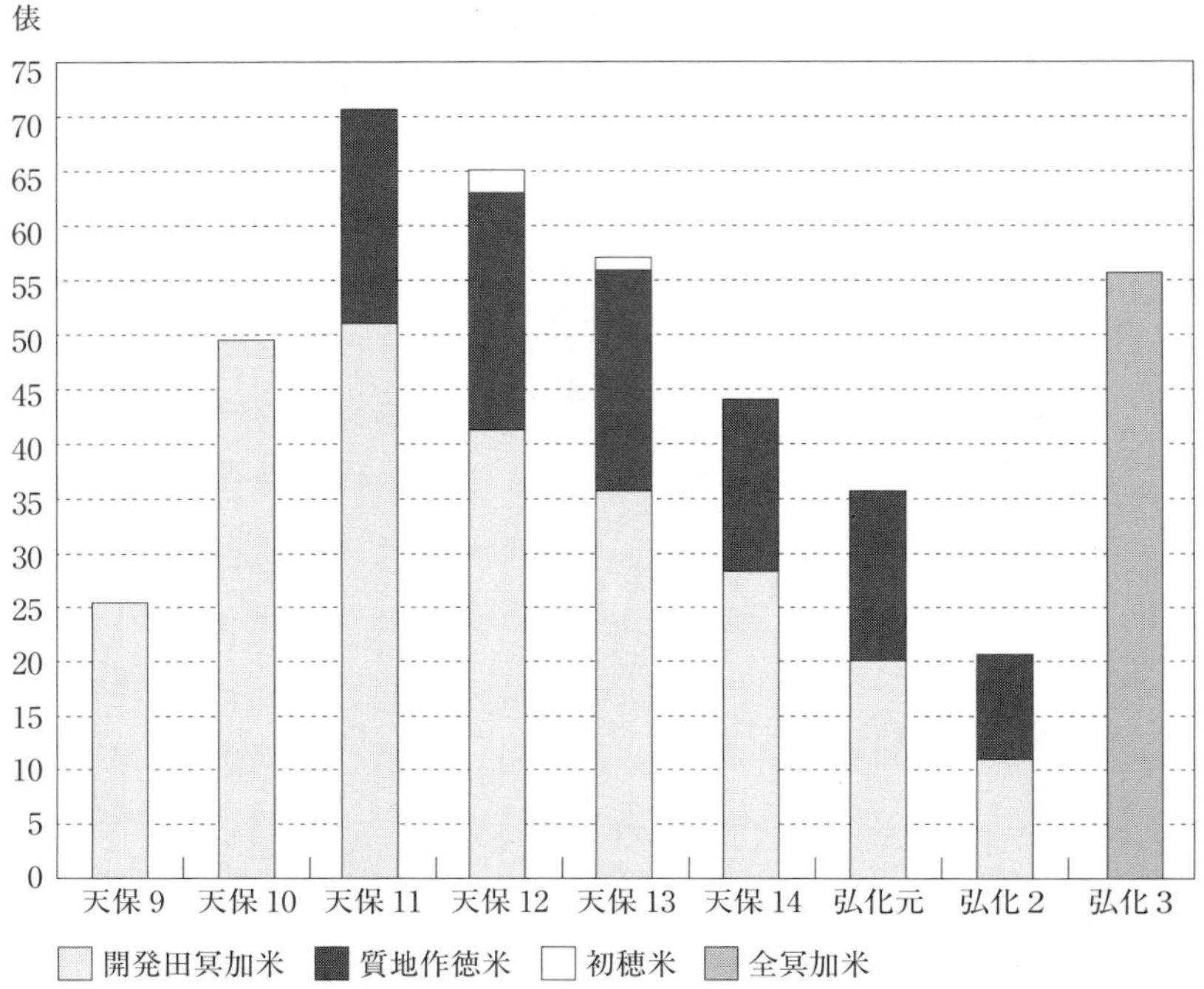


※質地作徳米は天保10年に粕代金14両余の代として青木村へ渡した田地の作徳米。
※弘化3年の冥加米の内訳は不明。　※『二宮尊徳全集』26巻941～951頁より作成。

借入金は一〇二両と見積もられていたが、実際に青木村などから融通された資金は、返済分を差引しても一六三両にもなった。さらに、見込まれた積立金は生まれず、融通された巨額の冥加米永の返済が天保一二年（一八四一）以降の課題となった。

【図1】は下石橋村仕法の開発田からの冥加米収穫量の推移である。天保九～一〇年の間は荒地開発による耕地拡大のため増加がみられるが、荒地開発がとまった天保一一（一八四五）年以降、弘化二年まで急激な減少傾向にあったことがわかる。また、青木村へ質地に渡した田地からの作徳米量の変動とくらべ、開発田からの冥加米の減少が著しいこともわかる。ただ、弘化三年には五五俵余（質地作徳米も含む）まで回復しており、豊凶の差に激しさがある。開発田畑は不安定な耕地であったといえる。

天保一一年の松兵衛の借財整理において開発田の「土地柄悪敷故」新百姓が取続かないことが借財返済の支障となったこと、(34) 弘化末期以降、冥加米上納や仕法の諸施策が「約束」どおり進まない状況にあったことをみた。そもそも当初の計画自体、豊凶や米価変動を捨象し、仕法に過大な成果を期待しすぎたものであったといえる。なぜそのような計画が立てられたのかは不明だが、開発田の質の悪さ、不安定さは、仕法の不振を生み、松兵衛の借財などとなって問題を現したといえる。仕法の結果は当初の見積もりとは大きく異なり、計画どおりには進まなかったといわざるをえない。

また、本来、報徳仕法ではこうした不安定要素をカバーするためにも、領主年貢の「分度」設定による仕法資金の確保があった。しかし、下石橋村仕法の場合、領主の正式の依頼による仕法ではなく、松兵衛を中心とした民間の自主的な仕法であるため、領主年貢に対する「分度」は定められていなかった。

下石橋村および開発地のある諸村の年貢動向については不明であるが、開発地に対する鍬下年季は認められるものの、村の年貢額が「分度」として固定されていないので、村自身、あるいは特に大きな地主とも思われない松兵衛が仕法資金を確保することは困難であったと考えられる。このことが下石橋村仕法の発展に影響を与えたと思われるが、具体的には不明であるため、指摘にとどめざるをえない。

本章では、史料の制約もあって、仕法を経た後の下石橋村や仕法に携わった人々の様子を追うことはできなかった。仕法を経た後の村共同体のあり方の変化や、人々の主体の変容など、報徳仕法が地域や人々に及ぼした影響は、非常に重要な問題であるが、今後の課題とせざるをえない。

## 註

（1）管見の限りでは下石橋村を扱った研究論文はみられない。下石橋村仕法に触れているものとしては佐々井信太郎編『二宮尊徳全集』二六巻（二宮尊徳偉業宣揚会、一九三〇年）における下石橋村仕法の解説、ならびに佐々井信太郎『二宮尊徳伝』（日本評論社、一九三五年）があるが、仕法の発端と二〇町歩を開発した旨を記した概説にすぎない。なお、二〇町歩という根拠は明らかでない。また、宮西一積『報徳仕法史』（報徳文庫、一九五六年）でも触れられているが、佐々井の記述と同内容である。

（2）岡田博「二と三を結んだ人たち」（『かいびゃく』二九巻三・六～一二号、三〇巻一～三・五～一二号、三一巻一～二・四～一二号、三二巻一～六・八～一〇・一二号、三三巻一～五・七～一二号、一九八〇～一九八四年、のち同『報徳と不二孝仲間―二宮尊徳と鳩ヶ谷三志の弟子たち―』岩田書院、二〇〇〇年に改題）。

（3）青木村仕法については本書第五章参照。

（4）栃木県史編さん委員会編『栃木県史　通史編近世二』第一〇章（深谷克己執筆、栃木県、一九八四年）。

（5）舟橋明宏「村再建にみる『村人』の知恵」（渡辺尚志編『新しい近世史4　村落の変容と地域社会』新人物往来社、一九九六年、のち舟橋明宏『近世の地主制と地域社会』岩田書院、二〇〇四年所収）。

（6）寶月圭吾編『日本歴史地名体系九　栃木県の地名』（平凡社、一九八八年）。

（7）『二宮尊徳全集』二六巻九〇四頁。

（8）『二宮尊徳全集』二六巻九〇四頁。

（9）『二宮尊徳全集』二六巻八八六～八九〇頁。

（10）なお、下石橋村以外に下大領村・関根井・笹原新田の荒地も開発対象とされたが、これらの村々の荒地が開発対象となった理由は定かではない。ただ、開発計画の帳面の表紙には「地主組頭松兵衛」と署名されていることから、これらの村々の荒地には松兵衛の所持地があり、それを開発する計画であったとも考えられる。

（11）『二宮尊徳全集』二六巻八九五頁。

（12）『二宮尊徳全集』二六巻八九五頁。

(13)『二宮尊徳全集』二六巻八九四頁。
(14)『二宮尊徳全集』二六巻九〇三頁。
(15)『二宮尊徳全集』六巻（一九二九年）六〇四・六〇五頁。
(16)『二宮尊徳全集』二六巻九四二頁。なお、冥加永は一括して上納しており、畑は共同で耕作されたと思われる。
(17)『二宮尊徳全集』二六巻九一六・九一八〜九二〇頁。
(18)『二宮尊徳全集』二六巻九〇八頁。
(19)『二宮尊徳全集』二六巻九四二・九四三頁。
(20)『二宮尊徳全集』二六巻九一六頁。
(21)『二宮尊徳全集』二六巻九四三・九四四頁。なお、下石橋村開発田からの冥加米と青木村からの借入金の合計が若干合わないが、史料の表記どおりとした。また、青木村からの借入金額一六三両余は、総額一九六両三朱余から、返済された三三両二朱余（天保九年四月の一八両余―同年返済、天保一〇年の一四両余の〆粕代―同年質地請取）を差し引いた額である。
(22)『二宮尊徳全集』二六巻九四四〜九五一頁。
(23)『二宮尊徳全集』二六巻九二一頁〜九二五頁。
(24)『二宮尊徳全集』二六巻九五五〜九五七頁。
(25)石橋町史編さん委員会編『石橋町史　第二巻　史料編下』（栃木県石橋町、一九八八年）一九六頁。
(26)『二宮尊徳全集』二六巻九五三頁。
(27)『二宮尊徳全集』二六巻九五五頁。なお、報徳仕法での旧家再建には仕法へ向けた村の気運を高める意味、あるいは村復興の象徴的意味があったと思われる。駿州御殿場村（静岡県御殿場市）の仕法では仕法開始にあたり、村民の手で名主平右衛門家の借財整理が実施された。それは「旧家に付、是非家名相続為仕度」として多数の村民の拠金によりおこなわれ、尊徳に村民の仕法へ向けた熱意の現れとして認められ、本格的な仕法実施へとつながった（本書第八章参照）。村復興における「旧家」「古来之百姓」再建の持つ意味についても今後検討を深めたい。

(28)『二宮尊徳全集』二六巻九五四頁。
(29)『二宮尊徳全集』二六巻九五四頁。勘右衛門については徳兵衛に続けて「右同断に付、水戸大黒屋兵七方へ、絞粕代金、世話人青木村勘右衛門引請、済方取計、質地新百姓へ相渡為取続申度事」とある。
(30)『二宮尊徳全集』四巻(一九二八年)五八三頁。
(31)『二宮尊徳全集』二六巻九二五頁。
(32)『二宮尊徳全集』二六巻九五一頁。
(33)『二宮尊徳全集』二二巻五三頁。
(34)開発田畑の質の悪さについて、嘉永元年(一八四八)正月八日に下石橋村新百姓自身から、「荒畑起返候より、田畑買請候方余程徳用」と尊徳側近の吉良八郎に語られていた(『二宮尊徳全集』四巻七六一頁、一九二八年)。

# 第七章　藩政改革と報徳仕法
## ――烏山藩仕法にみる報徳仕法と政治文化――

### はじめに

一九八〇年代までの報徳仕法研究を総括した大藤修(1)は、領主行政に組み込まれた報徳仕法を反動的で領主的立場に立つものと性格規定する先行研究について、機械的図式的な階級関係論と批判した。そして、報徳仕法の内在的理解の必要性を訴え、報徳仕法を「徹底して農民の立場」に立ったものと評価し、報徳仕法研究に画期をもたらした。ただ、報徳仕法が「農民の立場」に立脚して構想されたとしても、領主の政策として実施しえたのは、たんに財政的便宜からだけでなく、尊徳が訴える仕法の理念が領主層にも正当なものと認識されたためでもあろう。実際、支配層のなかにも尊徳の教諭を受容し、仕法を積極的に推進した人々がいた。また、「領主的立場」も決して一枚岩ではなく亀裂が存在した。

それゆえ、報徳仕法の理解には為政者側の報徳仕法の受容・主体形成も視野に入れ、広く「政治文化(2)」の問題として近世社会に位置付けた検討が必要となろう。また、関連して近年、近世中期以降の藩政改革における「仁政」実践主体の認識の藩主から民政担当者・村役人への下降や、為政者・村役人層の「改革主体」としての思想形成が明らかにされつつある。[3] 幕藩制解体期の「改革」運動である報徳仕法においても、それらの研究を踏まえてその実践主体の形成をみる必要があろう。本章はかかる問題意識から北関東の譜代小藩烏山藩の報徳仕法を素材に、藩政改革における報徳仕法の意味を検討したい。

さて、烏山藩仕法の先行研究には長倉保[4]の研究がある。長倉は仕法が中断・再生・停廃と変動した基因を藩の「分度」未確立に求め、その背景に江戸入用を優先し、領内豪農商に吸着した藩の財政運営を指摘した。そして、かかる財政運営を進める立場と窮民撫育を基調とする報徳派との政争を描いた。ただ、報徳派家老である菅谷八郎右衛門の治者としての「階級的自覚」の存在を指摘し、そこに報徳仕法の「体制転換への展望を持ちえない限界」を見出し、それを仕法が不徹底に終わった本質的な理由とした。

長倉の研究の問題は大藤修が指摘したように、[5] 報徳仕法をめぐる藩内対立を指摘しながらも、報徳仕法の意味を復古的反動的な試みに収束させたところにあろう。報徳仕法が当該期に持った多様な意味を理解するためには限界論的評価に終始せず、報徳仕法の理念やそれを担った人々にとっての意味に即した検討が必要であろう。

そこで本章では以下の点に留意して検討を進めたい。

一つは仕法実施以前の藩政と報徳仕法の比較である。長倉保は報徳仕法を「窮民撫育」を基調とした政策転換と評価したが、両者の違いを明確にすることで報徳仕法の特質がみえてくると思われる。

二つめは報徳仕法に参加した協力者とその動向である。長倉は藩領を越えた仕法協力者の存在に触れてはいるが、彼らが仕法に持った意味や彼らにとっての仕法の意味は検討していない。領域を越えたネットワーク的活動は報徳仕法の特徴であり、その検討は不可欠である。

三つめは仕法挫折の契機と藩内対立激化の背景である。長倉の指摘のとおり仕法の変動の基因は豪農商に吸着した藩の財政運営にあるが、具体的に何が契機となり、なぜ藩内対立が激化したのか、その検討から藩内における報徳仕法の意味の一端がうかがえよう。

最後に尊徳や菅谷の言説にみる報徳仕法の論理である。これは菅谷の主体形成とともに、長倉が指摘する彼の「階級的自覚」の内実に迫り、報徳仕法を近世の「政治文化」の問題として俎上にあげる基礎作業ともなろう。

# 一　報徳仕法実施以前の烏山藩政

## 1　烏山藩の荒廃と財政

烏山藩は享保一一年（一七二六）、小田原藩大久保氏の分家、大久保常春の野州烏山（栃木県那須烏山市）二万石の拝領にはじまる。常春は翌年五月に老中職に就任し、相州領一万石を加増、都合三万石を領することになった。しかし、その後、藩領は急激に荒廃し、文政一〇年（一八二七）の野州領の人別・収納は、享保一一年の約半数になっていた【表1】。

烏山藩の荒廃過程の詳細は不明だが、明和七年（一七七〇）二月には、「年来御勝手御不如意」、「人別年々ニ減じ、田畑荒地手余り等相募、御収納高凡六千俵余相減」と述べる触書が出され[6]、天保八年（一八三七）には「天明之度、凶作より際立及衰弊候」[7]と認識されていた。烏山藩の荒廃は一八世紀後半以降に激化していったことがうかがえる。

次に藩財政をみると、文化八年（一八一一）の江戸勝手の支出総額は六八六七両で、収入

**【表1】野州人別・収納米金変遷**

| 年 | 人別（人） | 指数 | 米納高（俵） | 指数 | 永納高 | 指数 |
|---|---|---|---|---|---|---|
| 享保 11（1726） | 18,774 | 100 | 24,674 | 100 | 716 貫 839 文 | 100 |
| 寛政元（1789） | 12,947 | 68 | 13,649 | 55 | 576 貫 958 文 | 80 |
| 文政 10（1827） | 10,624 | 56 | 10,707 | 43 | 487 貫 329 文 | 67 |
| 天保 6（1835） | 10,165 | 54 | 95,111 | 38 | 468 貫 424 文 | 65 |
| 天保 7（1836） | 10,031 | 53 | 4,380 | 17 | 228 貫 813 文 | 31 |

※長倉保『幕藩体制解体の史的研究』（吉川弘文館、1997 年）表 1 より作成。

【図1】文化8年烏山藩江戸勝手収支内訳

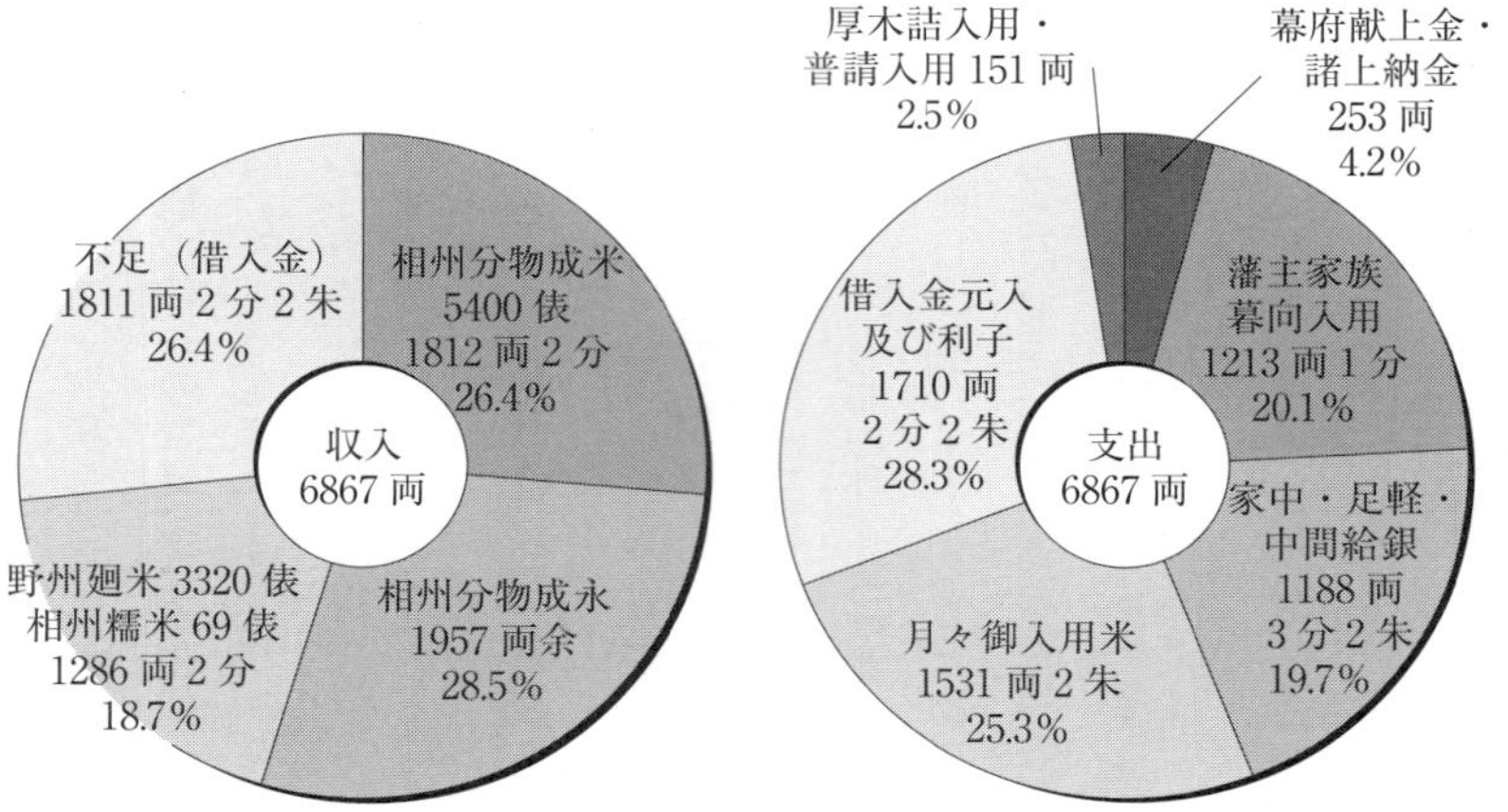


※長倉保『幕藩体制解体の史的研究』（吉川弘文館、1997年）表2より作成。

【図2】天保9年烏山収納米使途内訳

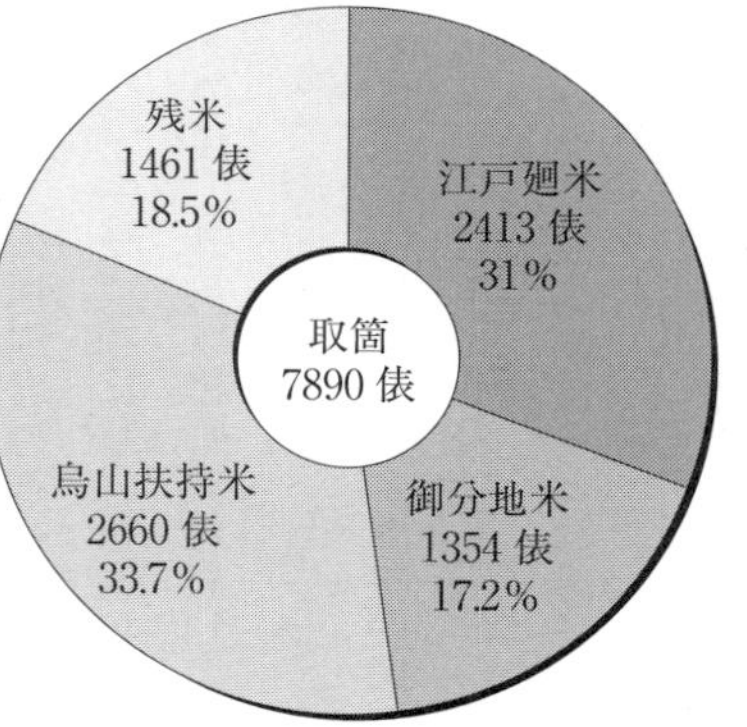


※「戌従十月十二月迄御積調帳」（『二宮尊徳全集』24巻712～714頁）より作成。
※俵未満は切捨てのため総計は若干あわない。

は相州領年貢米永と野州領からの廻米で賄われたが、一八一一両が不足した【図1】。不足は借入金で補填されたと思われ、借入金の元利返済は支出項目中最大の約二八％（約一七一〇両）を占めた。

一方、時代は下るが天保九年の野州領収納米をみると、収納高七八九〇俵のうち三一％が江戸廻米、約一七％が分家への分地米、(8)約三三％が国元詰藩士の扶持米にあてられた【図2】。そして、残り約一八％一四六一俵の代金一〇二八両余に畑方永等を加えた計一八三二両余が烏山勝手の財源とされたが、その大部分は借財返済にあてられ、さらに三七四八両余の不足が見込まれた(9)。

これらから、江戸勝手優先のもと、借財に大きく依存した烏山藩の財政運営がうかがえる。天保八年までの累積債務額は二六七四五両余で、利子を年一割としても文政一〇年～天保七年の年平均収入四〇七〇両余の六割以上になり、収支均衡は崩壊していた(10)。そのため、天保期には「口々金主方御不義理に相成、融通之道一切塞候(11)」という状況に陥っていた。かかる金融閉塞は借財への依存度が大きいだけに藩の財政運営にとって致命的な意味を持ったといえる。

## 2　報徳仕法以前の藩政

烏山藩の領内荒廃対策は、明和六年の領民の江戸奉公禁止、安永元年（一七七二）の倹約令、同八年の出生児への米給付による出産奨励など、一八世紀後半から確認できる(12)。また、寛政五年（一七九三）には領内へ心学普及を試み(13)、同八年には郷蔵による貯穀制度を実施、このころに入百姓も導入された。これらの政策は近隣幕領の政策にならっていた(14)。

しかし、寛政一一年一二月と翌年正月、烏山藩領村々は荒地開発と百姓相続の資金の拝借を幕府勘定奉行に駆込訴で出願しており、藩の政策の財政的裏付けの薄弱さがうかがえる(15)。その後、享和三年（一八〇三）、藩は村々の訴えにより荒地の年貢を五年間免除した(16)。しかし、これは「是より御収納高相減候(17)」と、のちに藩の収入減の画期と認識された。また文化三年、前年に家督相続した藩主忠成は、人別増加策として出生児の藩主による命名などを実施し、領内復興に意欲をみせた(18)。しかし、同年、荒地の年貢免除にもかかわらず生田畑の手余りを申請する村があるとして、以後の手余地を認めない触書も出されている(19)。当時、荒地対策として年貢免除のみではその効果は限られていたと思われる。[20] そして、藩主の出生児命名も文政二年に廃止された。

一方、財政政策としては、文化七年に三年間の「非常之御倹約」が確認される。[21] また、同一〇年に国元詰の若林兵左衛門が家老職に就任、「積金運米等」に功があったが、同一四年には「最早格別之手段モ有之間鋪」として依願休息となった。[22] その後、文政二年、笠間藩出身の石井平右衛門に「江戸御勝手執法」が委任され、同五年一二月には相州領愛甲郡厚木村（神奈川県厚木市）の商人から二千両の調達に成功した。[23] 次いで文政七年二月には「地方かうしゃ《（巧者）》」[24] として登用されていた児玉郡次兵衛が家老に抜擢された。しかし、同年一二月七日、相州領高座郡田名村（神奈川県相模原市）百姓の門訴により児玉は蟄居、のちに出奔した。門訴の詳細は不明だが、児玉と同時に失脚、自殺した谷登次兵衛は「不正之筋」が噂されていた。両人とも用金調達に関わっており、これに関連した不正が糾弾されたのであろう。

この後、藩財政を専管したのが江戸詰家老の大石総兵衛であった。大石は文政九年春、相州領中に江戸勝手賄の世話を依頼、九月には烏山領中へも烏山勝手賄の世話を依頼し、常陸国那珂郡鷲子村（茨城県常陸大宮市）の豪農薄井友右衛門を金主の後ろ盾とした。また、その間の六月には家中の六〇歳以上に隠居を命じ、八月には面扶持を実施する「厳法」を施行した。面扶持とは禄高に関わらず藩士の家族の年齢・人数に応じた扶持を支給し、財政支出削減をはかるものである。[25] さらに、翌年、藩主忠成は高齢のため大坂加番勤務に支障があるとして嫡子忠保に家督を譲った。烏山藩はこれまで大坂加番を数多く勤め、勤務のため幕府から支給される合力米は藩の貴重な財源となっていた。

その後、文政一二年四月に「厳法」継続が布達、さらに、天保四年七月にも面扶持の継続、諸向の切詰め、虚礼廃止、家中拝借金の停止、家中による荒地開発、妻子の内職奨励などを内容とする五年間の「厳法再生」が布達された。[26]

以上、報徳仕法以前の烏山藩政をみた。荒廃対策は近隣の幕領代官にならっていたが、財政的裏付けが不十分で、荒地の年貢免除にとどまるなど、積極的な政策とはいえなかった[27]。一方、財政政策も倹約や人件費削減などの緊縮財政＝「厳法」と、領内外の豪農商に吸着した勝手委任や用金調達が繰り返され、領内を一層疲弊させる矛盾に陥っていた[28]。そのため、藩は「上下御危難[29]」の手詰まり状態にあった。

## ３　天保の打ち毀し

天保四年一一月一七日、城付領三郷のうち東郷の者が烏山城下へ押し寄せ、酒屋・穀物商ら六軒を打ち毀した[30]。発端は米売却要求を拒否した酒屋からの米の研ぎ汁の発見であったという。翌日も酒屋が打ち毀され、天性寺山には西郷の者が参集し、城下の金井町から打ち毀す計画が相談された。金井町には「食ニ飢候もの」がおり、「一日くらし之もの穀屋ニて米売不申故うえ《(飢)》」ていたという。また、打ち毀し勢は①酒屋停止、②年貢半納、③領主頼母子御免、④菓子屋停止、⑤饅頭屋停止、⑥米一石一両替、⑦煙草秤の新調、⑧雑穀の組合弁納停止、⑨目明しである三河屋忠兵衛の領分追放の九ヶ条を要求した。

　これら打ち毀しの発端・要求から、町・在に多くの「一日くらし之もの」が存在し、凶作にともなう食糧の高騰・不足・売り惜しみによる彼らの生活への圧迫が騒動の主因であることがわかる。しかし、年貢半納や領主頼母子御免といった藩の収奪への批判も存在し、従来の藩政のあり方も問われていた。ここに報徳仕法導入へいたる藩政転換の背景があった。

　一一月二三日、藩は酒造停止令違反として酒屋を処罰、翌日、村々役人・百姓惣代を呼び出し、「向後大勢申合願ヶ間敷儀仕不申」旨の請書を提出させた。そして翌年五月二八日、打ち毀しの頭取四人を所払いにして終息をはかった。

## 二　報徳仕法の導入と展開

### 1　天保飢饉と報徳仕法の導入

打ち毀しの頭取処分とほぼ同時の天保五年（一八三四）五月二五日、藩は新田帰発掛を新設し、二人をこれに任命した。[31]七月には国元詰の菅谷八郎右衛門が家老に就任、新田帰発掛が九人に増員された。[32]また、天性寺円応に新田帰発世話を命じ、荒地開発と新百姓取立を委任、八月には郡方役所から新田帰発掛が分立して新田役所（帰発方）が新設された。[33]さらに、一〇月には地米問屋を設置して無株者の米穀直買を禁じ、領内の米穀流通の把握と米穀払底の抑止をはかった。[34]これら一連の政策から、藩は打ち毀しを受けて、新田開発による国元の復興と米穀の増産・確保を一層重視するようになったことがうかがえる。

そこで抜擢されたのが菅谷と円応であった。円応は文政期に仙台領衣川（岩手県奥州市）から移住した「耕作之道甚功者」な僧侶で、衣川時代に荒地開発の実績を有していた。また、円応と菅谷は「師檀之中、別て致入魂」す間柄であり、円応は菅谷の仲介で文政一一年（一八二八）、に七年間の荒地開発計画を進め成果をあげていた。[35]

さて、天保七年は再び凶年となり、烏山領では「在中之様子甚不作にて、取入一切有之間敷」[36]状況になった。菅谷は天明飢饉以上の危機と悟り、江戸へ向かう途中、九月二三日、野州桜町領（栃木県真岡市）へ寄り二宮尊徳と面談した。菅谷は文政末年に下男の話から初めて尊徳の情報を聞き、その後も桜町仕法の情報を得て「烏山にても右様之御趣法、御取行有之度」[37]と思っていた。そして、天保七年九月初旬に円応が尊徳と面談して仕法帳面を借用、菅谷はこれを一覧して「古今無之良法」[38]と感銘を受けていたのである。

菅谷は尊徳と面談し、「此人に相任候は、当年之飢饉救遂可申」と確信、二七日、江戸で報徳仕法導入を説き、一〇月四日、尊徳への仕法依頼が決定された。そして一一月二日、菅谷は藩主直書を携え尊徳に正式に仕法を依頼した。(39)

## 2　窮民救助

仕法依頼を受けて尊徳がまず実施したのが窮民救助であった。本来、報徳仕法は藩の収支を調査し、財政分度を設定して実施すべきだが、飢饉のため「其民為及饑渇候ては、無詮儀、依て致順逆候得共、調之儀は差措、先御救助之方取行候外有之間敷」(40)として実施されたのである。

そして、天保七年一一月二六日から翌年六月二四日まで、尊徳により窮民撫育米が続々と烏山へ送られた【表2】。その送付元は報徳仕法実施地域の村々・人々であり、窮民撫育米の輸送はそれまでの報徳仕法の広がりや協力者の存在を前提に実現したのである。この窮民撫育米は金にして二三八九両一分二朱余にのぼり、うち一二〇〇両が「窮民撫育料並帰発用水普請入用種籾勧農料之分」(41)として烏山藩仕法の財源となった。

さて、窮民撫育米により実施された窮民救助策は、①「極困窮者」への施粥、②「其次之困窮者」「中難之者」（以下、「中難者」）による荒地開発である。

①は天性寺境内に御救小屋を建て、一二月から翌年五月まで「極困窮者」に一日二合を施粥したものである。これにより一日に烏山城付領の人口の約一割にあたる「七八百、及千人余」ぶ窮民が施粥を受けた。また、小屋引払時には「小遣銭」「農事に取附候迄之糧」が支給された。(42)

②は中難者に一反につき開発賃一両一分で荒地を開発させるものである。(43)彼らは「年柄故哉、農間商売、或は日雇

## 【表2】窮民撫育米等送付元一覧

| 関係仕法 | 送付元 | 窮民撫育扶持米（天保7年11月26日～8年2月23日） | 窮民撫育扶持米（天保8年2月23日～6月24日）・古米 | 種籾（天保8年3月8日～18日） | 稗（天保7年12月23日～8年3月26日） |
|---|---|---|---|---|---|
| 桜町仕法 | 横田村 | 46石1斗3升1合 | 24石6斗8升7合 | 37石2斗 | |
| | 物井村 | 16石2斗8升 | 2石4斗4升2合 | | 4石8斗 |
| | 下物井村 | 24石1升3合 | 3石6斗6升3合 | 8石4斗 | 43石2斗 |
| | 西物井村 | 29石7斗1升1合 | 2石4斗4升2合 | | 13石2斗 |
| | 東沼村境組 | 12石6斗1升7合 | 8斗1升4合 | | |
| | 東沼村和田組 | | 30石6斗2升7合 | 44石4斗 | |
| | 横田村久蔵 | 11石3斗4升 | 15石5斗 | | |
| | 下物井村繁治 | | 8斗4升 | | |
| | 下物井村岸右衛門 | | 4石4斗7升7合 | | |
| | 西物井村十右衛門 | | 8斗2升 | | |
| | 西物井村周右衛門 | | 4斗7合 | | |
| 桜町領河岸 | 中里村河岸問屋 | | 4斗7合 | | |
| 下高田村仕法 | 高田村太助 | 5石4斗 | | | |
| | 高田村繁右衛門 | | 16石8斗 | | |
| | 下高田村 | | | | 8石4斗 |
| 青木村仕法 | 青木村 | | 37石3斗8升 | | |
| 斎藤家仕法 | 羽方村 | | 1石6斗 | | |
| | 門井村 | | 3石2斗 | | |
| | 斎藤鍬太知行所 | | 82石6斗6升6合 | | |
| 谷田部藩仕法 | 大島分茂木収納米 | | 3石7斗6升 | | |
| 協力者 | 阿部品村栄蔵 | | 8斗5升 | | |
| | 西沼村丈八 | 11石9斗3升3合 | 7石4斗7升 | | 10石8斗 |
| 不明（仕法実施村々の年貢米か） | 御年貢米・村々御年貢米 | 16石2斗8升 | 25石2斗 | | |
| | 年貢米御蔵より | 12石6斗 | | | |
| | 御年貢寄米 | | 4斗7合 | | |
| | 村々御年貢古米 | | 20石3斗5升 | | |
| | 村々御年貢糯米 | | 8斗6升 | | |
| | 不明 | 49石8斗8升 | | | 62石2斗 |
| 計 | 石高 | ※235石8斗2升5合 | ※282石6斗6升9合 | 90石 | 142石6斗 |
| | 代金 | 786両 | 1237両1分 | 195両2分2朱 | 178両1分 |

※計算があわないが原文のままとした。朱未満切捨て。『二宮尊徳全集』24巻 p1170 ～ 1174より作成。

※「協力者」とは仕法実施村の村民ではないが、仕法事業に協力した実績のある者

奉公稼一切無御座、十方に暮罷在候」[44]者であり、いわば雇用創出と荒地開発を兼ねた施策といえる。この資金は各村の入札で選出された世話人に貸付けられ、これで中難者を雇い、荒地開発が実施された。世話人は村役人や苗字を持つ者が多く村内上層民といえる。三〇〇両がこれに投じられ、二四町余の田畑を開発、開発地は五年間の作り取りが認められた。長倉保はこの開発を「共同体としての援助を促し、（中略）冥加金の返済を確実なものとする一石二鳥の方式」と評価する[45]。しかし、むしろ報徳金を媒介にして富者に貧者を救済させる施策といえ、富者が共同体で果たすべき融通・合力を仕法により引き出そうとしたといえる。これらの仕法初発の窮民救助により烏山藩領では「壱人も飢倒、或他へ出候者無之」という成果を得た。

## 3　烏山前期仕法の展開――開発事業とその実態

天保八年正月、菅谷は代官らと廻村し、「上下一致之精力を以、人別荒地共昔に返り候様致し度」と呼びかけ、荒地開発や水利施設の普請など本格的な仕法が開始された[46]。四月八日には菅谷は「村々帰発も追々出来、弥人意宜候間、此段は御安慮可被下候」[47]と尊徳に報告している。また、「御仁恵を致感服、領内村々厚志之もの」[48]の報徳加入金の拠金もみられ、仕法への共感の広がりがうかがえる。

九・一〇月には奇特人や取締の良好な村の村役人の表彰を実施[49]、一二月にも報徳金三〇〇両が勧農料として領内に投じられた。これは「村方極難之者共、夫々取続、御百姓出精相成候様」とするのが目的で、天保七年に選ばれた世話人と村役人らが借り受けた[50]。拝借証文に「御返上納之儀は、私共引受」とあり、村内上層民である彼らが返納の最終的な責任者となった。興野村上郷では五両が世話人らに融資され、これを村内の四人に貸付けたが、年賦が滞った場合は「世話人・役人ニ而相弁候」ことになっていた[51]。ここでも富者の融通・合力を引出す仕組みがとられている。

天保九年正月、勧農方役人が一五人から二二人に増員され[52]、同二二日には桜町領の久蔵、二六日には同岸右衛門と破畑一〇人ほどが烏山に派遣された[53]。次の史料は天保九年三月一四日付の尊徳宛大久保金吾（国元詰家老大久保次郎左衛門子息）書状であるが、開発の様子がうかがえる。

（前略）岸右衛門・久蔵、外に青木村勘右衛門・真岡御領丈八等為越候て、荒地帰発・用水・悪水・溜普請等、厚世話いたし呉、岸右衛門儀は別て万端引受、村々教諭等行届、追々人気相進み、出精仕、まづ御領分六七分は、御趣法にもとづき候様罷成、一同安心大慶至極、難有儀奉存候、大桶村之儀も初発溜普請に取懸、岸右衛門丹精にて早速出来仕、村役人小前迄格別に出精之様子に罷成、其外村役人役給を差出し、村為に取計候村方も有之、色々寄（奇）特人墳（憤）発仕、荒地帰発等村にて出精仕候に付、御家中之者共此節は堤道橋普請之方へ手伝に罷出、日々大勢之事故、興野村・上境村堰普請等も、半分は御家中之手に出来仕候、追々上下とも人気相進み、実忠を竭し、御趣法被行候儀、全御蔭と難有奉存候、何事も岸右衛門能々世話いたし候間、安心仕候（中略）、家中在町共御趣法身に染参り（後略）[54]

桜町領の岸右衛門・久蔵、青木村（茨城県桜川市）勘右衛門、西沼村（真岡市）丈八らが諸普請を世話し、領民は村役人から小前まで出精、藩士も手伝い「上下とも人気相進」み、「家中在町共御趣法身に染参」る状況がみられる。同日付の尊徳宛菅谷書状も「岸右衛門・又兵衛・久蔵、何れも厚く御助力有之」、「青木村勘右衛門・丈八抔取扱を以普請、一同蘇生之心地」、「大桶村・白久村は久蔵・又兵衛出張被呉、小前一統星を頂き出精」と報告している[55]。四月には岸右衛門・久蔵と相模国足柄下郡飯泉村（小田原市）から出稼ぎに来た又兵衛[56]は「御徒士格」となり、「時々致廻村、御趣意之処説為聞可申候間、万端差図ヲ受執行可申候」と村々に廻状が出された[57]。彼らはみな他領の報徳仕法実施地域の協力者であった[58]。

次に彼らの具体的な働きをみよう。天保九年一〇月、久蔵は新田方・勧農方の役人へ願書を提出し、大桶村（那須烏山市）開発地の収穫の報告とともに、「右荒地より生じ候新穀を以、当村内帰発残田畑之儀は不及申上、溜井用水悪水堤普請、其外極難屋根替・分家御取立何分難被置御捨、窮難之廉、御見分之上、早速御普請被仰付被下置候様」と願い出た[59]。彼は「大桶村帰発世話方」として開発を指揮し、開発状況の報告と現場の問題を提起する立場にあった。また、久蔵・又兵衛は「大勢人数を雇い入」れて開発しており、尊徳は彼らに「破畑人足賃銀積り方」を命じている[60]。彼らは開発現場で必要な人足と賃銀を見積もり、大勢の人足を雇い入れて開発にあたっていた。天保九年度の帰発料（開発料）八三〇両余のうち、約七割は久蔵・又兵衛へ渡されていた[61]。

さらに、開発に従事した人足に注目したい。天保九年の久蔵への褒詞に彼が「其御知行所《（桜町領）》荒地帰発人足引廻方[62]」に携わったとあり、桜町領の人足が烏山藩領の開発に従事していたことがわかる。その一人に天保八年暮に出奔し、翌年四月に桜町領に戻された忠七がいる。彼はその後、「借財返済之ため」、「烏山に罷在て岸右衛門方へ破畑人足に遣ひ呉候様相頼」み、烏山へ行った[63]。烏山での開発には他の仕法実施地域の困窮者救済の意味もあったのである。また、久蔵が破畑人足賃を見積もった大桶村の溜井堤築立には「村方へ引受築立申度」と願いが出され、尊徳は「村方願之通普請相渡し可申候」と指示した[64]。現地の村方での現金収入を見込んだ出願であろう。

以上、烏山藩仕法での荒地開発を検討した。報徳仕法の開発事業は困窮者救済の意味を持ち、本来、救民政策として領主が実施すべき「御救普請」の尊徳の資金・人材による代行といえる。ただ、一藩にとどまらず、藩領域を越えた報徳仕法実施地域の人々への「御救」でもあり、仕法の拡大は彼らにとって稼ぎ場の拡大を意味した。ここに人々を「御趣法身に染参」る報徳仕法の実践主体とし、仕法が広範に受容され、ネットワークを形成し、民衆運動として展開する背景があった。烏山藩仕法もこのネットワークに支えられるとともに支える意味を持ったのである。

## 三　藩内の矛盾と仕法の転換

### 1　仕法の展開と藩内の矛盾

尊徳による飢民救済が始動した天保七年（一八三六）一二月～翌年正月、家老以下全藩士は「粉骨砕身仕、御法相守可申段」の誓紙に連判し、尊徳に提出した(65)。さらに天保八年正月には「窮民御救多分之入用」を憂う藩士一一人が面扶持からの上米を願い出た(66)。家中に仕法へ協力する雰囲気が生まれてきた。天保八年正月五日、昨年末から烏山の開発を見分していた谷田部藩の釜屋次郎兵衛は、「当地御奉行方、此節内外殊之外御丹誠之様に相見、誠に感服」と尊徳に報告しており(67)、藩地方役人の熱心さがうかがえる。

天保八年二月二日、藩主忠保が大坂加番を拝命し(68)、加番合力金から御救金千両を下付する旨が領中へ触れ出された。大坂加番拝命は「窮民取扱宜、右響」によるとされ、菅谷に褒美が下賜された(69)。一方、一二日には大石総兵衛が従来の勝手向きの職務を罷免された(70)。六月には仕法雛形を閲覧した忠保が「実に令感伏候」として、尊徳に「永続之基相建候様精力之儀、偏頼入候」との直書を与え(71)、菅谷は七月二日にこれを烏山城で藩士一同に披露した。

しかし、この間、円応は四月九日に家中渡米が「当七月分一円無之」として尊徳に一三〇俵を無心していた(72)。尊徳はかかる状況を考慮してか、七月五日、大坂加番の合力米代金のうち四一〇〇両余を三等分して、江戸家中貸付御備金・烏山家中貸付御備金・領内荒地帰発料御備金とする計画を提案した(73)。しかし、一六日、大石総兵衛は「彼地（大坂）御借財六ヶ年余捨置候事故、右へも少々宛は訳付ケ不申ば相済間敷と旁、余程之臨時御座候(74)」と難色を示し、郡奉行井上勝次郎も「千三百両程も米買入、既遣ひ捨り、並大坂御借財抔へも右之内振向候儀(75)」と尊徳に報告した。

一方、藩士の窮乏を危惧した菅谷は一〇月一五日、大坂に赴き「両地御家中窮迫之趣」を談判、三〇〇両の家中御救金と二月に「申渡而已」だった領中御救金のうち七〇〇両を引き出した。しかし、領中御救金のうち五〇〇両は「差当日光御借財之方六ヶ敷、無拠其筋へ御差向」となってしまった。なお、九月二日に尊徳は藩に融通した米代金の返済の延引について円応に問い合わせており、すでに尊徳への返済の延滞がみられた。そして、一一月二八日にはその円応が死去した。[76][77][78][79][80]

天保九年正月、円応死去の今こそ「大切之時節」とする危機感を背景に、藩士有志が「御領中年来荒廃之田畠相闢差上、窮乏之百姓共へ被為下置候様仕度」として、荒地開発に従事する旨の連名趣意書を作成した。そして、前述の通り大桶村では藩士が諸普請を手伝い、「御趣法身に染参」る状況がみられた。[81][82]

しかし、五月一二日の谷田部藩士中村勧農衛の尊徳への報告では、「烏山御趣法筋之儀、追々出精之趣に相聞候得共、何分にも埒明兼候哉に奉存候」として「烏山之儀一工風御座候様仕度」と懸念されていた。また、七月一一日には菅谷が「御家中御扶持米無之（中略）、当月之所、取賄方最早術計尽果」、「米金共遠近一体融通無之」と尊徳に訴えた。さらに八月二〇日、中村は「烏山米金繰回し方、帳面等取調候処、何分未埒明兼候趣」を尊徳に報告、「不行届損毛多相成候」と危惧し、指示を仰いだ。[83][84][85]

そして、この間、藩内で「御法替」が議論され、一一月一〇日には大石総兵衛が烏山に入り、大石・大久保次郎左衛門・菅谷・米田右膳の四家老で「金次郎方縺之儀可致如何哉」の寄合が開かれた。仕法をめぐる尊徳との軋轢が議論されたのであろう。この席で菅谷は厳しく批判され、彼は「拙者身分之事は鑠金之時節、兼て致覚悟居候儀、何分御趣法相立可被致」と申し立てたが、一二月二五日、隠居を命じられた。[86][87]

翌天保一〇年は豊年だったが、開発地の収入の大半が借財返済に向けられ、大久保金吾は一〇月九日の書簡で尊徳に「帰発方之儀も、当年御収納にて、不残借財之方へ振向、奇麗に片付、一文無しに」[88]なったと報じた。また、菅谷も「御土台被為立候儀、専御急務に御座候処、（中略）御新借相嵩、当時に至り悉御指支、帰発方御下ケ金も時々相滞候哉之段、粗承知候」として、「昨今漸人意も新たに相成候村方も間々相見候処、御趣法相立不申候節は忽元之弊風に立戻、田畑再荒、弥必至之御窮迫に被為至、御家中御扶助は勿論、自然　御公務にも相拘候様成行可申哉」と危機感を表した。[89]一方、久蔵・又兵衛らが雇う人足への賃銀支給も滞り、尊徳は「賃銀扶持米等相滞候ては、御趣意を相穢申候」と歎き、「破畑人足とも、冬中手透之内に候はゞ格別下直にも出来可申候間、御勘弁ものに可有御座候」[90]と帰発方に申し入れていた。

一一月一六日、尊徳は土台外米が仕法へ向けられない状況を批判し、藩に「若自是後御趣法御執行ひ被遊候はゝ、大桶・片平村抔之通、御趣意に服し誠勤仕候村方は（中略）平均御土台を相立、余米之分久蔵・又兵衛抔へ御渡被成候はゞ、彼等作立候徳米を加へ、一村ツヽも取直し為申度候」と提案した。[91]一村ずつでも藩政の影響を受けずに仕法を実施したいとの提案である。これに対して一二月二六日、大石らは「去ル巳年之違作、其後凶作以来、御収納追々御繰上ケ相成、右に準諸御借財も相嵩、当御収納一切無之」と説明、「無御拠御領地へ御賄之儀被成御頼、目前之危急被成御凌」ことになったとし、「一先ツ御手切」を申し出た。[92]

以上、天保八〜一〇年の藩内の動向をみた。領内村々で仕法への熱意が高まる一方、藩内では天保九年ころから仕法は失速した。また、大石ら勝手方は仕法資金を借財返済に向けたが、彼らは金主への借財返済の停滞がさらなる金融閉塞を招くことを恐れていた。借財に依拠した財政運営の必然といえるが、そのため彼らは「目前之危急」を凌ぐ手立てがつけば藩内での発言力を強め、尊徳に「御手切」を申し出るにいたるのであった。

## 2　仕法収支の動向

ここで仕法が実施された天保八〜一〇年度までの仕法資金の収支状況をみておきたい【表3】。

まず収入をみれば、①平均土台外米と開発地の収穫である帰発田取付米が凶年の天保九年度を除き、収入の三五〜五〇%近い割合を占め、重要な仕法資金となっている。また、②領民らが拠金する加入金も一〇%前後の割合を占める。次に③返納金をみると、初年度の金額が大きいが、これは前年度の御救帰発料や勧農料の返納である。天保九年度からは報徳貸付金の返納金約七〇両が加わる。貸付金の返納で仕法を再生産する流れがわかる。④借入金は初年度の桜町領からの三〇〇両が大きく、天保九年度は凶作による収入減の補塡のため増大している。

次に支出である。①仕法の眼目である開発事業は、初年度は総支出額の約二五%、天保九年度は四一%と、その比重を高めるが、天保一〇年度には五%に激減する。また、②村・領民に融通する報徳貸付金も初年度は支出の一五%を占めたが、次年度から急減する。開発・融通など村・領民に還元される事業の割合は減少した。そして、これと逆の傾向を示すのが、③借財返済と④土台外勝手への貸付けである。特に土台外勝手への貸付けは、本来仕法事業に投入されるべき資金の勝手への流用を示す。仕法は村落復興から藩財政補塡へと意味を変質させていったのである。

しかし、仕法中断中の天保一一〜一三年には普請費用が皆無で、借財返済と土台外勝手への貸付が支出の九割以上を占めることをみれば、仕法実施中は不完全ながらも従来的な財政運営に歯止めがかけられていたことがわかる。

| 天保11年度 | | 天保12年度 | | 天保13年度 | | 天保14年度 | |
|---|---|---|---|---|---|---|---|
| 両－分－朱 | % | 両－分－朱 | % | 両－分－朱 | % | 両－分－朱 | % |
| | | | | | | | |
| 54－2－0 | 14.0 | | | 65－1－1 | 15.2 | | |
| 181－1－3 | 46.5 | 259－3－0 | 62.6 | 258－3－0 | 60.5 | 279－0－0 | 45.1 |
| | | | | 0－2－0 | 0.1 | 23－3－2 | 3.8 |
| 153－2－0 | 39.4 | 154－3－1 | 37.3 | 102－1－3 | 23.9 | 96－3－0 | 15.6 |
| | | | | | | 210－1－0 | 34.0 |
| | | | | | | 7－1－2 | 1.1 |
| 389－1－3 | | 414－2－1 | | 427－0－0 | | 618－0－0 | |
| | | | | | | 194－2－0 | 31.6 |
| | | | | | | | |
| 132－2－3 | 34.0 | 122－3－1 | 29.6 | 60－0－0 | 14.0 | 53－0－0 | 8.6 |
| 235－1－1 | 60.4 | 256－1－3 | 61.8 | 367－0－0 | 85.8 | | |
| | | | | | | | |
| 21－1－0 | 5.4 | 32－0－0 | 7.7 | | | 67－1－0 | 10.9 |
| | | | | | | | |
| | | 3－1－1 | 0.7 | | | | |
| | | | | | | 2－0－0 | 0.3 |
| | | | | | | | |
| | | | | | | 0－2－0 | 0.08 |
| | | | | | | | |
| | | | | | | | |
| | | | | | | 78－0－0 | 12.7 |
| | | | | | | 136－0－2 | 22.2 |
| | | | | | | 43－2－0 | 7.0 |
| | | | | | | 72－1－2 | 11.7 |
| | | | | | | 24－0－0 | 3.9 |
| 389－1－3 | | 414－2－1 | | 427－1－3 | | 613－3－0 | |
| | | | | | | 4－0－2 | |

**【表3】仕法金収支内訳**

| | 名目 | 天保8年度 | | 天保9年度 | | 天保10年度 | |
|---|---|---|---|---|---|---|---|
| | | 両－分－朱 | % | 両－分－朱 | % | 両－分－朱 | % |
| 収入 | 繰越金 | | | 42－1－2 | 1.9 | 127－1－2 | 9.0 |
| | 平均土台外米 | 553－1－3 | 24.5 | 147－1－2 | 6.9 | 461－1－1 | 32.6 |
| | 帰発田取付米 | 226－0－3 | 10.0 | 166－3－2 | 7.8 | 226－1－1 | 16.0 |
| | 加入金 | 341－2－0 | 15.1 | 164－3－3 | 7.7 | 178－1－2 | 12.6 |
| | 返納金 | 620－2－3 | 27.5 | 241－2－3 | 11.3 | 186－3－0 | 13.2 |
| | 借入金 | 424－3－3 | 18.8 | 1328－2－3 | 62.4 | 125－3－1 | 8.8 |
| | その他 | 66－2－1 | 2.9 | 2－2－0 | 0.1 | 115－0－2 | 8.1 |
| | 計 | 2256－1－0 | | 2127－0－1 | | 1413－3－2 | |
| 支出 | 帰発料用水堰溜普請 | 551－3－1朱 | 24.9 | 831－0－0 | 41.5 | 74－0－1 | 5.4 |
| | 新田帰発入用返済＊ | | | 40－1－2 | 2.0 | 40－1－2 | 2.9 |
| | 借財返済 | 125－2－3 | 5.6 | 667－0－3 | 33.3 | 541－2－2 | 39.5 |
| | 土台外御勝手へ貸 | 553－1－3 | 25.0 | 207－1－2 | 10.3 | 509－3－2 | 37.2 |
| | 米代金御勝手より返金分 | 300－0－0 | 13.5 | | | | |
| | 報徳金貸付 | 334－0－3 | 15.0 | 40－3－2 | 2.0 | 3－0－0 | 0.2 |
| | 種籾貸付 | 9－2－3 | 0.4 | 9－1－2 | 0.4 | 8－2－3 | 0.6 |
| | 片平村新百姓扶食貸 | | | | | | |
| | 天性寺被下金 | 47－2－0 | 2.1 | | | | |
| | 御救被下金 | | | 43－1－1 | 2.1 | 168－1－3 | 12.2 |
| | 奇特者被下金・褒美 | 31－1－0 | 1.4 | 2－3－0 | 0.1 | | |
| | 起発場上納米桜町へ | | | 4－0－3 | 0.2 | | |
| | 村々上納過割戻し | | | 2－1－2 | 0.1 | | |
| | 諸雑用・駄賃ほか | 249－2－3 | 11.2 | 144－2－2 | 7.2 | 20－1－1 | 1.4 |
| | 扶持米代 | | | | | | |
| | 掛一同渡物 | | | | | | |
| | 真岡出張入用 | | | | | | |
| | 又兵衛下金 | | | | | | |
| | 計 | 2213－3－1 | | 1999－2－2 | | 1369－2－0 | |
| | 差引 | 42－1－2 | | 127－1－2 | | 44－1－2 | |

※『二宮尊徳全集』24巻765～887頁より作成。文以下は切り捨て。

＊新田帰発方入用返済は、天保7年に新田帰発方が借入した報徳金の返済が滞り、仕法金の支出で返済したことを意味する。

# 四　報徳仕法の挫折

## 1「御趣法替」と藩内の抗争

烏山藩の尊徳との「御手切」は、天保一〇年（一八三九）一二月七日に家老らの寄合で議論された(93)。大石総兵衛は相州領へ依頼した勝手賄は、烏山からの廻米が滞れば拒絶されるとして、江戸への確実な廻米を訴えた。江戸入用を優先する勝手方にとって収納米を開発事業に投入する報徳仕法は障害であった。

一方、大久保次郎左衛門はいまだ「桜町之御法立」になっておらず、来春に尊徳の差図次第に「御勝手之御法」を立てるべきと主張した。しかし、大石は自分には当暮の不足分三千両の「凌方手段」があると迫り、結局、仕法中止と領中への勝手委任が決定された。帰発方も「此度の次第非道至極」と憤慨しながらも「勢ひ敵しがたく」大石に従った。ただ、郡奉行・代官らは「御趣法以来漸人気相進ミ、農業も出精いたし候処、又々一統人気相背、如何様之大変相発候儀も難計」と領民の反発を危惧し、退役を覚悟していた。特に代官は「ぢかに取扱候事故、心配当惑至極之様子」で、北郷代官江口定蔵は仕法中止を批判する口上書を提出した。これを受け一二月一〇日、大石は江口と面談し、次のように述べた。

貴様支配村は北郷之儀、大桶・片平両村は久蔵・又兵衛骨折にて別て御趣法被相行、開発も多分出来候事故、村々御趣法に染込居、若違背いたさんも難計、若此度の儀不意に相発し、事立候様成儀有之候ては対　御上不相済儀、依ては村々頭立候もの一両人宛も内々呼出、貴様方役手にて委細に申聞置其上にて表向相発し申度

大石は「御趣法に染込」んだ領民の反発を恐れていたのである。これを聞いた同僚代官らは「一同あきれはて、右

様之儀村々へは難申出」として、結局、仕法中止は「重役衆より直に御達」となった。

翌日、村々の「頭立候役人」に仕法中止が申し渡された。しかし、みな承服しなかった。代官・村役人の反発に直面した大石らは、寄合に出席しなくなった「二宮方」の大久保次郎左衛門を批判、大久保は翌日、藩主に意見書と退役願書を提出した。

一二月一三日、再び村役人らに仕法中止と勝手賄の領分委任が命じられた。しかし、熊田村（那須烏山市）松田孫兵衛らを先頭に「桜町様御趣法にて莫大之御高恩を蒙り、一同難有感服、いまだ高恩の万分の一も報じ奉らす」とまたも承服しなかった。松田は天保四年の打ち毀しの際、村の出口で騒動参加者をとどめたとして苗字帯刀を許された名主である。しかし、翌日の村役人らの寄合で西郷村々の「若二宮様御趣法、是迄通御執行被遊候は丶、来壱ヶ年ハ西郷計にても御勝手之御世話可仕」との発言から風向きが変り、翌一五日、帰発方一同が仕法中止のため罷免された。

結局、仕法は中止された。そもそも尊徳への仕法依頼内容は「御勝手委任」「在所江戸勝手共世話」であり[94]、大石にとって尊徳は勝手賄の依頼先の一つに過ぎなかったといえる。そのため他に有力な依頼先が出現すれば乗り換えられるべきものであったのであろう。

しかし、その過程で大石らと国元の菅谷や代官・村役人らとの間の対立が顕在化したのであった。

## 2　「御勝手御改正」の蹉跌と報徳仕法の行方

天保一〇年一二月、仕法中止により勝手賄が領中に命じられ[95]、翌年正月には一年間の財政計画が作成された。それは、年貢米や畑年貢などの収入から領主の生活費などの必要経費を引き、六七八両余の余剰を見込むものであった[96]。一方、この年の借財返済額は八三〇〇両とされ、帳消し見込みを引いても四八六九両余と見積もられた。さらに、これとは

別に五七六両余の帰発方借財もあり、先の余剰見込みをはるかに上まわる返済額が見積もられた。(97)

しかし、大石は相州領年寄に一〇年間の勝手委任を命じて六〇〇〇両の調達に成功、(98)四月には領中に一五〇〇石の作徳分にあたる一九五〇両を五年間冥加として納めさせ、六年目から永年貢用捨とする「御執法金組立」を実施して乗り切ろうとした。(99)そして、これらを背景に五月二二日、経費削減と家中への十年間の「御借増」を実施する「御勝手御改正」を触れ出した。(100)しかし、早くも七月には「甚之不勝手」、「家中扶持にも差支候程之逼迫」、「只々行詰り候を待居候事」との状態に陥った。(101)一〇月には惣郷惣代が収納米等の不足を申し立て、代官に鷺子村薄井友三郎へ五〇〇両の借用依頼を願い出た。ただ、薄井に借用を断られた場合、「是迄之金主江相響候而は如何奉存候」と他の金主に影響を与え金融閉塞になる危険も同時に訴えていた。(102)さらに、村々は先納金二二〇〇両の上納も断り、「金主方へ返済手段無御座」き事態に陥らせ、(103)藩に揺さぶりをかけた。

一方、尊徳は小田原から野州へ帰った七月以降、仕法金の返済を厳しく迫ったが、大石らは「何分御勘弁可被下候」と懇願するしかなかった。(104)こうして大石の「御勝手御改正」は窮地に陥ったが、一二月一一日、菅谷は無断で尊徳のもとへ行ったことを咎められ、領外追放となった。(105)

翌天保一二年正月、惣郷惣代は①臨時・雑用金の省略、②諸運上・諸収納の村役人への委任、③諸買物や普請材木買上の委任などを条件に、勝手を引請ける旨の口上書を藩に提出した。(106)そして、閏正月、惣郷惣代は薄井に「御返済之手段更ニ無御座」き状況に「何卒御賢慮を以御工夫之程」を求めた。このため翌一三年四月、薄井は「余人へ被成御任せ候は、金主方却て気受も宜く可有之哉」と勝手掛の辞退を申し出た。藩は慰留したが、(107)一方で惣郷惣代は「趣法再興相成候はゞ、借財並勝手向、定用米金共引受」(108)を申し出る駆け引きに出た。七月には菅谷半蔵らが尊徳に「当地之儀も前道相開可申哉之模様も自然相見候歟に御座候」と仕法再開へ向けた藩の空気の変化を報じている。(109)

そして、九月、重役評議で「再御趣法」が決定、[110]一二月、大石は尊徳に面談を求めたが拒絶され、趣法掛を辞退した。一方、菅谷は同月二五日に尊徳の意向で二〇〇石の家老に返り咲いた。[111]翌天保一四年正月、「些之行違出来、暫時及中廃候儀、全令後悔」、「無遠慮趣法筋被申聞候様頼入存候」との藩主直書と、「全拙者共之過申訳も無之」との大石ら藩重役の詫書を尊徳に提出し、仕法は再開された。[112]この年の仕法収支では勝手方への支出がなくなり、帰発料の支出が復活した【表3】。この点で報徳仕法の再生が確認できる。

しかし、尊徳の幕府登用もあり、烏山藩と尊徳の間は疎遠になりつつあった。天保一五（弘化元）年一一月には「当暮、来巳年御暮向御土台御見込通り御取調申候哉」[113]と尊徳は菅谷らに問い合わせており、尊徳に状況が伝わらなくなっていた。翌弘化二年（一八四五）二月二九日の書状で尊徳は菅谷・大久保に「中廃以来于今如浮雲相流居、聢不仕、昼夜心痛嘆息仕居」[114]と訴えたが、その菅谷・大久保も、三月に隠居・御暇となった。[115]そして、九月三日、尊徳は「御仕法万端引渡之儀、五月中御使者而已にて于今相流居、実以困入申候」[116]と大久保金吾に述べており、五月には仕法を藩に引き渡す交渉がおこなわれていた。しかし、その後も藩は尊徳の仕法実施・取纏め・仕法金返済の催促に明確な返答をしないまま、仕法は事実上廃止状態となった。

## 五　藩政改革と報徳仕法の論理

報徳仕法導入以前から烏山藩内には江戸入用優先の財政運営を進める路線と、民政・荒地開発を重視する路線が存在した。そして仕法導入後、その相違は政争として顕在化した。この背景には報徳仕法が江戸の勝手方の財政運営を抑制したことと、国元の藩役人や村役人らの報徳仕法の論理の受容による主体形成があったと思われる。

そこで、烏山藩仕法において尊徳が説いた論理や、その論理を最も受容した一人である家老菅谷八郎右衛門の言説を素材に、報徳仕法の論理の意味を検討したい。

## 1　報徳仕法の民政論

まず、報徳仕法で実践されるべき民政論である。

烏山藩仕法着手にあたり、困窮者による荒地開発が実施されたが、菅谷は荒地開発について次の疑問を抱いていた(117)。

> 野常奥之三国者、古来より唯土地広而已、人別小(少)由承、今開発之事者可必致、殖人別候事は不可有容易之事、殖之道有之ば宜、若殖之道無之ば忽元之荒地と可成

開発しても人口が増えなければ、開発地は再び荒地になるとの疑問である。これに対して尊徳は次のように答えた。

> 抑有其物は其物来、無其物は其物不来、今是蝿之集散に譬、夏之日盆に飯を盛是を出、蝿不申合而忽来集（中略）、是有食は者集、無食は者散（中略）、荒地起返田と成、穀ヲ産出多時は、民之食物豊饒に成、何人之不殖と云事可有哉

窮民救済・荒地開発など仕法事業への資金投下で人が集まり、人別は増加するというのである。菅谷はこの答えに「兼々之疑相晴、如為夢覚」と感銘を受けた。その後、菅谷は文政一〇年（一八二七）～天保七年（一八三六）の「荒地無食時之拾年」と天保八年～弘化三年（一八四六）の「開発有食時之拾年」の人口を比較し、前者が「増年三度減年七度」、後者が「増年七度減年三度」であり、「有食則人増、無食則人減」であることを確信し、「恐て可務者は開発産穀之一事に止候」と荒地開発を第一とする信条を得た。そして、「食者人命之根」であり、「民者国家之本」であることから、開発により根（食）と本（民）が増えることを「国家復古之瑞祥」と考えた。さらに、ここから荒地開

発は菅谷にとってたんなる人別増加や経済政策にとどまらない価値を持ったものとなる。

凡人は以食為天と、出食者は民也、其本之民致蕃殖、食穀豊饒、四海妥安、風化大ニ行レ、男女異道、譲畔路不拾為棄、万民致鼓腹、諸事康哉与唱、於此麟鳳来、甘露降、是為瑞祥、民は根也、祥は花也

すなわち、荒地開発は物質的な豊かさのみならず、倫理的政治的な理想世界をも将来するという、荒地開発を機軸にした民政論が展開されている。

菅谷はかかる観点から、藩の減収の画期とされる享和期の荒地の年貢免除を「上是丈之御損有之候得共、下に是丈之御救有之、莫太之　御仁政、易ニ損上益下之道理、是丈之御救無之候は、今に至り人別何程減可申哉、此御損より致倍々候御損来可申」と評価し、この時に尊徳に仕法を委任できていたらと歎くのである。菅谷は報徳仕法の荒地開発論から、「上」の「御損」が「下」の「御救」となる「損上益下之道理」が藩を建て直すとの「仁政」論を会得した。

## 2　報徳仕法の治者論

次に報徳仕法で求められる治者像を検討したい。

天保七年一一月、菅谷は桜町領の尊徳に仕法依頼を相談した際、尊徳より「取扱候者覚悟第一候」として、「寸善尺魔」「種々故障」「退役又は隠居被申付」があっても「趣法之道、是非行可申」き覚悟を持つことを迫られ、次のように答えた。

拙者は元主人に代、預領分居候身分、今日数千人之命救助候は、仮令翌之日如何様之災難来候共、少も厭不申、譬ば飼置犬之如、盗人来時、縁之下に隠て如不吠、其役に居て、不堪其役、致死元より其分也

「数千人之命救助」を「役」とする「預領分居候身分」たる国元詰の家老としての強烈な身分意識と決意がうかが

えるが、報徳仕法は窮民撫育の実践者たる治者としての強固な主体性を要請したといえる。

また、尊徳は天保八年六月、大石・菅谷両家老へ提出した帰発田取付反別帳に「人を増候儀は、食を足し候外有御座間敷」と説き、「田は是食之本、食は是命之本」であり、「君子務本、本立末なる」と述べた[118]。両家老に治者として荒地開発を「本」とした政務を求めたといえるが、これは先の民政論の実践者たることを要請しているといえる。

天保一〇年一〇月、隠居を命じられた菅谷は、「空敷致消日候ては、最初御誓約と致矛盾候間、身分不拘浮沈、是非々々御趣法押立申度」として「御給扶持」と「武具馬具諸道具」の仕法金への拠出を尊徳に願った[119]。仕法着手時に尊徳に誓約した決意の実践であるが、一二月、尊徳は菅谷に次のように述べた[120]。まず、仕法の実施により「国家民家潤ひ、終に自然と農業出精、追々田畑致帰発、御収納弥増、最早当年抔は、壱万有余俵、御趣法以前之姿平均土台外弐三千も有之哉」と成果をあげ、「近きは人命を救ひ、遠きは君之威を増し、万代不朽之大功、治世におゐて忠勤これに過ぎずと覚候」と菅谷を称えた。仕法実践は「治世」における最高の「忠勤」なのである。そして、御役御免となっても「忠節におゐて全以限り不可有」として、「戦場に討死したる如く、武具、馬具、衣服、家財不残、荒地開発、窮民撫育、難村取直し趣法金に御差加へ」れば「永久万代領中を潤沢して不已、却て有勤に勝」ると述べた。窮民撫育のためには武具を捨てることが忠節になる武士論・治者論である。これに菅谷は「御教誨之趣、逸々的中、徹心魂」したとして、武具馬具のみならず「衣類は勿論、田畑家居屋敷迄差上、御領分之内へ在宅仕度願書差出候旨に決着」した。

天保一一年一二月、領外追放となった菅谷は下野国塩谷郡鴻野山村（那須烏山市）大庄屋郡司十郎右衛門方へ身を寄せた。十郎右衛門は「武張候事を好」み、倅へ「大小等調遣し候旨」を菅谷に相談した。しかし、菅谷は次のように答えて断った。

農家と申者は鋤鍬を以て道具と致し、大小は武家の道具、其方は大名主故、帯刀も被免候（中略）、諸大名旗本共、金子等差出候者へ苗字帯刀免し候事、以之外の悪政也

これは長倉保が「きびしく自己を身分的に区別する自覚であり、体制転換への展望をもちえない限界」と評価し、「仕法が不徹底に終わった理由」の証左としてあげた言葉である。たしかに武士を百姓と厳しく区別する身分意識がうかがえる。しかし、彼は続いて「帯刀等免百姓武士取立」は「御地頭・御役人之心荒候て」出た弊であると述べており、上述の民政論・治者論から言えば相容れない「御地頭・御役人」像であるゆえに「悪政」と批判しているのである。

さて、ここで検討した民政論・治者論はいかにも荒廃期の国元詰の役人にふさわしいものといえる。確かに菅谷は強烈な治者意識を持っているが、その内実は窮民撫育を第一とする「牧民官」[121]としての主体性を押し出すものである。そして、かかる主体性が強まれば強まるほど、江戸詰の勝手を預る役人との齟齬が顕在化したといえる。

## おわりに

報徳仕法導入以前の烏山藩政は、荒地の年貢免除や倹約などの消極的な政策と、用金調達・勝手賄など豪農商に吸着した財政運営を並行させたものであった。そのため領内の疲弊と藩の借財依存は悪循環をなし、藩政は手詰まり状態にあった。そして、そこでは金融閉塞がなによりも恐れられた。

しかし、かかる藩政の矛盾は打ち毀しにより転換を促され、報徳仕法が導入された。報徳仕法は荒地開発による雇用創出で人別増加をめざし、開発地からの収入の回転で領内復興・財政再建をめざす積極的な政策といえた。そして、それを可能にしたのが領域を越えた報徳の資金・人材のネットワークであった。この仕法のもとで領民は「御趣法身

に染参」らせ、民政担当者は「牧民官」としての意識を強めていった。ここに従来の藩政と報徳仕法の違いがある。ただ、藩内には大石総兵衛ら江戸の勝手方を中心に報徳仕法に対する別の認識も存在した。彼らは仕法が江戸廻米を滞らせ、「金主方御不義理に相成、融通之道一切塞」がることを恐れた。彼らは常に「融通之道」の有無を問題とし、それが仕法の停止・再生の直接の契機となった。そもそも烏山藩の尊徳への依頼は「御勝手委任」であり、大石らにとっては従来もあった勝手賄先の一つに過ぎなかった。そのため他に有力な金主が出現すれば報徳仕法は乗り換えられるべきものであった。

加えて尊徳が藩に融通した米金の返済を迫るなかで土台外米について述べた次のような認識は、大石らには到底受け入れられないものであったろう。

平均御土台外弐三千も可有御座候間、是は全く御地之物にして御地之物にあらず、御趣法に付て天より降し賜はる処、相違有御座間敷候[122]

ここで尊徳は仕法の成果である「分度」外の収納を「天より降し賜は」ったものと認識しているが、この認識は領域を越えた人・資金の融通で成り立つ報徳仕法の性格に由来しよう。「分度」外の収入はいわば報徳仕法の公共財なのである。大石らはこれに尊徳との「御手切」で答えた。

このように藩内に報徳仕法を勝手賄の一つと認識する立場と、「仁政」論として受容し実践する立場が生まれ、この相違が藩政をめぐる路線の相違を顕在化させ、藩内抗争を激化させることとなった。

ところで、長倉保は報徳仕法の限界として体制転換への展望を持たないことを指摘したが、そもそも報徳仕法は幕藩体制の打倒・転換をめざしたものではなかった。むしろ、領主においては「仁政」、村においては富者の困窮者救済や百姓の「助合」を求めるなど、近世社会における治者・被治者、社会一般の共有の価値・規範―政治文化―の実現をめざしたものであったといえる。そして、その実現のため、領主の「仁政」を引出す「分度」の設定、富者による困窮者救済の媒介環としての報徳金、御救普請や飢民救済などの「仁政」を請負い広げるネットワークなど、報徳仕法特有の仕組みが作られた。そして、これらの仕組みを背景に領民は「御趣法身に染参」り、民政担当者は「牧民官」としての意識を強めていった。

さて、冒頭で述べたように近世中期以降の藩政改革において「仁政」・改革実践主体の藩主から民政担当者・村役人層への下降が指摘されている。天保期の報徳仕法もかかる動向の延長線上で理解されるが、困窮者も含めた多様な人々が仕法実践者としての主体を形成しており、(123) 領主行政の民間社会へのもたれ込み、あるいは民間社会の領主行政への参入は一層深くなっている。それは尊徳や仕法に関わる人々の領主行政への取り込みともいえるが、それゆえに領主側の「仁政」放棄を内部から掣肘する意味も持つ。この点で報徳仕法は近世社会の政治文化・民間社会の到達点の一つといえる。しかし、烏山藩ではその実践が藩内対立を顕在化させ、仕法の挫折に帰結した。解体過程にある近世社会の一つの表現といえよう。

註

（1）　大藤修「関東農村の荒廃と尊徳仕法―谷田部藩仕法を事例に―」（『史料館研究紀要』一四号、一九八二年、大藤論文①）、同「戦後歴史学における尊徳研究の動向」（二宮尊徳生誕二百年記念事業会報徳実行委員会編『尊徳開顕』有隣堂、一九八七年、大藤論文②）。ともに同『近世の村と生活文化―村落から生まれた知恵と報徳仕法―』（吉川弘文館、二〇〇一年）所収。

（2）　深谷克己は東アジア的「政治文化」の要件として①仁政徳治の政道論、②「百姓」という「公民」身分の設定、③均田平均の平等主義的徳治論、④太平無事の平和論、⑤富貴余慶の至福論、⑥五常慈愛功過の倫理論を挙げているが、報徳仕法にもこれらの要件が色濃くみられる。「政治文化」の視点からの報徳仕法の研究は報徳仕法を近世社会、さらには東アジア社会の普遍性のなかに位置付けてその特質を理解するうえで有効と思われる（深谷克己「政治文化論の視座―東アジア史像への可能性を探る―」同編『東アジアの政治文化と近代』有志舎、二〇〇九年参照）。

（3）小川和也『牧民の思想―江戸の治者意識―』（平凡社、二〇〇八年）・小関悠一郎『〈明君〉の近世―学問・知識と藩政改革―』（吉川弘文館、二〇一二年）など。

（4）長倉保「烏山藩における文政・天保改革と報徳仕法の位置」（『日本歴史』三三八号、一九七六年、のち同『幕藩体制解体の史的研究』吉川弘文館、一九九七年所収）。

（5）前掲註（1）大藤論文②。

（6）烏山町史編集委員会編『烏山町史』（栃木県烏山町、一九七八年）二〇六頁。

（7）佐々井信太郎編『二宮尊徳全集』二四巻（二宮尊徳偉業宣揚会、一九二九年）七二五頁。

（8）初代大久保常春の次男忠篤を祖とする分家への分知分。これは城付領収納高に一括されていたという（前掲註（4）長倉論文参照）。

（9）『二宮尊徳全集』二四巻七一二～七一四頁。なお、この年は報徳仕法実施期間であり、この収納米総高は仕法資金にされない「土台内」の収納米である。この年の「土台外米」は一四七両計上された（「御趣法金取調勘定帳」天性寺文書No.三一、那須烏山市立図書館所蔵烏山町史資料〈以下、「町史資料」と略〉）。

（10）「報徳和均経済録」（『二宮尊徳全集』二四巻五三五頁）。ただし、烏山藩の累積負債額は史料により異なる。「新古借財調帳」（『二宮尊徳全集』二四巻四七〇～四九二頁）では、三一五二一両余、「御旧借年代取調帳」（『二宮尊徳全集』二四巻四九八～五〇九頁）・「御新借年代取調帳」（『二宮尊徳全集』二四巻五二四～五二七頁）では、新旧借財合わせて三四六一〇両余となっている。

（11）『二宮尊徳全集』二四巻七三〇頁。

（12）『烏山町史』二〇六～二一〇頁。

（13）『二宮尊徳全集』二四巻五四四頁。

(14) 文化一〇年正月に領内へ布達された積金の指示には、「公儀御代官御支配所ニ而は百姓軒別一日ニ縄壱房ツツなへ差上、右之代銭積置、在中御撫育之御手当ニ被成候由及承候」(「御用留帳」石塚家文書No.三九、町史資料)とあり、烏山藩が近隣の幕領代官仕法を参照していたことがわかる。
(15) 『烏山町史』二二〇～二二四頁。結局、この出願は受理されなかった。
(16) 『二宮尊徳全集』二四巻五四五頁・「御用帳」(阿相家文書No.七六一、町史資料)。
(17) 『二宮尊徳全集』二四巻五四六頁。
(18) 『二宮尊徳全集』二四巻五四五頁。
(19) 「御用帳」(阿相家文書No.七六一、町史資料)。
(20) 寛政四年二月の勧農触書に「両三年以来穀物下直ニ相成候故歟、田畑作付不精ニ相成候様相聞」(栃木県史編さん委員会編『栃木県史　史料編近世四』〈栃木県、一九七五年〉第一章No.一三)とあり、当時は穀物価格の低落の時期にあたり、人々は田畑耕作を忌避する傾向にあったと思われる。
(21) 「御用帳」(阿相家文書No.七六一、町史資料)。
(22) 以下、注記がない限り文政一〇年までは「若林昌恭勤仕中留書」(『栃木県史　史料編近世四』第一章No.一一)による。
(23) 厚木市史編さん委員会編『厚木市史史料調査報告書　下野国烏山藩領相模国所領』(神奈川県厚木市、一九七六年)七九頁。
(24) 『烏山町史』一九〇頁。
(25) 『二宮尊徳全集』二四巻六七九頁。
(26) 『栃木県史　史料編近世四』第一章No.一七。
(27) 文化期には家作金や家屋修復金の給付政策がみられるが、「御時節柄之儀故願丈ケ拝借相叶不申」などとあり、十分な給付ではなかった(「御用帳」阿相家文書No.七六三、町史資料)。
(28) 相州領では「政治甚苛刻、人情皆怨怒ヲフクム」と領民が藩政に怒り、「殿様ヲ取カヘタランコソヨカルヘシ」という者までいた(渡辺崋山「游相日記」小澤耕一・芳賀登監修『渡辺崋山集　第一巻』日本図書センター、一九九九年)。

(29) 『二宮尊徳全集』二四巻五八八頁。
(30) 以下の打ち毀しについては『栃木県史　史料編近世四』第七章No.三・四・五による。
(31) 『二宮尊徳全集』二四巻五五〇頁。
(32) 『栃木県史　史料編近世四』第一章No.一八・一九。
(33) 『二宮尊徳全集』六巻（一九二九年）一五二一～一五四頁。
(34) 「御用帳」（阿相家文書No.七五二、町史資料）。
(35) 『二宮尊徳全集』二四巻五四七頁。
(36) 『二宮尊徳全集』二四巻五五二頁。
(37) 『二宮尊徳全集』二四巻五九五頁。
(38) 『二宮尊徳全集』二四巻五五三頁。
(39) 『二宮尊徳全集』二四巻五五三～五五四頁。
(40) 『二宮尊徳全集』二四巻五五四頁。
(41) 『二宮尊徳全集』二四巻二三頁。
(42) 『二宮尊徳全集』二四巻一〇一・五四一頁。
(43) 『二宮尊徳全集』二四巻五五五頁。
(44) 『二宮尊徳全集』二四巻一〇〇頁。
(45) 深谷克己『百姓成立』（塙書房、一九九三年）。
(46) 『二宮尊徳全集』二四巻五五六・七二五頁。
(47) 『二宮尊徳全集』六巻二四八頁。
(48) 『二宮尊徳全集』二四巻七九五頁。
(49) 『二宮尊徳全集』二四巻七三三頁。
(50) 『二宮尊徳全集』二四巻一一七～一三七頁。

(51)「御用帳」（阿相家文書№七五三、町史資料）。
(52)『二宮尊徳全集』六巻四三九頁。
(53)『二宮尊徳全集』六巻四三九頁。
(54)『二宮尊徳全集』六巻四四二～四四三頁。
(55)『二宮尊徳全集』六巻四四三頁。
(56)『二宮尊徳全集』一九巻（一九二九年）一一七九頁。
(57)「御用帳」（阿相家文書№七五三、町史資料）。
(58)ここであげた仕法協力者については、岡田博「二と三を結んだ人たち」（『かいびゃく』二九巻三・六～一二号、三〇巻一～三・五～一二号、三一巻一～二・四～一二号、三二巻一～六・八～一〇・一二号、三三巻一～五・七～一二号、一九八〇～一九八四年、のち同『報徳と不二孝仲間―二宮尊徳と鳩ヶ谷三志の弟子たち―』岩田書院、二〇〇〇年に改題）・真岡市史編さん委員会編『真岡市史　第七巻　近世通史編』第五章第二節（大木茂執筆、栃木県真岡市、一九八八年）・佐々井典比古「下物井村万兵衛の半生」（『かいびゃく』四八巻四～八号、一九九九年）・本書第五章参照。
(59)『二宮尊徳全集』三巻（一九二七年）五八九頁。
(60)『二宮尊徳全集』六巻五六六頁。
(61)『二宮尊徳全集』二四巻八四〇頁。
(62)『二宮尊徳全集』三巻五八九頁。
(63)『二宮尊徳全集』三巻五六五頁。
(64)『二宮尊徳全集』六巻五六六頁。
(65)『二宮尊徳全集』二四巻九～一八頁。
(66)『二宮尊徳全集』二四巻五五九頁。
(67)『二宮尊徳全集』六巻二二六頁。
(68)『二宮尊徳全集』二四巻五五六頁。

(69)『二宮尊徳全集』二四巻五五九頁。
(70)『二宮尊徳全集』二四巻五五八頁。ただ大石は「改て勝手掛」を命じられ、全く藩財政運営から離れたわけではなかった。
(71)『二宮尊徳全集』二四巻一七・五六五頁。
(72)『二宮尊徳全集』六巻二四九・二五一頁。
(73)『二宮尊徳全集』六巻三〇一頁、二四巻七一六～七二〇頁。
(74)『二宮尊徳全集』六巻三二一頁。
(75)『二宮尊徳全集』六巻三二二頁。
(76)『二宮尊徳全集』二四巻五七一・五七七頁。
(77)『二宮尊徳全集』二四巻五七五頁。
(78)『二宮尊徳全集』二四巻五七七頁。
(79)『二宮尊徳全集』二四巻一六四・五七七頁。結局、御救金は天保九年一二月に「調金出来次第御下可被成候」として割合のプランのみが村々へ渡された(『二宮尊徳全集』二四巻一六二頁)。
(80)『二宮尊徳全集』六巻三三〇頁。
(81)『二宮尊徳全集』六巻四七三頁。
(82)『二宮尊徳全集』二四巻七五六頁。
(83)『二宮尊徳全集』六巻四四八頁。
(84)『二宮尊徳全集』六巻四五〇頁。
(85)『二宮尊徳全集』六巻四五九頁。
(86)『栃木県史　史料編近世四』第一章No.三一。
(87)『二宮尊徳全集』二四巻五七九頁。
(88)『二宮尊徳全集』六巻五五七頁。
(89)『二宮尊徳全集』六巻五八一頁。

(90)『二宮尊徳全集』六巻五六六頁。
(91)『二宮尊徳全集』六巻五八六頁。
(92)『二宮尊徳全集』六巻六二〇頁。
(93) 以下、仕法中止への経緯は「烏山御趣法替風聞記」(『二宮尊徳全集』二四巻六六八～六七四頁)による。
(94)『二宮尊徳全集』二四巻一七・五五八頁。
(95)『栃木県史　史料編近世四』第一章No.三五。
(96)「御暮向凡積」(石塚家文書No.八一四、町史資料)。
(97)「月々御返金調帳」(石塚家文書No.八一三、町史資料)。なお、収入には帰発田畑の年貢も含まれ、尊徳はこれを仕法金の返済に充てるべきと主張したが藩は拒絶した(『二宮尊徳全集』六巻六四一頁)。
(98)『二宮尊徳全集』二四巻六〇七頁。なお、九月二一日に大石には「大金之調達申談整」ったことなどにより「御称美」が下された(『二宮尊徳全集』二四巻六〇八頁)。
(99)『栃木県史　史料編近世四』第一章No.三六。
(100)『二宮尊徳全集』二四巻六〇七頁。
(101)『二宮尊徳全集』六巻六九八～六九九頁。
(102)「奉申上候事(御勝手御世話ノ義ニ付申上ノ件)」(石塚家文書No.八〇四、町史資料)。
(103)『栃木県史　資料編近世四』第一章No.四二。
(104)『二宮尊徳全集』六巻七七〇頁。
(105)『二宮尊徳全集』二四巻六一五頁。
(106)『栃木県史　資料編近世四』第一章No.四一。
(107)『二宮尊徳全集』二四巻六二八頁。
(108)『二宮尊徳全集』二四巻六三九頁。
(109)『二宮尊徳全集』六巻一一五九頁。

(110)『二宮尊徳全集』三巻九二二頁。
(111)『二宮尊徳全集』六巻一二三〇頁。
(112)『二宮尊徳全集』二四巻六三〇頁。
(113)『二宮尊徳全集』七巻（一九二九年）三二七頁。
(114)『二宮尊徳全集』七巻四一四頁。
(115)『二宮尊徳全集』二四巻六四四頁。
(116)『二宮尊徳全集』七巻四八〇頁。
(117)この節は注記がない限り「拊循録」（『二宮尊徳全集』二四巻五四〇〜五八六・五九九〜六五一頁）による。
(118)『二宮尊徳全集』二四巻九七〇頁。
(119)『二宮尊徳全集』二四巻五八四・五八七〜五九三頁。
(120)『二宮尊徳全集』六巻五七六頁。
(121)前掲註(3)小川著書によれば、近世中後期に飢饉克服を課題に藩政改革を指揮した家老・執政・農政官により執筆された「牧民之書」では、藩が強く意識されるとともに、藩領民と向き合う民政官に「仁政」の実践主体たることが期待されたという。小川は相馬藩の報徳仕法を検討しているが、報徳仕法と「牧民之書」およびその思想との関係については今後検討を深めていく必要があろう。
(122)『二宮尊徳全集』六巻五八五頁。
(123)本書第四章・第五章参照。

# 第八章　宿場村の報徳仕法

## ――御殿場村仕法の検討――

### はじめに

報徳仕法の根元となる二宮尊徳の思想は、彼の農業体験にもとづいて生み出されたものといわれ[1]、多くの農村で報徳仕法が実施された。しかし、報徳仕法は農村だけでなく、商家の再建から大名家財政の再興―村落復興と表裏するが―まで実施され、幅の広さを持っている。その理由の一つは、尊徳の説く「分度」を守り、「推譲」を目指す禁欲的な勤労・節倹生活や経済道徳が、多様な職分・身分の人々に通じる普遍性を持っていたことにあろう。そのため、多様な生業・階層の者を得心させ、仕法に参入させることができ、それが仕法の成否の鍵にもなったと考えられる。

個別の仕法の内容をみると、その対象は必ずしも「農民」的百姓像を前提にできない百姓や村もあり[2]、近世社会の持つ生業や階層の多様性をカバーする報徳仕法のあり方を検討する必要があろう。本章はかかる問題関心から、宿場村としての性格を持つ駿河国駿東郡御殿場村（静岡県御殿場市）の報徳仕法を検討したい。

さて、御殿場村仕法であるが、すでに「商業的要素の濃い村における報徳仕法の実態を調べ、その特色を考えてみよう」という視点からの内田哲夫[3]の研究がある。

内田は、御殿場村仕法の最終目標は分度生活の確立と、それを通した借財皆済による一村の再建にあり、報徳日掛金や報徳加入金もそのための趣旨徹底と余剰拠出を兼ねた仕法活動の具体化であったとした。また、報徳金の貸付けには大口貸付の占める割合が大きく、仕法の主眼は村内上層への融資によるてこ入れと、中層への出精人表彰・融資による刺激策にあるとし、「実態をさぐれば、上層の優遇、ひとにぎりの出精人の顕彰救済に重点がおかれがちであった」と述べた。これは報徳仕法についてしばしば下される「下層民切捨て」論的な評価といえよう。

しかし、報徳仕法は果たして上層民や一握りの中層民の優遇を主眼とするものであったのだろうか。騒動・打ち毀しなど後述する当該期の地域秩序の動揺への対応には、むしろ下層民へも目を配り、広範な階層の人々を組み込んだ仕法が必要とされたのではないだろうか。本章ではこの点に留意し、以下の四つの論点を設定したい。

一つめは、御殿場村仕法では村落上層民が指導者となり、積極的に仕法を運営していくのだが、彼らを仕法推進へ駆り立てた要因についてである。それは村落上層民の仕法における役割や、彼らと一般村民との関係を規定すると思われる。

二つめは、尊徳が宿場としての御殿場村をいかに評価し、いかなる復興を指示したのかである。これを御殿場村百姓の御殿場村観とあわせて検討する。この問題は近世中後期に幕藩領主層から強調された百姓を農業専従者とする「耕作専一」の論理(4)との関係や、御殿場村で営まれた生業をどう評価するかにも関わってこよう。

三つめは、仕法の施策を通して上層民と中下層民の関係を御殿場村仕法の構造として検討することである。これは、報徳仕法について言及される「下層民切捨て」の評価にも関わってくる。

四つめは、仕法には多くの百姓が参加し、倹約や報徳金への加入を実践していくが、そのなかで形成されてくる主体と、それがはらむ可能性についてである。

右に述べた論点は相互に関連し、切り離して論じられる問題ではないが、これらを中心に御殿場村仕法の検討を試みたい。なお、御殿場村は天保八年（一八三七）に石高一九八石余、家数一四九軒、人数六四五人、小田原藩領に属した宿場村であった。

## 一　仕法実施へむけて

### 1　天保飢饉と御殿場村の上層民

天保七年（一八三六）は全国的な飢饉となり、小田原藩領においても大きな被害が出た。小田原藩主大久保忠真は野州桜町領（栃木県真岡市）にいる二宮尊徳を呼び、天保八年二月七日、小田原藩領の飢民救済を命じたが、(5)尊徳が小田原を訪れ、領内を廻村したのは三月になってからであった。ここでは御殿場村仕法実施の発端になった天保飢饉への対応を、御殿場村仕法の推進者となった上層民の動向に焦点をあてて検討したい。

まず、飢饉への対応の概要をみたい。天保八年三月に尊徳は領内を廻村し、百姓の難儀の度合を調査した。御殿場村では全戸数一四九軒中、「夫食余荷金差出」二〇軒、「可也取続夫食差支無御座候」八二軒、「中難」一〇軒、「極難」三七軒という状況で、「中難」以下が救済対象になった。彼らには御趣意金七両と「夫食余荷金差出」層二〇人が積立てた夫食余荷金四二両二朱余の計四九両二朱余が割渡された。(6)また、藩主から御仁恵金八両二分三朱余も下賜され、最上層も含む各百姓に割渡された。(7)さらに、三月二五日には「夫食余荷金差出」層のうち一八人が飢民救済に感謝し、「多分及飢渇候者有之中、無難に相続罷在候奉報御恩沢度」として、報徳加入金二一両を拠出した。(8)

右の概要から、尊徳の廻村・飢民救済を契機に、村内上層民の間に飢民救済のための積立金や報徳加入金などの拠金をおこなう動向がみられるようになったことがうかがえる。

こうした上層民の動向で注目されるのが、七月に御殿場村の日野屋惣兵衛・永田屋孫兵衛・戎屋藤吉・油屋久左衛門、竈新田村（御殿場市）の小林平兵衛、深沢村（御殿場村）の安蔵（要）[9]らが発起人となり、村々難渋人への施しを呼びかけて郡中を廻ったことである。御殿場村の四人は先述の夫食余荷金、報徳加入金ともに拠金している。この呼びかけで一〇三両余が集まり、難渋人へ配分された。この七月の飢民救済については、村・組合や支配関係を越え、御厨という地域ぐるみでおこなわれていたこと、発起人たちの行動は三月に尊徳が廻村した際に教諭した報徳の趣旨に共鳴してのものであったこと、またそれを受容した基盤には当地方において心学が浸透していたことが指摘されている。[10]

しかし、彼らが尊徳の趣旨に共鳴し、難渋人救済の発起人となって飢民救済に奔走した背景には切実な事情があったと考えられる。

この時期をやや遡った文政一二年（一八二九）二月一四日に、「近所村　相若者中」という署名で、御殿場村は「しめうり」や酒の「たかうり」をするので「万や、伊勢や、ひのや、長田（永）や、ゑびすや、(山)日野や、茶や」を三月一〇日に焼き払うと予告した火札が作られていた。[11]ここに指名された者のうち日野屋・永田屋・戎屋は天保八年の飢民救済の発起人だが、彼らは日常的に地域社会から不満の対象となっていた側面があったことがわかる。折しも天保七年には甲斐国で郡内騒動が起こっており、小田原藩領域でも米穀相場の高騰を背景に、米穀商の打ち毀しや盗難・殺人事件が発生し治安が悪化しており、御厨地方では天保七年に「火事多く、并盗人多キニ付」、郡中一同で無宿人調査、家捜しがおこなわれていた。[12]当地域の上層民は地域社会の安定化の必要性を切実に感じており、飢民救済と治安維持を一体のものとして考えていたと思われる。

ここに、当地域の村落指導者層・上層民が積極的に報徳仕法を受容し、私財を投じて仕法に献身した要因があると考えられる。彼らの視線は常に地域の下層民の動向に向けられていたといえよう。

上層民のなかでも仕法推進の中心的存在となったのが日野屋一族であった。日野屋は近江日野商人の系譜を持ち、享保三年（一七一八）の御殿場村進出以後、酒造株を買得し、発展を遂げた商人であった。日野屋は小田原藩とも結び付き、文化四年（一八〇七）、藩御用に備えて鉛を他へ売らなかったことを賞され、名主格に取立てられた(13)。また、小田原藩仕法の開始にも日野屋は尽力した。天保八年、尊徳の飢民救済の元手金に日野屋惣兵衛は一五〇両を融通し(14)、天保九年には小田原藩西筋の報徳方世話人となった(15)。同年、日野屋忠助は飢饉に際した多額拠金により苗字帯刀を許された(16)。天保一〇年には山崎金五右衛門ら藩役人が、日野屋忠助から報徳入用として五〇〇両を借用した(17)。以後、御殿場村仕法で日野屋一族は指導的な役割を果たし、天保一二年には「村一番、御趣意を厚く相心得、多分之致出金候日野屋宗《惣》兵衛(18)」と尊徳に評価された。

御殿場村仕法の前提となる小田原藩の仕法は、天保一二年以降、「分度」確立などをめぐる藩当局と尊徳との確執から尊徳の手を離れ、各村の自主的な一村仕法となった。しかし、小田原藩領民は尊徳のもとを訪れ、仕法の指導を求めた。御殿場村も尊徳の指導を受けつつ進められることとなった。

## 2　名主平右衛門と佐野屋源兵衛の再建仕法

御殿場村仕法の実施直前に、名主平右衛門と古着商佐野屋源兵衛の再建仕法が、村民や周辺地域の人々の手でおこなわれ、仕法導入の契機となった。その再建仕法を検討する。

### （1）名主平右衛門の再建

天保一〇年、名主平右衛門の借財整理がおこなわれた。平右衛門家は寛政一二年（一八〇〇）に日野屋忠助へ酒造株を諸道具とともに二〇〇両で譲ったが、このうち四二両は無尽借用金の返済にあてられており、この時からすでに家運が傾いていたと考えられる。(19)

平右衛門家の再建策は、所持する田畑山林を売却し借財返済にあて、不足する二六二両余を御殿場村の一〇二人から「村引受余荷」として出金してもらうというものであった。

「村引受余荷」の金には御殿場村の家数の六割にあたる一〇二人が出金し、二六七両余が集まった。(20) 出金者の天保一一年における階層をみると、「可也取続暮方差支無之候」とされる上層民が二四人、その下の中下層民が七七人で、一人だけ潰(他行)もいる。ここで注意をひくのは日野屋忠助の一〇〇両を筆頭に、上層民のほとんどが両単位を出金し、二四人の出金額だけで合計二五三両余、全体の約九五%になることである。残り七八人の者はすべて両以下の拠金額であり、平右衛門の借財弁済における上層民の立替機能の役割の大きさがわかる。

この名主家再建が「年来名主御役儀相勤罷在、旧家に付、是非家名相続為仕度」として、実質金額は少数の上層民に担われていたにもかかわらず、多くの村民の参加を得ておこなわれたことは、「旧家」とされる平右衛門家再建に村再建へと村民を統合する象徴的意味があったことをうかがわせる。これは同時におこなわれた報徳加入金積立てとともに、報徳仕法実施へ向けた気運を高めるものといえよう。

天保一一年、御殿場村は報徳加入金三五〇両余を尊徳に差出し、仕法実施を願うが、その金額には平右衛門の借財返済のために集めた二六七両余が含まれていた。尊徳はこの報徳加入金差出しを奇特として、報徳善種金四三〇両を貸与し、仕法実施のはこびとなった。(21) 平右衛門家の借財はこの報徳善種金を使用して返済するというかたちになる。(22) 多くの村民の参加による名主家再建が、村民の仕法実施への熱意として尊徳に認められたのである。

翌年、平右衛門は尊徳から「急度改心可致旨」(23)を諭されたが、天保一三年、六三両余の新借を作り、再び再建策が

**【表 1】佐野屋源兵衛の借財返済方法**

<table>
<tr><th>借財返済にあてる<br>佐野屋源兵衛の財産</th><th>借財口</th><th colspan="2">借財</th><th>返済方法</th></tr>
<tr><td rowspan="6">質物 321 両 2 分の利徳金 1 年に 32 両</td><td>鹿嶋屋甚太郎</td><td>11 両 2 分</td><td rowspan="2">計 32 両</td><td rowspan="2">天保 10 年 12 月までに皆済</td></tr>
<tr><td>月並無尽</td><td>20 両 2 分</td></tr>
<tr><td>三嶋宿木屋喜右衛門分</td><td>60 両</td><td rowspan="3">計 144 両</td><td rowspan="3">天保 11 年から 5 年間 28 両 3 分銀 3 匁ずつ返済</td></tr>
<tr><td>村内日野屋兵右衛門分</td><td>9 両</td></tr>
<tr><td>無尽口入分</td><td>75 両</td></tr>
<tr><td>三嶋宿木屋喜右衛門店借分</td><td colspan="2">138 両 2 分</td><td>弘化元年から 14 年間 10 両づつ返済</td></tr>
<tr><td rowspan="2">質地</td><td>質地書入村内永田屋孫兵衛分</td><td>3 両 3 分</td><td rowspan="2">計10両1分</td><td rowspan="2">質地渡し皆済</td></tr>
<tr><td>質地書入村内紺屋長右衛門分</td><td>6 両 2 分</td></tr>
<tr><td>家財諸道具</td><td>質地書入小田原国産方役所分</td><td colspan="2">21 両 3 分</td><td>家財諸道具売払い皆済</td></tr>
</table>

※『二宮尊徳全集』19 巻 193 〜 398 頁より作成。

講じられた。(24)

## （2）佐野屋源兵衛の再建

天保一〇年八月、古着商佐野屋源兵衛の家政再建がおこなわれた。(25)これは報徳方肝煎相模国足柄上郡中沼村（神奈川県南足柄市）田蔵のもとに源兵衛が相談したことがきっかけで、彼は桜町領へ赴き、尊徳の教諭を受けた。

そして、「是迄数年取引、商売御贔屓被下候内、別段懇意之実情を以、取脳《悩》助力被下候はゝ、一家相続可仕と存」、再建仕法が講じられた。その方法は【表1】の通りである。ただ、「質物利徳不残差出し候得ば、家内六人之もの、日々の暮方無之」、「前々商売古着商仕度候得共、元手金無之」という状態となり、また「利付他借」で商売をすれば、再び元の姿に戻ってしまうということで、商売元手として報徳金二五両を拝借することとなった。

さて、佐野屋源兵衛再建仕法の特徴は、「是迄数年取引、商売御贔屓被下候内、別段懇意之実情を以、取脳《悩》助力」というように、源兵衛の商売上のつながり、再建仕法を承認する商売関係者の協力があったことである。その意味は、債権者にとって佐野屋分散で得られる僅かの金を受取るよりも、この仕法が佐野屋に対する貸金を確保することにもつながるということにあるといえよう。もし、佐野屋が分散して潰れてしまったら「莫太之損毛相懸、恩義を失ひ、其上及退転候儀、誠に以歎ヶ敷存候」と懸念されていたのであった。

大口の借財を持つ家が潰れると関係者の被害も大きくなり、地域経済に影響を及ぼす恐れもある。取引のある地域の人々はそうした者を潰すよりも可能なら再建させつつ、返済してもらう方を望んだと考えられる。報徳仕法が地域の商人や上層民に望まれる一因として、村荒廃、百姓退転による債権消滅のリスクを減らしたいという願望、それによる地域経済安定化への要求があったと考えられる。

## 3　仕法の開始と御殿場村観

天保一一年、御殿場村は尊徳に熱意を認められ、仕法実施のはこびとなった。仕法開始にあたり御殿場村の人々と尊徳は、それぞれ御殿場村をどのように見ていたのであろうか。

天保一一年三月、御殿場村は仕法実施を求めて尊徳に願書を提出した。そのなかで自村を「当村之儀は御田地少く、町場同様之儀に付、其日稼渡世仕候者多く、饑饉以来何分取続き兼、礑と差詰り当惑仕」(26)と述べている。ここでは「御田地」の少ない「町場」であることが御殿場村の窮迫の要因と認識されている。また、同月の御趣法金拝借証文にも「殊に富士山雪水懸之場所故、一切実法不申」(27)と農業に不適な土地柄といった点から、御殿場村の窮状が訴えられている。

こうした御殿場村の見方は、百姓を農業専従者とする「耕作専一」の論理―たてまえ―からは、農業不適の村柄ゆえに窮迫するとして、村の窮状に説得力を与えるものといえよう。実際に御殿場村民が、困窮の原因を農業に不適な土地柄にあると認識していたかは不明だが、仕法歎願に際し、村の窮状を訴える論理としてかかる通念を持ち出してきたと考えられる。ここでは御殿場村が百姓を農業専従者とする、農業中心的な見方に立って村の窮状を訴えていることをおさえておきたい。

それに対して尊徳は御殿場村をいかにみていたか。天保一一年四月、尊徳は御殿場村の村役人らを次のように諭している。(28)

「人皆家祖以来、幾千万歳を相経営居候間」に凶荒飢饉など不慮の天災や臨時出費などが起きるが、これらは「天之使然所」なので「恐れ慎み、可屈身之極」である。そのため「衣服、飲食、居住、音信贈答まで、天命に基き謙り候はゞ大半窮迫を免れ可申候」と節倹を主張する。だが、それでも窮迫を免れ難い時は田畑山林、家財衣類、諸道具まで売捌き、「家祖之業を行とせば、生涯窮迫を免れ、得富貴安楽自在事疑ひなし」と述べる。また、尊徳は「所謂命とは、自然に生得たる処なり」とし、「御殿場村に生たる者は、御殿場村に生たる処則天命也」として御殿場村を「全隣里都合宜敷、駿東御厨郷村一之都にして、天朝大都同様之幸ひには無之哉」と評価している。そして、「土地幸ひにして、商売利用を儲け、是迄先祖代々相続いたし来候冥加を弁へ、物の多少を不憚、譲合奉報御恩沢をなば、不願して安堵之得地を富栄へ可申候」と述べ、御殿場村は「商売」により「先祖代々相続」してきた繁栄して当然の土地柄であると認識している。尊徳は御殿場村を商業に立脚した「駿東御厨郷村一之都」と評価したのである。そうした「土地之幸ひ」を「我物同様に心得、驕奢に流れ」たため「商ひ之利用相減じ」たのだと批判し、驕りをやめ、「行ひ易き本業を勤候外有之間敷」と提言している。ここでいう「行ひ易き本業」とは、御殿場村で「先祖代々相続」してきた「家祖之業」、つまり「商売」を含め御殿場村の各家で営んできた生業という意味であると考えられる。ここには御殿場村の願書のように「御田地少」ない「町場」ゆえに窮迫したという論理はない。

尊徳は田地の少ないことを御殿場村困窮の原因とはみなかった。御殿場村の人々が「土地之幸ひ」を我物のように思い、「驕奢に流れ、其弊風を前後に施し候故、隣里之輩本業に怠り、田畑麁作に罷成」、困窮したことが、「往き来之人無之、商ひ之利用相減じ」るといった御殿場村の商業不振と困窮につながったのだと述べている。ここには商業地が持つ地域社会との相互関係性が認識されている。

　尊徳は御殿場村では、農民的百姓像を前提とせず、御殿場村の「商売利用」による復興を目指したと考えられる。

## 二　仕法の実施

　御殿場村仕法の仕組みは、①尊徳からの報徳善種金や村民からの報徳加入金・報徳日掛金を収入源とし、②それを出精人表彰にともなう報徳金融資や極難貸付金・無利相続金などの融資に振り向け、各村民の経営を再建・補助するとともに、③それらの返納金を再び仕法の収入に加え、これを繰り返すというものであった【表2】。本節では、報徳加入金・出精人表彰・極難当座凌貸付金・無利相続金に焦点をあてて検討したい。

| 天保13.3～天保14.2 | | 天保14.3～天保15.2 | | 天保15.3～弘化2.2 | |
|---|---|---|---|---|---|
| 両－分－朱 | % | 両－分－朱 | % | 両－分－朱 | % |
| 154－1－2 | 28.0 | | | 13－2－0 | 6.0 |
| | | | | | |
| ⑥215－0－3 | 39.1 | ⑧116－0－3 | 35.6 | 25－3－0 | 11.5 |
| 8－2－0 | 1.7 | | | | |
| | | | | | |
| 30－0－0 | 5.5 | | | | |
| 18－2－2 | 3.4 | | | | |
| 44－1－2 | 8.0 | 57－0－3 | 17.5 | 57－1－0 | 25.7 |
| 78－2－2 | 14.3 | | | | |
| | | 76－3－2 | 23.6 | 102－2－3 | 46.0 |
| | | 75－0－0 | 23.0 | 23－1－3 | 10.5 |
| 550－0－2 | | 325－2－1 | | 222－3－0 | |
| 64－0－0 | 11.6 | 52－0－0 | 16.6 | 57－0－0 | 38.2 |
| | | | | | |
| ⑦468－2－2 | 85.2 | 75－2－1 | 24.2 | | |
| 17－2－0 | 3.2 | ⑨184－1－0 | 59.0 | ⑩92－1－0 | 61.8 |
| 550－0－2 | | 311－3－3 | | 149－1－2 | |
| 0－0－0 | | 13－2－0 | | 73－1－0 | |
| ⑥日野屋忠助200両加入<br>⑦佐野屋源兵衛50両・名主平右衛門97両3分 | | ⑧日野屋忠助30両加入<br>⑨類焼人夫食料13両・商元手金12両・類焼家作金66両余など | | ⑩焼失農具無利貸7両余・焼失仮家代38両余など | |

よび内田哲夫「報徳仕法と御殿場村」表2より作成。

## 1　報徳加入金

報徳加入金は各村民が諸事倹約などにより拠出したもので、天保一一（一八四〇）～弘化二年（一八四五）までの仕法実施期間中の仕法金総収入の約四割を占めており（諸貸付金の返納金と前年度繰越金を除く）、あとの四割は初年度の四三〇両の拝借金であることから、報徳加入金は御殿場村仕法における恒常的な原資の主収入源といえる。

報徳加入金には「婚礼相整候付祝儀に差出」「初節句祝儀差出」「安産祝儀振舞、諸事倹約仕差出」など、個々人の様々な慶弔行事の倹約による拠金が多い。また、商人仲間中・肴屋仲間中などの商売仲間や、庚申待合講・伊勢講中などの信仰集団、上・中・下町若

**【表2】仕法金収支内訳**

| | 名目 | 天保 11.3 ～ 4 | | 天保 11.10 ～天保 12. 閏 1 | | 天保 12.2 ～天保 13.2 | |
|---|---|---|---|---|---|---|---|
| | | 両－分－朱 | % | 両－分－朱 | % | 両－分－朱 | % |
| 収入 | 繰越金 | | | 88 － 2 － 3 | 52.1 | 7 － 2 － 0 | 2.2 |
| | 拝借金 | ① 430 － 0 － 0 | 97.8 | 31 － 3 － 2 | 18.7 | ③ 100 － 0 － 0 | 29.0 |
| | 報徳加入金 | | | 13 － 0 － 2 | 7.7 | 64 － 3 － 3 | 18.0 |
| | 報徳日掛金 | | | 23 － 2 － 2 | 13.5 | 25 － 1 － 3 | 7.3 |
| | 初穂米 | | | 0 － 3 － 2 | 0.4 | 1 － 3 － 0 | 0.5 |
| | 臨時加入金 | | | | | ④ 51 － 2 － 2 | 14.9 |
| | 借入金 | | | | | | |
| | 出精人返納 | | | 11 － 1 － 2 | 6.6 | 31 － 1 － 2 | 9.1 |
| | 極難当座凌貸付金返納 | | | 31 － 3 － 2 | 18.7 | 62 － 0 － 3 | 18.0 |
| | 無利相続金返納 | | | | | | |
| | その他 | 9 － 3 － 1 | 2.2 | | | | |
| | 計 | 439 － 3 － 1 | | 169 － 3 － 0 | | 345 － 0 － 3 | |
| 支出 | 出精人貸付 | 57 － 0 － 0 | 16.2 | 100 － 0 － 0 | 61.7 | 57 － 0 － 0 | 29.9 |
| | 極難当座凌貸付金 | 31 － 3 － 2 | 9.1 | 62 － 0 － 3 | 38.3 | 78 － 2 － 2 | 41.2 |
| | 無利相続金 | | | | | | |
| | その他 | ② 262 － 1 － 0 | 74.7 | | | ⑤ 55 － 0 － 2 | 28.8 |
| | 計 | 351 － 0 － 2 | | 162 － 0 － 3 | | 190 － 3 － 0 | |
| | 差引 | 88 － 2 － 3 | | 7 － 2 － 0 | | 154 － 1 － 2 | |
| 備考 | | ①尊徳からの報徳善種金（上層民 24 名の拠金 253 両余含む）<br>②平右衛門借財整理 | | | | ③出精奇特により尊徳から村へ<br>④曽比村広吉・中沼村田造より 46 両 2 分 2 朱加入<br>⑤ 46 両を万兵衛へ | |

※『二宮尊徳全集』19 巻 199 ～ 216・235 ～ 294・310 ～ 384・408 ～ 445・457 ～ 523 頁、お
※文以下は切捨てのため計算は合わない。

者中[29]や心学講の信友講中など様々な集団によっても拠金された。「衣服、飲食、居住、音信贈答まで、天命に基き謙り候はゞ、大半窮迫を免れ可申候」と考える生活様式が、報徳加入金を通して私的な慶弔行事や村内の様々な集団のなかで実践され、浸透していったといえる。

さらに、「御趣意奉感服[30]」として拠金する者もみられ、村人が報徳仕法の精神を受容していく様子もうかがえる。なかには二〇年以上も前に借りた一七二文を「今般村柄御取直し御趣法に付、瓜の種を蒔ば瓜生じ、茄子の種を蒔ば茄子生じて茄子実法世の中の由、御理解被仰聞、驚入」り返そうとした者もいた[31]。報徳金への加入行為が倹約・「推譲」の実践など仕法の精神を内面化する契機となっており、ここに報徳加入金の目的の一つがあったといえる。

次に報徳加入金に個人で拠金した人数を検討しよう[32]。天保八年に報徳金に加入した者は村落最上層の一八人であったが、天保一〇年は三二人（名主平右衛門への「村引受余荷」は除く）、天保一一年は四七人、天保一二年は一三九人、天保一三年は八〇人、天保一四年は一三五人、天保一五年は九三人となり、波はあるが増加傾向を示している。また、天保八年の加入者は上層民のみだったが、以後には中下層民や女性も拠金し、加入人数だけでなく加入者層も幅広く多様化していく。こうした報徳金加入状況から、御殿場村の広範な人々に報徳仕法やその考えが受容されていく様子がうかがえる。

このように、報徳加入金は仕法の原資調達だけでなく、広範な人々に報徳仕法の精神を内面化させる意味もあったと考えられるが、これは、報徳加入金額における加入者の階層割合からもうかがえる。報徳加入金は多くの人々から拠金され、天保一五年までの全報徳加入金額は約四九〇両に上るが、実は、これらは天保八年の「夫食余荷金差出」層を中心とする上層民の両単位の拠金が大部分を占め、特に日野屋忠助の加入金だけで半分以上を占める[33]。つまり、報徳加入金は金額としては少数の上層民の拠金に大部分を依存しているのだが、額は少なくても広範な人々が主体的に加入し、村民の仕法推進へ向けた意識をも調達することが重要であったのである。このことは先述の名主平右衛門家再建における拠金についてもいえよう。

## 2　出精人表彰と報徳金貸付

報徳仕法の特徴の一つが出精人表彰である。家業出精人を村民の入札で選び、被選出者には五〜二〇両の報徳金が融資され、借財返済手段を講じ、経営再建がはかられる。

御殿場村の出精人は、天保一一年三月〜一五年二月までに計三三人が選出され、表彰された。出精人は「可也取続暮方差支無之候」とされる上層民と潰百姓を除く村民を対象に入札で選出され、選ばれた者は報徳金を拝借して借財返済手段を講じ、翌年から「可也取続暮方差支無之候」とされる上層民に組み入れられた。[34]

出精人には報徳金の融資と借財整理が講じられるが、出精人の借財整理で注目されるのが、【表3】にみられる家政再建までの「借財無利置据」など債権者による優遇措置である。これらの債権者は主として村の上層民だが、なかには三嶋宿や沼津宿といった周辺地域の商人も散見される。こうした上層民による優遇措置は形をかえた融通行為といえる。出精人の借財整理には報徳金の融資のみではなく、村や周辺地域の上層民による協力があり、彼らの村復興・百姓再建における役割がうかがえる。

また、借財整理以外の報徳金の使途には商売の元手金があり、商売や職人仕事による利益を返済手段とする者が多い。内田哲夫はここから出精人には商人や職人が多いと述べた。[35]ただ、報徳金による田地の買請け、買戻しもなされており、これらの田地は報徳金の返済手段とされることが多い。比重は各家で異なるだろうが、商業と農業を複合させた当村の生業のあり方を示すといえよう。御殿場村仕法では田地取得は専ら報徳金の融資による買請け、買戻しで

## 【表3】出精人の借財に対する債権者の優遇措置

| 表彰年月 | 出精人 | 債権者 | 借財高 | 優遇措置 |
|---|---|---|---|---|
| 天保11年4月 | 武助 | 日野屋忠助 | 14両2分2朱350文 | 家政取直迄無利据置 |
| | | 伊勢屋徳兵衛 | 9両2分3朱300文 | |
| | | 油屋久左衛門 | 3両2朱26貫67文 | |
| | | 佐野屋源兵衛 | 2分 | |
| | | 三嶋木屋喜左衛門 | 銀19匁5分 | |
| 天保11年11月 | 絹屋孫兵衛 | 油屋久左衛門 | 1両3分3朱354文 | 家政取直迄無利据置 |
| | | 日野屋忠助 | 10両3朱92文 | |
| | | 永田屋孫兵衛 | 3分3朱 | |
| | | 万屋七郎兵衛 | 2両2分250文 | |
| | | 飴屋嘉兵衛 | 2両3分2朱 | |
| | 喜兵衛 | 相州河入村弥五兵衛 | 1両1分 | 家政取直迄無利据置 |
| | | 藤曲村平八 | 2両 | |
| | | 三嶋木屋才兵衛 | 3分 | |
| | | 三嶋木屋喜右衛門 | 3両 | |
| | | 沼津勝又重三郎 | 1両1分 | |
| | | 万屋七兵衛 | 1分 | |
| | | 日野屋忠助 | 1分3朱 | |
| | | 永田屋孫兵衛 | 1両2分 | |
| | | 茶屋文蔵 | 1分2朱 | |
| | 文右衛門 | 日野屋忠助 | 2分 | 家政取直迄無利据置 |
| | | 日野屋店源太郎 | 1両2分2朱 | |
| | | 茶屋文蔵 | 3分2朱 | |
| | | 名主平右衛門 | 1両 | |
| | | 永田屋孫兵衛 | 2分1朱179文 | |
| | 吉右衛門 | 万屋七郎兵衛 | 1両 | 古借之分勘弁致呉皆済に相成申候 |
| | | 鍛冶屋八左衛門 | 2両 | |
| | | 泉屋次兵衛 | 1両3歩 | |
| | | 一文字屋甚四郎 | 424文 | |
| | 忠七 | 万屋七郎兵衛 | 10両3分 | 借財難渋、御一統様御勘弁被下、古借用之分忠七立直り候迄貸置 |
| | | 綿屋伊右衛門 | 2両3分 | |
| | | 日野屋源太郎 | 4両 | |
| | | 日野屋兵右衛門 | 5両1分 | |
| | | 飴屋嘉兵衛 | 3分2朱 | |
| | | 佐野屋源兵衛 | 1両1分 | |
| | | 鍛冶屋八左衛門 | 1分 | |
| | | 近江屋伊兵衛 | 1分 | |
| | | 綿屋嘉右衛門 | 2分 | |
| | | 吉久保与右衛門 | 2両 | |
| | | 永田屋伴蔵 | 1両3分2朱 | |
| | | 中町直蔵 | 1分2朱 | |
| | | 油屋久左衛門 | 784文 | |
| | | 和泉屋治兵衛 | 584文 | |
| | | 大坂屋惣兵衛 | 2朱 | |
| | | 阿多野佐左衛門 | 1両 | |
| | | 下原伊左衛門 | 1両 | |
| | | 塚原治兵衛 | 1分2朱 | |

| 表彰年月 | 出精人 | 債権者 | 借財高 | 優遇措置 |
|---|---|---|---|---|
| 天保 13 年 3 月 | 惣兵衛 | 三嶋木屋才兵衛 | 3 分 | 家政取直迄無利置据 |
| | | 三嶋木屋喜右衛門 | 1 両 248 文 | |
| | | 親類梅右衛門 | 3 分 | |
| | | 親類吉兵衛 | 3 分 | |
| | 由兵衛 | 飴屋嘉兵衛 | 3 両 1 朱 | 家政取直迄無利置据 |
| | | 山中忠助 | 600 文 | |
| | | 万屋七郎兵衛 | 1 分 2 朱、米 4 俵 | |
| 天保 13 年 11 月 | 嘉右衛門 | 日野屋忠助 | 1 貫 690 文を 800 文に勘弁 | 古借用に付き、勘弁 |
| | 惣助 | 油屋久左衛門 | 米 6 斗、1 貫 986 文を 2 朱に勘弁 | 古借用に付き、勘弁 |
| | | 日野屋酒店 | 12 貫 189 文を 1 分に勘弁 | |
| | | 日野屋忠助 | 5 両返済の内金として 1 分渡 | 拝借の分、年々少々づつに割済に勘弁 |
| | | 日野屋忠助 | 1 両 2 分銀 37 匁 6 分 8 厘銭 7 貫 386 文返済の内金として 1 分 2 朱 | |
| | | 万屋七郎兵衛 | 銀七匁返済の内金として 300 文 | |
| | 宇兵衛 | 清後村磯八 | 4 両 | 古借用は家政取直しまで置き居り |
| | | 下町重蔵 | 4 両 | |
| | | 当座凌報徳金 | 3 分 | |
| | | 下町好兵衛世話分 | 1 両 1 分 | |
| | 善助 | 大関村徳右衛門 | 2 分 | 1 両のところ勘弁 |
| | | 下町藤右衛門 | 1 分 2 朱 | 2 分のところ勘弁 |
| | | 東山新田初右衛門 | 1 分 | 2 分のところ勘弁 |
| | | 万屋七郎兵衛 | 1 両 2 分 3 朱銀 46 匁 6 厘 | 古借永々取引のよしみを以追々返済仕候様勘弁 |
| | | | 銭 2 貫 610 文 | |
| 天保 15 年 11 月 | 伴次郎 | 日野屋忠助 | 2 分 2 朱 | 先代之古借用、御趣法御組立に付、当人心覚之通奉書上候、家政立直次第返済可仕事 |
| | | 永田屋孫兵衛 | 2 分 | |
| | | 万屋七郎兵衛 | 6 両 | |
| | | 日野屋酒店 | 3 両 | |
| | | 沼津近江屋源治郎 | 1 両 2 分 | |
| | | 星屋吉兵衛 | 2 分 2 朱 | |
| | 長吉 | 綿屋伊右衛門 | 1 両 | 古借に付家政取直し迄無利置き据え勘弁 |
| | | 万屋七郎兵衛 | 1 両 | |
| | | 山形屋平右衛門 | 1 両 | |
| | | 和泉屋次兵衛 | 1 両 | |
| | | 伊勢屋徳兵衛 | 1 両 | |
| | | 伊勢屋喜左衛門 | 2 分 | |
| | | 永田屋孫兵衛 | 1 両 | |
| | | 夷屋藤吉 | 2 分 | |
| | | 伊勢屋伊兵衛 | 2 分 | |
| | | 下町重兵衛 | 2 分 | |

※『二宮尊徳全集』19 巻 223 ～ 224・228 ～ 234・386 ～ 389・446 ～ 452・525・526 頁より作成。

なされ、荒地開発はみられない。村の農業生産の増加を必ずしも主眼としない当村の仕法のあり方を示している。

## 3　極難当座凌貸付金と無利相続金

出精人表彰による報徳金の融資と並んで百姓に融通する制度として、「極難当座凌貸付金」と「無利相続金」があった。極難当座凌貸付金は天保一一年四月からおこなわれた単年度返済の融資で、天保一二年一一月でなくなる。そして天保一三年から五ヵ年賦、一〇ヵ年賦の無利相続金が融資されるようになった。

【表4】は御殿場村のうち、上町における極難当座凌貸付金と無利相続金の融資状況である。両貸付金とも出精人に選出されない人々が多く融資対象になっており、「潰」から這い上がった者や、拝借後「潰」に陥った者も含まれている。また、極難当座凌貸付金は仕法当初からの上層民を対象としておらず、この二つの貸付金は「潰」に近い者も含む村内の中下層民を中心的な対象としたものであることがわかる。

極難当座凌貸付金は、中下層百姓の経営再建の一助として使われた。天保一二年の極難当座凌貸付金は、融資を受けた百姓の使途がわかる。内田哲夫はこの使途に商業関係の名目が四〇・八％を占め、農業関係の名目がは九・九％に過ぎないことから、「窮迫した姿からの立直りの手段が、農業ではなくて、農間渡世といわれた商業などに求められているという当地の状況を何よりもよく語っている」と述べた。困窮者の立ち直り手段が農業ではなく商業に求められていることが御殿場村の窮迫状況を示すとの評価である。しかし、村高を各百姓家で平均すると二石ほどにしかならない御殿場村のような宿場村では、商業などが史料上「農間渡世」と記述されていても、実質的には収入の基幹部分を占めると考えられ、商業を生業とすること自体は窮迫を示す指標にはならない。むしろ、御殿場村の百姓は「土地之幸ひ」たる「商売利用」を足掛りとした再建を目指したと考える方が自然であろう。尊徳のいう「行ひ易き本業」

【表 4】 極難当座貸付金・無利相続金の融資を受けた者（上町）

| 名前 | 階層 | 極難当座貸付金 | | | 無利相続金 | |
|---|---|---|---|---|---|---|
| | | 天保 11.4 | 天保 11.10 ～ 11 | 天保 12.11 | 天保 13 | 天保 14 |
| 佐野家源兵衛 | 可 | | | | 50 両 | 28 両 |
| 半右衛門 | 可 | | | | 21 両 | |
| 半左衛門 | 入可① | 3 分 2 朱 65 文 | 2 分 2 朱 65 文 | 1 両 2 朱 | 1 両 3 分 2 朱 | |
| 万助 | 入可② | 2 朱 | 1 分 2 朱 65 文 | 1 分 2 朱 | 2 両 2 朱 | 1 両 |
| 仁右衛門 | 入可③ | 2 分 2 朱 65 文 | 1 分 2 朱 65 文 | 1 両 | 1 両 | |
| 甚兵衛 | 入可④ | 1 両2分2朱 65 文 | 1 両 2 朱 65 文 | 2 両 3 分 | 6 両 2 朱 | |
| 四郎左衛門（七左衛門） | 入 | | 1 分 2 朱 65 文 | 1 両 2 分 | 11 両 2 分 2 朱 | |
| 彦左衛門 | 入 | | | 2 両 2 分 | 12 両 1 分 2 朱 | |
| 伴次郎 | 入 | 1 分 2 朱 65 文 | | 1 両 1 分 | 4 両 2 分 | |
| 伊勢屋喜左衛門（喜助） | 入 | | 1 両 2 分 | 3 分 | 10 両 | |
| 和泉屋半兵衛（新右衛門） | 入 | | | 2 両 3 分 | 4 両 | |
| 藤兵衛 | 入 | 1 分 2 朱 65 文 | 1 両 2 朱 65 文 | 1 分 2 朱 | 1 両 3 分 3 朱 | 6 両 |
| 三村屋吉兵衛 | 入 | 1 両2分2朱65文 | 1両1分2朱65文 | 1 両 | 2 両 | |
| 源七 | 入 | 3分2朱1貫65 文 | 2両1分2朱65文 | 1 両 3 分 2 朱 | 3 両 2 朱永 23 文 6 分 | 1 両 |
| 宗俊 | 入 | 1 両 | 3 分 | | 1 両 2 分 | |
| 山形屋利兵衛（儀右衛門） | 入 | 1 分 2 朱 65 文 | 1両1分2朱65文 | | 2 両 1 分 2 朱 | |
| 茂八（太兵衛） | 入 | 3 分 2 朱 65 文 | 1両3分2朱65文 | 3 両 2 分 | 5両2分永116 文7 分 3 厘 | |
| 井村屋忠助 | 入 | 1分2朱1貫65 文 | | | 5両永116 文7分3厘 | |
| 又兵衛後家 | 入 | | | | 1 分 3 朱 | |
| 嘉七 | 入 | | 1 両 2 分 | | | |
| 由兵衛 | 入 | 1 分 2 朱 | | 2 朱 | 3 分 2 朱 | |
| 伊兵衛 | 入 | | | | 14 両 2 分 | 5 両 |
| 佐右衛門後家はる | 入 | | 3 分 | 3 分 | | 2 両 |
| 平八 | 入 | 2 朱 234 文 | 3 分 1 朱 229 文 | | | 1 両 3 分 2 朱永 25 文 |
| 清兵衛 | 入 | 1 分 2 朱 65 文 | 1分2朱2貫565 文 | 2 分 | 2 分 | 2 両 |
| 久兵衛 | 入潰⑤ | 2 分 | 3 分 | 1 両 2 分 | 1 両 2 分 | |
| 平兵衛 | 潰入⑥ | | 1 両 2 分 | 1 両 3 分 330 文 | 5 両 2 朱 | |
| 忠兵衛 | — | | 3 分 2 朱 65 文 | 1 両 2 分 | | |
| 兵左衛門 | — | 2 分 | | | | |
| 文蔵 | — | | | 2 両 | | |
| 半右衛門・吉兵衛 | — | | | | | 10 両 |
| 上町世話人 | — | | | | 5 両 3 分 3 朱 | |

※『二宮尊徳全集』19 巻 208 ～ 209・291 ～ 292・380・436 ～ 438・489 ～ 490 頁より作成。
※「可」…「可也取続」層、「入可」…入札対象層から「可也取続」層に入ったもの、「入」…入札対象層
※「入潰」…入札対象層から潰層に転落したもの　※米は金に換算した。
※①天保 15 年に「可也取続」層に入る。②天保 12 年に「可也取続」層に入る。③天保 12 年に「可也取続」層に入る。④天保 14 年に「可也取続」層に入る。⑤天保 15 年に「潰」に転落。⑥天保 11 年に入札層に入る。

への道である。

さて、極難当座凌貸付金は天保一二年で廃止され、翌年から無利相続金が創設された。両者を【表4】で比較すると、無利相続金は出精人に融資される報徳金に近い額が融資され、総じて極難当座凌貸付金より融資金額が多い傾向がみられる。この無利相続金創設の目的はどこにあったのであろうか。御殿場村役人から尊徳への報告には「極難困窮人相続不行届段歎願に付、無利五ヶ年賦、又は拾箇年賦、拾六ヶ年賦迄、夫々家政取直為相続、貸附取計候(36)」とあり、従来のやり方では極難困窮人の家政再建が行き届かず、家再建・百姓相続のための貸付金拡充を望む声があったことがうかがえる。また、村内に商売元手金の融資機会の拡充を求める声もあった(37)。

次は天保一三年三月一九日、御殿場村における仕法推進者日野屋惣兵衛が尊徳にあてた書状の一節である。

入札計りにてはトテも御趣法相守居候ても、我が一代之間には、相不申抔と、己が不精をば不申、捨ふし計申族も沢山に有之、御百姓は少く、小商内にて暮居候故に、借財も家に不応かりも有、又一向に取不申掛方も有之、作計にて暮候様にも人気も不参、只急ぎ御法に預、借財なし込、元手金かり申度仁物計に御座候(38)

右の書状からは、入札での出精人表彰にともなう報徳金融資では、「我が一代之間」には融資対象にならないだろうという不満と、すぐにでも仕法の恩恵に預り、商売の元手金を借りたいという要望が、御殿場村内にあったことがうかがえる。報徳金融の資金枠が村内の需要を満たせない狭小な状態にあることがみてとれる。

一度の融資額が極難当座凌貸付金よりも多い無利相続金は、右のような不満と要望を持つ村内の広範な中下層民に応えるために創設されたものと考えられる。そして、広範な人々に多額の金を融資する無利相続金を可能とした背景には、この年の日野屋忠助の二〇〇両もの報徳加入金による資金枠の拡充があった。

## 三　御殿場村仕法の構造

### 1　御殿場村仕法の構造

冒頭で述べように、内田哲夫は御殿場村仕法について、「実態をさぐれば、上層の優遇、ひとにぎりの出精人の顕彰救済に重点がおかれがちであった」とし、「下層民切捨て」論的な評価を下した。たしかに、先述した名主平右衛門・佐野屋源兵衛には大口の貸付けがなされた。しかし、これらをもって上層優遇と一般に評価できるだろうか。彼らへの融資は経営規模や、分散による地域経済の動揺を抑える意味からも多額になったのであろうが、全体的な金の流れをみると、上層民一般は融資を受ける対象というよりも、日野屋忠助に端的にみられるように、報徳金への拠出を通して中下層民へ金を融通する役割を担っていたと考えられる。通常の融資活動をみると出精人表彰・極難当座凌貸付金・無利相続金ともに中下層が主眼となっており、特に無利相続金は出精人に融資される報徳金に近い額が広範な階層の人々に融資された。上層民の金が報徳金を媒介に中下層民へ融通される仕組みとなっているのである。報徳加入金における上層民出資額の比重の大きさも上層から下層へという金の流れ方を現している。また、出精人の家政再建策でみた上層民による借財返済の優遇措置もある。一節でみたように仕法推進者である上層民自身が地域の百姓との対立を恐れ、仕法を通して地域の安定化を望んでいる以上、彼らが上層民の優遇に重点を置き、下層民を切捨てるとは考えにくい。むしろ、彼らは下層民にいかに仕法の精神を内面化させ、困窮から立ち直らせ、仕法に組み込んでいくかに苦心したと考えられる。

御殿場村仕法は報徳加入金などを通して広範な層を仕法に参加させ、報徳仕法の考えを浸透させ、村の統合をすすめると同時に、上層民から拠出された金を中下層民への出精人表彰と極難当座凌貸付金・無利相続金にあて、村全体の底上げをはかるものであった。

## ２　仕法の成果と御殿場村民

御殿場村仕法は史料で確認できる天保一一（一八四〇）〜弘化二年（一八四五）の間に「可也取続暮方差支無之候」とされた上層民を二五軒から五〇軒へ倍増させ、潰層を二〇軒から一四軒へ減少させる成果をあげた。

しかし、御殿場村仕法が下層民をも包摂した構造を持っていたからといって、実際の村復興・困窮者救済が万全だったとは限らない。内田の指摘によれば上層から中下層へ転落した者は四軒、潰れへ転落した者も五軒あった。また、多額の融資を受け家政再建を目指した上層民も再建は困難を極め、借財を重ねてしまう。日野屋惣兵衛は「重立候者に身に入候人少々哉[39]」と歎き、村内の有力者にも仕法の趣意が身についてない者がいるとされた。

次は天保一三年三月一九日、日野屋惣兵衛が送った尊徳宛書状の一節である。

> 平右衛門儀、被仰下候通ウキ上り候哉、借財に酔候哉、骨も身も無之候故に村方も引立不申、兎角とかりる事を専一に心掛、其工面計に相見、先き之事は一向に考相見不申、かりてなしかへ計り、是を仕事に心得候様に相見、甚こまり入候仁物に御座候[40]

ここでは天保一〇年に再建策を講じた名主平右衛門が借財を繰り返す状況が述べられている。村中の協力を得た名主家再建も困難を極めていた。こうした彼の状況には当該期の政治経済的背景にも原因があろう。しかし、惣兵衛は「骨も身も無之候故」と専ら平右衛門個人の資質に原因を帰している。平右衛門が村中の協力を受けていたことからも、惣兵衛のような評価は多くの村民に共有されうるものであったろう。こうした状況は村内百姓間に微妙な摩擦・矛盾を生み出し、村内の対立を顕現させてしまう可能性を持つと思われる。

小前之内にて、報徳世話人之了簡にては、佐野や始め難渋にせまり候者共、報徳趣段にて取立、其上御法を相守候様に不致候ては、中事聞入も無之様に相心得居候うへに、御取組被下置候御法にも相拘り[41]

右は先にみた書状の続きの一節だが、佐野屋ら仕法により再建された者が借財を重ねるなど仕法を守らないようでは、小前たちが言うことを聞かなくなるのではないかと危機感を募らせていることがわかる。

前述の通り、下層民を含めた広範な人々が報徳金への加入行為などを通して報徳仕法の精神を内面化していった。こうした人々は自ら仕法に献身し、禁欲的な勤労に励みつつも、生活に改善がみられないと、仕法の恩恵に預りながらも借財を重ねていく人々に批判意識を強めていくことになろう。さらに、そのことが仕法や執行部である「報徳世話人」に対する信頼を失わせ、反発にもつながりかねない。右の文言からはそうした事情が読み取れる。

御殿場村仕法において百姓の生活改善や上層民の借財整理が困難になる背景には、報徳金の資金枠の狭小さ、藩の「分度」の未決定、支出を限定する「分度」論では物価変動に対応できない[42]、などの仕法の限界があると考えられる。しかし、そうした社会的背景と仕法の限界は、実直に仕法の精神を内面化し、禁欲的な労働に励む一般百姓の仕法推進者に対する批判へと転化する可能性を持つと考えられる。

内田哲夫は小田原藩領の報徳仕法の成功村として知られる相模国足柄上郡曽比村（神奈川県小田原市）で、文久二年（一八六二）に名主と村民の間で起きた騒動を取り上げ、仕法推進のリーダーの持つ「仕法の精神が村人に理解されないいら立ち」と、「推進者と一般農民との間に埋めがたい隔たりがあること」を仕法実施の村人の一般状況として指摘した。しかし、一方で、一般の百姓が実直に仕法の精神を内面化したからこそ生まれる、上層民や仕法推進のリーダーに対する批判意識も、仕法導入地域における階層間摩擦の要因として考えられよう。

# おわりに

御殿場村仕法は村の富裕層を指導者として進められたが、それは当該期の不穏な情勢に対する切実な危機意識からの対応であった。そのため仕法指導者層は当初から地域の困窮者の動向に非常に気を遣っていた。そして、仕法により総体として潰百姓が減り、報徳金加入などを通して多くの村民が村復興に向けて一致できたことは、右の危機意識からすれば成果をおさめたといえる。そこには上層民が報徳金を介して多額の金を拠出・融通し、中下層民はその金で商売、家政再建をめざし、実直に勤労に励むという構造があった。御殿場村仕法の成果は、そのように上層民と中下層民を結び付けることで生み出されたといえる。

また、尊徳は仕法開始にあたり、百姓を農業専従者とみる「耕作専一」の論理―たてまえ―から困窮を訴える御殿場村民に対し、「商売利用」により「先祖代々相続」してきた御殿場村の「土地之幸ひ」に即した「行なひ易き本業」を中心に据えた村の復興を指示した。尊徳は地域に即した家・村復興のあり方を考え、宿場村・商業村としての御殿場村の問題点を指摘し、仕法を構想したといえる。

しかし、内田哲夫の指摘のごとく、名主平右衛門や佐野屋源兵衛のように当村では商業や再建された上層民の経営が不安定であった。また、内田は仕法中に新たに潰れへ転落した者の存在を指摘し、「潰れへの転落を防ぎ得ないところに仕法の限界がある」と述べた。最後にこうした御殿場村仕法の「限界」の背景を考えたい。

尊徳は商業を中心とした村復興を指示したが、仕法では専ら個別経営に対する商売元手金の融通や借財返済に主眼が置かれた。しかし、尊徳が御殿場村の盛衰と周辺地域との相互関係に言及したように、御殿場村のような商業地の場合、村全体の立ち直りには周辺村落の購買力の増大や人の往来の増加、金融拡大などを生み出す地域社会全体の活性化、地域社会ぐるみの改革が不可欠になると思われる。つまり、一村での出精、倹約などの経営努力や、個別経営に対する借財整理や商売元手金の融資などではそもそも限界があり、復興の足掛りとなる報徳金融の資金枠も狭小なものとなってしまうのである。

これには藩としての仕法による地域社会ぐるみの立ち直り、活性化が必要であったと考えられる。御殿場村仕法の「限界」には、小田原藩の報徳仕法が藩としての仕法が確立せず、各村の自主的な仕法であったことも関わっていたと考えられる。

註

（1）大藤修「関東農村の荒廃と尊徳仕法―谷田部藩仕法を事例に―」（『史料館研究紀要』一四号、一九八二年、のち同『近世の村と生活文化―村落から生まれた知恵と報徳仕法―』吉川弘文館、二〇〇一年所収）。
（2）本書第四章・五章参照。
（3）内田哲夫「報徳仕法と御殿場村」（『御殿場市史研究』四号、一九七八年、のち同『小田原藩の研究』夢工房、一九九六年所収）。
（4）深谷克己『百姓成立』（塙書房、一九九三年）・五島敏芳「幕府法令にみる百姓移動への対応―「憐成者」という条件の再発見―」（『学習院史学』三七号、一九九九年）・本書第三章参照。
（5）佐々井信太郎編『二宮尊徳全集』一五巻（二宮尊徳偉業宣揚会、一九二八年）三九四頁。
（6）『二宮尊徳全集』一九巻（一九二九年）一七六頁。
（7）『二宮尊徳全集』一九巻一八一頁。
（8）『二宮尊徳全集』一九巻一七五頁。

(9)『二宮尊徳全集』一五巻四七〇頁・御殿場市史編さん委員会編『御殿場市史史料叢書二　山の尻村の「名主日記」』(御殿場市史編さん委員会、一九七七年)三一〇頁。

(10)小山町史編さん専門委員会編『小山町史　第七巻　近世通史編』第一二章(大藤修執筆、静岡県小山町、一九九八年)・大藤修「二宮尊徳の飢民救急仕法と駿州駿東郡藤曲村仕法」(『東北大学文学部研究年報』四七・四八号、一九九八・一九九九年、のち前掲註(1)大藤著書所収)。

(11)山中喬樹『山中兵右衛門商店二百五十年史　巻上』(山中喬樹、一九七六年)七一頁。

(12)松尾公就「小田原藩政の展開と報徳仕法(二)」(『かいびゃく』四六巻七号、一九九七年)。

(13)御殿場市史編さん委員会編『御殿場市史　第二巻　近世史料編』(静岡県御殿場市、一九七五年)No.四－一四・御殿場市史編さん委員会編『御殿場市史　第八巻　通史編上』第六章第六節(内田哲夫執筆、静岡県御殿場市、一九八一年)。

(14)『二宮尊徳全集』一五巻四九六頁。

(15)『二宮尊徳全集』一五巻五四六頁。

(16)『御殿場市史　第二巻　近世史料編』No.四－一二〇。

(17)『二宮尊徳全集』一五巻五五二頁。

(18)『二宮尊徳全集』六巻(一九二九年)九一三頁。

(19)『御殿場市史　第八巻　通史編上』第六章第六節。

(20)『二宮尊徳全集』一九巻一九二～一九六頁。

(21)『二宮尊徳全集』一九巻二〇六頁。

(22)『二宮尊徳全集』一九巻二〇八頁。

(23)『二宮尊徳全集』六巻九一三頁。

(24)『二宮尊徳全集』一九巻四〇六～四〇八頁。

(25)以下、佐野屋源兵衛の再建仕法は『二宮尊徳全集』一九巻三九三～四〇六頁による。

(26)『二宮尊徳全集』一九巻一七二頁。

(27)『二宮尊徳全集』一九巻一七三頁。

(28)『二宮尊徳全集』一九巻二一二～二一四頁。

(29)仕法の精神が、秩序を逸脱した振舞の目立つ当該期の若者に対する教導に、大きな力を発揮したことが指摘されている（『小山町史　第七巻　近世通史編』第一二章）。

(30)『二宮尊徳全集』一九巻三七〇～三七二頁。

(31)『二宮尊徳全集』一九巻二四七頁。

(32)加入回数ではない。また、若者組や商売仲間などの集団を代表して拠金しているものは除いている。参照箇所は以下の通り。『二宮尊徳全集』一九巻一七五頁（天保八年）、一八八～一九二頁（天保一〇年一月一一～二五日）、二四二～二四八頁（天保一一年二月～天保一二年閏一月一〇日）、三一七～三四六頁、三五八～三七二頁（天保一二年閏一月一五日～天保一三年三月）、四一五～四二八頁（天保一三年三月二五日～天保一四年二月二六日）、四六六～四八六頁（天保一四年二月二八日～天保一五年二月）、五〇五～五一九頁（天保一五年三月一日～弘化二年一月二四日）。

(33)特に天保一三年、一〇〇両を二度にわたり計二〇〇両を加入したことが注目される（『二宮尊徳全集』一九巻四一八・四二〇頁）。

(34)これは、天保八年三月の調査で「夫食余荷金差出」層を除く、「可也取続夫食差支無御座候」・「中難」・「極難」と評価された中下層民に相当する。

(35)前掲註(3)内田論文。なお、内田哲夫は出精人表彰を「モデル農家の設定」とするが、出精人の多くが商業に従事しており、御殿場村のような宿場において出精人を一概に「モデル農家」とするのは問題であろう。

(36)『二宮尊徳全集』一九巻四四五頁。

(37)佐々井典比古「御殿場村の教訓（三）」（同『尊徳の裾野』有隣堂、一九九八年）。

(38)『二宮尊徳全集』六巻一〇九〇頁。

(39)『二宮尊徳全集』六巻一〇八五頁。

(40)『二宮尊徳全集』六巻一〇九〇頁。

(41) 『二宮尊徳全集』六巻一〇九〇頁。
(42) 前掲註(10)大藤論文。

# 第九章　近世報徳「結社式仕法」の展開と構造

## ――相州片岡村・克譲社仕法からみる地主仕法の再検討――

### はじめに

近世後期に村や家・領主財政の復興を目指して実施された報徳仕法は、その実施主体や運営のあり方から「行政式仕法」と「結社式仕法」との二つに分類されてきた(1)。前者は幕藩領主の行財政改革の一環として実施された仕法、後者は地主などを中心に民間で実施された仕法で近代の報徳運動につながるとされる。報徳仕法はその展開過程で広範な民衆運動として発展をみせたことに特徴があるが(2)、民間の手で実施された「結社式仕法」はそうした特徴を考えるうえで重要な意味を持つといえる。

地主を運営主体とした近世の「結社式仕法」には奥谷松治(3)、海野福寿(4)、上杉允彦(5)らの先行研究がある。各氏はそれぞれ「結社式仕法」の性格を「商業・高利貸資本が（中略）自己の寄生的収取を確保するために、貧窮者を救済し、その再生産の維持に努めた」もの（奥谷）、「結社の初発からすでに地主＝豪農的なもの」（海野）、「最初から最後まで徹底して地主的利益に立ったもの」（上杉）と規定している。これらの諸研究は、「結社式仕法」を体制の枠内で豪農・地主の階級的利害を貫徹させるものと評価しているところに共通点がある。この評価の背景には、報徳運動が積極的な体制変革志向を持たず、近代に地主制を支え国家主義に利用されたことへの批判意識と、そうした近代報徳運動の特質や問題点を近世の報徳仕法・報徳運動に遡上して求めるという問題意識があると思われる。

しかし、近代の報徳運動・思想は近世のそれが近代化の過程で様々な立場により読み替えられ、適合・変容させられたものである(6)。それゆえ近代の報徳運動・思想の意味を明らかにするためにも、近世の報徳運動・思想を近代の前史としてよりもまず、当該期の事象・文脈のなかで検討する必要があると思われる。本章ではかかる問題意識に立って近世の報徳「結社式仕法」を検討するが、そのための補助線として参照すべき近年の諸研究に触れておきたい。

まず、報徳仕法のとらえ方として大藤修の指摘が重要である(7)。大藤は従来の報徳仕法研究の「仕法が主に領主の行政の一環として実施されている形式面のみをとらえて、きわめて機械的にその思想・仕法の性格を封建的・反動的なものと規定」する傾向を批判し、仕法が「きわめて切迫した課題に取り組んだものである以上、所与の歴史的条件＝幕藩体制を前提」にせざるをえず、単なる性格規定論で言えば「体制的＝封建的の一言で片付けられてしまわざるをえない」と指摘した。そして、そうした図式的理解にとどまらない報徳仕法の内在的な考察の必要性を提起した。本章で検討する地主を担い手とした仕法についても、彼らの階級的利害が前提にされたことの指摘にとどまらず、仕法に参加した地主以外の人々も含め、仕法が当時の人々にとっていかなる意味を持ったのか考察しなくては、報徳仕法が運動として多様な人々を動かした背景や意味は理解できないと思われる。

次に、仕法の背景となる村落荒廃や地主小作関係については平野哲也の研究が注目される(8)。平野は近世中後期の村落荒廃を「百姓の積極的な市場対応・戦略が生み出した結果としての耕地荒廃・離農行動」ととらえ、米価低落・給金高騰により生計比重を諸稼ぎに求めた百姓の生業選択の結果と主張する。そして、天保期〜幕末の米価上昇期には、百姓が帰村し米穀生産に足場を移す動向を指摘した。また、地主小作関係を百姓間の協同関係ととらえ、地主が私財を投じて生産・生活の支援など小百姓に有利な条件を提示し、互いの経営と生活の安定に向けて協同する姿を描いた。平野の研究からは報徳仕法を含めた村落復興運動を米価変動や百姓の主体的な生業選択との関わりで考察することや、地主主体の仕法を小百姓の生活・就農を支援する地主経営策との関係で理解する必要性が示唆される。

また、地主の連携や彼らをとりまく地域金融については、豪農連合による地域金融秩序の構成を検討した大塚英二の研究が注目される(9)。大塚は豪農を地域の金融機関的存在ととらえ、仲間内での融通的立替や分散した豪農の土地の一括管理などにより、地域の金融的秩序＝信用構造の保守をめざす地域金融網の意味を明らかにした。大塚の研究は地域の地主・商人の連携により結成された「結社式仕法」の構造や意味を理解するうえで示唆に富む。

本章ではこれらの先行研究を踏まえ、地主を主体とした近世の報徳運動において当該期の家・村・地域秩序の維持をはかる方法・観念が、いかに組み合わされてその特質が形成されているかに注目し、報徳運動の近世社会における普遍性と特質を考察したい。

そこで、本章では相模国大住郡片岡村（神奈川県平塚市）の地主大澤市左衛門が始めた、一村仕法から数村の地主・商人による「結社式仕法」へと展開した片岡村仕法—克譲社仕法の検討を通して、その課題に迫りたい。なお、本仕法を直接対象とした先行研究は、管見の限り前述の上杉の研究のみである(10)。分析にあたり本章では次のことに留意した。

一つは報徳仕法を実施する大澤家の意識とともに、仕法を受容する一般百姓にとっての仕法の意味である。仕法が「徹底して地主的利益に立ったもの」であるなら、なぜ多くの人々が仕法を受容し、継続できたのであろうか。仕法を受容した人々にとっての仕法の意味を、仕法の構造と社会状況を背景に考察したい(11)。

もう一つは、報徳仕法のネットワーク性である。「結社式仕法」は仕法を支える人々のネットワークで運営される。上杉は克譲社について「大沢家の縁戚を中心に金目村・真田村などに拡大し、片岡村仕法の一貫《ママ》として、これ等の村においても同一仕法を展開せんとした」と指摘するが、彼らが目指した地域運営や報徳のネットワークの具体的な展開過程・構造などについては不明点が多い。そこで本章では一村仕法の実施から報徳のネットワークの展開過程、その意味と構造、およびそれがはらんだ矛盾を考察したい(12)。

なお、片岡村は延享二年（一七四五）より旗本高井氏の知行地となり、石高は七二八石余、反別は六七町九反余で、うち田方が七割強を占める米穀生産中心の村である。本章では仕法の質の違いから、天保九年（一八三八）〜嘉永二年（一八四九）までの仕法を片岡村第一期仕法、嘉永三年から克譲社結社以降の仕法を第二期仕法（克譲社仕法）とわけて分析する。

## 一　地域社会の動揺と大澤家

### 1　片岡村の荒廃と地域社会

片岡村の荒廃過程は史料的制約から詳細には知りえない。ただ、仕法関係史料によれば、「去ル明和・安永之頃迄は、質素淳朴にして、銘々分を守り、業を励み、近村に抽て繁栄」していたが、その後「年々田畑手余り荒地に罷成、取穀相減じ、不納未納は勿論、夫食種穀肥代出来兼、困窮致難渋」との状態になったとある(13)。さらに、「天保四巳、同七申之大凶荒饑饉以来、引続病難不仕合打続及大借、困窮難渋致し、暮方不行届、追々逃去り死潰、又は他所稼に罷出、家数人別相減じ、此儘差置候はゞ、不残可致退転哉(14)」と危惧されるようになったという。ここから片岡村では明和・安永期（一七六四〜一七八一）以降に手余地や小作米の不納など村落荒廃がはじまり、天保飢饉でその度合いが深まったという状況がうかがえる。片岡村の家数・人別は、延享四年（一七四七）に六〇軒（寺堂を除く）・二八八人であったが、[15]天保九年（一八三八）には四九軒・二四七人に落ち込んでおり、[16]一八世紀後半〜一九世紀前半にかけて荒廃現象がみられていたと思われる。

では、なぜこの時期、片岡村に荒廃がみられるようになったのであろうか。その具体的な要因は不明であるが、背景の一つとして一八世紀後期〜化政期にかけての米価の下落傾向が考えられる。大住郡上糟屋村（神奈川県伊勢原市）の米価記録[17]によれば、天明期（一七八一〜一七八九）には年平均一両に五斗八升余であった米価は次第に下落し、寛政・享和期（一七八九〜一八〇四）には九斗八升余、化政期（一八〇四〜一八三〇）には一石一斗三升余になっていた。かかる米価下落とそれにともなう諸物価高騰を背景に、文政二年（一八一九）一〇月、平塚宿（平塚市）助郷村々では「村方男女ニ不限、江戸奉公仕候者村役人差留」など、奉公人賃金の高騰や江戸奉公・他所稼ぎを抑制する議定書が作成された。[18]ここからは奉公人賃金の高騰とともに、人々が賃稼ぎを求めて離村していく動向がうかがえる。米作村である片岡村も同様の状況にあったと考えられ、生業の比重を農業生産から賃稼ぎに傾けた百姓の動向が、手余地や小作米不納などの村落荒廃を招いた一因になっていたと考えられる。

次に天保飢饉時の周辺地域に目を移したい。天保七年九月の大住郡南原村（平塚市）の願書によれば、この年は「四月上旬より降続、暑中ニ至り候ても晴日無之」、「実法肝要之時節続而冷風・大雨ニ御座候」という天候不順が続いた。そのため「摺れ穂・青揃立ニ罷成候米多く相見へ」、「粟・稗・大豆・木綿其外諸作共一体ニ被吹潰、皆無ニ相成」、「夫食之手当更ニ無望」の状況になったという。さらに、「夫食払底より兎角人気不穏、盗賊之患等無透間、昼夜安心不相成」と治安・人心の不安も訴えられている。[19]

この「人気不穏」については同年の大磯宿（神奈川県大磯町）の動向が念頭にあったと思われる。同宿では七月一八日に暴風雨による大波で民家五五軒が流失し、続いて七月二九日には米価高騰に苦しむ宿民五八五人が、穀物商

**【表1】片岡村階層構成**

| 階層 | 天保9 | 嘉永5 | 明治3 | 明治5 |
|---|---|---|---|---|
| 30石以上 | 4軒 | 4軒 | 3軒 | 6軒 |
| 30石未満 | 2 | 2 | 0 | 3 |
| 25石未満 | 1 | 1 | 4 | 1 |
| 20石未満 | 4 | 4 | 6 | 3 |
| 15石未満 | 5 | 5 | 4 | 10 |
| 10石未満 | 4 | 5 | 6 | 16 |
| 5石未満 | 11 | 16 | 18 | 8 |
| 1石未満 | 18 | 11 | 10 | 4 |
| 計 | 49 | 48 | 51 | 51 |
| 人口 | 247人 | 272人 | | |

※天保9年〜明治3年の宗門帳（大澤家文書№23・62・135、個人蔵）、および「田畑并大縄場畑地価取調書上帳」（大澤家文書№148、個人蔵）より作成。

**【表2】片岡村の諸稼ぎ状況**

| 諸稼ぎ項目 | 天保9 | 嘉永5 |
|---|---|---|
| 他奉公・余業・半農の家 | 22軒 | 0軒 |
| 村総人口 | 247人 | 272人 |
| 江戸奉公 | 19人 | 4人 |
| 他奉公 | 22人 | 3人 |
| 当村奉公 | 10人 | 2人 |
| 他住居 | 10人 | 0人 |
| 余業稼 | 3人 | 0人 |
| 日雇 | 1人 | 0人 |

※各年宗門帳（大澤家文書№23・62、個人蔵）より作成。
※他奉公・余業・半農の家とは、宗門帳で戸主がそれらに従事していると記載され、末尾に集計された家の数である。

川崎屋孫右衛門ら商人七軒の居宅・土蔵を打ち毀す事件が起きた。さらに、九月五日には本陣・問屋場を含め約五〇〇軒を焼き尽くす大火災が発生した。こうした災害や事件の頻発は、地域においてさらなる社会不安を広めていったと思われる。

特に打ち毀された川崎屋孫右衛門の妹は、大澤市左衛門に二宮尊徳の情報を伝えた伊勢原村（伊勢原市）の加藤宗兵衛（後述）の妻であり、宗兵衛の妹は市左衛門の子小才太の妻であった。彼らは縁戚関係でつながる地域の有力な地主・商人であり、(20)彼らにとって大磯宿の打ち毀しは身に迫る危機として認識されたと思われる。そして、ここに彼らが貧富間の和を重視する二宮尊徳の教諭（後述）を受容する背景があったと考えられる。

最後に仕法開始時の天保九年における片岡村の家数人別、生業状況をみておきたい【表1】【表2】。

天保九年における片岡村の家数人別は前述のごとく四九軒、二四七人であった。また、この四九軒のうち所持高一石未満が一八軒と最多を占めていた。次に村民の生業をみると、戸主が「他奉公」「余業」「半農」の状態[21]にある家が各一五軒・二軒・五軒あり、特に村外に流出している「他奉公」は一五軒中一〇軒が一石未満層で、この層が村流出層の中心といえる。さらに、村民二四七人のうち「江戸奉公」「他奉公」「他住居」が五一人おり、村民の五分の一以上が賃稼ぎを求めて村を出ていた。

## 2　大澤家とその経営

片岡村に報徳仕法を導入する大澤家は割元役をつとめる村方地主で、その所持地は天保九年に高三一一石余、反別二八町六反余にもおよんだ。所持地の八割は片岡村内にあり、村高の三割強を占めていた[22]。

**【表3】大澤家所持石高変遷**

| 年 | 所持石高 |
|---|---|
| 慶長8年（1603） | 87石5斗5升8合6勺 |
| 寛文4年（1664） | 18石8斗4升6合7勺 |
| 寛文9年（1669） | 16石5斗9升1合 |
| 天和2年（1682） | 14石7斗8升9合4勺 |
| 元禄元年（1688） | 14石7斗8升9合4勺 |
| 宝永2年（1705） | 14石2斗5升9合4勺 |
| 享保7年（1722） | 38石2斗5升3合3勺 |
| 享保19年（1734） | 33石2斗7升8合 |
| 元文5年（1740） | 21石9斗1合8勺 |
| 宝暦4年（1754） | 17石8斗6升1合 |
| 安永5年（1776） | 17石7斗5升6合 |
| 天明6年（1786） | 31石3斗5升5合9勺 |
| 文化9年（1812） | 132石6斗3升9合 |
| 天保元年（1830） | 234石2斗8升8合 |
| 天保7年（1836） | 262石2斗9升7合 |
| 天保10年（1839） | 314石5斗1升7合2勺 |

※『二宮尊徳全集』27巻287頁より作成。

しかし、慶長期以来の大澤家の所持高変遷をみると、天保期における所持高の特異さがうかがえる【表3】。すなわち、慶長八年（一六〇三）に八七石余あった所持高は、寛文〜天明期の長期にわたり一〇〜三〇石台を推移するが、その後、急激に増加し、文化九年（一八一二）に一三二石、天保一〇年に三一四石にのぼる。ここから大澤家の所持高増加は、前述の村落荒廃化の時期と軌を一にしていることがわかる。つまり、大澤家は村落荒廃過程で村民が手放した土地を集積し、所持高を増加させていったと考えられるのである。

しかし、それゆえに大澤家の地主経営は不安定をともなっていた。天保九年の小作納入米の名目俵数は八五八俵余であったが、うち不作引や不納未納米が二六四俵余にものぼっていた【表4】。大澤家にとって、かかる地主経営をいかに安定させるかが課題であったといえる。そして、それはいかに村から流出した百姓を還流させ、人別増加をはかり、農業生産を復興させるかという村落復興の課題と表裏していた。大澤家ではその方策に悩み、「何卒して取直し方手段有之間敷哉と砕心魂罷在候(23)」と模索していた。

## 二　片岡村第一期仕法

### 1　仕法実施の契機

片岡村への報徳仕法導入の契機を作ったのは伊勢原村の加藤宗兵衛である。宗兵衛は茶商売などを営む商人であったが、経営不振にともなう家督相続問題に悩んでいた。その折の天保九年（一八三八）閏四月、宗兵衛は「心学無二之同志(24)」である小田原藩領駿河国駿東郡竈新田村（静岡県御殿場市）の小林平兵衛から二宮尊徳の評判を聞くことになった。当時、小田原藩領では尊徳による飢民救済仕法が実施され、彼は「報徳様」と呼ばれ人望を集めていた(25)。大澤市左衛門・小才太父子はこの加藤宗兵衛から尊徳の情報を得て、同年九月、小田

【表4】大澤家小作米内訳

| | | 天保9年 | 嘉永3年 | 嘉永4年 |
|---|---|---|---|---|
| 総小作米 | | 858俵1斗7升 | 895俵3斗2升5合 | 892俵2升2合 |
| 内 | 不納・違作分 | 264俵2斗9升2合 | 89俵1斗8升 | 30俵2斗2升 |
| | 報徳加入田地 | — | 70俵8升 | 70俵8升 |
| | 御趣法土台米 | — | 82俵2斗7升4合 | 141俵2斗4升2合 |
| | 年貢諸役他 | 284俵3斗7升2合 | 319俵2斗7升3合 | 387俵1斗9升 |
| | 徳米（収入） | 308俵3斗5合 | 333俵3斗9合 | 262俵8升3合 |

※各年の「家株田畑小作取調帳」（大澤家文書№25・56・58、個人蔵）より作成。
※合未満は切捨て。※趣法米・御趣法田地分には真田村・南金目村の加入田地が含まれる。
※嘉永4年は御趣法田地以外からの小作米の2分9毛3弗は違作引30俵2斗2升と趣法土台米141俵2斗4升2合の計172俵6升3合にあたる。

原にいた尊徳に片岡村復興仕法の実施を願い出たのである。

しかし、大澤父子の歎願を受けた尊徳は、「何分繁多手廻り不申、殊に一村取直し之儀、不容易」[26]としてこれを拒絶した。ただ、そのうえで「凡村方衰弊之根元は貧富之不和にあり、貧富和して村柄不立直事なし、此故に重立候もの暮方取縮め、分内を譲り、親疎を不撰、善人を先じ、暮し方取直し遣し候はゞ、終に自然と人気相進、村柄立直り可申候得共、不容易所行、先差扣篤と致勘考候様」[27]と教諭を加えた。尊徳は村落荒廃の根元は貧富間の対立にあり、復興には富者としての大澤家による貧者の救済が必要であると諭し、仕法に向けた大澤父子の熱意を試したといえる。

尊徳の教諭を受けた大澤父子は「余りある者足らざる者を補ふの天理なる事を発明仕、速に相改」[28]と改心し、まずは自らの手で仕法を実施することにした。

## 2　天保九・一〇年の仕法

尊徳の教諭を受けた大澤父子は、早速同月から試験的に仕法を開始した。仕法の収支状況からその事業内容を概観したい【表5】。

まず、天保九年（九月～一二月）は仕法資金として三九一両三分余を得た。その内訳は、土台金への加入や田地・扶持・給米の供出など大澤家の拠金が二三一両余、残り一六〇両は足柄上郡柳川村（神奈川県秦野市）与兵衛からの借入金であった。仕法は主に大澤家の拠金で運営された。

次に支出は三九〇両余で、九月は「先差当り親類縁者、又は朝夕親敷立入候者危迫を補ひ遣し申度」[29]として大澤家関係者を対象に支出された。その一つは長年の奉公人ら四人に与えられた大澤家供出の田地一町一反六畝（代金四七両二分二朱）である。もう一つは小才太の弟で大住郡真田村（平塚市）名主上野家[30]の養子となった七兵衛への支出

【表5】天保9～10年度仕法金収支

| | | 名目 | 天保9.9～12 | | 天保10.1～12 | | 合計 | |
|---|---|---|---|---|---|---|---|---|
| | | | 両－分－朱 | % | 両－分－朱 | % | 両－分－朱 | % |
| 収入 | | 御趣法土台米差出 | 217 － 2 － 2 | 55.5 | 32 － 2 － 3 | 32 | 250 － 1 － 1 | 49.8 |
| | | 報徳加入金（大澤家） | 14 － 0 － 3 | 3.6 | 7 － 3 － 3 | 7.1 | 22 － 0 － 2 | 4.4 |
| | | 利付金借入 | 160 － 0 － 0 | 40.8 | 70 － 0 － 0 | 63.2 | 230 － 0 － 0 | 45.7 |
| | | 小計 | 391 － 3 － 1 | | 110 － 2 － 2 | | 502 － 2 － 0 | |
| | | 御趣法土台米持廻（前年度繰越） | | | 1 － 1 － 3 | | | |
| | | 合計 | 391 － 3 － 1 | | 112 － 0 － 2 | | | |
| 支出 | 給付 | 助成田地 | 47 － 2 － 2 | 12.1 | | | 47 － 2 － 2 | 9.4 |
| | | 助成金 | 101 － 1 － 2 | 25.9 | | | 101 － 1 － 2 | 20.1 |
| | | 夫食助成 | | | 3 － 0 － 0 | 2.6 | 3 － 0 － 0 | 0.5 |
| | | 農具助成 | | | 0 － 1 － 2 | 0.3 | 0 － 1 － 2 | 0 |
| | | 居宅普請入用助成 | | | 5 － 1 － 3 | 4.8 | 5 － 1 － 3 | 1.0 |
| | | 縄売払損金 | | | 0 － 1 － 2 | 0.4 | 0 － 1 － 2 | 0 |
| | 貸付 | 当座無利貸付金 | | | 8 － 1 － 2 | 7.4 | 8 － 1 － 2 | 1.6 |
| | | 無利足質趣法土台金繰出 | 37 － 0 － 0 | 9.4 | | | 37 － 0 － 0 | 7.3 |
| | | 無利置据金貸付 | 36 － 1 － 1 | 9.3 | 57 － 0 － 0 | 50.8 | 93 － 1 － 1 | 18.5 |
| | その他 | 出入内済手段助成 | | | 10 － 0 － 0 | 8.9 | 10 － 0 － 0 | 1.9 |
| | | 新用水堀割入用 | | | 2 － 2 － 0 | 2.2 | 2 － 2 － 0 | 0.4 |
| | | 小田原領報徳金へ加入 | 160 － 0 － 0 | 40.9 | | | 160 － 0 － 0 | 31.8 |
| | | 借入金利息・元金返済 | 8 － 0 － 0 | 2 | 24 － 3 － 2 | 22.1 | 8 － 0 － 0 | 1.5 |
| | | 合計 | 390 － 1 － 1 | | 112 － 0 － 2 | | 502 － 2 － 0 | |
| | | 差引（次年度繰越） | 1 － 1 － 3 | | 0 － 0 － 0 | | | |

※『二宮尊徳全集』27巻2～9頁より作成。※朱未満切捨て等のため計算が若干あわない部分がある。

二六一両余で、その内訳は同家の借財返済仕法を歎願するため小田原藩仕法に拠出した一六〇両と、同家の質地請戻代金一〇一両余である。小田原藩仕法への一六〇両は柳川村与兵衛からの借入金と同額で、これは上野家の家政再建に向けた借入金であったといえる。一〇月になると対象を一般村民に広げ、村民が質入れした生活用具一五〇品を請戻して無利息貸与する「質趣法」や、領主から拝借した御救金の未返納者に対する無利息立替えなどが実施された。

　翌天保一〇年の仕法も大澤家の拠金と借入金で一一二両余の収入を得た。支出は同額で、借家人・他稼ぎ人・所持高が無高～五石未満層の人々を中心にした居宅修復・農具手当・夫食助成などの助成金の給付や、無利息金の貸付に向けられた。これには離村者に帰村を促し、村への定着をはかる目的があったと思われる。さらに、相場より高い代価で村民が綯った縄を買上げて「極難困窮人潤助」、「隋《惰》農引立」をはかる縄買上金もみられる[31]。ただ、一方で大澤家親類の大住郡南金目村（平塚市）名主兵左衛門[32]へ家政再建資金として五七両が融資されている。

天保九・一〇年の仕法は、大澤家の小作米・拠出金と借入金を元金に開始され、当初は大澤家関係者を対象とし、次第に一般村民へと広がりをみせた。ただ、支出については村内では帰村者・困窮者に対しての諸手当の給付や無利息金の貸与、村外では真田村上野七兵衛など大澤家縁者の地主らの家政再建へ向けた高額融資という対象者・融資額の違いがあり、この違いは以後の仕法でも続く。

この仕法により「一ト先凌の道は相開け候[33]」との成果を得て、市左衛門らは今後の仕法の実施について尊徳に指導を求めた。尊徳は大澤父子の熱意を認め、村民による入札で選出した出精人に田畑を無年貢耕作させる出精人取立仕法を提案し、仕法が本格的に実施されることになった。

## 3　天保一一年〜嘉永二年の本格的仕法

天保一一年、片岡村仕法は「先生蒙御指図、村柄取直方趣法取行候[34]」と尊徳の指導を得て、一〇年を期間として本格的に開始された[35]。この一〇年間の仕法資金の総収入は三五四五両余、総支出は三五三〇両余にもおよんだ。その主な内訳を概観して仕法の内容を検討したい【表6】。

まず収入をみると、①大澤家の拠金（土台米・加入金）が一一四九両余（全体の約三割）で、仕法は大澤家の経済力に立脚して実施された。仕法の資金規模の増大は、主としてこの大澤家の拠金と後述の借入金によっていた。次に②無利貸付金の返納が一一九二両（全体の約三割）となる。これは仕法で貸付けられる無利息金の返納金であり、ここ

| 天保 13.10 ～天保 14.9 | | 天保 14.10 ～弘化 1.9 | | 弘化 1.10 ～弘化 2.9 | | 弘化 2.10 ～弘化 3.9 | |
|---|---|---|---|---|---|---|---|
| 両－分－朱 | % | 両－分－朱 | % | 両－分－朱 | % | 両－分－朱 | % |
| 37 － 2 － 3 | 12.9 | 60 － 0 － 0 | 22.7 | 120 － 2 － 2 | 41 | 154 － 0 － 1 | 29.5 |
| 7 － 1 － 3 | 2.5 | 8 － 3 － 3 | 3.3 | 78 － 1 － 2 | 26.6 | 14 － 2 － 1 | 2.7 |
| 7 － 1 － 03 | 2.4 | 7 － 2 － 0 | 2.8 | 8 － 0 － 0 | 2.7 | 7 － 3 － 0 | 1.4 |
| 29 － 2 － 23 | 10.1 | 46 － 0 － 2 | 17.4 | 57 － 1 － 2 | 19.5 | 169 － 3 － 3 | 32.5 |
| 189 － 1 － 1 | 65 | 141 － 1 － 2 | 53.5 | 11 － 0 － 1 | 3.7 | 41 － 3 － 3 | 8 |
| 18 － 3 － 3 | 6.5 | | | | | | |
| 0 － 0 － 3 | 0 | | | 2 － 3 － 2 | 0.9 | 5 － 0 － 0 | 0.9 |
| | | | | | | | |
| | | | | | | | |
| | | | | 15 － 0 － 0 | 5.1 | 25 － 0 － 0 | 4.7 |
| | | | | | | 81 － 0 － 0 | 15.5 |
| | | | | | | 22 － 1 － 3 | 4.3 |
| 0 － 1 － 0 | 0 | 0 － 1 － 1 | 0.1 | 0 － 1 － 0 | 0.1 | 0 － 1 － 2 | 0 |
| 290 － 3 － 2 | | 264 － 0 － 0 | | 293 － 3 － 0 | | 521 － 3 － 2 | |
| 39 － 1 － 0 | | 18 － 3 － 2 | | 24 － 0 － 1 | | 6 － 3 － 2 | |
| 330 － 0 － 2 | | 283 － 1 － 0 | | 317 － 3 － 2 | | 529 － 0 － 3 | |
| 30 － 0 － 1 | 9.6 | 37 － 3 － 3 | 14.6 | 36 － 1 － 0 | 11.6 | 43 － 2 － 1 | 8.2 |
| 13 － 0 － 0 | 4.1 | | | | | | |
| | | | | | | 5 － 1 － 3 | 1 |
| 2 － 0 － 1 | 0.6 | | | | | | |
| | | | | | | | |
| | | | | | | | |
| | | | | 0 － 0 － 2 | 0 | 1 － 0 － 2 | 0.2 |
| 7 － 0 － 3 | 2.3 | 3 － 1 － 2 | 1.3 | | | | |
| | | | | | | | |
| 7 － 2 － 0 | 2.4 | 8 － 0 － 0 | 3 | 7 － 3 － 0 | 2.4 | 8 － 3 － 0 | 1.6 |
| 141 － 1 － 2 | 45.4 | 11 － 0 － 1 | 4.2 | 34 － 1 － 3 | 11 | 27 － 0 － 0 | 5.1 |
| 55 － 1 － 2 | 17.8 | 134 － 2 － 3 | 51.9 | 109 － 0 － 0 | 35 | 294 － 1 － 3 | 55.9 |
| | | 1 － 3 － 2 | 0.7 | 5 － 2 － 1 | 1.8 | 1 － 2 － 1 | 0.3 |
| | | 10 － 0 － 0 | 3.8 | 65 － 3 － 0 | 22.1 | 60 － 2 － 0 | 11.4 |
| | | | | | | 0 － 2 － 0 | 0 |
| 2 － 2 － 0 | 0.8 | | | | | | |
| 52 － 0 － 0 | 16.7 | 52 － 0 － 0 | 20 | 52 － 0 － 0 | 16.7 | 83 － 2 － 0 | 15.8 |
| | | | | | | | |
| | | | | | | | |
| 311 － 0 － 3 | | 259 － 0 － 2 | | 310 － 3 － 3 | | 526 － 1 － 0 | |
| 18 － 3 － 2 | | 24 － 0 － 1 | | 6 － 3 － 2 | | 2 － 3 － 0 | |

## 【表 6】天保 11 ～嘉永 2 年度仕法収支

| | | 名目 | 天保 11.1 ～天保 12.9 | | 天保 12.10 ～天保 13.9 | |
|---|---|---|---|---|---|---|
| | | | 両－分－朱 | % | 両－分－朱 | % |
| 収入 | | 御趣法土台米差出 | 43 － 1 － 1 | 23.6 | 47 － 0 － 0 | 6.2 |
| 収入 | | 報徳加入金（大沢家） | 101 － 0 － 0 | 55.1 | 11 － 2 － 2 | 1.5 |
| 収入 | | 耕作出精人作取田地肥代無利貸付返納 | | | 6 － 3 － 0 | 0.8 |
| 収入 | | 無利年賦・置据貸付金返納 | 3 － 3 － 1 | 2.1 | 4 － 0 － 3 | 0.5 |
| 収入 | | 当座無利貸付金返納 | 14 － 1 － 3 | 7.8 | 39 － 0 － 0 | 5.1 |
| 収入 | | 無利質趣法土台金返納 | 10 － 0 － 0 | 5.4 | 8 － 0 － 0 | 1 |
| 収入 | | 報徳加入金 | 3 － 2 － 1 | 1.9 | 2 － 0 － 1 | 0.2 |
| 収入 | | 報徳冥加金 | | | | |
| 収入 | | 報徳善種金無利拝借 | 6 － 3 － 0 | 3.6 | | |
| 収入 | | 利付金借入 | | | 640 － 0 － 0 | 84.3 |
| 収入 | | 無利足金借入 | | | | |
| 収入 | | 趣法金当分預り | | | | |
| 収入 | | 荒地起返田作徳米 | 0 － 1 － 0 | 0.1 | 0 － 1 － 1 | 0 |
| 収入 | | 小計 | 183 － 1 － 0 | | 758 － 3 － 2 | |
| 収入 | | 御趣法土台米持廻（前年度繰越） | | | 17 － 2 － 0 | |
| 収入 | | 合計 | 183 － 1 － 0 | | 776 － 2 － 1 | |
| 支出 | 給付 | 耕作出精作取田地助成金 | 30 － 0 － 2 | 18.1 | 34 － 3 － 3 | 4.7 |
| 支出 | 給付 | 耕作出精人助成屋根替入用 | | | 15 － 1 － 0 | 2.0 |
| 支出 | 給付 | 耕作出精人農具助成 | | | | |
| 支出 | 給付 | 部屋住若者出精人作取助成田地 | | | | |
| 支出 | 給付 | 畑方作取助成金 | 1 － 2 － 0 | 0.3 | 1 － 2 － 2 | 0.2 |
| 支出 | 給付 | 農具助成 | 3 － 3 － 1 | 2.3 | | |
| 支出 | 給付 | 助成金 | 9 － 3 － 0 | 5.9 | 7 － 0 － 1 | 0.9 |
| 支出 | 給付 | 売家買据並潰家修復金 | | | | |
| 支出 | 給付 | 縄買上助成金 | 1 － 0 － 2 | 0.6 | 0 － 3 － 1 | 0.1 |
| 支出 | 貸付 | 耕作出精人作取田地肥代無利貸付 | 6 － 3 － 0 | 4 | 7 － 1 － 0 | 0.9 |
| 支出 | 貸付 | 当座無利貸付金 | 45 － 0 － 0 | 27.1 | 189 － 1 － 1 | 25.6 |
| 支出 | 貸付 | 無利年賦・置据貸付 | 30 － 0 － 0 | 18.1 | 216 － 1 － 2 | 29.3 |
| 支出 | その他 | 荒地起返・麁田再発債 | 3 － 0 － 0 | 1.8 | | |
| 支出 | その他 | 真田村他報徳金へ加入 | | | | |
| 支出 | その他 | 趣法入用諸道具農具買入 | | | | |
| 支出 | その他 | 無利足質趣法流品損金 | | | | |
| 支出 | その他 | 借入金利息・元金返済 | 34 － 2 － 0 | 20.8 | 264 － 2 － 0 | 35.8 |
| 支出 | その他 | 報徳加入金返済 | | | | |
| 支出 | その他 | 預り金返済 | | | | |
| 支出 | | 合計 | 165 － 2 － 3 | | 737 － 1 － 1 | |
| | | 差引（次年度繰越） | 17 － 2 － 0 | | 39 － 1 － 0 | |

| 嘉永 1.10 ～嘉永 2.9 | | 嘉永 2.10 ～嘉永 2.12 | | 合計 | |
|---|---|---|---|---|---|
| 両－分－朱 | % | 両－分－朱 | % | 両－分－朱 | % |
| 97 － 3 － 0 | 51.7 | 94 － 1 － 0 | 52 | 874 － 3 － 3 | 24.6 |
| 11 － 3 － 1 | 6.2 | 12 － 1 － 1 | 6.8 | 274 － 2 － 2 | 7.7 |
| 9 － 1 － 0 | 4.8 | 7 － 1 － 0 | 3.90 | 70 － 3 － 0 | 1.9 |
| 59 － 1 － 1 | 31.4 | 51 － 3 － 1 | 28.5 | 580 － 1 － 2 | 16.3 |
| 1 － 2 － 3 | 0.9 | 7 － 0 － 1 | 3.9 | 504 － 0 － 3 | 14.2 |
| | | | | 37 － 0 － 0 | 1 |
| 6 － 2 － 3 | 3.4 | 6 － 1 － 3 | 3.5 | 41 － 0 － 3 | 1.10 |
| | | 0 － 3 － 1 | 0.4 | 0 － 3 － 1 | 0 |
| | | | | 6 － 3 － 0 | 0.1 |
| | | | | 1010 － 0 － 0 | 28.4 |
| | | | | 81 － 0 － 0 | 2.2 |
| | | | | 53 － 3 － 1 | 1.5 |
| 2 － 0 － 3 | 1.1 | 1 － 2 － 2 | 0.9 | 10 － 1 － 1 | 0.2 |
| 188 － 3 － 0 | | 181 － 1 － 0 | | 3545 － 1 － 3 | |
| 23 － 1 － 1 | | 3 － 2 － 0 | | | |
| 211 － 2 － 2 | | 185 － 1 － 1 | | | |
| 45 － 0 － 3 | 21.7 | 41 － 0 － 0 | 24.1 | 386 － 2 － 0 | 10.9 |
| | | | | 28 － 1 － 0 | 0.8 |
| 3 － 3 － 2 | 1.8 | | | 20 － 1 － 0 | 0.5 |
| | | | | 2 － 0 － 1 | 0 |
| | | | | 2 － 1 － 0 | 0 |
| | | | | 5 － 2 － 1 | 0.1 |
| 1 － 0 － 0 | 0.4 | 1 － 3 － 0 | 1 | 24 － 2 － 0 | 0.6 |
| | | | | 10 － 2 － 2 | 0.3 |
| | | | | 1 － 3 － 3 | 0 |
| 7 － 1 － 0 | 3.4 | | | 70 － 3 － 0 | 2 |
| 7 － 0 － 1 | 3.4 | 0 － 1 － 3 | 0.2 | 496 － 1 － 0 | 14 |
| 51 － 2 － 1 | 24.7 | 17 － 3 － 0 | 10.4 | 996 － 3 － 1 | 28.2 |
| | | | | 17 － 3 － 1 | 0.5 |
| | | | | 136 － 1 － 0 | 3.8 |
| | | | | 2 － 2 － 1 | 0 |
| | | | | 2 － 2 － 0 | 0 |
| 92 － 0 － 0 | 44.2 | 108 － 0 － 0 | 63.5 | 1270 － 0 － 1 | 35.9 |
| | | 0 － 3 － 2 | 0.5 | 0 － 3 － 2 | 0 |
| | | | | 53 － 3 － 1 | 1.5 |
| 208 － 0 － 1 | | 169 － 3 － 3 | | 3530 － 0 － 1 | |
| 3 － 2 － 0 | | 15 － 1 － 2 | | | |

から貸付↓↑返納といった資金循環の大きさと、この循環が仕法運営の要であることがわかる。また、全体としては小額だが、③村民による縄・祝儀の倹約分や余業稼ぎ分の拠金（加入金）が四一両余ある。これは村民が「御趣法向感服」として拠金したものであり、仕法への積極的な支持・共感を示すものとして重要である。百姓の倅や弟なども拠

| | | 名目 | 弘化 3.10 ～弘化 4.9 | | 弘化 4.10 ～嘉永 1.9 | |
|---|---|---|---|---|---|---|
| | | | 両－分－朱 | % | 両－分－朱 | % |
| 収入 | | 御趣法土台米差出 | 131 － 0 － 1 | 24.4 | 88 － 3 － 2 | 27.1 |
| | | 報徳加入金（大沢家） | 16 － 1 － 1 | 3 | 12 － 0 － 1 | 3.6 |
| | | 耕作出精人作取田地肥代無利貸付返納 | 8 － 3 － 0 | 1.6 | 8 － 1 － 0 | 2.5 |
| | | 無利年賦・置据貸付金返納 | 83 － 1 － 2 | 15.5 | 74 － 2 － 1 | 22.7 |
| | | 当座無利貸付金返納 | 24 － 2 － 0 | 4.5 | 33 － 2 － 1 | 10.2 |
| | | 無利質趣法土台金返納 | | | | |
| | | 報徳加入金 | 7 － 3 － 0 | 1.4 | 6 － 3 － 3 | 2.1 |
| | | 報徳冥加金 | | | | |
| | | 報徳善種金無利拝借 | | | | |
| | | 利付金借入 | 230 － 0 － 0 | 42.9 | 100 － 0 － 0 | 30.6 |
| | | 無利足金借入 | | | | |
| | | 趣法金当分預り | 31 － 1 － 1 | 5.8 | | |
| | | 荒地起返田作徳米 | 2 － 1 － 0 | 0.4 | 2 － 0 － 3 | 0.6 |
| | | 小計 | 535 － 2 － 0 | | 326 － 2 － 1 | |
| | | 御趣法土台米持廻（前年度繰越） | 2 － 3 － 0 | | 3 － 0 － 3 | |
| | | 合計 | 538 － 3 － 3 | | 329 － 3 － 1 | |
| 支出 | 給付 | 耕作出精作取田地助成金 | 46 － 3 － 3 | 8.7 | 40 － 1 － 0 | 13.1 |
| | | 耕作出精人助成屋根替入用 | | | | |
| | | 耕作出精人農具助成 | 6 － 1 － 1 | 1.1 | 4 － 2 － 0 | 1.4 |
| | | 部屋住若者出精人作取助成田地 | | | | |
| | | 畑方作取助成金 | | | | |
| | | 農具助成 | 1 － 3 － 0 | 0.3 | | |
| | | 助成金 | 2 － 2 － 1 | 0.4 | 1 － 0 － 0 | 0.3 |
| | | 売家買据並潰家修復金 | | | | |
| | | 縄買上助成金 | | | | |
| | 貸付 | 耕作出精人作取田地肥代無利貸付 | 8 － 1 － 0 | 1.5 | 9 － 1 － 0 | 3 |
| | | 当座無利貸付金 | 38 － 2 － 1 | 7.2 | 1 － 2 － 3 | 0.5 |
| | | 無利年賦・置据貸付 | 56 － 0 － 2 | 10.4 | 31 － 1 － 2 | 10.2 |
| | その他 | 荒地起返・麁田再発賃 | 3 － 2 － 2 | 0.6 | 2 － 0 － 0 | 0.6 |
| | | 真田村他報徳金へ加入 | | | | |
| | | 趣法入用諸道具農具買入 | 0 － 1 － 2 | 0 | 1 － 2 － 1 | 0.5 |
| | | 無利足質趣法流品損金 | | | | |
| | | 借入金利息・元金返済 | 346 － 0 － 0 | 64.5 | 185 － 2 － 1 | 60.4 |
| | | 報徳加入金返済 | | | | |
| | | 預り金返済 | 25 － 0 － 0 | 4.6 | 28 － 3 － 1 | 9.3 |
| | | 合計 | 535 － 2 － 3 | | 307 － 0 － 2 | |
| | | 差引（次年度繰越） | 3 － 0 － 3 | | 23 － 1 － 1 | |

※『二宮尊徳全集』27 巻 14 ～ 127 頁より作成。　※文未満切捨て等のため計算は若干あわない。

【表7】第一期仕法における階層別報徳金加入者の家(天保11年～嘉永2年)

| 階層(天保9年時) | 総戸数(構成率) | | 加入戸数(階層別加入率) | | 総加入口数(一戸当り平均加入口数) | |
|---|---|---|---|---|---|---|
| 30石以上 | 4戸 | (8%) | 0戸 | (0%) | 0口 | (0口) |
| 30石未満 | 2 | (4%) | 2 | (100%) | 26 | (13) |
| 25石未満 | 1 | (2%) | 0 | (0%) | 0 | (0) |
| 20石未満 | 4 | (8%) | 3 | (75%) | 41 | (13.6) |
| 15石未満 | 5 | (10%) | 3 | (60%) | 24 | (8) |
| 10石未満 | 4 | (8%) | 3 | (75%) | 42 | (14) |
| 5石未満 | 10 | (20%) | 3 | (27%) | 33 | (11) |
| 借家・1石未満 | 20 | (39%) | 11 | (57%) | 116 | (10.5) |
| 不明 | 1 | (2%) | — | — | — | — |
| 他村者 | — | — | 5 | — | 11 | (2.2) |

※「天保11年宗門御改帳」(大澤家文書№29、個人蔵)・『二宮尊徳全集』27巻14～127頁より作成。
※家数は天保11年時。1石未満層には潰再興1家を含む。

金しており、嘉永二年(一八四九)までに一石未満層、五～二〇石未満層の過半数の家が拠金した。特に村内加入戸数二五軒のうち一石未満層が一一軒と全体の四四%を占めているのが注目される【表7】。さらに、④借入金が一〇一〇両余ある。大澤家縁戚の地主層による無利息金の高額借入(後述)の需要に応じた資金調達と考えられ、仕法の資金規模増大の要因の一つとなっている。そのほかに開発田地からの収穫である荒地起返田作徳米(計一〇両余)などがある。

次に支出をみると、①給付事業に四八一両余が使われている。これは各種助成金で、まず、(a)耕作出精作取田畑助成金に三八六両余が支出された。これは尊徳が提案した出精人を入札で選出して上位者に無年貢耕地を耕作させるもので[36]、出精人には肥代の無利貸付や屋根替費用の助成、農具助成が付随することもあった。出精人は村高を家数で割った平均石高一四石余(「天命」と呼ぶ)以下の者が対象で、嘉永二年までに選出された出精人の階層は一石未満層や五～一〇石未満層が中心となっている【表8】。次に、(b)農具助成金に五両余が支出された。これは「是迄他所奉公稼罷在、今般立帰り、御百姓相続仕度段願出」[37]た者で、所持石高一石未満の他奉公・

【表8】　階層別出精人表彰者（天保11年～嘉永2年）

| 階層（天保9年時） | 戸数（構成率） | | 表彰者数（階層別表彰者率） | | 表彰回数（一戸当り平均表彰回数） | |
|---|---|---|---|---|---|---|
| 30石以上 | 4戸 | (8%) | 0人 | (0%) | 0回 | (0回) |
| 30石未満 | 2 | (4%) | 0 | (0%) | 0 | (0) |
| 25石未満 | 1 | (2%) | 0 | (0%) | 0 | (0) |
| 20石未満 | 4 | (8%) | 0 | (0%) | 0 | (0) |
| 15石未満 | 5 | (10%) | 1 | (20%) | 2 | (2) |
| 10石未満 | 4 | (8%) | 4 | | 14 | (3.5) |
| 5石未満 | 10 | (20%) | 3 | (30%) | 9 | (3) |
| 借屋・1石未満 | 20 | (39%) | 16 | (80%) | 44 | (2.7) |
| 不明 | 1 | (2%) | 0 | (0%) | 0 | (0) |

※「天保11年宗門御改帳」（大澤家文書№29、個人蔵）・『二宮尊徳全集』27巻14～127頁より作成。
※家数は天保11年時。1石未満層には潰再興1家を含む。

日雇稼からの帰村者や潰百姓相続者が受給対象となっている。帰村・就農希望者を支援し、村への定着をはかるものといえる。そのほか、（c）難渋者手当や賞誉などの助成金が三六両余支出されたが、これも一石未満層・借家人や百姓倅が主な受給対象者である。次に、②貸付事業が一五三三両余支出され、仕法の中心事業となっている。その内訳は、（a）単年度返済の無利当座貸付金が四九六両余で、ほぼ全階層の六～七割が利用した【表9】。その使途は所持高の少ない者には夫食代や肥料代など生活保障や農業支援が目的と考えられるものが多く、中層以上には肥料代が多く経営充実が目的と思われる。また、（b）両単位の高額貸付で年賦返済の無利年賦貸付金が九九六両余あり、これもほぼ全階層の過半数が利用した【表10】。石高が上るほど高額借入しており、主な使途は借財返済や質地請戻しと思われる。これらの無利貸付金は大澤家縁戚にも高額が融資されている（後述）。さらに、③借入金の返済が一二七〇両余にもおよぶ。これは大澤家縁戚への高額融資のために調達したと思われる借入金の元利の返済である。そのほか宝永富士噴火による砂置荒地の開発賃がある。開発後の作徳米は仕法資金へ加入することが前提とされた。

**【表 9】 第一期仕法における階層別無利当座貸付金借入者の家（天保 11 年～嘉永 2 年）**

| 階層（天保 9 年時） | 総戸数（構成率） | | 借入戸数（階層別借入率） | | 借入 口数（一戸当り平均借入口数） | | 上位 3 位までの使途 |
|---|---|---|---|---|---|---|---|
| 30 石以上 | 4 戸 | (8%) | 1 戸 | (25%) | 2 口 | (2 口) | — |
| 30 石未満 | 2 | (4%) | 1 | (50%) | 4 | (4) | 肥代・暮向入用 |
| 25 石未満 | 1 | (2%) | 1 | (100%) | 6 | (6) | 暮向不足・質地請戻代・畑捲人足賃銭 |
| 20 石未満 | 4 | (8%) | 3 | (75%) | 21 | (7) | 病難差支・農具代・豆種買入 |
| 15 石未満 | 5 | (10%) | 3 | (60%) | 20 | (6.6) | 農具代・塩代・暮向入用 |
| 10 石未満 | 4 | (8%) | 3 | (75%) | 27 | (9) | 扶持米・肥代・塩代 |
| 5 石未満 | 10 | (20%) | 7 | (63%) | 22 | (3.1) | 扶持米・肥代・塩代 |
| 借屋･1 石未満 | 20 | (39%) | 14 | (73%) | 91 | (6.5) | 扶持米・肥代・塩代 |
| 不明 | 1 | (2%) | 1 | (100%) | 1 | (1) | — |
| 他村者 | — | — | 6 | — | 9 | (1.5) | 土台田地開発・頼母子講掛金・借財返済・暮向差支・趣法金貸付不足 |

※「天保 11 年宗門御改帳」（大澤家文書№ 29、個人蔵）・『二宮尊徳全集』27 巻 14 ～ 127 頁より作成。
※家数は天保 11 年時。1 石未満層には潰再興 1 家を含む。

**【表 10】 第一期仕法における階層別無利年賦貸付金借入者の家（天保 11 年 ～嘉永 2 年）**

| 階層（天保 9 年時） | 総戸数（構成率） | | 借入戸数（階層別借入率） | | 口数（一戸当り平均借入口数） | | 一口平均借入額 |
|---|---|---|---|---|---|---|---|
| 30 石以上 | 4 戸 | (8%) | 1 戸 | (25%) | 1 口 | (1 口) | 25 両 |
| 30 石未満 | 2 | (4%) | 1 | (50%) | 2 | (2) | 24 両 2 朱 |
| 25 石未満 | 1 | (2%) | 1 | (100%) | 3 | (3) | 20 両 3 分 1 朱 |
| 20 石未満 | 4 | (8%) | 2 | (50%) | 3 | (1.5) | 15 両 |
| 15 石未満 | 5 | (10%) | 3 | (60%) | 4 | (1.3) | 16 両 1 分 |
| 10 石未満 | 4 | (8%) | 3 | (75%) | 3 | (1) | 12 両 2 分 2 朱 |
| 5 石未満 | 10 | (20%) | 5 | (50%) | 6 | (1.2) | 8 両 3 分 |
| 借屋･1 石未満 | 20 | (39%) | 15 | (75%) | 21 | (1.4) | 7 両 1 分 3 朱 |
| 不明 | 1 | (2%) | 0 | (0%) | 0 | (0) | — |
| 他村者 | — | — | 7 | — | 7 | (1) | 44 両 1 分 3 朱 |

※「天保 11 年宗門御改帳」（大澤家文書№ 29、個人蔵）・『二宮尊徳全集』27 巻 14 ～ 127 頁より作成。
※家数は天保 11 年時。1 石未満層には潰再興 1 家を含む。

## 4　仕法の成果と注目点

第一期仕法は、すでに弘化二年（一八四五）一二月に「当村之儀は荒増立直候[38]」との成果をみせたようである。嘉永元年二月には「追々無借相成、暮方立直り、日ニ懸る程之困窮人も少く、日ニ増し人気穏ニ罷成、大小一同得安堵之地、元気能出精相営居候[39]」と村況が報告されるようになっていた。翌二年には「人気風儀村柄立直り、期日を不違皆納相成候[40]」と村柄の立直りと大澤家小作米の皆納が述べられている。大澤家の小作米は天保九年には不納違作分が二六四俵余あったが、嘉永三年には八九俵余に減少し、翌四年にはさらに三〇俵余に減少した【表4】。また、大澤家の村内における小作人も天保九年には二九人であったが、嘉永三年には三六人に増えた[41]。さらに天保九年と嘉永五年で比較すると、人口は二四七人から二七二人へ上昇、「江戸奉公」「他奉公」「他住居」あわせて五一人いた他稼ぎ人は七人に激減した。また、二二軒あった戸主が「他奉公」「余業」「半農」の家は皆無となり、階層構成も一石未満層の減少と五石未満層の増加により底上げされた【表1・2】。嘉永三年一月、小才太らは尊徳に片岡村の様子を「銘々借財返済、質地田畑請戻し、或は買受、又は夫食農具積重、何壱つ不足無之、鼓腹罷在候様相成、村方之様子何となく勢ひ宜しく[42]」と報告している。百姓の村への還流と農業従事者の確保という課題は成果をみせたといえよう。

以上の内容と成果から第一期仕法の注目点をあげたい。

第一点は、片岡村民の生業の動向である。仕法を通して戸主が「他奉公」「余業」「半農」の家が消滅し、他稼ぎ人が激減したが、これは人々が賃稼ぎから小作も含めた農業生産へと生業の比重を転換し、村に定着してきたことを意味している。村から流出しがちであった一石未満層への手当をおこなった仕法の成果といえるが、この背景には当該期の穀物価格の上昇傾向に促された百姓の帰農・帰村志向があったと考えられ[43]、それが「今般立帰り、御百姓相続仕度」と帰農を願う人々として現れたといえよう。つまり、仕法は当該期の米価上昇を背景に、農具助成や無利融通など有利な条件で農業生産に従事する環境を作ったといえ、百姓の農業志向とそれを促進した仕法が一致して成果をあげたと考えられるのである。

第二点は、天保九年~嘉永二年までを通した仕法金収入の内訳である。この期間、大澤家の拠金は一四四二両余におよび、仕法は大澤家の経済力を基盤として実施されたことがわかるが、これは同家が仕法を通して小作米を村に再分配する機能を担っていたことを意味する。また、一一九二両余に及ぶ無利貸付金の返納金からは貸付事業の規模の大きさがうかがえるが、貸付金は無利息であるため利息による資金増殖はなく、繰り返しの資金循環で一一九二両分の価値を生んでいるところに特徴がある。

第三点は、仕法を通した大澤家縁戚への高額融資である。片岡村仕法は村内では一般百姓を対象に給付・貸付事業をおこなっていたが、村外においては大澤家縁戚の地主・商人らの家政再建にむけた高額融資をおこなっていた。たとえば、真田村上野七兵衛は天保九年に一〇一両余、天保一二年に七〇両、南金目村兵左衛門は天保一〇年に五七両、弘化三年に九六両、伊勢原村加藤宗兵衛は天保一四年に五〇両、その弟為蔵は弘化二年に八五両の融資を受けていた。(44)

第四点は第三点と表裏するが、大澤家縁戚の地主・商人らによる居村での困窮者救済仕法の実施である。真田村上野七兵衛は借財返済・家政再建の「報徳冥加」のためとして、天保一二年から弟の陶山半次郎とともに「村内困窮人一同之潤助に相成候様取計」らう仕法を実施し、村民への無利息金の貸付や麁田開発などをおこなった。また、伊勢原村加藤宗兵衛は天保九年、家政再建に取り組むが、その過程で所持畑二町六反を供出して極難者二六人に無年貢耕作させる仕法を実施した。(45)つまり、片岡村仕法における彼らへの融資には、彼らを核とした仕法の拡大をはかる意味もあったのである。こうして片岡村から周辺地域へ片岡村仕法の縮小版が生み出されるネットワークが形成され、克譲社結成の萌芽となっていく。

## 三　片岡村第二期仕法——克譲社仕法

### 1 「家株永安相続仕法議定書」と克譲社の結成

嘉永三年（一八五〇）三月、一〇年間の第一期仕法が完了した。この間、天保一四年（一八四三）一一月には大澤市左衛門が没していた。市左衛門は「二宮先生三才報徳之教は、人たるもの一日も不可廃之大道に候間、子孫永く取行可申旨御遺言[46]」を遺し、仕法は遺志を継いだ小才太が運営していた。小才太はこれまでの仕法の成果を総括し、その永続をはかるため、兄弟とともに次の「家株永安相続仕法議定書」を作成した。

家株永安相続仕法議定書

（前文略）

一家株田畑之儀は、年々増減有之候共、小作預ケ高にて弐分九毛三弗之儀は、平均土台外之儀に付、御趣法米として年々差出し、窮民潤助筋取行可申事

一違作之年柄引方有之候はゞ、右御趣法米弐分九毛三弗之内にて引、残米差出し可申事

一格別之違作にて引方弐分九毛三弗以上に相成候年柄は、御趣法米より償ひ、暮方土台七分九厘七弗之平均辻に致可申事

一平均土台外弐分九毛三弗之儀は、年々窮民潤助筋に相用候儀に付、違作之年柄は、引方相当より弛め遣し可申事

一暮方之儀は、家株田畑小作米之内、弐分九毛三弗御趣法米引、残七分九厘七弗之内、御年貢諸役高掛り物相納、

残米相場高下に不拘、年々金壱両に付壱石替を以、暮方相立可申事

一右同断、金壱両に付壱石替を以暮し方相立、相場違浮金之儀は、非常用意備金として積立置、遣ひ道無之は幸福無此上儀に付、報徳冥加之ため、御趣法御土台金へ差加へ置、潤助筋取行可申事

一右同断、米相場石替より致下落候年柄は、右備金之内より償ひ、暮し方土台米之儀は石替に致し可申事

一右非常用意備金之儀は、火災にて居宅焼失、水災にて田畑流失、或は家内之もの格外之大病相煩候歟、又は不慮之儀にて莫太之物入有之候節之外相用申間鋪事

一御給扶持頂戴米金之儀は、全く以て分外之儀、曽祖父已来薄禄之節より相勤来り、且御給金之儀は、祖父、尊父二代、御上御勝手向御不如意に付、差上ケ勤仕罷在候儀に付、冥加之ため無給にて相勤候心得を以、年々御趣法金へ差加へ、窮民潤助筋取行可申、万一先納御用金等不時に被　仰付候節は、右積金之内より差出可申事

右は尊父御存生中、御発願に仍て

二宮先生御大徳を慕ひ、村柄取直し方趣法、去ル天保十一子年より、昨嘉永二酉年迄、十ヶ年之間取行候処、一同立直り候に付、猶又永久取行方、尊父御遺命に依て　先生へ相伺、前書之通家法相立候之条、当家相続之子孫たるもの、永世相違不可有者也、仍て蒙御遺命候者、一同致連印置候処、如件

嘉永三庚戌年三月

大澤小才太
大澤勇助
上野七兵衛
陶山半治郎
大澤政吉(47)

この議定書は九条にわたるが、その骨子は、①大澤家の小作預け高のうち二〇・九三％を「平均土台外」として仕法財源に拠出する。②残りの七九・〇七％で大澤家の年貢諸役・生活費を捻出する。なお、③生活費は米相場の高下に関係なく一両に一石替えで換算し、相場違いによる差益は非常用意備金として積立てる、というものであった。①②にみられる比率の根拠は、本格的仕法開始以前の天保元年～一〇年における大澤家の小作高のうち、不納分と収納分の年平均割合である。(48) つまり、報徳仕法の成果により上納されるようになった小作米の不納分（二〇・九三％）を自らのものとせず、仕法資金として確保する規則を立てたのである。しかし、この議定書にもとづく拠出金と年貢額の増大により、大澤家はかえって仕法実施以前より収入を減少させることになった【表4】。

大澤兄弟はこの議定書を尊徳に提出し、尊徳は同年一〇月、これを「忠孝慈愛兼備之所行奇特」と賞し、善種金一〇〇両を片岡村仕法に与えた。(49) 同年、小才太の弟政吉は相模国足柄下郡湯本村（神奈川県箱根町）の福住家を相続して九蔵（福住正兄）と改名、尊徳から一〇〇両、片岡村仕法から六五両、真田村仕法から三五両の資金譲渡を受け、湯本村での仕法に着手した。(50) そして、嘉永五年、片岡村仕法・湯本村仕法・真田村仕法が合流・結社し、「克譲社」と号して大澤兄弟を世話人に、新たな仕法を開始することとなった。

## 2　克譲社仕法

克譲社の命名にあたり、二宮尊徳は「一家の余財を以て、一村に及ぼし、近村に及ぼす克譲と云も不可なかるべし」(51) と述べたという。大澤家から始まった仕法は、当初から縁戚の家政再建や、その困窮者救済仕法と関係を持ち、波及をみせた。「克譲」とは「よくゆずる」という意味で、大澤家の仕法が他村へ波及した仕法のあり方を社名にしたといえる。

克譲社仕法の実態を知りうる史料は安政二年（一八五五）までしか伝わっていない。嘉永三年〜安政二年までの仕法金収入は三五四六両余、支出は三五四九両余であった。その主な内訳を概観して仕法の内容を検討したい【表11】。

まず、収入は、①大澤小才太ほか真田村上野七兵衛・陶山半次郎、湯本村福住九蔵らの拠出する土台金・加入金が八七八両余あり、兄弟の仕法資金が克譲社に合流している。次に、②無利貸付金の返納が一二三九両余となり、全体の三割強を占める。さらに、③借入金が四三五両で、後述する仕法田地の大規模な買上げ資金として借入したものと考えられる。そして、④その買上げた仕法田地からの作徳金が一六八両余となっている。これは片岡村のほか、真田村・伊勢原村・南金目村等にある克譲社が所持する田地からの収穫で、関係村の耕地が克譲社仕法の資金源として合流している。

次に支出をみると、①給付事業が八七両余のみとなった。村内の困窮者助成や加藤宗兵衛の弟為蔵の扶持米、湯本村の振興事業に使われたが、出精人表彰とそれにともなう作取田畑助成金が廃止されたのが注目される。これは、片岡村復興完了の認識によると思われる。[52] ②貸付事業では、（a）無利当座貸付金が二五三両余みられる。使途の多くは干鰯代と病難・死去入用など生産の充実と臨時出費であり、第一期仕法に多くみられた夫食代は一口のみで、村への定着を促す生活保障の段階からの進展といえる【表12】。ただ、一方で嘉永六年に湯本村九蔵が借財立替のために一六六両を借りており、彼への融資だけで貸付総額の六割強を占めている。[53] 次に（b）無利年賦貸付金が一二一七両余ある。貸付対象者は他村に拡大しているが、嘉永五年正月に湯本村九蔵が五〇両、真田村半次郎が三〇〇両、同一二月に伊勢原村宗兵衛が二七〇両を借りており、[54] 世話人らの借入額が高額化し、貸付総額の八割弱も占めている。また、「村」への貸付もみられ、嘉永五年正月に湯本村が五〇両、嘉永七年閏七月に片岡村が三九両を借りている。[55]

そして、克譲社仕法の支出として特徴的なのが、③仕法田地買入費用の六四五両余である。買入れた田地は南金目村兵左衛門や伊勢原村加藤宗兵衛、足柄下郡下新田村（神奈川県小田原市）小八らが所持していた田地であり、彼らはみな報徳仕法によって家政再建を試みた大澤家縁戚の地主・商人や仕法関係者であった。兵左衛門の土地は天保一一年以来の家政再建仕法で売却してきた土地であり、宗兵衛の土地は分散した弟為蔵に分けた土地であった。[56] 下新田村小八は天保九年より家政再建仕法を試みていたが、「如何に工夫致候ても難行立、追々田地、片岡村へ売捌き候外無之」として売却した土地であった。[57] この田地買入れには仕法財源の確保とともに、経営危機にある仕法関係者の土地が複数の債権者に分割、流出されるのを防ぐ目的があったと考えられ、大塚英二のいう「豪農連合による地域的集団的土地管理」と同様の意味を持っていたと考えられる。[58] そのほか嘉永四年度以降、年番入用として計五五両余がみられる。これは年番で交代する世話人の経費で、仕法は大澤本家から兄弟による共同運営へと転換した。[59]

## 3　克譲社仕法の地域展開とその終焉

克譲社仕法における無利息金貸付対象者の居村は、片岡村・真田村・湯本村・伊勢原村・南金目村のほか、大住郡大畑村（平塚市）・大住郡大竹村（伊勢原市）・足柄上郡吉田島村（神奈川県開成町）・足柄上郡怒田村（神奈川県南足柄市）にも広がりをみせるようになった。また、前述のように「村」を対象とした無利息金貸付もおこなわれ、嘉永五年には湯本村で克譲社からの無利息金五〇両を元金に、一般村民へ無利息貸付をおこなう「窮民潤助仕法」が実施された。[60][61]
なお、湯本村では嘉永三年に重兵衛・伊三郎を世話人として、村民の日掛積金を元金とした無利貸付仕法が実施されていたが、[62] 克譲社は湯本村民が集めた元金と同額を嘉永六・七の両年に無利息で同仕法に融資した。この仕法については安政六年、万延元年（一八六〇）に「克譲御社中」にあてた仕法実施報告がみられ、[63] 克譲社とこの仕法との間には指導関係が想定される。さらに、湯本村には天保九年の小田原藩による仕法以来続く仕法があり、克譲社はこれに

| 嘉永 5.10 ～嘉永 6.9 | | 嘉永 6.10 ～嘉永 7.9 | | 嘉永 7.10 ～安政 2.9 | | 合計 | |
|---|---|---|---|---|---|---|---|
| 両－分－朱－永 | % | 両－分－朱－永 | % | 両－分－朱－永 | % | 両－分－朱－永 | % |
| | | | | | | 272 － 0 － 0 | 7.6 |
| 158 － 1 － 3 | 14.8 | 88 － 1 － 3 | 12.6 | 68 － 2 － 2 | 13.9 | 480 － 2 － 2 | 13.5 |
| | | | | | | 25 － 2 － 2 | 0.7 |
| | | | | | | 100 － 0 － 1 | 2.8 |
| 330 － 0 － 3 | 30.9 | 188 － 1 － 3 | 26.9 | 200 － 2 － 1 | 40.8 | 995 － 3 － 1 | 28 |
| 36 － 1 － 2 | 3.4 | 88 － 3 － 3 | 12.7 | 82 － 2 － 0 | 16.7 | 243 － 3 － 2 | 6.8 |
| 60 － 0 － 0 | 5.6 | 35 － 1 － 1 | 5 | 53 － 0 － 0 | 10.7 | 197 － 3 － 0 | 5.5 |
| 1 － 1 － 2 | 0.1 | 3 － 0 － 0 | 0.4 | 3 － 1 － 0 | 0.6 | 9 － 1 － 2 | 0.2 |
| | | | | | | 100 － 0 － 0 | 2.8 |
| | | | | | | 209 － 0 － 0 | 5.8 |
| 26 － 2 － 2 | 2.5 | | | | | 26 － 2 － 2 | 0.7 |
| | | 1 － 0 － 0 | 0.1 | 1 － 0 － 0 | 0.2 | 2 － 0 － 0 | 0 |
| | | | | | | 20 － 1 － 0 | 0.5 |
| 320 － 0 － 0 | 30 | 60 － 0 － 0 | 8.5 | 25 － 0 － 0 | 5 | 435 － 0 － 0 | 12.2 |
| 95 － 0 － 2 | 8.9 | | | | | 95 － 0 － 2 | 2.6 |
| 5 － 1 － 0 | 0.4 | 160 － 0 － 0 | 22.8 | | | 165 － 1 － 0 | 4.6 |
| 4 － 1 － 2 | 0.4 | 5 － 1 － 2 | 0.7 | 5 － 2 － 0 | 1.1 | 19 － 1 － 0 | 0.5 |
| 28 － 0 － 1 | 2.6 | 68 － 3 － 2 | 9.8 | 51 － 3 － 1 | 10.5 | 148 － 3 － 2 | 4.1 |
| 1066 － 0 － 0 | | 699 － 2 － 0 | | 491 － 1 － 3 | | 3546 － 3 － 1 | |
| 5 － 1 － 0 | | 11 － 2 － 1 | | 9 － 2 － 1 | | | |
| 1071 － 2 － 0 | | 711 － 1 － 1 | | 501 － 0 － 0 | | 0 | |
| | | | | | | 11 － 0 － 0 | 0.3 |
| 3 － 1 － 1 | 0.3 | 14 － 1 － 0 | 2 | 18 － 1 － 3 | 3.7 | 76 － 0 － 3 | 2.1 |
| 19 － 3 － 3 | 1.8 | 168 － 2 － 0 | 24 | 10 － 0 － 2 | 2 | 253 － 2 － 1 | 7.1 |
| 363 － 1 － 1 | 34.2 | 181 － 1 － 3 | 25.8 | 78 － 2 － 3 | 15.9 | 1217 － 3 － 0 | 34.3 |
| | | | | | | 23 － 3 － 0 | 0.6 |
| 10 － 0 － 0 | 0.9 | | | | | 10 － 0 － 0 | 0.2 |
| 8 － 3 － 2 | 0.8 | 9 － 3 － 0 | 1.3 | 9 － 2 － 3 | 1.9 | 41 － 0 － 3 | 1.1 |
| | | | | | | 65 － 0 － 0 | 1.8 |
| 20 － 1 － 0 | 1.9 | 11 － 1 － 1 | 1.6 | 11 － 3 － 3 | 2.4 | 55 － 2 － 0 | 1.5 |
| 49 － 2 － 1 | 4.6 | 256 － 3 － 2 | 36.6 | 310 － 0 － 0 | 62.9 | 993 － 1 － 3 | 26.2 |
| | | 2 － 3 － 2 | 0.4 | | | 9 － 3 － 3 | 0.2 |
| | | | | | | 71 － 1 － 2 | 2 |
| 584 － 2 － 2 | 55.1 | 6 － 2 － 1 | 0.9 | 28 － 1 － 1 | 5.7 | 645 － 3 － 3 | 18.1 |
| | | 50 － 0 － 0 | 7.1 | 25 － 0 － 0 | 5 | 75 － 0 － 0 | 2.1 |
| 1059 － 3 － 3 | | 701 － 2 － 1 | | 492 － 1 － 0 | | 3549 － 3 － 2 | |
| 11 － 2 － 1 | | 9 － 2 － 1 | | 8 － 3 － 0 | | | |

計算があわない部分がある。

## 【表 11】嘉永３年～安政２年度収支

| | | 名目 | 嘉永 3.1 ～嘉永 4.9 | | 嘉永 4.10 ～嘉永 4.12 | | 嘉永 5.1 ～嘉永 5.9 | |
|---|---|---|---|---|---|---|---|---|
| | | | 両－分－朱－永 | % | 両－分－朱－永 | % | 両－分－朱－永 | % |
| 収入 | | 真田村・湯本村土台金合流 | | | | | 272 － 0 － 0 | 52.9 |
| 収入 | | 御趣法土台米・土台金差出 | 67 － 1 － 0 | 18.9 | 65 － 3 － 0 | 15.7 | 27 － 3 － 2 | 5.4 |
| 収入 | | 報徳加入金（大澤家） | 13 － 3 － 3 | 3.9 | 11 － 2 － 3 | 2.8 | | |
| 収入 | | 非常備金加入 | 82 － 3 － 2 | 23.3 | 17 － 0 － 3 | 41 | | |
| 収入 | | 無利年賦・置据貸付金返納 | 55 － 1 － 2 | 15.6 | 61 － 2 － 3 | 14.8 | 159 － 1 － 3 | 31 |
| 収入 | | 当座無利貸付金返納 | 6 － 0 － 0 | 1.6 | 9 － 3 － 0 | 2.3 | 20 － 0 － 3 | 3.9 |
| 収入 | | 報徳加入金 | 26 － 0 － 2 | 7.3 | 18 － 3 － 2 | 4.5 | 4 － 1 － 0 | 0.8 |
| 収入 | | 報徳冥加金 | 1 － 0 － 0 | 0.2 | 0 － 3 － 0 | 0.1 | | |
| 収入 | | 報徳善種金 | 100 － 0 － 0 | 28.1 | | | | |
| 収入 | | 報徳加入金下げ渡し | | | 209 － 0 － 0 | 50.1 | | |
| 収入 | | 伊勢原村宗兵衛への利付金貸付返納 | | | | | | |
| 収入 | | 曽我別所村民次郎への利付金利足 | | | | | | |
| 収入 | | 真田村趣法加入金返納 | | | 20 － 1 － 0 | 4.8 | | |
| 収入 | | 利付金借入 | | | | | 30 － 0 － 0 | 5.8 |
| 収入 | | 伊勢原村為蔵より利付金預り | | | | | | |
| 収入 | | 質地差戻・田地売渡代金 | | | | | | |
| 収入 | | 荒地起返田作徳米 | 2 － 0 － 1 | 0.5 | 1 － 3 － 1 | 0.4 | | |
| 収入 | | 仕法田地・土台田地作徳米 | | | | | | |
| 収入 | | 小計 | 354 － 3 － 0 | | 417 － 0 － 0 | | 513 － 3 － 1 | |
| 収入 | | 御趣法土台米持廻（前年度繰越） | 15 － 1 － 2 | | 35 － 1 － 0 | | 36 － 3 － 2 | |
| 収入 | | 合計 | 370 － 0 － 2 | | 452 － 1 － 1 | | 550 － 3 － 1 | |
| 支出 | 給付 | 御趣法世話人賞誉助成 | 11 － 0 － 0 | 3.3 | | | | |
| 支出 | 給付 | 助成金 | 9 － 0 － 0 | 2.6 | 0 － 2 － 0 | 0.1 | 30 － 1 － 1 | 5.5 |
| 支出 | 貸付 | 当座無利貸付金 | 15 － 1 － 1 | 4.5 | 0 － 2 － 0 | 0.1 | 39 － 0 － 2 | 7.1 |
| 支出 | 貸付 | 無利年賦・置据貸付 | 20 － 0 － 0 | 5.9 | 146 － 1 － 2 | 35.2 | 427 － 3 － 2 | 78.4 |
| 支出 | 貸付 | 伊勢原村宗兵衛へ利付金貸付 | | | 23 － 3 － 0 | 5.7 | | |
| 支出 | 貸付 | 曽我別所村民次郎へ利付金貸付 | | | | | | |
| 支出 | その他 | 荒地起返・麁田再発賃 | | | 3 － 0 － 2 | 0.7 | 9 － 3 － 0 | 1.7 |
| 支出 | その他 | 湯本村へ報徳金譲渡 | 65 － 0 － 0 | 19.4 | | | | |
| 支出 | その他 | 趣法年番諸入用 | | | | | 11 － 3 － 2 | 2.1 |
| 支出 | その他 | 借入金利息・元金返済 | 142 － 0 － 0 | 42.4 | 235 － 0 － 0 | 56.5 | | |
| 支出 | その他 | 報徳加入金返済 | 1 － 0 － 0 | 0.2 | 6 － 0 － 1 | 1.4 | | |
| 支出 | その他 | 囲米損金 | 71 － 1 － 2 | 21.3 | | | | |
| 支出 | その他 | 土台田地・仕法田地・土台山買入 | | | | | 26 － 2 － 0 | 4.8 |
| 支出 | その他 | 献納金 | | | | | | |
| 支出 | | 合計 | 334 － 3 － 1 | | 415 － 1 － 3 | | 545 － 2 － 0 | |
| 差引（次年度繰越） | | | 35 － 1 － 0 | | 36 － 3 － 2 | | 5 － 1 － 0 | |

※『二宮尊徳全集』27 巻 316 ～ 331・359 ～ 408 頁より作成。　※朱未満切捨て等のため若干

**【表 12】第二期仕法における階層別無利当座貸付金借入者の家（嘉永３年～安政２年）**

| 階層（嘉永５年時） | 総戸数（構成率） | | 借入戸数（階層別借入率） | | 借入 口数（一戸当り平均借入口数） | | 上位３位までの使途 |
|---|---|---|---|---|---|---|---|
| 30 石以上 | 4 戸 | (8.3%) | 0 戸 | (0%) | 0 口 | (0 口) | |
| 30 石未満 | 2 | (4.1%) | 0 | (0%) | 0 | (0) | |
| 25 石未満 | 1 | (2%) | 1 | (100%) | 3 | (3) | 干鰯代 |
| 20 石未満 | 4 | (8.3%) | 2 | (50%) | 10 | (5) | 干鰯代・病難入用・死去入用・農具肥代 |
| 15 石未満 | 5 | (10.4%) | 3 | (60%) | 9 | (3) | 干鰯代・死去入用 |
| 10 石未満 | 5 | (10.4%) | 5 | (100%) | 15 | (3) | 干鰯代・死去入用・病難入用 |
| 5 石未満 | 16 | (33%) | 10 | (62.5%) | 29 | (2.9) | 干鰯代・死去入用・夫食代 |
| 1 石未満 | 11 | (22.9%) | 5 | (45.4%) | 16 | (3.2) | 干鰯代・病難入用 |
| 他村者 | — | — | 8 | — | 11 | (1.3) | 田地再発入用・干鰯代・居宅普請入用 |

※「嘉永五年宗門御改帳」（大澤家文書№ 62、個人蔵）、『二宮尊徳全集』27 巻 316 ～ 331・359 ～ 408 頁より作成。
※石高・戸数とも嘉永５年時。

も安政二・三年に無利五ヵ年賦金を五〇両ずつ融資した。ここでは無利貸付事業とともに杉・松苗植栽事業や田地開発、川除・道普請など総合的な事業が実施された。(64) このように克譲社の無利息金を資金とした新たな仕法の実施や従来の仕法への融資がみられるようになった。なお、前述のごとく片岡村も嘉永七年閏七月に三九両の無利融資を受けている。

安政二年以降の克譲社の具体的な動向は不明である。ただ、その後、真田村七兵衛・半次郎が「大災」にあい、安政四年には金目川が氾濫、二〇町余の田地が流出し、その開拓に巨費を投じたという。さらに、安政六年一二月に湯本村の火災で福住家が類焼し克譲社は休業、慶応元年（一八六五）に運営を再開するも、同三年に再び福住家が類焼、そして翌四年の維新動乱により二月、克譲社は加入金を割戻して終焉を迎えたという。(65)

## 4　克譲社仕法の構造・意味と矛盾

### （1）克譲社仕法の特徴・構造

克譲社の特徴として、まず同社の資金源・対象がともに第一期仕法より地理的に広域化したことがあげられる。さらに、湯本村・片岡村では「村」や仕法グループへの融資もみられ、特に湯本村では克譲社の資金による新たな仕法の展開が確認できる。ここからは克譲社を中心とした支社的な自主仕法グループの育成とともに、「克譲」の名のごとく、仕法を他地域にも及ぼしていこうとする志向がみられる。

ただ、一方で仕法田地の買上げも含め、大澤兄弟や親類の地主・商人層への巨額融資が実施されるとともに、一般村民へ向けた助成・貸付事業の額・口数が減少したことも特徴としてあげられる。

これらの特徴からは克譲社が一村復興をめざした仕法から転換し、次の二つを役割としようとしたことがうかがえる。すなわち、一つは一般村民への直接的助成を湯本村のように村や村民を主体とした支社的な仕法に任せ、自らは本社としてその仕法への資金や方法を提供すること。もう一つは仕法の核となる大澤家縁戚や報徳関係者の経営救済である。前者は実地に即した復興仕法を各地で展開させる意味があり、後者は報徳や血縁を紐帯とした地主・商人層の相互扶助とともに、地域の経済的有力者である彼らの経営破綻を防ぐことで、仕法の基盤である地域経済・金融秩序を維持・保守する意味があったと考えられる(66)。

これらのことから克譲社は報徳・血縁で結ばれた地主・商人間の相互扶助により、基盤となる地域経済・金融秩序の維持・保守をはかるとともに、支社的仕法への融通を通して困窮者層にもつながる構造を形成しようとしていたことがうかがえる。そして、この構造のもと仕法の範囲を広域化させ、地域の総体的な復興を試みることに克譲社のネ

ットワークのねらいがあったと思われる。(67)

しかし、実際の克譲社の運営には、地主・商人層を運営主体としたがゆえの矛盾もみられる。

## （2）克譲社仕法の矛盾

仕法資金における大澤家拠出金の比率は、天保九年〜一〇年は五四・二%、天保一一年〜嘉永二年は三一・三%、嘉永三年〜安政二年は一七%と、仕法資金の大規模化にともない減少傾向にあり、論理的には無利貸付金の資金回転や仕法田地からの収入などで、克譲社が世話人から自立して運営されうる可能性はあったといえる。しかし、実際には仕法金貸付総額における世話人層の占める割合は大きく、仕法は世話人の火災など彼らの経営危機とともに終焉し、結局、彼らから自立した運営は実現されなかった。

この理由としては、前述のごとく克譲社が報徳・血縁を紐帯とした地主・商人間の相互扶助の側面を持ち、彼らによる地域経済・金融秩序の存在が前提とされていたことが考えられる。そのため仕法は彼らの経営危機には救済にむけた巨額融資をせざるをえず、彼らから自立した運営も構想されなかったと思われる。また、克譲社仕法はあくまで民間で実施した仕法であるため、領主財政に「分度」を設定できず、年貢や御用金等の賦課を抑止することができなかったという限界も指摘できる。大澤家では嘉永三年の家株永安相続仕法議定書制定以後、小作米の不納・違作が激減したにもかかわらず、年貢は嘉永三年に三一九俵、翌四年に三八七俵と増大し、自ら設定した自家の「分度」も合わさって実質収入は仕法実施以前より減少した【表4】。これらを考えれば、大澤兄弟や親類の地主・商人への巨額融資の背景には、たんなる経営不振による家政再建だけでなく、御用金上納など領主の需要に応じた資金調達（あるいは御用金負担等を要因とした経営不振）の両様が想定できる。少なくとも領主分度が設定されていないため、年貢や御用金の増大の可能性は常にあり、これは領主を規制しえない地主・商人層を運営主体とした結社式仕法の限界といえる。

いずれにせよ、世話人層への融資額を肥大化させ、世話人の経営危機で終焉した克譲社仕法の結末は、彼らを主体・基盤とした運営であるがゆえに抱え込まざるをえない矛盾が噴出したものといえよう。

# おわりに

## 1　片岡村・克譲社仕法の二側面と内在する論理

以上、片岡村第一期仕法と第二期仕法（克譲社仕法）を検討した。仕法はその展開過程で常に次の二側面をともなっていたように思われる。

一つは村民・困窮者救済の側面である。片岡村仕法は大澤家の家政改革と表裏して始められたが、各種助成金や無利融通などで他稼ぎ人や困窮者に有利な条件での農業生産環境を提供した。こうした施策は、当該期の米価上昇にともなう人々の農業志向の高まりと一致して人々の帰農帰村を促し、小作米の不納・違作の減少や人口増加などの成果をみせた。ただし、大澤家はそのために所持地・小作米を仕法財源化し、再分配機能を果たした。こうした大澤家のあり方は平野哲也が指摘する「地主家と小百姓の協同」による地主経営策のバリエーションの一つといえよう。

もう一つは村外の地主・商人層救済の側面である。仕法は片岡村の改革とともに大澤家縁戚の地主・商人層の家政改革に向けた巨額融資も実施した。ここでは地域・縁戚の地主・商人層の相互扶助、および彼らによる地域経済・金融秩序の保守がめざされたと考えられる。ここからは大塚英二が指摘する「豪農連合」による地域金融網の働きを仕法が持っていたことがうかがえる。ただし、彼らには居村における困窮者救済が期待され、そのことが仕法の伝播や克譲社結成につながった。

克譲社仕法はこうした仕法の二側面を結社によって組織的広域的に統合し、仕法のさらなる伝播・発展をはかろうとしたものといえる。そして、彼らを核とした地域経済秩序を基盤に、支社的仕法による困窮者救済で底上げをはかり、地域社会の安定・振興をめざしたと考えられる。

しかし、この両側面のさらに深部には、それぞれ二つの論理が内在し、報徳仕法の特質となっているように思われる。そもそも、片岡村・克譲社仕法は「余りある者足らざる者を補ふの天理」など尊徳の説く倫理的観念と方法が地主経営に導入されたものといえるが、これは近世後期における階層分解―「貧富之不和」のなかで、富者による富の社会還元という期待される富者像(68)の「復古」・実践を求めたものといえる。そして、ここにその二つの論理が内在している。

一つは地主の「分度」設定・「推譲」・富の社会還元に向けた論理である。ここでは富者による富の社会還元の実践が重視され、地主の所持地は仕法財源として小百姓・困窮者を対象とした無利貸付金や助成金などとなって放出される。ここでは仕法により地主所持地の「間接的共同所持(69)」の性格が引き出されていると理解できよう。しかし、この論理が突出すると、仕法の実施が地主や商人の経営を掘り崩し、彼らの経営破綻につながる可能性が生まれる(論理A)。

もう一つは、富が還元できる家とその存在を可能にする経済秩序の維持・安定に向けた論理である。報徳仕法は富者そのものの存在は否定しておらず、「分度」にしたがって富を困窮者等へ社会還元する富者像を求めている。しかし、そのためにはそれを実践しうる富者の存在と、それを可能にする経済秩序の維持が前提となる。そして、この論理から地域・縁戚の地主・商人層の家政再建仕法がおこなわれた。しかし、この論理が突出すると、仕法は地主・商人層の互助組織の性格を強め、困窮者救済の性格は希薄となっていく。また、仕法実施主体である地主・商人層から自立した運営ができず、仕法が彼らの経営危機とともに終焉することになりかねない（論理B）。

報徳仕法はややもすれば相矛盾するこの二つの論理をうまく調和させることで成功するといえるが、実際の仕法ではこのバランスを崩し、困窮者への恩恵のない仕法となったり、仕法を契機に家が没落したりすることがある。そして、この両側面のバランスのあり方はそのときの仕法を取り巻く社会と仕法の実施主体の状況によるといえよう。

## 2　その後の大澤家

明治五年（一八七二）、大澤小才太は村民の要求により、「宝永正徳以降村民より購求する処の田産高二百石余悉く本金を以て之を旧地主に還付し家法を一変」させ[70]、村内の所持石高を七六石までに激減させた[71]。そして、これにより村民の所持石高は大幅に底上げされた【表1】。この行動について小才太は「先生の訓に曰、君子足らざるを憂ひず均しからざるを憂ふ、貧しきを憂ひずして安からざる憂ふ、予其訓に従ふのみ」と述べている。

この時期は地券交付、地租改正を前に、各地で質地の所有権帰属の問題が焦点となっていた。特に金子有合次第質地請戻し慣行が根強い大住郡では、片岡村に程近い真土村（平塚市）で明治九年に質地返還要求を発端に質置主二六人が地主松木長右衛門一家を殺害した真土村事件が発生している[72]。大澤家の土地還付も同慣行が背景にあってのことと思われる。しかし、質地返還要求に応じず殺害された松木長右衛門と対照的な大澤小才太の選択は、尊徳の教諭の影響と仕法の体験により上述の論理Aの側面を浮上させたものと考えられよう[73]。

註

(1) 佐々井信太郎『二宮尊徳研究』(岩波書店、一九二七年)。

(2) 岡田博「二と三を結んだ人たち」(『かいびゃく』二九巻三・六～一二号、三〇巻一～三・五～一二号、三一巻一～二・四～一二号、三二巻一～六・八～一〇・一二号、三三巻一～五・七～一二号、一九八〇～一九八四年、のち同『報徳と不二孝仲間―二宮尊徳と鳩ヶ谷三志の弟子たち―』岩田書院、二〇〇〇年に改題)・舟橋明宏「村再建にみる『村人』の知恵」(渡辺尚志編『新しい近世史四　村落の変容と地域社会』新人物往来社、一九九六年、のち舟橋明宏『近世の地主制と地域社会』岩田書院、二〇〇四年所収)・本書第五章・第六章など参照。

(3) 奥谷松治『二宮尊徳と報徳社運動』(高陽書院、一九三六年)。

(4) 海野福寿「遠州報徳主義の成立」(『駿台史学』三七号、一九七五年)。

(5) 上杉允彦「報徳社運動の原点―相州片岡村の仕法を中心として―」(『社会科学討究』六四号、一九七七年)。

(6) 見城悌治は近代の報徳運動・思想について「近代社会成立前夜を生きた尊徳の思想と方法は、過渡的要素を多く内包していたが故に、近代の側からそれぞれの期待に見合った内容を読み出すことは容易なのだ」とし、様々な立場により読み替えられ利用される「適合報徳主義」こそ「近代報徳思想」であると述べる(見城悌治「戦時下の報徳思想と『満州国』」『報徳学』二号、二〇〇五年)。そうした「近代報徳思想」から特定の要素を抽出し、「正しき報徳原理主義」や近世からの単線的な継受関係を主張するのは本質主義的解釈といわざるをえないであろう。なお、本章で扱う片岡村・克譲社仕法のその後を含めた近代の報徳運動については、拙著『近代西相模の報徳運動　報徳運動の源流と特質』(夢工房、二〇一三年)参照。

(7) 大藤修「関東農村の荒廃と尊徳仕法―谷田部藩仕法を事例に」(『史料館研究紀要』一四号、一九八二年、のち同『近世の村と生活文化―村落から生まれた知恵と報徳仕法―』吉川弘文館、二〇〇一年所収)。

(8) 平野哲也『江戸時代村社会の存立構造』(御茶の水書房、二〇〇四年)。

(9) 大塚英二「質地請戻し・土地請戻しと『家』・村共同体」(藪田貫編『民衆運動史　近世から近代へ三　社会と秩序』青木書店、二〇〇〇年、大塚論文①)・同「豪農経営と地域金融秩序」(『歴史評論』六一一号、二〇〇一年、大塚論文②)。

(10)　平塚市編『平塚市史九　通史編古代・中世・近世』第二編第三章第五節（村上直・宇佐美ミサ子執筆、神奈川県平塚市、一九九〇年）でも同仕法は取り上げられているが、上杉の研究水準を超えるものではない。

(11)　この点に関して前掲註(5)上杉論文は、地主仕法について「例えば商品生産による農民経営の発展をはかっていくことは困難」、「地主経営とそれに合わせた農民経営の再興であっても、農民にとって発展的意味をもたない」と述べている。仕法において個々の百姓は地主の枠内での生産労働に携わることになることをいっていると思われる。しかし、平野哲也の研究が示すように、地主経営の枠内での百姓経営が必ずしも自作経営よりも不利なものとは限らない。現代的にいえば、自営業者と会社員どちらが当人にとって「発展的」かは経営実態や待遇等具体的な内容によるのであり、一概にはいえないのと同様であろう。とりわけ村落復興では、地主は百姓に他奉公を辞めてでも小作・農業を選択してもらえるだけの環境を提供する必要があった。また、上杉は「仕法の成功には、何よりも大沢家の仁譲が大きな意味を有した」とするが、仕法の諸施策が具体的に当該期の中でどのような意味を持っていたのか、仕法の持つ構造を明らかにしなければ仕法の持つ意味は理解できないであろう。

(12)　なお、遠州の仕法を対象とした前掲註(4)海野論文においても「遠州の報徳連中は（中略）その範囲は郡域をこえ、支配領域をこえ、中遠・西遠の各地に及ぶ」と指摘するが、具体的な検討対象は個別の家・村の仕法であり、報徳連中の形成過程については「細胞分裂的に拡大していったのであろう」と述べるのみで、それら村々の間のネットワークとしての構造・活動や資金的関係については触れていない。

(13)　佐々井信太郎編『二宮尊徳全集』二七巻（二宮尊徳偉業宣揚会、一九三〇年）一四三・二八四頁。

(14)　『二宮尊徳全集』二七巻二八四頁。

(15)　平塚市編『平塚市史三　資料編近世二』（神奈川県平塚市、一九八三年）№一八二。

(16)　「天保九年家数人別取調帳」（大澤家文書№二三、個人蔵）。

(17)　「天明年間以来の米価」（片岡文書Ａ-Ａ一-一三、小田原市立図書館蔵）。

(18)　平塚市編『平塚市史二　資料編近世一』（神奈川県平塚市、一九八二年）№二三二。

(19)　『平塚市史二　資料編近世一』№六七。

(20) 加藤宗兵衛は茶商売などを営み、一九〇石余の田畑を持つ村役人家であった(『二宮尊徳全集』二七巻五二〇〜五四〇頁)。

(21) 「他奉公」「余業」「半農」とは「天保九年家数人別取調帳」(大澤家文書No.二三、個人蔵)末尾の集計部分における表記である。

(22) 『二宮尊徳全集』二七巻二八二頁。

(23) 『二宮尊徳全集』二七巻三頁。

(24) 『二宮尊徳全集』二七巻五四〇頁。

(25) 『二宮尊徳全集』六巻(一九二九年)三三二頁。なお、小林平兵衛については御殿場市史編さん委員会編『御殿場市史 第八巻 通史編上』第一〇章第五節(内田哲夫執筆、静岡県御殿場市、一九八一年)・仁木良和「小田原藩竈新田村の報徳仕法について―小林平兵衛と相続講―」(『立教経済学研究』四五巻三号、一九九二年)参照。

(26) 『二宮尊徳全集』二七巻二八四頁。

(27) 『二宮尊徳全集』二七巻三頁。

(28) 『二宮尊徳全集』二七巻一五頁。

(29) 『二宮尊徳全集』二七巻六頁。

(30) 上野七兵衛家の持高は、天明七年(一七八七)に一四五石余、慶応二年(一八六六)に一二五石余であった(平塚市博物館編『家と村Ⅲ―平塚市旧真田村―』平塚市博物館、一九八〇年)。

(31) 『二宮尊徳全集』二七巻八・一三七頁。

(32) 兵左衛門は大澤家の親戚であり、所持高七三石余の地主であったが、のち報徳仕法での家政再建を試みる(『二宮尊徳全集』二七巻四〇九〜五〇七頁)。

(33) 『二宮尊徳全集』二七巻二八六頁。

(34) 平塚市編『平塚市史四 資料編近世三』(神奈川県平塚市、一九八四年)No.二〇七。

(35) 前掲註(5)上杉論文では、この年、慶長以来の大澤家の平均持高七七石が同家の分度として確立したとするが、その事実はない。前掲註(10)『平塚市史九　通史編古代・中世・近世』第二編第三章第五節も、同年に慶長以来の平均持高七七石余を大澤家の分度とし、未納米の平均一八六俵を限度に拠出する計画が立ったとする。これらの記述は『二宮尊徳全集』二七巻二頁の解説と同趣旨であり、その引用と思われる。しかし、持高と未納米の平均の調査は、嘉永三年（一八五〇）の「家株永安相続仕法議定書」作成過程であり（『二宮尊徳全集』二七巻二七八頁）、それまでに大澤家が一八六俵以上の拠出をした年もある。後述のように大澤家の分度確立は実際には嘉永三年である。

(36) 実際には貸与された耕地の年貢相当金額が助成されたと思われる。

(37)『二宮尊徳全集』二七巻二八頁。

(38)『二宮尊徳全集』二七巻八二頁。

(39)「嘉永元年二月二七日大澤政吉宛大澤勇助書状」（福住家文書Ⅰ書状No.一四六、報徳博物館寄託）。

(40)『二宮尊徳全集』二七巻二八七頁。

(41)「天保九年家株田畑高反別并作徳取調帳」（大澤家文書No.二五、個人蔵）・「嘉永三年田畑小作勘定帳」（大澤家文書No.五四、個人蔵）。

(42)『二宮尊徳全集』八巻（一九三〇）六九〇頁。

(43) 前掲註(17)「天明年間以来の米価」によれば、化政期には平均して一両に一石一斗ほどの米価は、天保饑饉時の暴騰を経て、天保一〇年以降は高下をみせながらも一石を越えることはなく上昇傾向を示し、安政四年（一八五七）以降幕末にかけて急騰する。

(44)『二宮尊徳全集』二七巻六二・八四・八六頁。

(45) 真田村の仕法については『二宮尊徳全集』二七巻六〇〇～六四一頁、伊勢原村の仕法については、『二宮尊徳全集』二七巻五〇八～五九九頁参照。

(46)『二宮尊徳全集』二七巻二七八頁。

(47)『二宮尊徳全集』二七巻二七七～二八〇頁。

(48) 家株永安相続仕法議定書の前文に「去ル天保元寅年より、同十亥年迄、田畑小作預高、並引方損毛上り高共、明細取調致平均見候処（中略）弐分九毛三弗之引方、七分九厘七弗之上り高罷成申候」とある。
(49)『二宮尊徳全集』二七巻二八七頁。
(50)ただ、嘉永四年は不要物売却などによる土台金の増加をおこない、困窮者には二名に計一両一分を遣わしただけだった。
(51)『二宮尊徳全集』三六巻（一九三一年）五五八頁。
(52)第一期仕法の一〇年間を経て大澤小才太は「趣法年限殊に無残処立直り候ニ付、一先づ成就」（『二宮尊徳全集』二七巻三二四頁）という認識を持っていた。
(53)『二宮尊徳全集』二七巻三九二頁。
(54)『二宮尊徳全集』二七巻三五五・三七六頁。
(55)『二宮尊徳全集』二七巻三五六・三九四頁。
(56)『二宮尊徳全集』二七巻四〇九〜四九四頁。
(57)『二宮尊徳全集』二七巻五〇八〜五八二頁。
(58)『二宮尊徳全集』五巻（一九二八年）六二三頁。
(59)前掲註(9)大塚論文①において、大塚英二は、分散した豪農の土地の各方面への散らばりを防ぐ意味も込め、大規模豪農がそれを一括管理（質地入）した事例をあげ、「豪農連合による地域的集団的土地管理」と理解したが、克譲社の仕法田地もこれに近い意味を持ったものといえる。
(60)『二宮尊徳全集』二七巻三五六頁。
(61)「窮民潤助仕法金受払月々取調帳」（福住家文書仕法№三六、報徳博物館寄託）。
(62)『二宮尊徳全集』二七巻三九二・四〇六頁。
(63)「報徳法方金計算帳」（福住家文書仕法№四八、報徳博物館寄託）。
(64)「御趣法金請払取調帳」（福住家文書仕法№四九、報徳博物館寄託）。
(65)「報徳会克譲社沿革」（『大日本帝国報徳』二七号、一八九四年）、「柳堤押切ニ付願書控」（大澤家文書№七九、個人蔵）。
(66)また、彼らの破綻は仕法金の未回収による仕法の破綻にも直結するため、彼らへの融資は仕法の破綻回避のためにも続行されたと思われる。

(67) 前掲註(5)上杉論文は、克譲社仕法の事業を「その中心が農民への利貸し」、「小作農民等から考えれば、これは明確に農民に対する金融」とするが、実際には世話人らの家政再建や彼らを通した仕法への融資の方が金額的には多く、また、一般百姓に対する利貸しはおこなわれていない。

(68) 深谷克己『百姓成立』(塙書房、一九九三年)。

(69) 近世の地主には共同体的諸関係を通じての小百姓「成立」の助成が期待されたが、報徳仕法はこうした地主のあり方を「分度」「推譲」という定式化した方法により実践させるものであったといえる。そのため地主所持地の仕法財源化は、地主的土地所持の発展を制約し小百姓経営の維持再生産をはかる「間接的共同所持」の一つの発現といえる。報徳仕法では家政再建に際して借財整理と別に地主・商人の土地財産を村に放出させることがあるが、これも彼らの土地財産の「間接的共同所持」の性格を浮上させ、あるべき富の蓄積や富者のあり方を追求したものと考えられる。ただ、報徳仕法での「分度」の定式化は、地主所持地における間接的共同所持の性格の確保といえるが、一面では「分度」内における地主的土地所持の確保ともいえ、その点で当該期における地主的土地所持の深化に折り合いをつけている。しかし、この両側面の比重は状況と主体によって変化しよう。近世の地主的土地所持、間接的共同所持については、白川部達夫『日本近世の村と百姓的世界』(校倉書房、一九九四年)・渡辺尚志『近世の豪農と村落共同体』(東京大学出版会、一九九四年)参照。

(70) 「相州大住郡片岡村大澤小才太氏報徳の道に入り一村恢復の事」(『大日本帝国報徳』五六号、一九〇三年)。

(71) 「田畑并大縄場畑地地価取調書上帳」(大澤家文書No.一四八、個人蔵)。

(72) 神奈川県県民部県史編集室編『神奈川県史　各論編一　政治・行政』明治初期の質地および質入状況(土井浩執筆、神奈川県、一九八三年)。

(73) なお、克譲社は明治一五年に新たに復興されるが、近代の克譲社については、前掲註(6)拙著、および拙稿「近代平塚地域の報徳運動」(『平塚市博物館研究報告　自然と文化』三五号、二〇一二年)参照。

# 第一〇章　報徳仕法と幕府勘定所

## はじめに

天保一三年（一八四二）一〇月、二宮尊徳は幕臣に登用され、安政三年（一八五六）一〇月の死去まで幕臣として過ごした。報徳仕法の幕領での発展が期待された登用だが、実際には期待に反して尊徳は不遇であったといわれる。その理由として幕府の登用が、尊徳を「単なる土木工事家」と認識し、報徳仕法も「農村復興としての仕法ではなく」、「治水技術のみを評価」したものであったこと[1]、弘化四年（一八四七）以降の幕領仕法では、上司の山内総左衛門の無理解や諸規則に制約され、停滞を強いられたことが指摘され[2]、通説となっている。

しかし、これらは尊徳登用後の最初の任務が利根川分水路見分であったこと自体や、『報徳記』など尊徳門弟の著作をそのまま根拠にするなど問題があり、幕臣期の尊徳・報徳仕法の実態はいまだ明らかとはいえない。それは先行研究の乏しさに加え、その多くが尊徳と彼が所属した幕府勘定所との関係を捨象してきたことに一因があると考えられる[3]。

こうしたなか、唯一幕領仕法の停滞を勘定所との関係から検討したのが宇津木三郎である[4]。宇津木は幕領仕法停滞の要因として、山内の勘定所附御料所を預かる支配勘定という不安定な身分と、天保改革挫折後の反動のなか、先例と全員一致の評議を原則とする勘定所の保守的体質を指摘した。当該期の勘定所の動向を踏まえた特筆すべき研究といえる。ただ、宇津木の関心は山内と比較した尊徳の思想的立場の解明にあり、山内配下となる以前の尊徳については概説にとどまっている。また、保守的とされる勘定所にもその保守性への反発が報徳仕法と関係して存在し、尊徳門弟と一部の勘定所幹部の活動により幕領仕法は前進をみせていた（後述）。その検討は、幕府内の保守勢力として隠然たる力を有したと重視されながらも[5]、研究蓄積の少ない当該期の勘定所の動向の一端を明らかにすることにつながると思われる[6]。

そこで本章ではまず、二宮尊徳の幕臣登用から嘉永四年（一八五一）の幕領仕法の正式発業にいたるまでの経緯とその意味を、勘定所との関係を踏まえて通史的に明らかにする。次に、その過程で展開された富田高慶ら尊徳門弟による勘定所への内願活動を検討し、内願と幕領仕法の展開の関係を明らかにする。さらに、内願過程で交わされた富田と勘定所幹部との議論から、幕領への報徳仕法導入を阻む要因と、そこに内在する勘定所の諸問題を検討し、その克服をめざす論理と関わる当該期の勘定所内の動向を見通したい。

これらの検討を通して幕臣期の尊徳・報徳仕法の再評価を試みることが、本章の課題である。

## 一　天保改革と二宮尊徳

### 1　幕臣登用

天保一三年（一八四二）七月一一日、下野国芳賀郡桜町領（栃木県真岡市）の二宮尊徳のもとへ、富津代官篠田藤四郎の要請次第に出頭を命ずる老中水野忠邦の達書が届いた。二五日には「下総国村々水害多く、人民難渋甚敷、不忍見体候付、御救水捌方勘弁致申上度」として、「水理御深切御世話」している尊徳に相談・見分のため富津陣屋（千葉県富津市）への出張を要請する篠田の書状と、「水野越前守様より御沙汰」として江戸出府を命じる小田原藩からの書状が届いた。これにより翌日、尊徳は江戸へ出府した。(7)

八月一日、尊徳は下勘定所へ出頭して勘定吟味役らと面会した。彼らは尊徳に「荒地開発・窮民撫育・入百姓人別増之事共、厚致世話遣し、諸人悉相慕ひ候段、粗承及候、中にも川副勝三郎様御知行所、青木村抔之儀は極難之処荒増相開候趣相聞」として、「有体之始末」の上申を求めた。(8)勘定所は「水理」に限らない尊徳の業績を認識していたが、特に青木村（茨城県桜川市）の仕法を知っており、「水理御深切御世話」との篠田の尊徳認識は、築造困難な堰を独特な方法で完成させた同仕法の堰普請に由来すると思われる。(9)その後、しばらく尊徳の処遇に変化はないが、一〇月一日、勘定吟味役根本善左衛門は青木村の領主川副勝三郎へ次のように話していた。

水野越前守様被仰渡候儀、二宮金次郎儀是迄取行候所行、所々より承り候処、何れも宜敷趣には相聞へ候へ共、取留候儀も無之付、聢と承り糺可申聞旨被仰渡(10)

この発言は尊徳の治水技術のみに注目した幕府（水野）が、彼の農村復興事業を「取留候儀も無之」と軽視していたことを示すものとされているが(11)、尊徳の事業の実態調査を命じた発言と解釈すべきであろう。

そして一〇月三日、尊徳は切米二〇俵二人扶持、御普請役格に登用された。(12)

## 2　利根川分水路目論見

尊徳の幕臣登用後の初任務は、一〇月一七日拝命の「利根川分水路目論見御用」であった。(13)尊徳は二〇日に江戸を出立し、現地で勘定奉行梶野良材らと同道して連日、印旛沼からの掘割の試掘現場を見分した。

ただ、その間、尊徳は二五日に梶野の家臣から「御趣法向相伺度」と求められ、二六日には勘定組頭立田岩太郎の旅宿で「数年取扱候御知行所其外御趣法向廉々荒増」を説き、一同に「感心」された。二八日には立田に「大勢落合候ては咄出来兼候に付、閑暇之節壱人にて罷出候様」と請われ、その日の夕に「種々御噺」した。そして、試掘完工の一一月二日、尊徳は梶野から「手賀沼悪水落堀水盛御用」とともに、「荒地起返等惣て御為筋相成候儀」の上申を命じられた。勘定所幹部は、見分中に尊徳から積極的に報徳仕法の情報を聴取し、彼に「荒地起返等惣て御為筋相成候儀」も期待していたのである。

さて、一一月二日の試掘完成にあたり、尊徳は利根川分水路の普請計画書を提出した(14)。同書で彼は自己の任務を「利根筋水災為御救、分水路見分目論見御用」と認識し、その効果を「水配牧民之　御趣意成就」「野常総奥羽に至迄船道相開け、財用融通宜敷、都鄙之繁栄」としている。しかし、普請現場には地形的地質的問題もあり、普請の「成就不成就之儀は、見留無御座」ぐ、普請費用の算定は困難と述べる。そこで「聢と御見留相定り候迄、幾度も相試、手違無御座様」にと、完成が見込めるまで試掘を継続できる手段が必要であるとして、普請費用を窮民救済に貸付運用しつつ、返納される冥加金で普請を継続する計画を提案した。

従来、この計画書は尊徳が幕府の期待する治水技術者としてでなく、農村仕法家としての自己主張を貫いたため採用されなかったと考えられてきた(15)。しかし、この計画書は試掘完工後も崩落する掘割を眼前にした勘定所幹部の「成就不成就之儀に付終日一同御心配」に接した尊徳が、「報徳趣法筋目論見之儀」を話した際に「委敷承知被致度」と要請されて提出したものであった(16)。すなわち、尊徳の計画書は完工に不安を抱く勘定所幹部の要請に応じて試掘継続を可能にする方法として作成されたのであり、尊徳が勘定所の意向を無視して自己主張したものではなかった。

ただ、尊徳の計画書の不採用の理由は不明である。尊徳は掘割普請の目的を「水災為御救」と認識していたが、水野にとっての普請の目的は海防的観点からの通船路の確保にあったともいわれている[17]。その目的からすれば尊徳の案は悠長に過ぎたのかもしれない。

### 3　大生郷村仕法目論見

天保一三年一二月二〇日、尊徳は代官勝田次郎支配所である下総国岡田郡大生郷村（茨城県常総市）の「手余り荒地起返し、村柄立直方」の見込み上申を命じられ、翌年正月二一日〜二月二日まで出張して同村を調査、四月二六日に仕法案を提出した[18]。大生郷村は文政期以降、困窮が激化し、数度年貢減免を出願したが許されず、天保一二年一一月と翌年七月にも年貢減免を出願していた。その間、代官は伊奈友之助から勝田に代り、「大生郷村手余り荒地起返方之儀取調、支配御代官被申立候」として、尊徳に調査が命じられたのである[19]。

結局、尊徳の仕法案は実行されなかったが、大生郷村の荒地開発仕法案は前年にも勘定佐藤伝之丞が伊奈とともに作成しており[20]、これも実行された形跡はない。尊徳の仕法案作成は勝田が前任の伊奈に倣い企図したと思われるが、水野の裁可を経ており[21]、これを尊徳に任せたのは勘定所による報徳仕法調査の一環であったと考えられる。

### 4　勘定所付御料所陣屋手附拝命と御料所改革

天保一四年五月一七日、支配勘定山内総左衛門が下野国芳賀郡東郷陣屋（真岡市）へ赴任するとして尊徳に面談を求め、「同道見分致し呉候様内々御沙汰」があると語った。その後も山内と尊徳は面談を重ね、七月一三日、尊徳は「勘定所附御料所陣屋附手附」を拝命した[22]。

勘定所附御料所は天保改革にともない陸奥国磐前郡小名浜（福島県いわき市）・下野国芳賀郡真岡（真岡市）・東郷に設定された勘定所直轄地で、その支配には代官ではなく支配勘定らが投入された。[23]山内は代官ではなく「御勘定所附御料所御取扱」[24]としての東郷赴任であった。また、山内は御料所取扱の拝命時、「（寛政期以来の）御仕法、御手戻に不相成候様、相続筋厚勘弁取扱可申之旨、別段之御趣意」を受けており、東郷赴任の際にも「支配所内、荒地起返、村柄立直等之儀は不及申、村柄古今興廃之様子、後年相続筋見込之趣可申上旨」を命じられていた。[25]勘定所附御料所には荒地開発・荒村復興の実施が見込まれており、ここに山内が尊徳に接近する必然性があった。

そして九月一四日、尊徳は真岡陣屋赴任を命じられた。しかし、その任務は「御料所御改革検見御用」であった。[26]御料所改革の一環として実施された検見の担い手とされたのである。ただ、実際には「御料所御改革並検見中、真岡御陣屋御人不足旁、当分被罷越候様」との指示であり、二二日に真岡に着陣するも幕領行政に積極的に関わった形跡はない。そして、閏九月一三日、水野忠邦が老中を罷免されると、天保改革・御料所改革は挫折し、以後、尊徳は無為に過ごすことになった。

さて、二宮尊徳の幕臣登用から天保改革の挫折までをみた。尊徳の登用は水野忠邦の抜擢による。水野と勘定所は当初から尊徳を治水にとどまらない荒地開発・荒村復興の専門家と認識していたが、詳細までは把握していなかった。そこで水野は勘定所に尊徳と報徳仕法の調査を命じ、尊徳はさまざまな聴取を受け、各種仕法案の作成を命じられたのである。

天保期の幕府は荒地・新田開発による年貢増徴に力を入れていた。[27]特に陸奥・出羽・常陸・下野の荒廃は問題視され、水野はこの四カ国の支配代官に「離散之民」の「帰農」と荒地開発を指示していた。[28]勘定所附御料所が荒廃著しいこれらの地域に設定され、荒地開発・荒村復興の実施が予定されたのも、その模範として期待されたからであろう。

水野はかかる幕領の開発・復興の人材として尊徳に着目したと考えられる。(29)

しかし、幕臣登用後の尊徳は、しばらく仕法案作成など勘定所による調査で過ごすことになった。ようやく野州での仕法実践の機会が生まれるも、御料所改革による検見の時期にあたってしまい、仕法を実践できずに天保改革が挫折、尊徳は活躍の機会を逸することになった。

## 二　幕領仕法の着手と山内総左衛門

### 1　日光仕法雛形作成

弘化元年（一八四四）四月五日、天保改革挫折後、無為に過ごす二宮尊徳に、勘定組頭竹内清太郎から「日光御神領村々荒地見分いたし、起返方仕法」の見込み上申が命じられた。(30) これ以前の正月二四日、尊徳は竹内の指示で江戸へ行き、勘定所へ報徳仕法の説明を重ね、二月末には「御用向開口にも相成可申哉」と期待できる状況になっていた。竹内は報徳仕法に理解を示す勘定所内の報徳派ともいえる人物で（後述）、尊徳の日光仕法案作成の受命は竹内のはからいによるといえる。(31)

しかし、日光出立直前の四月一三日になって出立中止と江戸での仕法案作成を命じられた。さらに、一一月には「是より催促可致調向に無之、ゆる〳〵取調可申候」と申し渡され、尊徳の任務は不急事業とされた。これにより尊徳は日光神領に限らない普遍的な仕法雛形の作成を企図して江戸で雛形作成に没頭、弘化三年六月二九日に仕法雛形を提出した。

ところで、弘化三年二月八日、山内総左衛門は尊徳に「漸去冬頃より御勘定所も落付候様子にて、私認置候下野常陸国相続筋見込書之儀も相認候ゟ打込置候処、可差出之旨御沙汰有之」[32]報じていた。山内も任地の「相続筋見込書」を作成していたが、ようやく提出の命令が下りたというのである。勘定所では天保一四年（一八四三）一二月に財政緊縮のため大量の職員を免職し業務が停滞していたが、弘化二年一一月には再び増員が認められた[33]。山内のいう「去冬頃より御勘定所も落付」とはこの増員による業務停滞解消を示すと考えられるが、尊徳の日光仕法案作成をめぐる曲折も、かかる勘定所の混乱が背景にあったと考えられる。

## 2　山内総左衛門手附拝命と幕領開発

尊徳が江戸で日光仕法案の作成に没頭する間、野州東郷の山内総左衛門は尊徳に帰陣を求めていたが、日光仕法実施を願う尊徳は雛形提出後も野州帰陣には消極的であった[34]。

しかし、弘化四年二月九日、山内は江戸へ出て尊徳に面談を求め、三月末まで「仕法取扱候廉々」につき論談を重ねることになった[35]。四月三日、尊徳は勘定組頭竹内清太郎に「山内総左衛門と仕法向取行方論談におよび候事共」を報告し、「御承引」された。そして、五月一一日、尊徳は「山内総左衛門手附」を拝命、山内には尊徳に「荒地起返し、難村旧復之儀為取扱、仕法附等之儀は見込之趣追て可被申上候」ことが命じられた。これは「春中より御同所（山内）様頼りニ被仰立置候ニ付、右ノ御沙汰御座候」とされ、山内の工作の成果であった。また、尊徳の任務が「荒地起返し、難村旧復」とされたのは、彼が山内や竹内と論談を重ねた成果であろう。尊徳は今回の受命を「数年丹誠天意感応ノ事と大悦」し、二六日、野州東郷に着任した。

野州着任後、尊徳は東郷村の神宮寺を仮住居に六月一四日から同村の荒地開発に着手した[36]。開発には桜町領や青木村など近隣の報徳仕法実施地域の人足も参加し、現場見分した山内は「一々被致感心」た。七月二二日には桑野川村（真岡市）開発のため「当分桜町へ参り居候方便利之趣」と「当方為留守居青木村喜助差置、其外一同召連」れる旨を山内に伝え、翌日から桜町陣屋へ出張、桑野川村開発にも桜町領や青木村の人足が参加した(37)。

また、山内は七月中に報徳金の幕府公金貸付所加入とその利息による仕法運営など、尊徳の意向を汲んだ伺書を勘定所へ提出した(38)。さらに、八月一日には「破畑扶持米之儀伺中には候得共、山内殿御取計にて御渡し被下」との「御噂」があり、尊徳が自費で捻出していた開発費用への配慮もみせた。九月一二日には、山内は桜町領東沼村内にある幕領百姓の所持地の開発を「両為」になるとして許可し、東沼村の開発が実施された。尊徳の開発事業は山内の理解と承認のもと、他領の報徳仕法実施地域を巻き込み進められた。

## 3　幕領仕法の停滞

弘化四年一〇月五日、山内は尊徳を召喚して次の三点を申し渡した(39)。

①常州真壁郡高道祖谷原（茨城県下妻市）の開発を西沼村（真岡市）丈八らが報徳金を借用して出願するとの風聞について。山内は以前から同地の開発を認めておらず、尊徳に出願の制止を命じた。

②山内と尊徳らが廻村中、下館（茨城県筑西市）に止宿した折、下館藩役人が尊徳による藩領村の見分を願い出たことについて。山内は認めなかったが、幕領見分のため尊徳を残したことを同藩は「領分見分致候抔と申唱」えていた。山内はこれを「甚心得違」として、「右様之儀不申唱候様」伝えることを尊徳に命じた。

③青木村の領主川副家の用人永坂道助が山内を訪ね、青木村人足の幕領参加を話題にしたことについて。山内はこれを「未だ表向新開取懸り候順取にも不至、殊に御料所へ私領より手伝人足等差出候儀は不相成筋、右様之儀申唱候ては不宜、殊に小川町役所へも屋鋪近所之儀、右等相響候ては方々不宜」として、尊徳に「心得違無之様」

伝えるよう命じた。

当初、山内は尊徳の開発事業に理解を示し、他領民の事業参加も承知していたが、それは山内の裁量で進めたことであった。しかし、地域の報徳運動が彼の意向に反する動向をみせ、自らの裁量で進めた事業が「小川町役所」＝勘定所に伝わる可能性が生じると、それが勘定所で問題化することを恐れたのである。

一一月一四日、尊徳は幕領仕法案を作成して山内に提出した。その要旨は、①一村から仕法に着手し、②過去一〇～二〇年の収納の平均を定免として開発地からの収入を仕法財源とする、③報徳金を幕府公金貸付所に加入して、その利息を仕法財源にあてる、というものである。しかし、山内から何ら返答はなく、仕法案は勘定所に提出されないまま越年した。一〇月五日以来、山内は尊徳と報徳仕法を警戒するようになり、仕法は停滞した。

## 三　尊徳門弟の内願活動

### 1　停滞打開へ向けて

幕領仕法が停滞した弘化四年（一八四七）末以降、尊徳門弟の相馬藩士富田高慶と同藩家老池田胤直は、停滞打開へ向けて江戸で内願活動に奔走した。相馬藩では弘化二年から報徳仕法が実施されており、彼らの内願活動には「先生良法、御料所へ御開業の御余光を蒙り、国元再復成就仕り度き心願」があった。(40)

弘化四年一二月二〇日、富田と池田はかねて面識のあった大番頭の綾部藩主九鬼隆都を訪ねた。九鬼は佐藤信淵を招き藩政改革を行うなど荒村復興に関心が高く、(41)富田らの報徳仕法の話に「悉く御感心」し、「如何やうにも力を尽し見度し」と協力を約した。

翌弘化五年（嘉永元）正月四日、池田は勘定組頭竹内清太郎を訪ねた。竹内も「誠に二宮仕法の民間に益ある事、一通りならざる儀、何卒相開き度」と理解を示した。さらに竹内は「もし医方《医学館》の如く相対にて取り行ひ候やうにも相成り候はば然るべきや」と尋ねた。これに池田は「相対」での実施ならば「何方までも相行はれ、広太の御益」になると答えた。「医方の如く相対」での仕法とは、独立した仕法実施機関を設置し、幕領・私領に限らず要請に応じて実施する仕法であり、以後、理想の仕法運営の一つとされる。

正月八日、富田は勘定奉行牧野成綱を訪ねた。牧野は昨年末に九鬼に紹介され、報徳仕法に「至極御感心」を示しており、この日も牧野は「及ぶだけは相尽し見候」と協力を約した。そして一六日、池田が九鬼を訪ねると、牧野・松平近直の両勘定奉行の相談で報徳仕法が「御用相成候様大体極」り、「四月頃迄には治定」の予定と伝えられた。(42)

はたして嘉永元年（一八四八）四月一八日、勘定所の下知が東郷陣屋に届いた。その内容は①「御支配所内何方にても見分之上荒地起返」すこと、②毎年諸雑費五〇両の下付、③「御用透之節」の「諸家往返」の許可であった。ただ、報徳金の幕府公金貸付所加入は認められなかった。(43)

さらに四月二二日、牧野は「二宮進退自由に行はれ候やう御差図これ無くては相成るまじき」として、「二宮住居の儀は、山内出張陣屋体の引き放れ候場所へ独居」することが「取調べの手続」になったと語った。その結果、七月七日、山内は真岡陣屋への移動を命じられ、東郷陣屋は真岡の出張陣屋となり、尊徳に東郷陣屋への移居が命じられた。(44)九月四日には他の手附らも真岡へ移り、東郷陣屋は「二宮氏弥御一手にて御持切」(45)になった。

## 2　再願書提出とその頓挫

尊徳の東郷陣屋移居後は仕法資金が焦点となった。嘉永元年一一月二七日、富田は牧野に面会し、御下金の下付か、小田原藩から返金される予定の[46]「五千百両御加入申し上げ、御利足御下げを以て取り計らひ候やう仰せ」を願った[47]。しかし、牧野は町奉行に転役しており、「かねがね二宮仕法厚く心配致し居り候は松河《松平河内守》に候間」と勘定奉行松平近直への面会を勧め、一二月一七日、富田は松平に面会した。松平は「金次郎実意第一の取り計らいの条々」に「感心」を示し、公金貸付所への加入については、「民間撫育の筋などには、なくて叶はざる義もこれ有り候間、一切相止め候と申す義にも御座無く候間、なほ一勘弁仕り申すべし」と答えた。

翌嘉永二年正月七日、富田は牧野に面会し、「先づは御利足下げの廉のみ」と、報徳金の公金貸付所加入に絞った再評議を願った。牧野は一度決裁した事案の再評議は難しいとしつつも、「金次郎方より今一度、再願書を山内まで差し出し候はば、添書を以て御勘定所へ差し出し申すべく、左候はば右再願書によって篤と相談仕り、容易ならざる撫育筋相談候はば、相済み申すべきか」として、「二宮方へ御内々御通しの上、再願書差し出し候方早道」と助言した。富田は「此処にて御存分に御再伺ひ御差し出しに相成り候はば」、「御加入金の一条、御沙汰済みにも相成るべきか」と期待し、二月二三日、東郷へ赴き江戸での活動を尊徳に報告した。しかし、尊徳の答えは「猶勘考」するとのことであった。彼は「自然の命を蒙らせられ候事」を望んでおり、再願書提出には消極的であった。ただ、彼の周囲は「御上御都合もよろしき内、是非御取極相成候様いたし度」と再願書提出を望んだ[48]。

三月三日、節句祝儀のため尊徳が山内のもとへ出頭すると、竹内清太郎から「金次郎儀、総左衛門手附申付、野州表へ為相詰候処、其後何之沙汰も無之、如何致居候哉之旨御尋」ねと「何卒金次郎手一杯の事業為相開度御内話」があったとして、尊徳に開発事業の調書提出が命じられた[49]。再願書提出の機会を尊徳に与える竹内の配慮であろう。これにより一八日、尊徳は報徳金の公金貸付所加入とその利息での仕法運営を願う再願書を提出した[50]。

しかし、その後山内から沙汰はなく、七月二〇日に尊徳が再提出すると、山内は「伺書ノ内御加入等ノ一条再願ハ難相成筋」として修正を命じた。二八日に改めて提出するも山内の返答は「不差出方可然」とのことで、尊徳は願書提出を「一切見合可申」と語った。(51)

頓挫した再願書提出の実現のため、富田は江戸へ行き、八月三日、九鬼と面談した。九鬼によれば「その筋の模様承り候処」、報徳金の公金貸付所加入は困難とのことであった。ただ、富田が開発地からの冥加米による仕法運営も再願書に記した旨を述べると、九鬼は「それは何も差支への廉相見えず」として要路への相談を約した。一四日、富田が九鬼を再訪すると、九鬼は「開発出米年々繰り返し取り行ひ方」を奉行衆に話したところ、「何とか致し方もこれ有るべきや」との内話だったので取調べを依頼したとのことであった。(52)

八月二〇日、富田は九鬼から「二宮大徳良法の次第甚だ感服」していると紹介された蔵奉行福王三郎兵衛を訪ねた。福王は「その筋」への相談を約したが、二四日に富田が再訪すると、福王は公金貸付所からの「御利足御下げ」は難しく、また、「民間引立ての儀」は「御収納辻にとり御差支へも御座無く候間」、「不同意の論」があり、評議が流れていると語った。富田は「御内話の趣にては御用ひ方御六つかしき御儀や」と落胆した。(53)

## 3　尊徳・竹内会談と仕法の発業

嘉永二年九月二二日、尊徳は小田原への墓参のため江戸に出た。墓参は叶わなかったが、江戸滞在中、勘定組頭竹内清太郎と会談を重ねることになった。(54)

一〇月一日、竹内は尊徳に「此度は如何様にも相開け申すべく」として取調書類の提出を求めた。これ以前の九月三日には「調並に短文之伺にても出候得ば、直に御沙汰済に可被仰付哉」(55)との九鬼の内話が尊徳らに伝えられており、竹内の求めはこれを踏まえたものであろう。しかし、尊徳は「これまで伺書差し出し、御沙汰を蒙り候度ごとに六つかしく相成候間、向後は願も伺も仕らず」と答えた。竹内は「最早奉行衆始め良法の儀御感心」しており、心配ないとして書類の内見を求め、翌日、尊徳は書類を提出した[56]。

一〇月五日、書類を内見した竹内は「斯くの如き取り計らひにて、民間立ち直らざる儀毛頭これ無き道理」として尊徳に願書提出を勧めた。一〇日、尊徳は「御実業出来候道筋数箇条御調」を竹内へ持参すると、竹内は「御国益第一の良法に候間、これ等の箇条も伺ひ済みに致し置き、取り行ひ候方然るべく」と述べ、さらに「御種金一箱も相下り、向後起し返し土地より生じ候米金、繰り返し取り行ひ候やう相成り候はば、出来申すべきか」と尋ねた。尊徳は、可能だが「又々この上屈身所行願はしくもこれ無く、」と難色を示した。しかし、竹内は「この度は差支へ無く取り行ひ候やう相成るべく」として書類提出を指示した。尊徳はこの一連の交渉に「御快然」の様子で、一〇月二四日、竹内は尊徳に「取調不残差出候様、真岡へ可仰遣旨御内話[57]」を伝えた。

はたして一一月六日、山内は「常州棹ヶ島村御仕法一件取調」のためとして尊徳に帰陣を命じ、翌嘉永三年正月二三日、棹ヶ嶋村ほか諸村仕法の調書と尊徳の伺書が江戸へ提出された[58]。その後、三月一四日に江戸滞在中の山内から「報徳仕法之儀も御取用に可相成哉之旨相伺候処、都て様子宜敷」との報告が尊徳に届き、二九日には尊徳も江戸へ行き、「棹ヶ嶋村一村丈之御下知相済候由にて、金四百両御下ケに相成、御仕法年限中、平均御手宛御定免」、「桜町始、御料私領に不拘、勝手次第取行可申段」を申し渡され、四月九日には山内が代官に昇格した[59]。報徳金の幕府公金貸付所への加入は果たせなかったが、仕法資金の下付と棹ヶ島村の御手当定免＝開発地の仕法財源化による仕法実施が認められたのである。

# 四　報徳仕法と幕府勘定所

## 1　天保改革挫折後の勘定所

二宮尊徳が幕領開発に着手し、富田高慶らが内願に奔走した天保改革挫折後の勘定所は、その統制が後退する一方で、吏僚層は保守勢力として幕政での影響力を強めたといわれている(60)。「奉行衆始め良法の儀御感心」との評価にもかかわらず、報徳仕法導入が容易でなかった背景には、かかる勘定所の状況があったと思われる。そこで富田と勘定所幹部らとの議論から、幕領への仕法導入を阻む要因と当該期の勘定所の諸動向を検討したい。

さて、富田が頼りにした勘定奉行は牧野成綱と松平近直であった(61)。ただ牧野は公事方のため「何を申すも掛り違ひにて、私存意同勤へ申し談じ、また其所にて勘弁致し、それぞれへ相談の上評議致し候儀に付き、何分はかどりかね」る状況で、さらに「万端取調等に至るまで組頭辺の持場」であり、実質的権限は勘定組頭層にあったという。一方、松平は勝手方だが彼も「一存にて取り計らひ候事ならば致し能く候へども、上下共に談じ致し候儀に付き、彼是一致の場六つかしく」と述べていた。仕法導入の障害に勘定所の評議が指摘されているが(62)、それと表裏して「奉行存意を不取用、或ハ奉行を差越申聞候者も有之哉(63)」とされる天保期以来の勘定奉行の指導力の後退と、吏僚層の発言力の強化も指摘できる。

そして、その勘定所での仕法導入の評議は「一体当時の向々、先例先格を以て何事も引き合ひ候流儀に付き、畢竟相流れ候」との状況であったという。

ただ、牧野によれば、勘定所の評議の内実は「当時の人情、ただ目前の減じ候を憂ひ候やうの人気」であり、福王三郎兵衛によれば「荒地困窮の憂ひこれ有り候とも、御収納辻にとり御差支へも御座無く候間、この節新に御撫育の道相開け候儀、兎角不同意の論もこれ有り候様子」であった。勘定所には荒廃村落の存在を財政上の問題と認識せず、報徳仕法を必要としないばかりか、「目前」の収納減をもたらすものと忌避する考えがあったのである。この認識は当時の勘定所が緊縮財政方針のもとで天保末年の歳出入水準を維持しえていたことによると思われる。(64)

## 2 山内総左衛門の身分と勘定所

富田らの内願活動の発端は、山内総左衛門の干渉による仕法の停滞であった。(65) そして牧野や竹内清太郎も仕法停滞の元凶として山内を批判した。竹内の批判は「県令一決定致し」、「万一手違ひ候時は、一分の覚悟と存じ込み申し立て候はば、相行はれざる事はこれ無き道理」と、山内の「覚悟」の欠如に向けられた。また牧野も「二宮申す儀を一々受け込み候はば、後日手違ひにも相成り候節、自分の不調法と相成るべきやなど、無益の小事に拘はられ、決断もこれ有るまじく」と山内の「決断」の欠如を問題とした。そして、彼らは山内を「小量」「懸念家」と評した。

この山内の「覚悟」「決断」の欠如は、彼の個性のみではなく勘定所附御料所を預る支配勘定という身分によることが指摘されている。勘定所附御料所に支配勘定が投入されたのは問題発生時の処分を容易にするためと考えられており、かかる不安定な立場から、山内は尊徳の事業が「自分の不調法」とされる懸念が生じると消極的たらざるをえなかったのである。(66) 勘定所内に存在した報徳仕法への「不同意の論」も彼の不安を強めたであろう。

しかし、かかる不安な心境にある山内に牧野や竹内がとれた指導は、「内意」「含み」の申し渡しでしかなかった。勘定所内に報徳仕法への「不同意の論」がある状況では、彼らは「内意」「含み」による「当方の意味合相察」した「決断」を山内に期待するしかできなかったのである。そして、かかる「内意」は山内としても容易に受け入れられるものではなかったであろう。これらは幕領仕法停滞の要因が山内の身分とともに、仕法導入を望む勘定奉行らの指導力の弱さにもあることを示している。

### 3　手附の諸問題

富田は尊徳の手附という身分も問題にした。富田は尊徳について「座上の仕令、算用の用弁」は務まらず、「当人専務は、民間再復の仕法を以て勤仕と仰せを蒙り候へば、外手附手代とは持場相替はり、別物」であると考えていた(67)。尊徳が手附であることは「大工の棟梁を以て、鍛冶を命ぜられ候如」きものだという。また、手附は「何事も御直に御勘定所へ申し上げ候儀も出来かね」、「御代官より御取り次ぎ御達しを蒙り候身分」であり、その権限の小ささも問題にした。富田にとって報徳仕法は「元来は手附身分の場にて取り計らひ候道にも御座あるまじき」ものであり、牧野も「何を申すも二宮上に立ち、御代官へ仕法の趣差引致し候へば、聊かも差支への無き処、逆に相成り居り候」と同意していた。

さらに富田は「元来御料所手附手代平常の所行は、（中略）一身だけの御奉公のみ、万民の困苦を除き往く往く御安堵の道を生じ候二宮良法とは、符合」せず、仕法が彼らの「流儀」に抵触して「不平の心生じ」、「二宮御料所御規則不案内の廉を以て、過失を探り双べ候やうの弊」が生じることも懸念した。手附・手代の不安定な身分に起因する「一身だけの御奉公」との職務への心構え自体が報徳仕法に不適であり、彼らによる妨害を懸念した。これについても牧野は、「外役人は自分限りの取り計らひ、勝手に馳り候平常の人情に候へば、己れが所行を顧みずして二宮を怨み、偏執の心」が起きることを懸念していた。

富田にとって手附身分は、仕法実践者として職務内容・権限・心構えのすべてに不相応であった。牧野もこれを認めていたが、他役人の「人情」も懸念せざるをえなかった。

## 4 閉塞状況克服の論理

以上のほか、報徳金の公金貸付所加入も認められず、当該期の勘定所は報徳仕法に不利な状況にあった。しかし、この閉塞状況の根本的な克服のため、富田は次の二点を求めていた(68)。

一つは「上の厚き命令」である。富田は山内のもとで停滞する仕法の推進のため、「上の厚き命令を蒙り、県令別段の思召しを以て、右仕法へ力を入れられ」ることを望んだ。仕法実施に向けた勘定所の強力な指導・命令である。これにより「面々不平を懐き候とも、半年一年の内には一変仕り、仕法流儀に相成らず候ては銘々の勤功相立ち申さざる儀と、心得候やう相成」るというのである。しかし、牧野は「二宮の誠心を共に致し候県令にあらざれば、その場に居て右の処置は出来まじ」と、その成否は現場の代官の理解によると考えた。

二つめは独立した仕法実施機関による「医方の如く相対」での仕法である。しかし、牧野はそれでは「仕法行はれ次第、御代官功を奪はれ候やうに心得、専ら預り所へ仕法行はれざるやうふせ」ぐようになると考えた。彼は「小人の卑心、取るに足らざる事には候へども、人情如何とも致し方これ無く」と、代官の「人情」を懸念したのである。富田は仕法導入で復興に成功した代官への褒賞などを提案するが、牧野は「ゆくゆくは左様にも仕り度」と答えるのみで、富田はここでも勘定所の指導に期待するが、牧野は消極的だった。

富田の主張は共通して勘定奉行・勘定所に強力な指導力を求めるものであるが、ここに下僚の「人情」を懸念して勘定所運営にあたらざるをえない勘定奉行と、藩主の指導力のもとで仕法が運営される相馬藩の藩士たる富田との立場の違いがうかがえる(69)。富田にとって報徳仕法は「全く下方にて取扱ひ候事にこれ無く、王公貴人の御政第一の要務」

であったのである。

ただ、富田が抱く強力な指導力の待望は、勘定所の閉塞状況に不満を抱く一部の吏僚にも共有されていたと思われる。福王三郎兵衛は「勘定所向の論は兎も角も、当時御上にては厚き御仁心在らせられ候御儀に付き、此段阿公《（阿部正弘）》並びに若年寄衆方御承知の上は、また御処置方も御座有るべく」と、勘定所を越えた老中阿部正弘ら幕閣レベルからの改革に期待していた。そして、その足掛かりは海防問題であった。[70] 福王は「元来当時新規の事は一通りにては六つかしきやう相成り居り候」としながらも、「既に海岸防禦の儀に付き、それぞれ御手当仰せ付けられ、新役等も仰せ付けられ候、ここを以て新規の条々も止むを得ざる事は御取り用ひ御座候ほどの儀、況や百姓撫育、旧弊立て直しの良法は、誠に国家の根元に付き、当節柄、別して御取り用ひこれ有り候て当然の事に存ぜられ候」と述べる。

ここに報徳仕法は海防問題と結び付く。富田は「富国強兵の道とても、万民御撫育の御仁術に止り申すべきか」として、「如何程御武備を備へさせられ候とも、農民困窮、今日の暮らし方にも差支へ候やうの儀にては、根元の固まらざる」と述べる。さらに仕法により「国々富栄仁譲の風行はれ」れば「異国とても人情は異ならざる義に付、上下相和し、上は下を恵み、下は上の恩に感じ、相互に譲り合ひ候体の場へ事を設け候儀は出来まじく、それとも事あらん時は十分の御禦ぎに相成るべきか」とする。「富国強兵」の根本は「万民御撫育」にあり、「上下相和」が異国に侵略を断念させ、万一の防禦も可能にするというのである。福王はこれに「一々御尤もの儀感じ入」った。富田のこの主張は、嘉永二年（一八四九）の幕府の異国船打払令復活の諮問の報に接した尊徳の次の言葉が念頭にあった。

諸侯窮シ、先納・用金ヲ課シテ民亦窮ス。如斯国空虚ニシテ、如何ソ外寇防禦ノ術ヲ尽ン。仮令一度打払トモ、二度用意ヲ如何セン。若之ヲ防ントナラハ、大ニ此道ヲ施シテ下民ヲ撫育スルニ如クハナシ。下民恩徳ニ服シテ恩君ノ為ニ身命ヲ不顧、君出陣セハ下民耕シテ以餉ヲ送ル如ク、君民相和セハ、夷人之ヲ見テ、不能犯シテ退ン。（中略）外寇ヲ防ノ急務ハ、下民ヲ恵恤シ、国家ヲ安スルニアリ。（中略）防禦ノ要ハ、在撫育下民、大行仁政、富国家。外寇来ラハ、可施米粟、此道ヲ行フ時ハ米粟天下ニ満ツ、四夷ヲ撫ストモ不足ナケン。何打払コトヲ用ン。(71)

尊徳は領主財政の疲弊が民衆へ転嫁される窮状で万全な海防は困難であり、報徳仕法の「撫育」で民衆の海防への支持を調達する必要を説く。当時、海防経費の民衆への転嫁による全国的な疲弊と内政不安が懸念され、打払令復活には薪水給与令による財政負担を解消する意図もあった。(72)尊徳もかかる懸念を共有していたが、報徳仕法こそが「二度用意」＝武備充実の基礎となる「君民相和」と「富国家」を実現し、異国に侵略を断念させ、異国船への米粟施与＝薪水給与令の継続も可能にするとして、打払令復活を批判したのである。

尊徳のこの主張は打払令復活を否定し、薪水給与継続による避戦を主張した当時の海防掛の考えと一致するが、(73)特に「国家之衰弊ハ内憂ニ而尤可恐事ニ有之、若後年国家衰弊之時を窺、異賊襲来もいたし候ハ、実ニ防禦行届兼可申、左候者外寇之防、却而外寇之助ニ相成(74)」として、直接的な「外寇之防」より「国家之衰弊」への対処を重視した海防掛勘定方の見解と重なる。彼らが「国家之衰弊」にいかなる策を構想していたかは不明だが、彼らのなかには松平近直がおり、彼はかかる観点から報徳仕法に関心を抱いていた可能性がある。また松平と阿部は近い関係にあり、(75)福王のような勘定所の閉塞状況に不満を抱く吏僚のなかには、閉塞打開をもたらすものとして海防問題と阿部に期待を抱く者がいたのではないだろうか。特にペリー来航後の阿部政権の特徴とされる人材登用の背景には、かかる吏僚層の期待があったのではないだろうか。

## おわりに

従来、二宮尊徳は幕府から治水技術のみを評価され登用されたと考えられてきた。しかし、幕府は尊徳の荒村復興事業にも着目しており、彼は治水にとどまらない天保改革における幕領開発・復興の人材として登用されたのである。ただ、幕府は尊徳の事業の詳細までは把握しておらず、登用後の尊徳は仕法案作成など勘定所からの調査で過ごすことになった。そして、野州幕領での仕法実践の可能性が生まれたが、御料所改革による検見の時期にあたり、さらに天保改革の挫折と勘定所の混乱で尊徳はしばらく活躍の機会を逸する。

その後、尊徳は山内総左衛門の働きかけで再び野州での仕法実践の機会を得た。しかし、当初協力的だった山内は、仕法が勘定所で問題化する懸念を抱くと態度を翻し、仕法は停滞した。そこで富田高慶らは勘定所幹部への内願活動を展開し、尊徳の東郷陣屋移居、御下金と御手当定免をともなう仕法の実施など成果を得た。尊徳の不遇と停滞が指摘される幕領仕法だが、富田らの活動により進展をみせており、保守的とされる勘定所も一枚岩ではなかった。

とはいえ、「奉行衆始め良法の儀御感心」との評価にもかかわらず、報徳仕法の幕領での実現は困難かつ限定的で、そこに規則や先例重視の評議による勘定所の保守的体質が指摘されている。しかし、それと表裏して、下僚の「人情」を懸念して勘定所運営にあたらざるをえない勘定奉行らの指導力の弱さも指摘でき、それこそが富田が問題としたことであった。

それゆえ富田は、勘定所に閉塞状況を克服する「上」の強い指導力を求めた。彼の念頭には藩主主導の相馬藩仕法があったが、かかる要求は勘定所の閉塞状況に不満を持つ福王三郎兵衛のような吏僚にも共有されていたと思われる。そしてその突破口として期待されたのが、海防問題と老中阿部正弘であった。保守的とされる勘定所だが、それに不満を抱く吏僚も存在し、報徳仕法は彼らの支持を得ていた。今後の検討を要するが、かかる不満と期待が、ペリー来航後の阿部政権の特徴とされる人材抜擢の前提にあったのではないだろうか。

## 註

（1）上杉允彦「幕政期の報徳仕法—大生郷村の仕法を中心として—」（『立正史学』四三号、一九七八年）・木龍克己「二宮尊徳と利根川分水路調査—天保一三年の動向を事例として—」（『地方史研究』三二一号、二〇〇六年）。

（2）栃木県史編さん委員会編『栃木県史　通史編五　近世二』第一〇章（深谷克己執筆、栃木県、一九八四年）・真岡市史編さん委員会編『真岡市史　第七巻　近世通史編』第五章第二節（大木茂執筆、栃木県真岡市、一九八八年）。

（3）幕臣期の尊徳・幕領仕法の概説は多いが、実証的な研究は前掲註（1）（2）の諸論考のほか、河内八郎「花田村の尊徳仕法」（『関城町の歴史』一～八号、一九八一～一九八八年、のち同『花田村の報徳仕法』茨城県関城町、一九九八年所収）と、後掲註（4）宇津木論文のみと少なく、宇津木論文と前掲註（1）木龍論文以外は尊徳と勘定所の関係に触れていない。

（4）宇津木三郎「二宮尊徳と幕府勘定所吏僚山内総左衛門—報徳仕法の政治思想史的研究試論—」（『かいびゃく』三九巻七号～四〇巻一号、一九九〇・一九九一年）。

（5）守屋嘉美「阿部政権論」（青木美智男・河内八郎編『講座日本近世史七　開国』有斐閣、一九八五年）。

（6）管見では当該期の勘定所の動向を検討した研究は、山崎圭「近世後期の年貢徴収をめぐる勘定所—代官関係の史料学的考察—天保改革期の飛騨幕領を中心に」（高木俊輔・渡辺浩一編『日本近世史料学研究—史料空間論への旅立ち—』北海道大学出版会、二〇〇〇年、のち山崎圭『近世幕領地域社会の研究』校倉書房、二〇〇五年所収）・吉岡孝「天保弘化期幕府勘定所の『御人減』と『御増人』」（『國學院雑誌』一〇七巻一号、二〇〇六年）のみである。

（7）佐々井信太郎編『二宮尊徳全集』三巻（二宮尊徳偉業宣揚会、一九二七年）九〇一・九〇八～九〇九頁。

（8）『二宮尊徳全集』三〇巻（一九三〇年）九五三～九五四頁。

（9）青木村仕法については本書第五章参照。

（10）『二宮尊徳全集』三〇巻九五五頁。

（11）前掲註（1）木龍論文。

（12）『二宮尊徳全集』三〇巻九五六頁。

(13) 以下、一一月二日までの記述は『二宮尊徳全集』三巻九九〇〜九九七頁による。
(14) 『二宮尊徳全集』二〇巻（一九二九年）六八七〜七〇七頁。計画の詳細については前掲註(1)木龍論文参照。
(15) 前掲註(1)上杉・木龍論文。
(16) 『二宮尊徳全集』三巻九九七頁。
(17) 藤田覚「天保改革と対外的危機」（『日本史研究』一九三号、一九七八年、のち同『幕藩制国家の政治史的研究―天保期の秩序・軍事・外交―』校倉書房、一九八七年所収）。
(18) 『二宮尊徳全集』三巻一一七二頁、二〇巻七五四〜七六一・八四九〜八五〇頁。
(19) 『二宮尊徳全集』二〇巻八〇八〜八〇九・八二六〜八二七・八四九頁。
(20) 『二宮尊徳全集』三巻一一四八〜一一四九頁。
(21) 『二宮尊徳全集』二〇巻七五四頁。
(22) 『二宮尊徳全集』三巻一一八〇・一一九〇頁。
(23) 西沢淳男『幕領陣屋と代官支配』（岩田書院、一九九八年）。
(24) 村上直・荒川秀俊編『江戸幕府代官史料―県令集覧―』（吉川弘文館、一九七五年）一四一頁。
(25) 『二宮尊徳全集』二二巻（一九二九年）九五頁。
(26) 以下、尊徳の真岡着陣までは『二宮尊徳全集』三巻一二〇六・一二一〇頁、七巻（一九二九年）一七七頁による。
(27) 藤田覚「天保十四年御料所改革について」（『日本歴史』三六二号、一九七八年、のち増補改訂し、前掲註(17)藤田著書所収）。
(28) 石井良助・服藤弘司編『幕末御触書集成　第二巻』（岩波書店、一九九二年）№一七四五。
(29) 水野が尊徳を知ったのは、家臣の村田大亮から元烏山藩家老菅谷八郎右衛門が語る報徳仕法の情報を聞いたことによる。水野が興味を示したため、菅谷は尊徳の事績を記した「桜街拾実」を執筆し、水野に提出した（佐々井典比古『尊徳の裾野』有隣堂、一九九八年）。「桜街拾実」には尊徳の出生から桜町・小田原・青木村などの仕法の事績が記されている（報徳博物館編『報徳博物館資料集一　尊徳門人聞書集』報徳博物館、一九九二年所収）。

(30) 以下、尊徳の日光仕法雛形提出までは、『二宮尊徳全集』三巻一二四七頁、四巻（一九二八年）三三頁、七巻二〇五・二二三・三二二・八〇一頁による。
(31) その後も竹内は日光仕法について尊徳と面談したり、日光勤務経験者の代官を尊徳に紹介したりした（『二宮尊徳全集』四巻二一〇・二一六頁）。
(32) 『二宮尊徳全集』七巻七一八～七一九頁。
(33) 前掲註(6)吉岡論文。
(34) 『二宮尊徳全集』七巻二九〇・三一九頁、佐藤高俊編『富田高慶日記』（龍渓書舎、一九八一年）五八頁。
(35) 以下、山内の出府から尊徳の野州着任までは『二宮尊徳全集』四巻五〇五～五四四・五五六～五五七頁、『富田高慶日記』一一六・一一八頁による。
(36) 『二宮尊徳全集』二一巻三三六～三五二頁、四巻五八四頁。
(37) 『二宮尊徳全集』四巻五七〇～五七一頁、二一巻四一五～四二三頁。
(38) 以下、東沼村の開発までは『二宮尊徳全集』四巻五七三～五七四・五九〇～五九七頁、二一巻三五～三七頁による。
(39) 以下、本項は、『二宮尊徳全集』四巻五九九頁による。
(40) 以下、本項は、註記がない限り佐藤高俊編『報徳秘稿　上』（相馬郷土研究会、一九七六年）四四～四八・五九頁による。『報徳秘稿　上』は尊徳門弟の相馬藩士斎藤高行の記録で、尊徳の語録類のほか叔父富田高慶からの書簡が収められている。同史料からの引用はこの書簡である。
(41) 綾部市史編さん委員会編『綾部市史　上巻近世編』第六章（木下礼次執筆、兵庫県綾部市、一九七六年）。
(42) 『富田高慶日記』一五二頁。
(43) 『二宮尊徳全集』四巻七八九頁、二一巻三七頁。
(44) 『二宮尊徳全集』四巻八〇八頁。なお、山内は弘化四年一二月に真岡を含む四万石支配を命じられていた（『二宮尊徳全集』四巻六二七頁）。
(45) 『二宮尊徳全集』四巻九六五頁。

(46) 弘化三年の小田原藩の報徳仕法撤廃にともない、報徳金五一〇〇両余が尊徳に返金される予定になっていた（小田原市編『小田原市史　通史編近世』第一〇章、松尾公就執筆、神奈川県小田原市、一九九九年）。
(47) 以下、富田と牧野・松平との会談は、『報徳秘稿　上』七四〜八三頁による。
(48) 『二宮尊徳全集』八巻（一九三〇年）六一五頁、『富田高慶日記』二〇八頁。
(49) 『二宮尊徳全集』四巻一〇五九頁。
(50) 『二宮尊徳全集』四巻一〇六六頁、三〇巻九〇四〜九〇六頁。
(51) 『富田高慶日記』二二一〜二二二頁、七月二〇日の願書は『二宮尊徳全集』三〇巻九〇六〜九一一頁。
(52) 『報徳秘稿　上』八四〜八六頁。
(53) 『報徳秘稿　上』八七〜九〇頁、九四〜九六頁。
(54) 以下、尊徳と竹内の会談は、注記がない限り『報徳秘稿　上』一〇〇〜一〇二頁による。
(55) 『二宮尊徳全集』八巻六二七頁。
(56) 『二宮尊徳全集』四巻一一七四頁。
(57) 『富田高慶日記』二三〇頁。
(58) 『二宮尊徳全集』四巻一一八五頁、八巻五四七頁、『富田高慶日記』二四〇頁。
(59) 『二宮尊徳全集』五巻（一九二八年）八〇頁、八巻七二三・七三二頁。
(60) 前掲註(5)守屋論文・前掲註(6)山崎論文。
(61) 以下、本項は註記がない限り、『報徳秘稿　上』五九・六一・七一・七九・八八・九四頁による。
(62) 前掲註(4)宇津木論文。
(63) 荒井顕道編『牧民金鑑　上巻』（刀江書院、一九六九年）八九頁。
(64) 大口勇次郎「天保期の幕府財政」（『お茶の水女子大学人文科学紀要』二二巻二号、一九六九年）。
(65) 以下、本項は、『報徳秘稿　上』四六・五九・六三〜六四・八四頁による。
(66) 前掲註(4)宇津木論文・前掲註(23)西沢著書・同『代官の日常生活　江戸の中間管理職』（講談社、二〇〇四年）。

(67) 以下、本項は、『報徳秘稿　上』五二～五三・六五～六六・六八・七八頁による。

(68) 以下、富田の発言は『報徳秘稿　上』五三・六六～六七・七二頁による。

(69) 相馬藩仕法は、報徳仕法のなかで藩主相馬充胤が『牧民心鑑』の訳註を頒布し、代官以下の在郷救人である手代らにも「君」に「事」える仕法の実践者たることを求めた藩主主導の仕法であった（小川和也『牧民の思想―江戸の治者意識―』平凡社、二〇〇八年）。

(70) 以下、福王と富田の発言は、『報徳秘稿　上』八八～八九・九六～九七頁による。

(71) 宇津木三郎編『報徳博物館資料集三　斎藤高行　報徳秘稿（抄）』（報徳博物館、二〇〇八年）№二二〇。

(72) 藤田覚「外圧と幕政―開国以前の阿部政権」（『歴史評論』四一二号、一九八四年、のち前掲註(17)藤田著書所収）。

(73) 後藤敦史「弘化・嘉永期における海防掛の対外政策構想―異国船取扱方を中心に―」（『ヒストリア』二一六号、二〇〇九年）。

(74) 「御備場御書付留　二」弘化四年正月二三日付上申書（内閣文庫№一八九‐〇四一五、国立公文書館蔵）。

(75) 渡辺修二郎『阿部正弘事蹟二』（東京大学出版会、一九七八年、初版は一九一〇年）四七三頁。

# 第一一章　二宮尊徳の幕領仕法

## はじめに

二宮尊徳は天保一三年（一八四二）一〇月、普請役格として幕臣に登用された。登用後は任務を転々とするが、彼を登用した水野忠邦の失脚により、実地での仕法実施は果たせなかった。その後、尊徳は弘化元年（一八四四）から三年間、日光神領仕法の雛形作成に没頭するが、雛形完成後の弘化四年五月、山内総左衛門手附として野州東郷赴任を命じられ、幕臣登用後初めて実地での仕法の実施が実現した。本章はこの弘化四年の東郷赴任から嘉永六年（一八五三）の日光神領仕法のための今市赴任まで、二宮尊徳が山内総左衛門の手附として実施した幕領仕法を検討する。

さて、二宮尊徳の幕領仕法については、『報徳記』に記された次の山内総左衛門の仕法認識が注目されてきた。

私領と異にして公料の制度法則微細に備る、其規矩にあらずして新法なるが故に行ふことあたはず、強て之を行んとすれば属吏皆従はず、江都に達して其指揮を請ふと雖も復何の沙汰もあらず、子此間に立て手を空しくせんよりは寧ろ退いて以前の如く私領の民を安ずるに如かず、我官府に言上せんとす、二宮の道良法なりといへども

私領に行はるべくして公料に行ふべからず(1)

この記述から従来、幕領仕法は幕領の規則と山内の干渉に制約され、「当面の窮境を打開することに重点が置かれ」た報徳仕法らしさを失った仕法とされてきた。それゆえか幕領仕法の研究は概説的叙述か一村仕法の分析に終始し、幕領仕法全体を見通したうえで、その推移や構造など仕法事業の特質を具体的に検討した研究はなかった(2)。

また、これまで幕領仕法に対する制約の要因は、幕領であること自体や山内の無理解に求められてきた。しかし、山内の仕法への干渉の背景には、当時の山内が正式の代官ではなく「勘定所附御料所御取扱」の支配勘定という不安定な身分にあったことが指摘されている(3)。すなわち、幕領仕法の制約の要因を山内の個性や幕領の規則のみに求めるのではなく、山内の立場やそれを規定する当該期の勘定所の動向との関係を視野に入れて検討する必要がある。そしてこのことは研究の乏しい当該期の勘定所や幕領行政の動向の一端を明らかにすることにもつながろう。

以上を踏まえ、本章ではまず、幕領仕法全体の推移とその構造を検討する。次に幕領仕法の代表的な一村仕法である棹ヶ島村・花田村両仕法を対象に、一村仕法の構造を検討する。そして、幕領仕法の推移・全体構造と一村仕法の構造の関連を分析することで、幕領仕法の特質を明らかにしていきたい。

## 一　幕領仕法の推移と全体構造

### 1　尊徳の東郷赴任と幕領仕法の展開と停滞

#### (1)尊徳の山内手附拝命と東郷赴任

弘化四年(一八四七)五月一一日、二宮尊徳は下野国芳賀郡東郷陣屋(栃木県真岡市)に在陣する山内総左衛門の手附に任じられた。「荒地起返し、難村旧復」と仕法見込みの上申が任務とされ、尊徳は今回の受命を「数年丹誠天意感応ノ事と大悦」したという。(4)彼にとって幕臣登用以来、初めて実地で仕法を実践できる機会であった。

一三日、尊徳は書簡で山内に、①報徳金の幕府公金貸付所加入とその利息での仕法運営、②自分への給米を廃地に替えて開発し、そこで収穫される「無尽之米金」を原資とした仕法の実施を要望した。(5)尊徳は勘定所から仕法資金やその捻出措置を与えられておらず、彼の関心は継続的な仕法資金の確保にあった。しかし、山内は「何れも我等一存之了簡にも及兼候儀」と回答を避け、尊徳に早急の支配所見分を求めた。(6)

五月二四日、尊徳は江戸を出立して二六日に東郷村に到着、当面、東郷大前神社別当神宮寺を仮住居とした。

## (2) 初期開発事業の展開

東郷村に到着し、支配所村々を廻村した後、尊徳は「先づ為御試、御陣屋許東郷村」から仕法に着手した。「仕法入用金出道相開候迄」、東郷村を起点に「一家一村づゝ」取り立て、「御仁恵を慕ひ、隣里左右」からの嘆願による仕法の波及を見込んだのである。(7)そして、弘化四年六月一四日、東郷村の荒地開発を実施し、(8)七月八日には野州芳賀郡桑野川村（真岡市）の荒地開発にも着手した。(9)これらの開発には桜町領（真岡市）の破畑《はばた》人足や東郷手人（尊徳の門弟や召使）、開発地の村人足や桜町領の物井村・横田村、旗本川副家領常州真壁郡青木村（茨城県桜川市）の人足も参加した。(10)幕領の開発に他領の報徳仕法実施地域の人々が参加していたのである。

なお、幕領仕法への他領民の参加は「山内殿へも御内談之上」(11)のことであり、山内は尊徳の仕法事業に理解を示していた。たとえば尊徳は仕法資金を幕臣登用以来積み立ててきた自己の給米から捻出していたが、八月一日には「破畑扶持米之儀伺中には候得共、山内殿御取計にて御渡し被下候」との「御噂」があり、山内は仕法資金への配慮をうかがわせていた。(12)また、七月中には私領仕法の取扱いの許可、報徳金の幕府公金貸付所への加入など、尊徳の意向を汲んだ伺書を勘定所へ提出している[13]。山内は報徳仕法に「感心[14]」を示し、仕法は彼の理解を得て近隣の報徳仕法実施地域を巻き込み進められた。

### （3）山内との確執の発生

弘化四年一〇月五日、山内は尊徳を召喚し、次の三点を申し渡した[15]。

①常州真壁郡高道祖谷原（茨城県下妻市）の開発を、西沼村（真岡市）丈八らが報徳金を借用して出願するとの風聞について。山内は従来から同地の開発を認めておらず、尊徳に出願の制止を命じた。

②山内・尊徳一行の廻村中、下館藩役人が尊徳による藩領見分を出願したことについて。山内は認めなかったが、幕領見分に尊徳を残したことを同藩では「領分見分致候抔と申唱」えていた。山内はこれを「甚心得違」として、「右様不申唱様」伝えることを尊徳に命じた。同藩では天保一〇年（一八三九）から報徳仕法が導入されていた。

③青木村の領主川副家の用人が山内を訪ね、同村人足の幕領開発への参加を話題にしたことについて。山内は「未だ表向新開取懸り候順取にも不至、殊に御料所へ私領より手伝人足等差出候儀は不相成筋、右様之儀申唱候ては不宜、殊に小川町役所へも屋鋪近所之儀、右等相響候ては方々不宜候」として、尊徳に「心得違無之様」伝えるよう命じた。

以上の申し渡しで山内が問題としたのは、報徳運動が彼の意向に反する動向をみせたことと（①）、山内が公然と支配を越えた事業を指示したように公言されることである（②③）。当初、山内は尊徳に理解を示し、他領民の事業参加も承知していた。しかし、それは山内の裁量によるものであった。山内はそれが公言されて、勘定所＝「小川町役所」で問題化することを恐れたのである。そして、この恐れは、当時の彼が代官ではなく、「勘定所附御料所御取扱」の支配勘定という、不安定な地位にあったことに起因すると考えられる。「勘定所附御料所」は天保改革期に設定された勘定所直轄地で、そこに代官ではなく支配勘定を投入したのは、問題発生時の処分を容易にするためと考えられている。[16]

この申し渡し以降、山内は尊徳と報徳仕法を警戒し、仕法事業や仕法案の勘定所への提出が滞るようになった。一一月一四日、尊徳は幕領仕法案を作成し、山内に提出した。内容は多岐に亘るが、①一村から仕法に着手し、②年貢は過去一〇～二〇年分の収納の平均を定免として開発地からの収入を仕法入用にあてる、③従来の報徳金を全て幕府公金貸付所に加入し、その利息を仕法入用にあてる、というものであった。しかし、「一日々と相待罷在候得共、今に相流居」、一二月になっても山内からの返答はなく、仕法案は勘定所に未提出のまま越年した。[17]

### （4）仕法の停滞とその打開に向けて

尊徳は弘化四年末から嘉永元年（一八四八）二月一一日まで病床にあったが、二月二一日には桑野川村へ出立し、三月一九日まで「昨年仕残り」の開発に着手した。[18]その後、幕領仕法の正式実施の出願と小田原藩からの報徳金返金交渉[19]のための江戸出府を山内に願うが、前者は「御伺中之由」、後者も「近日御沙汰可有之」というのみで許可されなかった。[20]

しかし、四月一八日、昨年七月に山内が提出した伺書に対する勘定所の下知が、東郷陣屋に届いた。その内容は①「御支配所内何方にても見分之上荒地起返し取行」うこと、②年々諸雑費五〇両の下付、③「両三年之間は申談之上取扱い、「御用透之節は申談之上、諸家往返等致し不苦候」ことというもので、報徳金の幕府公金貸付所への加入は認められなかった。[21]なお、この下知は、尊徳門弟の相馬藩士富田高慶による勘定所への幕領仕法正式実施に向けた内願活動の成果であった。[22]富田は弘化四年一二月末、かねて面識のあった綾部藩主九鬼隆都に面会して勘定奉行牧野成綱を紹介され、その後、勘定組頭竹内清太郎へも内願を重ねた。彼らは「二宮仕法の民間に益ある事、一通りならざる儀」と報徳仕法に共感を示していたのである。[23]

しかし、下知後も尊徳の神宮寺仮住居や山内の干渉、報徳金の幕府公金貸付所加入の不許可など課題は残った。そのため、富田は四月の下知後も江戸で内願活動を続け、四月二二日、牧野から「同人（尊徳）陣屋手に相交り居り候ては、外手附手代等の進退へ符合致さず」として、「二宮住居の儀は山内出張陣屋体の引き放れ候場所へ独居致」すことが決定したことを聞いた。はたして七月七日、山内は真岡陣屋へ、尊徳は東郷陣屋へ引越しが命じられ、九月四日には東郷陣屋に残された手附とその家内らも真岡へ移り、同陣屋は「二宮氏弥御一手にて御持切」になった。(24)

（5）棹ヶ島村仕法

嘉永元年七月二三日、常州真壁郡棹ヶ島村（筑西市）の村役人が東郷陣屋を訪れ、潰百姓の屋敷相続のため家屋修復を出願した。(25) 二七日、尊徳は桜町領の破畑藤蔵らを同村へ派遣し、八月一日から家作普請が開始された。(26) 五日に尊徳は棹ヶ島村へ出張して開発を指揮、荒地開発・道普請・用悪水路浚渫と民家・堂社の建築・修復が実施され、一〇月には「最早荒増御仕上ケに罷成、村中大に感動仕、外村々よりも御趣法歎願申出」(27) るようになった。これらには破畑人足・東郷手人・棹ヶ島村人足のほか、下館藩領の灰塚村（筑西市）・谷中村（筑西市）、山内支配所の小林村（真岡市）の人足が参加した。賃金賃米は破畑にのみ支給され、ほかは冥加人足であった。ただ、棹ヶ島村人足には「致励勤奇特」として家を与えられた者を除き「褒美」の扶持米が支給され、灰塚村人足にも支給された。

その後、嘉永二年四月に田畑肥代金の無利貸付、閏四月・七月に困窮人勧農御手当米の給付、九月に出精人入札表彰と高札者への「家政取直手段金」「馬代金」の無利貸付が実施され、無利貸付はその後も毎年実施された。

棹ヶ島村仕法は、初めに荒地開発と道路・用悪水路・家屋の普請など村の生産・生活基盤を整備して復興の基礎を作り、次に無利貸付などで生活・生産の維持・拡充をはかり、村復興の永続へつなげる手順で実施された。これらの事業に約三〇〇両が投じられ、その資金は尊徳が用意した報徳金が用いられた。(28)

## 2　幕領仕法正式実施後の仕法

### （1）幕領仕法正式実施に向けて

嘉永二年三月三日、山内は、勘定組頭竹内清太郎から尊徳の東郷赴任後「何之沙汰も無之、如何致居候哉之旨御尋」ねと、「何卒金次郎手一杯の事業為相開度御内話」があったことを尊徳に伝え、「棹ヶ島村其外絵図面にても取調差出候様」命じた。(29) これ以前、富田高慶は報徳金の幕府公金貸付所への加入とその利息による仕法実施を求めて牧野成綱（町奉行に転役）と勘定奉行松平近直へ内願を続け、牧野は「奉行始め何れへも相談は相整」ったとして尊徳が願書を提出すれば、勘定所で評議される手筈を整えていた。竹内の「御尋」「御内話」は尊徳に願書提出の機会を与える配慮といえる。尊徳はこれを受けて三月一八日、山内へ願書を提出した。しかし、その後、山内から沙汰はなく、七月二〇日にも願書を再提出したが、山内は勘定所への願書提出を拒み、願書提出は頓挫した。(30)

ただ、九月二二日、尊徳は小田原への墓参のため江戸へ出る機会を得た。墓参は実現しなかったが、江戸滞在中、尊徳は竹内と面談を重ね、竹内は報徳仕法を「御国益第一の良法」と評価し、一〇月二四日、尊徳に「取調不残差出候様真岡へ可仰遣旨御内話」を伝えた。はたして一一月六日、尊徳は山内から「常州棹ヶ島村御仕法一件取調」の相談のため帰陣を命じられ、一二日に帰陣、翌嘉永三年一月二三日、「棹ヶ島正業調八冊、諸村同断拾壱冊弐袋」、「伺書一通」を勘定所に提出した。(31)

そして、三月二九日、尊徳は江戸に召喚され、「棹ヶ島村一村丈之御下知相済候由にて、金四百両御下ケに相成、御仕法年限中、平均御手宛御定免」「桜町始、御料私領に不拘、勝手次第取行可申段」を申し渡された。(32) 報徳金の幕府公金貸付所加入は認められなかったが、仕法資金四〇〇両の下付と棹ヶ島村の「平均御手宛御定免」が認められた。

「平均御手宛御定免」とは、天保一一年〜嘉永二年の一〇年間の平均年貢米永高から一割を引いた額を今後一〇年間の年貢とし、それ以上の収穫には「相当之御取箇」をつけて仕法資金にすることである。[33]ここに棹ヶ島村一村のみだが、幕領仕法の正式実施が勘定所に認められた。そして、四月九日には山内総左衛門が代官に昇格した。[34]

### (2) 花田村仕法

棹ヶ島村仕法の正式実施が認められたが、同村はすでに「一村成就[35]」していた。そのため尊徳は「今般御土台金御下ケ被下置候棹ヶ嶋村より産出候冥加米永を以、壱畝壱歩ヅヽも起返し、一家一村ヅヽも取立遣申度[36]」と仕法の他村への波及をはかる。そこで着手されたのが、昨嘉永二年二月に荒地開発を出願し、「女子供に至る迄罷出」、「一同致精々可申」との尊徳の指示を受け、畑一町五反余を自力で開発していた常陸国真壁郡花田村(筑西市)の仕法であった。[37]

花田村仕法は、嘉永三年九月二三日に荒地開発で始まった。[38]野火除刈払い、道・家・社堂普請も実施され、一一月中にはほぼ終了した。これらにも破畑人足と花田村人足のほか、幕領・私領の仕法実施村の人足が参加した。破畑には賃金賃米、花田村人足には自己の家・土地の普請を除き扶持米が支給され、ほかは冥加人足であった。仕法は一二月六日に「荒々御成就[39]」し、二七日には入札による出精人入札表彰が実施され、高札者に褒美金と農具が与えられ、無利貸付金も貸与された。[40]翌年には極難者への夫食米給付や肥代・荒地起返賃・農馬代の無利貸付が実施された。これら初年度の事業に約二一五両が投じられた。花田村仕法も棹ヶ島村同様、荒地開発や諸普請を一挙に実施し、無利貸付けで村復興の永続をはかるという手順であった。また、嘉永四年一二月二日には、花田村百姓の借財六九両余の返済が講じられた。それは借財を三分の一ずつ村民の捻出、金主の帳消し、尊徳の無利貸付金で返済するものであった。[41]なお、嘉永四年三月一七日に尊徳は、花田村に隣接する板橋見取新田(高七四石余・反別八町五反余)を一三〇両で買い請け、花田村に引き渡し、同新田の開発も実施された。[42]

### （３）仕法の自立・永続へ向けて

桿ヶ島村仕法・花田村仕法ともに、最初に開発・普請事業を仕上げ、次に無利貸付金などで村民の経営・生活の維持・拡充をはかるという手順で進められた。その後も無利貸付金や小規模の普請は継続されたが、村の基金による復興の永続も試みられた。

嘉永四年八月、尊徳は「社堂永代修復金取扱方議定書」(43)を作成して桿ヶ島村へ与えた。これは鎮守維持資金の積立を名目に、村民の無利貸付金の基金を作り運用する方法を記したものである。境内社木の売却代金・村民の加入金・報徳金・代官からの寄付など一八両が初年の基金となった。また、花田村でも同じ八月に同様の基金一八両が作られた(44)。

尊徳は花田村に基金の実施を指示する際、「東郷御陣中稲荷社抔元金五両にて、当時七八拾両に及、年々御祭礼も利足にて出来候様に候」(45)と説いていた。彼はすでに東郷陣屋内の稲荷神社を核とする金融を創出しており、それを模範に普及させることで、各村の復興の自立と永続をはかったのである。

### （４）山口村仕法

嘉永四年一二月一一日～翌五年閏二月二五日まで尊徳は小田原へ出張し、小田原藩と報徳金の返還をめぐる交渉をしていた(46)。その最中の嘉永五年二月三日、山内総左衛門から尊徳へ「野州河内郡上知村之仕法之儀、未だ伺は相済不申候得共、山口村発業之儀、其外共御面談申度」(47)と山口村の仕法実施を求める書簡が届いた。さらに、閏二月四日にも山内から「最早開作時節に相成候間、上知村々何れも仕法為取掛申度段申立置」、「山口村、仕法歎願申出、徳二郎宿、石那田用水之儀も、是非共十分引入度旨歎願書差出し、右は上知村始ての発業に候得ば、貴所之帰着を相待」(次)つとの催促の書簡が来た(48)。新たに真岡代官領に編入された村々では、報徳仕法への期待が高まっていたのである。

野州河内郡山口村（栃木県日光市）は高一九三石余で、嘉永四年に真岡代官領に編入された。安永四年（一七七五）には家数五四軒、人別二四七人であったが、嘉永五年には一五軒、五五人になっていた(49)。

三月一日に東郷に帰陣した尊徳は、三月五日から山口村の荒地開発と用水堀開発に着手、八月一九日には終了し、田畑三町一反九畝余が開発された(50)。これにも破畑・山口村人足のほか、他領からの冥加人足が参加し、破畑には賃金賃米、山口村人足と冥加人足には扶持米が支給された。また、家屋・灰小屋一三軒の普請・屋根替えも三月～九月に実施された。さらに、六月と九月には村人足に扶持米、破畑人足に賃金賃米を与えて農作業が遅れている耕地を耕耘させた。九月には村民各戸に鋤鍬農具と干鰯を給付し、出精人入札表彰を実施して高札者に農具を与え、無利貸付金を貸与した。これら初年度の事業に約九五両が投じられた。

### （5）徳次郎村・石那田村用水普請

嘉永五年二月、野州河内郡徳次郎村（栃木県宇都宮市）役人が同郡石那田村（宇都宮市）内の堰・用水の普請を出願した(51)。徳次郎村は石那田村内の堰から取水していたが、石那田村では用水路を「横留」して高所の田へ引水していた。そのため徳次郎村は用水に不足し、嘉永四年六月の大雨による堰の大破と真岡代官領編入を契機に、「御仕法之御普請」を出願したのである。尊徳は三月五日、山口村への途次に徳次郎村・石那田村で堰・用水を見分し(52)、石那田村の田を地下げして用水口に石造の堰を建設する計画を立てた。

堰と用水路の普請は三月一三日から開始され、破畑人足と徳次郎・石那田村人足、桜町領の冥加人足が参加したが、二四日からは「野常仕法村々より為冥加大勢罷越」し、尊徳は桜町領の冥加人足の参加を控える指示を出した(53)。破畑人足には賃金賃米、その他には扶持米が支給された。堰は四月三日に完成し、「石那田村始、徳次郎六郷一同、洪水之如く致順水、水溢れ(54)」るようになった。他の普請は九月二六日まで続けられ、約一六〇両が投じられた。

### （6）石嶋村仕法

野州芳賀郡石嶋村（真岡市）は高八〇五石余、安永期までは家数五二軒であったが、文化期に九軒に減少、嘉永五年は二一軒であった。田畑反別は一〇三町余だが、嘉永五年には七一町余が荒地であった。嘉永四年に真岡代官領に編入され、翌年一〇月二八日に仕法実施を出願した(55)。一一月二日～二五日に荒畑開発がおこなわれ(56)、二八日に出精人入札表彰を実施、高札者八人の屋根替えがおこなわれた(57)。

翌嘉永六年二月一一日～一一月二三日には、荒田開発を実施、計六町四反余の田畑が開発され、道橋普請・用水路浚渫も実施された。これにも破畑人足・石嶋村人足のほか、桜町領の冥加人足が参加し、破畑人足には賃金賃米、村人足には扶持米、桜町領の冥加人足には賃金が支給された。一一月一三日に出精人入札がおこなわれ、一一人に褒美金と鍬鎌が与えられ、三番札までに無利貸付金が貸与された(58)。これらの事業に約八〇両が投じられた。その後、嘉永七年四月～五月にも四町一反余の荒地開発が破畑人足・村人足によりおこなわれた(59)。

なお、尊徳は嘉永五年九月一〇日～翌年六月まで江戸や小田原へ出張しており、石嶋村仕法は倅の二宮弥太郎と門弟の吉良八郎の指導で実施された。その間、尊徳は嘉永六年二月一三日に山内手附を免じられ、日光神領仕法実施を受命した(60)。そして、安政二年（一八五五）四月二三日、今市宿へ移居するが、翌年一〇月二〇日、同地で没した(61)。

## 3　幕領仕法の全体構造

以上、山内総左衛門手附としての二宮尊徳による幕領仕法を概観した。ここで、弘化三年～嘉永七年までの幕領仕法全体の事業の過程と収支を見通して幕領仕法の全体構造を検討したい。

【表1】は仕法事業における人足の動員期間である。各村の仕法初期に比較的長期の動員があり、その後、断続的に短期の動員がみられるが、主な動員先は次の仕法実施村へと移動する傾向がみられる。また、棹ヶ島村を例に動員の長期・短期の事業内容をみれば、初期の嘉永元年五月～翌年五月の長期の動員は、荒地開発・道橋普請・家作普請など村の生産・生活の基盤形成であり、その後の断続的な短期の動員は、用水路の浚渫・家屋の修繕・農事余荷といった補足的事業が中心である。(62) これらから、各村仕法初期に復興基盤を形成する大規模な事業が実施され、その後も補足的な事業はあるものの、主たる事業を次の仕法村へ移すことで仕法を波及させる幕領仕法の事業展開が確認できる。

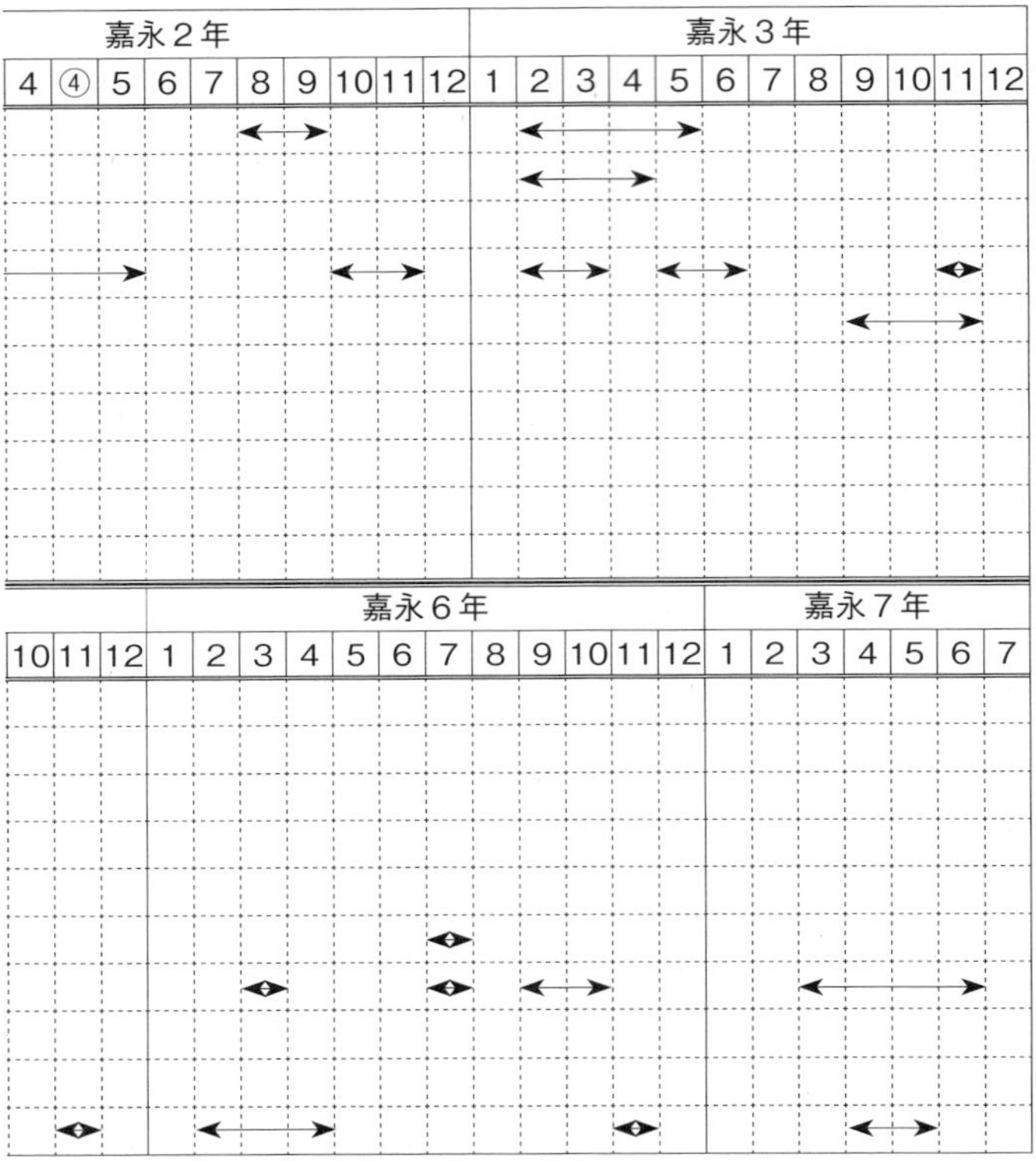

字は閏月　※『二宮尊徳全集』21巻より作成。

次に【表2】から幕領仕法全体の収支を概観したい。

まず、収入だが、嘉永三年に勘定所から御下金四〇〇両が下付されるまで、仕法は尊徳の給米・諸手当と他の報徳仕法実施地域からの資金を原資とした。また、嘉永五年には小田原藩からの返金一二四〇両余が加

**【表１】幕領仕法人足動員事業年表**

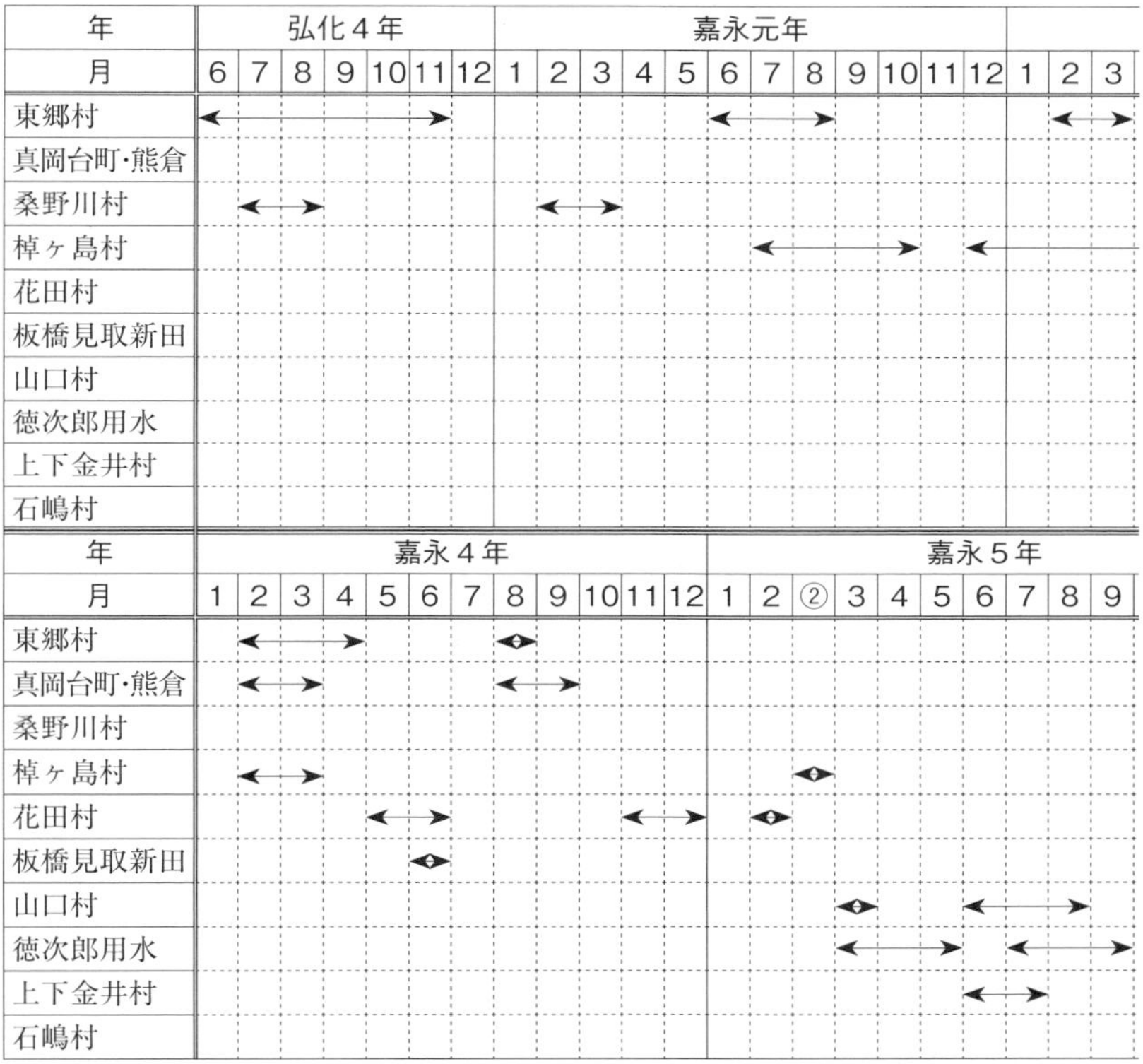


※仕法で人足動員した荒地開発・道橋普請・家作普請・農事余荷などが対象　※月の丸囲い数

わるが、約半分の六〇六両余は仕法に繰り入れられた尊徳の給米・諸手当や他地域から融通された資金の返済にあてられた。仕法実施村への貸付金の返納は、小田原藩の返金に次ぐ収入源で、その額は年々増加した。仕法は貸付⇅返納の資金循環で再生産された。貸付金は原則的に無利息だが、五年賦貸付金は証文に「年賦御返納相済候はゞ、不限多少、報徳冥加金差出し、奉報御恩沢可申候[63]」と記され、年賦返済後の翌年に一年賦分の金額を上納することになっていた。

さらに、嘉永二年からは、開発地からの初穂・作徳米・冥加米（以下、冥加米）が収入に加わる。嘉永二年一一月以降の冥加米は「冥加米金等

| 嘉永3年10月～嘉永4年9月 | 嘉永4年10月～嘉永5年10月 | 嘉永5年10月～嘉永6年10月 | 嘉永6年10月～嘉永7年10月 | 計 | |
|---|---|---|---|---|---|
| 両－分－朱 | 両－分－朱 | 両－分－朱 | 両－分－朱 | 両－分－朱 | % |
| | | | | 108 － 2 － 0 | 3.3 |
| | | | | 102 － 0 － 0 | 3.1 |
| 104 － 1 － 2 | 156 － 3 － 0 | 200 － 3 － 1 | 210 － 0 － 0 | 772 － 3 － 1 | 23.7 |
| 39 － 2 － 2 | 35 － 0 － 2 | 57 － 3 － 0 | 48 － 3 － 0 | 213 － 3 － 3 | 6.5 |
| 2 － 1 － 0 | 4 － 3 － 0 | 4 － 3 － 0 | 4 － 2 － 0 | 16 － 1 － 0 | 0.4 |
| 8 － 3 － 0 | | | | 387 － 0 － 2 | 11.8 |
| | 1240 － 3 － 2 | | | 1240 － 3 － 2 | 38.1 |
| | | | | 400 － 0 － 0 | 12.2 |
| 14 － 0 － 0 | | | | 14 － 0 － 0 | 0.4 |
| 169 － 3 － 0 | 1437 － 3 － 0 | 265 － 3 － 0 | 264 － 0 － 0 | 3261 － 1 － 0 | |
| 339 － 1 － 0 | | 139 － 0 － 0 | ＊94 － 0 － 0 | | |
| 509 － 0 － 0 | 1437 － 3 － 0 | 404 － 3 － 0 | 358 － 0 － 0 | | |
| 10 － 1 － 0 | | | | 109 － 0 － 2 | 4.2 |
| 15 － 0 － 0 | | | | 18 － 0 － 0 | |
| 32 － 0 － 2 | | | | 36 － 0 － 2 | 1.2 |
| 2 － 1 － 0 | | | | 2 － 1 － 0 | |
| | 3 － 3 － 0 | | | 10 － 2 － 0 | 4 |
| | | | | 112 － 0 － 0 | |
| | | | | 40 － 0 － 2 | 1.4 |
| | | | | 4 － 0 － 2 | |
| 25 － 0 － 0 | 8 － 2 － 0 | | | 351 － 1 － 0 | 22.2 |
| 76 － 0 － 0 | 63 － 0 － 0 | 51 － 1 － 2 | 20 － 0 － 0 | 317 － 1 － 0 | |
| 136 － 3 － 2 | 17 － 0 － 0 | 5 － 3 － 2 | | 159 － 3 － 0 | 19.5 |
| 80 － 3 － 2 | 112 － 3 － 0 | 78 － 0 － 2 | 6 － 1 － 2 | 298 － 0 － 2 | |
| 130 － 0 － 0 | | | | 130 － 0 － 0 | |
| | 31 － 3 － 0 | | | 98 － 2 － 2 | 3.2 |
| | 4 － 0 － 0 | | 1 － 2 － 0 | 5 － 2 － 0 | 0.1 |
| | | | 2 － 2 － 0 | 2 － 2 － 0 | 0.1 |
| | | | 3 － 1 － 0 | 3 － 1 － 0 | |
| | 81 － 3 － 0 | 39 － 3 － 0 | 14 － 3 － 0 | 136 － 1 － 0 | 5.8 |
| | 13 － 2 － 0 | 15 － 0 － 0 | 10 － 2 － 0 | 39 － 0 － 0 | |
| | 157 － 3 － 2 | | | 157 － 3 － 2 | 5.3 |
| | 3 － 0 － 0 | | | 3 － 0 － 0 | |
| | 134 － 3 － 0 | | | 134 － 3 － 0 | 7.7 |
| | 56 － 0 － 2 | | | 56 － 0 － 2 | |
| | | 33 － 2 － 0 | 7 － 3 － 0 | 41 － 1 － 0 | |
| | | 62 － 0 － 0 | 28 － 2 － 0 | 90 － 2 － 0 | 4.2 |
| | | 19 － 0 － 0 | 17 － 1 － 0 | 36 － 1 － 0 | |
| | | | | 2 － 3 － 0 | |
| | 606 － 0 － 2 | | | 606 － 0 － 2 | 20.1 |
| 509 － 0 － 0 | 1298 － 3 － 0 | 304 － 2 － 2 | 112 － 1 － 2 | 3009 － 2 － 0 | |
| 0 － 0 － 0 | 139 － 0 － 0 | 99 － 0 － 0 | 244 － 3 － 0 | | |

は若干合わない。＊前年度の繰越金額と異なるが資料のままとした。

【表２】幕領仕法の収支状況（弘化３年10月～嘉永７年10月）

| | 項　目 | 弘化３年10月～弘化４年９月 | 弘化４年10月～嘉永元年９月 | 嘉永元年10月～嘉永２年９月 | 嘉永２年10月～嘉永３年９月 |
|---|---|---|---|---|---|
| | | 両－分－朱 | 両－分－朱 | 両－分－朱 | 両－分－朱 |
| 収入 | 尊徳給米・手宛金持回り | 108－2－0 | | | |
| | 尊徳給米・手当繰入 | 23－0－0 | 21－3－2 | 27－2－0 | 29－3－0 |
| | 貸付金返納 | 1－0－0 | 23－1－2 | 27－2－0 | 3/2/1948 |
| | 起返田作徳米・冥加米・初穂 | | | 0－1－0 | 1/2/1932 |
| | 日掛縄代加入 | | | | |
| | 各所仕法金繰入 | | 36－2－2 | 341－3－0 | |
| | 小田原仕法返金 | | | | |
| | 御仕法御土台金御下金 | | | | 400－0－0 |
| | 社堂永代修復料 | | | | |
| | 小計 | 132－2－2 | 82－2－0 | 397－1－2 | 511－2－0 |
| | 繰越金 | | 3－1－0 | | |
| | 合計 | 132－2－2 | 85－3－0 | 397－1－2 | 511－2－0 |
| 支出 | 東郷村開発普請給付事業入用 | 17－1－2 | 34－1－0 | 7－3－2 | 39－1－2 |
| | 東郷村貸付金 | | | 3－0－0 | |
| | 真岡熊倉台町開発普請給付事業入用 | | | | 4－0－0 |
| | 真岡台町貸付金 | | | | |
| | 西沼村開発普請入用 | | 6－3－0 | | |
| | 西沼村貸付金 | 112－0－0 | | | |
| | 桑野川村開発普請給付事業入用 | | 40－0－2 | | |
| | 桑野川村貸付金 | | 4－0－2 | | |
| | 棹ヶ島村開発普請給付事業入用 | | | 258－1－2 | 59－1－2 |
| | 棹ヶ島村貸付金 | | | 40－2－0 | 66－1－2 |
| | 花田村板橋見取新田開発普請給付事業入用 | | | | |
| | 花田村板橋見取新田貸付金 | | | 20－0－0 | |
| | 板橋見取新田購入費用 | | | | |
| | 山本村貸付金 | | | 66－3－2 | |
| | 横田村開発入用 | | | | |
| | 大和田村開発入用 | | | | |
| | 大和田村貸付金 | | | | |
| 支出 | 山口村開発普請給付事業入用 | | | | |
| | 山口村貸付金 | | | | |
| | 徳次郎村石那田村堰用水諸普請入用 | | | | |
| | 徳次郎村貸付金 | | | | |
| | 大生郷村開発普請給付事業入用 | | | | |
| | 大生郷村貸付金 | | | | |
| | 大生郷村貸付金不納 | | | | |
| | 石嶋村開発普請給付事業入用 | | | | |
| | 石嶋村貸付金 | | | | |
| | 出役経費 | | | | 2－3－0 |
| | 各所仕法金繰入分返済 | | | | |
| | 計 | 129－1－2 | 85－3－0 | 397－1－2 | 172－1－0 |
| | 差引残金（次年度繰越） | 3－1－0 | 0－0－0 | 0－0－0 | 339－1－0 |

※『二宮尊徳全集』21巻149～246頁、717～727頁より作成。　※朱未満は切捨てのため計算

を以、他村へ押及し、小を積て大に至る仕法」にするため、棹ヶ島村の開発地からの作徳米を「村方御手当に被下候様」出願して許可されたものである。(64) また、嘉永四年以降は、板橋見取新田からの冥加米も加わる。これは同年三月に買得した、花田村の持添耕地(先述)の小作米である。のちに弥太郎は「板橋見取新田之儀(中略)素々産出元に仕候積にて、亡父存生中買入置候」と述べており、尊徳は仕法財源とすべく同新田を買得したのであった。(65) また、嘉永五年からは桑野川村が「御恩報」として一年に米一二俵二斗ずつ、八年間で計一〇〇俵の冥加米上納を申し出て仕法財源に加えられた。(66) 開発地の財源化を勘定所が許可したのは棹ヶ島村のみで、あとの開発地の財源化は地主としての小作米の収取と自発的な冥加米の上納によった。

幕領仕法は当初、尊徳の資金ではじめられ、のちに勘定所からの御下金や小田原藩からの返金が加わり、貸付金の循環や開発地からの冥加米で資金の再生産と拡大をはかって運営されたのである。

次に支出である。約八割が開発普請と給付・貸付事業に支出された。次々と新たな村や事業に支出されたが、棹ヶ島村・花田村・山口村・石嶋村では初年度の支出が最も多く、その後も継続的に支出されている。初年度の支出は荒地開発・諸普請事業が多くを占め、その後継続される支出は無利年賦貸付金が中心である。ここからも初期の荒地開発・諸普請で村の生産・生活基盤を整備し、その後は無利貸付金で村復興の永続をはかる一村仕法の流れが確認できる。また、一村復興の基盤整備後は次の村へ仕法を波及させる、幕領仕法全体の流れも確認できる。なお、私領仕法でみられる仕法資金の勝手向きなど仕法以外への流用がないことは、幕領仕法の特徴といえる。(67)

## 二　一村仕法の構造

前節では尊徳の幕領仕法全体の推移と構造を検討した。本節ではそれを踏まえ、幕領仕法の代表的な実施村である棹ヶ島村・花田村の仕法を個別に分析し、一村仕法の構造を検討したい。

## 1　棹ヶ島村仕法

### (1)　棹ヶ島村の村況

常州真壁郡棹ヶ島村は高三七三石余、家数・人口は安永期（一七七二～一七八一）には四三軒・二〇四人であったが、文政九年（一八二六）には三軒・二九人に落ち込み、天保一四年（一八四三）には一一軒・五五人に回復していた(68)。うち五軒は天保五年に八丈島から来た入百姓である。文政一二年～弘化四年（一八四七）までの年貢納高をみると、天保一〇年以降、米納高が上昇傾向を示している【図1】。また、荒地不作引高は文政一二年には一四一石余で村高の約三七％に及んだが、弘化四年には二四石余で六

【図1】棹ヶ島村の年貢納高推移

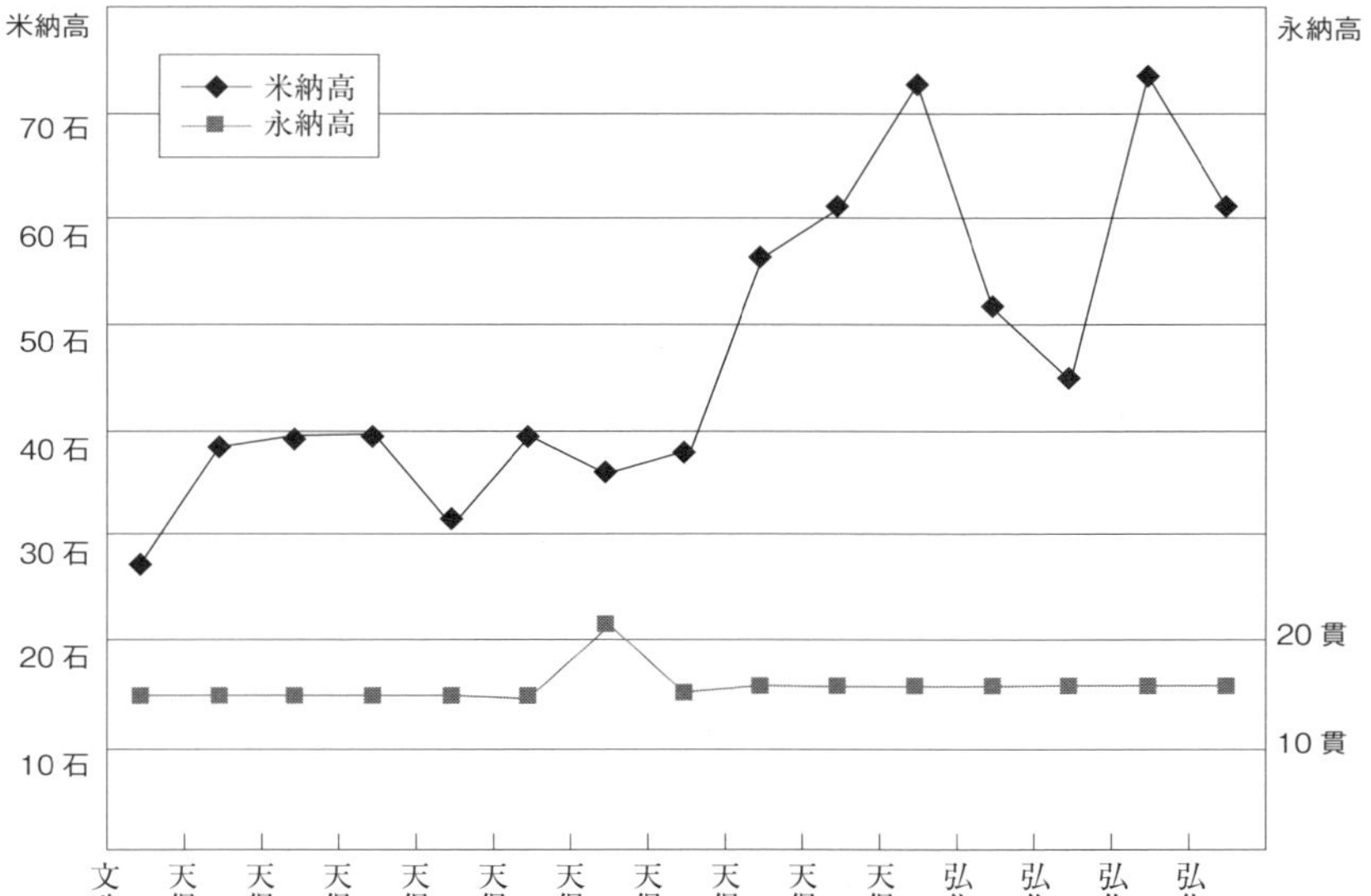


※『二宮尊徳全集』21巻549頁より作成。

【表３】天保 14 年棹ヶ島村階層構成

| 階層 | 家数 | 当主 | 石高 | 属性 | 暮方 | 夫食貸付 |
|---|---|---|---|---|---|---|
| 35 石以上 | 1 | 新右衛門（保之丞） | 43.730 石 | 名主 | | |
| 30 ～ 35 石未満 | 0 | | | | | |
| 25 ～ 30 石未満 | 1 | 卯兵衛（新平） | 27.460 石 | 名主 | | |
| 20 ～ 25 石未満 | 0 | | | | | |
| 15 ～ 20 石未満 | 5 | 清次郎 | 18.356 石 | 入百姓 | 極難 | ○ |
| | | 定七 | 17.885 石 | 入百姓 | | ○ |
| | | 教蔵 | 17.750 石 | 入百姓 | 極難 | ○ |
| | | 善兵衛 | 17.500 石 | | | |
| | | 源之丞 | 16.011 石 | 入百姓 | 極難 | ○ |
| 10 ～ 15 石未満 | 2 | 馬次郎 | 13.740 石 | 入百姓 | | |
| | | 伊兵衛（政吉） | 13.610 石 | | | |
| 5 ～ 10 石未満 | 2 | ちか（音之丞） | 9.500 石 | | | ○ |
| | | 巳之吉 | 7.800 石 | | | ○ |
| 0 ～ 5 石未満 | 0 | | | | | |

※『二宮尊徳全集』21 巻 543 ～ 546 頁より作成。　※当主名のカッコ内は嘉永２年時のもの。
※「暮方」は嘉永元・２年に「極難困窮人御手宛米」を給付された者（『二宮尊徳全集』21 巻 172 頁）。
※「夫食貸付」は嘉永３年～嘉永７年まで３年以上夫食貸付を受けた者（『二宮尊徳全集』21 巻 149 ～ 330・717 ～ 727 頁）。

％にまで減少していた(69)。これらから棹ヶ島村は天保期以降、荒廃からの回復基調にあったことがうかがえる。

次に、天保一四年時の持高から村民の階層構成を検討する【表３】。最高は四三石余で、一五～二〇石未満が最も厚く、五石未満の者はいない。また、当主が「奉公稼」に出ている家や、家屋の大破で隣村に移住している家もある(70)。ここからは北関東の荒廃村落にみられる中層化の傾向が指摘できる(71)。一方、村内最高の四三石余を所持する新右衛門は、妻が天保一〇年から「乱心」、自身は嘉永元年（一八四八）から「長病」を患い、「薬用手当にも差支候次第にて、所々内借等」する状況にあり、一八歳の倅保之丞が一家を支え、同年の借財は二六両余に及んでいた(72)。荒廃村落における百姓経営の安定は持高の多寡ではなく、家内労働力の有無によることが指摘されており(73)、新右衛門家にあっても潰百姓化の危機にさらされていたといえる。

さらに、嘉永元年における村民の借財状況は、六軒が八両一分二朱～三四両二朱までの借財を抱え、総額は一〇九両二朱であった(74)。その金主のほとんどは下館町など村外者であり、村内では卯兵衛とその甥の新平、保之丞がみえるのみで、その貸付額は利金を除く全借財額の約五％にすぎない。卯兵衛・保之丞（新右衛門家）は名主家だが、村の融通機能を果たしえず、村内の地主・小作関係も未熟であったと考えられる。

以上、棹ヶ島村は格差が小さく、村内に融通を担える者もなく、全村的な困窮状態にあったと考えられる。ただ、天保期以降、荒廃からの回復基調にはあった。

## （2）棹ヶ島村仕法の諸施策

**荒地開発・用悪水堀浚・道橋普請**　荒地開発や用悪水堀浚・道橋普請の諸事業は主に破畑人足が担い、次いで村人足が従事した。たとえば初年度の嘉永元年七月二八日～翌年五月二五日まで断続的に実施された荒地開発の延べ動員数は六七八人だが、うち四二五人が破畑人足で、棹ヶ島村人足二二一人であった(75)。なお、ここで動員された破畑人足は、桜町領横田村の入百姓藤蔵を頭とした人足である。藤蔵は弘化四年一〇月、桜町領で出稼人の減少による労働力不足から、手作地を縮小して破畑稼ぎに専念する呼びかけに応じた定破畑である。これ以後、かかる「新しい破畑(76)」を頭とした破畑人足が、荒地開発だけでなく農作業も支援するようになるが、幕領仕法は彼らに新たな活躍の場を提供した。藤蔵に率いられた破畑人足の身元は不明だが、破畑人足には入百姓や困窮者が多く、荒地開発事業には彼らに賃金収入を与え、困窮を打開する意味もあった(77)。

また、棹ヶ島村の人足には居宅を給付された者を除き、扶持米が支給された(78)。報徳仕法の普請事業に従事する村人足も困窮者や入百姓が多く、彼らへの扶持米にも困窮打開・経営補助の意味があったが(79)、棹ヶ島村では全戸が普請に従事しており、その動員数に階層による差は見出せない(80)。小村で村民の格差が小さい棹ヶ島村では、全戸が各々の事情に応じて普請事業に参加したと考えられる。一方、開発地は各村民の「割合持添」とされたが、手余りになった場合には新家取立が目論まれ、尊徳は「銘々相当之家株治定致し、何程余り候哉申出候様[81]」指示した。

**家作普請・修繕**　家作普請は開発事業に平行して実施された。尊徳は「当時家有之分は跡へ廻し、一切家無之分新家作致し遣し可申候[82]」と指示し、まず分家取立てと居宅大破の者の普請が優先された。そして、嘉永元〜三年の間に家作普請のほか、屋根の修繕や灰小屋普請などが全戸に実施された。これらの普請・修繕は給付事業であるが、卯兵衛・音之丞・鯛吉・巳之吉の四名は「余り無勿体儀と致感動[83]」し、家作料の半額を七年賦で返済した。なお、家作普請には東沼村大工清七・同熊吉・阿部品村（真岡市）大工栄蔵・物井村木挽甚太郎らがあたった。彼らは従来から報徳仕法で活躍していた職人であった[84]。

また、職人たちの話では、棹ヶ島村は「至て地詰り、百姓持林、秣場等無之、家作可相用竹木、屋根茅、礎石類一切無之、右故近隣共家作入用多分相懸」る見積もりであった。資材調達が困難で普請費用が嵩むというのである。しかし、実際は「通例家作入用之半減位にて出来」たという[85]。棹ヶ島村の家作資材は「八木岡村又は桜町陣屋前より材木、阿部品村大工方へ附送り、同所にて仕組、夫より棹ヶ島村へ附運び、礎石之儀は天引・茂木並青木村より同断、梁木之儀は下館領折本村林にて伐取、持運び、竹之儀は小塙村にて買請、伐取持運」ばれていた。棹ヶ島村での安価な普請事業は、報徳仕法実施藩領・村や協力者のネットワークによる資材調達により可能となったといえる。

**出精人表彰**　出精人表彰は、村民の入札で「耕作出精心掛宜敷、村内手本にも相成候善人を撰[86]」ぶ報徳仕法独特の施策である。棹ヶ島村では嘉永二年九月、同四年一〇月、同五年一〇月の三回実施された。当選者には御褒美金と農具が与えられ、一番札の者に「相続手段金」として一〇〜一五両の無利五年賦貸付金が貸与された。

なお、出精人表彰では村内下層民の底上げのため「暮方可也取続差支無之[87]」者や、村高を家数で割った平均石高である「天命」[88]以上の持高の者を入札対象から除く場合があるが、棹ヶ島村仕法では全戸が入札対象となり、当選者にも階層的な偏りがみられない【表4】。格差が小さい棹ヶ島村では、全戸を入札対象に村全体の底上げが目指されたと考えられる。

**【表4】棹ヶ島村の出精人表彰**

| 当主 | 石高（天保14年） | 属性 | 入札実施年・順位 | | |
|---|---|---|---|---|---|
| | | | 嘉永２年 | 嘉永４年 | 嘉永５年 |
| 保之丞 | 43.730石 | 名主 | ４番札 | | |
| 新平 | 27.460石 | | ２番札 | １番札 | ２番札 |
| 清次郎 | 18.356石 | 入百姓 | | | |
| 定七 | 17.885石 | 入百姓 | | ２番札 | |
| 教蔵 | 17.750石 | | | | ２番札 |
| 善兵衛 | 17.500石 | 入百姓 | １番札 | | |
| 源之丞 | 16.011石 | 入百姓 | | | |
| 馬次郎 | 13.740石 | | ４番札 | | １番札 |
| 政吉 | 13.610石 | 入百姓 | ３番札 | | |
| 音之丞 | 9.500石 | 取立百姓 | | | ２番札 |
| 巳之吉 | 7.800石 | | | | ２番札 |
| 鯛吉 | — | 取立百姓 | | | |
| 卯兵衛 | — | 名主・取立百姓 | | | ２番札 |

※『二宮尊徳全集』21巻727～736頁より作成。石高は天保14年時のもの。

**無利五ヶ年賦貸付金**　五ヶ年賦返済で完済後に一年分の返済額を、冥加金として上納する貸付金である。嘉永二～五年の四年間の貸付総額は一〇八両、貸付件数は一六件で一〇両以上の高額の貸付もある。使途には借財返済・田地買入代・農馬代がみられ[89]、無利五ヶ年賦貸付金の目的は、各家の経営再建・拡充といえる。なお、貸付対象者の階層・属性による偏りはみられない。

**夫食貸付**　一俵～三俵半の夫食を、一年賦無利息で貸付けるものである。対象者はほぼ固定しており、彼らが棹ヶ島村における最困窮層と考えられ、最困窮層への手当といえる【表3】。

以上、棹ヶ島村は村民間の格差が小さく、仕法は夫食貸付を除き、基本的に全戸を対象に給付・貸付など諸施策が実施され、全村民の生活・生産の底上げがはかられた。

### （3）棹ヶ島村仕法の成果

嘉永元年～七年の期間に、棹ヶ島村仕法では少なくとも田畑三町余の開発、二〇六四間の用悪水堀浚、一六九七間半の道普請、石橋七ヶ所・板橋四ヶ所の普請が実施された。また、村民には住宅八軒・灰小屋一〇棟などの給付事業や貸付事業が実施された。そして、嘉永二年二月には「多年之貧村、誠に〳〵賑々敷村方と相成、耳目を驚し候様移り替り」[90]との変化をみせ、一一月には「村柄目立候て相直り、惣て百姓共気力引立、農業相励候」[91]と評価され、同年中に三軒の分家取立百姓が生まれた。さらに、翌年三月には「一村成就」[92]とされ、勘定所から四〇〇両の御下金と御手当定免、仕法の正式実施が認められた。

これらの施策が村民個々の生活・経営に与えた具体的な影響は不明である。ただ、「極難困窮人に付、日雇出奉公相勤めていた者が、仕法に「感服」して「未明より耕地へ罷出、農業相励」んだり、「農業一向相励候心底」で百姓取立てを希望する者が出現するようになった。[93]棹ヶ島村では天保期以降に村落荒廃からの回復基調がみられたが、この時期は米穀価格の上昇・農業景気にともなう人々の農業生産志向の高まりと帰農・帰村行動が指摘されている。[94]報徳仕法はかかる状況を背景に、有利な条件で「耕作出精」＝農業生産に従事できる環境を形成し、人々の村への還流や分家の創出、開発地の拡大を促進したと考えられる。

## 2　花田村仕法

### （1）花田村の村況

常州真壁郡花田村は高一八八石余で、天保二年に九〇石が旗本中西氏に分知され、幕領と旗本領の二給村となった。天保一〇年における花田村幕領分は高九八石余のうち五七石余が荒地・潰地で、その割合は約五八％にものぼり、[95]棹ヶ島村以上に荒廃していた。家数は宝暦期（一七五一～一七六四）には二八軒であったが、[96]文政一二年には九軒に落ち込み、人口は三七人であった。しかし、嘉永元年には一〇軒・五八人となり、増加傾向がみられる。[97]なお、中西氏知行所分は嘉永期（一八四八〜一八五四）には「無民家」[98]であった。

花田村は全村民が持高一〇石未満で、棹ヶ島村以上の零細さと格差のフラットさを指摘できる【表5】。天保一〇年に全村民が持高を減らしているが、これは天保二年の分知で中西氏知行所分の持高が記載されなくなったためである。しかし、それでもなお棹ヶ島村以上の零細さは否めない。持高合計は天保一〇年の三四石から弘化五年の四一石へ増加しているものの、「隣村へ質地多分に相渡、極麁田畑而已所持」する状態であった[99]。

また、嘉永三年の「極難困窮」者と同四年の困窮人入札（後述）の当選者をみると、持高の多寡による困窮者の偏在は指摘できない。具体的な困窮要因は不明だが、困窮人入札で一番札・二番札に選出された富吉と三右衛門後家には、家族の死亡・病気・厄介・出奔がみられ、被扶養者や家内労働力の有無といった家族状況が、困窮度を左右したと思われる。

さらに、多くの村民に居宅の不備が目立つが、特に野火除けの不行届きによる焼失が注目できる。家数・人口減少と荒地拡大が村の土地管理機能を喪失させ、さらなる住環境の悪化を招く悪循環がうかがえる。かかる住環境の悪化は花田村民を一層移住・退転へ誘引したと考えられる。そのため、仕法初期における住環境の整備は急務であった。

嘉永四年の板橋見取新田も含めた村民の借財総額は九五両で、九軒が一七両一分〜六両二朱までの借財を抱え、十五ヶ所の金主のうち村内は二ヶ所の村相続金のみで、その割合は利金を除く全借財高の約一割である[100]。棹ヶ島村同様に、村内で融通を担う者の不在を指摘できる。なお、これらの借財は嘉永四年一二月の借財返済仕法で皆済された（先述）。

以上、花田村は荒地の多さや村民の経営規模の零細さなど、荒廃・困窮の度合いは棹ヶ島村以上であったと考えられる。ただ、天保期以降、家数・平均家族数・持高の増加をみせ、棹ヶ島村同様に農業志向にもとづく回復基調がうかがえる。

**【表５】花田村の階層構成**

| 名前 | 所持石高 | | | 嘉永３年(1850)時の状況 | 極難困窮入札(嘉永４年) | 夫食貸付 |
|---|---|---|---|---|---|---|
| | 文政12年 | 天保10年 | 嘉永元年 | | | |
| 権右衛門 | 8.182石 | ― | ― | ― | | |
| 利右衛門 | 7.160石 | 6.019石 | 6.019石 | 隣家退転のため一昨年野火により居宅廻り一円焼失。 | | |
| 半兵衛 | 6.346石 | 4.351石 | 4.351石 | 「極難困窮」。居宅大破。組頭。 | | ○ |
| 作兵衛 | 5.726石 | 4.525石 | 4.525石 | 「極難困窮」。居宅大破。 | 3番 | ○ |
| 三右衛門後家 | 5.169石 | 5.206石 | 3.206石 | 「極難」。家人出奔、死亡、田畑山林売払い、後家が隣明屋敷に小屋住まい。 | 2番 | ○ |
| 富吉 | 4.942石 | 3.434石 | 2.434石 | 「極難困窮」。家人大病・厄介多く、田畑山林居宅売払い、日雇稼ぎ、其日暮し。 | 1番 | ○ |
| 栄助 | 3.679石 | 2.593石 | 2.597石 | 組頭。家小屋大破のため先支配の時、家作料拝借し、漸く移住するも戸垣なし | 3番 | ○ |
| 栄吉 | 3.238石 | 2.860石 | 4.862石 | 組頭。隣家退転のため一昨年野火により居宅竹木焼失、小屋住まい同様 | | |
| 市右衛門 | 2.203石 | 1.118石 | ― | ― | | |
| 市之助 | ― | 1.170石 | 3.819石 | 隣家退転のため一昨年野火により居宅廻り一円焼失 | | |
| 武兵衛 | ― | 1.148石 | 4.751石 | 前後退転のため、荒田畑野火除けもできず、居住し難く近年引越し | | |
| 新右衛門 | ― | ― | 4.751石 | 「極難困窮」。潰取立百姓。 | 2番 | ○ |
| 計 | 46.677石 | 32.428石 | 41.319石 | | | |

※河内八郎『花田村の尊徳仕法』（茨城県関城町、1998年）第７表・『二宮尊徳全集』21巻809～821・901頁より作成。
※合未満切捨てのため所持石高合計の計算は若干あわない。
※「極難困窮」は嘉永４年12月の極難困窮人御救被下人入札の順位。
※「名前」は権右衛門・市右衛門以外は嘉永３年時の当主名。
※「夫食貸付」は嘉永４～６年まで３年連続して貸付を受けた者（『二宮尊徳全集』21巻199・228・259頁）。

## (2) 花田村仕法の諸施策

**荒地開発・用悪水堀浚・道橋普請**　荒地開発や諸普請は棹ヶ島村同様、主に破畑人足が担い、次いで冥加人足・村人足が従事した。たとえば初年度の嘉永三年九月二三日〜翌年六月一八日の荒地開発の延べ動員数は一〇六八人五分だが、約八割の八四六人が破畑人足で、残りは村人足七一人五分、他領からの冥加人足一五一人であった[101]。破畑人足には賃金賃米、村人足には扶持米が支給された。村人足のうち居宅を給付された者の扶持米は「壱軒に付凡弐拾人」分が延べ参加数から控除された。なお、開発地は「鬮入札致割渡[102]」された。一方、これとは別に花田村では無利息三年賦の荒地起発料の貸与による村民個々の開発も実施された。総計八七両余が貸与され、畑九町余が開発された[103]。

**家作普請・修繕**　家作普請・修繕は開発事業に平行して実施され、全戸が何らかの普請・修繕を受けた[104]。棹ヶ島村と同様、家作は給付で、嘉永三年一〇月〜一二月に完工した。

**出精人表彰・困窮人御救**　花田村では嘉永三年一二月・同五年九月に出精人表彰、嘉永四年一二月に困窮人御救が村民の入札で実施された【表6】。出精人表彰は借家を除く花田村百姓と、板橋見取新田の下作百姓の全戸が対象とされた。当選者には褒美金と農具が与えられ、「相続手段金」が貸与された。ただ、棹ヶ島村では一番札のみに一五両の「相続手段金」が貸与されたが、花田村では三番札までに二〜七両が貸与され[105]、棹ヶ島村より小額だが貸与される対象は広い。経営規模の零細さから個別の貸付額が小額である分、貸付対象を広げたのであろう。なお、嘉永三年の「相続手段金」計一〇両は質地請戻しに使用された[106]。

一方、嘉永四年には「御救夫食」の給付者を選出する困窮人御救が、借家も含む花田村百姓と板橋見取新田下作百姓の全戸を対象に実施された。これは同年の借財返済仕法のため「夫食其外売捌、多少之金子致調達」、「万一夫食差支鹿作に相成候ては御趣意を致忘却奉恐入候に付」実施され[107]、選出された七人の困窮人のうち四人が借財返済仕法を

**【表６】 花田村の出精人・困窮人入札**

| 当主 | 石高（嘉永元） | 属性 | 入札実施年・順位 | | |
|---|---|---|---|---|---|
| | | | 嘉永３年（出精人） | 嘉永４年（困窮人） | 嘉永５年（出精人） |
| 利右衛門 | 6.019 石 | | 3 番札 | | |
| 半兵衛 | 4.351 石 | 組頭 | 2 番札 | | 1 番札 |
| 作兵衛 | 4.525 石 | | | 3 番札 | 3 番札 |
| 三右衛門 | 3.206 石 | | | 2 番札 | |
| 富吉 | 2.434 石 | | | 1 番札 | |
| 栄助 | 2.597 石 | 組頭 | | 3 番札 | |
| 栄吉 | 4.862 石 | 組頭 | 1 番札 | | 4 番札 |
| 市之助 | 3.819 石 | | | | 5 番札 |
| 武兵衛 | 4.751 石 | | | | |
| 新右衛門 | 4.751 石 | 潰取立百姓 | | 2 番札 | 2 番札 |
| 喜右衛門 | | 借家 | — | 2 番札 | — |
| 米蔵 | | 見取新田下作百姓 | — | | |
| 金左衛門 | | 見取新田下作百姓 | — | | |
| 松五郎 | | 見取新田下作百姓 | — | | 5 番札 |
| 菊次郎 | | 見取新田下作百姓 | — | 3 番札 | |

※『二宮尊徳全集』21 巻 727 ～ 736 頁　※当主は嘉永 3 年時の名前。
※喜右衛門・米蔵・金左衛門・松五郎・菊次郎は嘉永 4 年から見られ、喜右衛門は嘉永 5 年にみられなくなる。

受けた者であった。また、困窮人七人のうち出精人入札の当選者は二人に過ぎない。困窮人一番札の富吉は田畑山林を売却し「日雇稼、其日暮し」[108]に出ていた者である。困窮人御救入札には、「耕作出精」を評価基準とする出精人に選出されにくいものへの手当の意味もあったと思われる。

**無利五ヵ年賦貸付**　無利五ヵ年賦貸付の嘉永三年～六年における貸付総額は三六両、貸付件数の八件中六件が出精人表彰にともなう「相続手段金」である。[109]棹ヶ島村の嘉永二年～五年における無利五ヵ年賦貸付金総額が一〇八両で、貸付名目も多様であったことに比べれば小規模だが、花田村では借財返済仕法と無利三ヵ年賦荒地起発料の貸付が実施されていたゆえであろう。

**夫食貸付**　夫食貸付を三年以上受けた者と、困窮人に選出された者はほぼ一致する【表5】。棹ヶ島村仕法同様、最困窮層への手当といえる。

## （3）花田村仕法の成果

花田村仕法の中心事業である嘉永三年・四年の土木事業の規模（開発反別・道路延長）は不明である。しかし、嘉永二年～六年の間の起発料貸付では畑九町余が開発された。また、各村民には住宅五軒・灰小屋九棟などの現物・現金給付事業や無利貸付事業が実施された。そして、嘉永四年一〇月には「一時に人気感発仕、村方壮年之者は荒地を切起し作立、既に昨年迄之町歩に引合候ては一倍余に相及び、殊に耕耘力を尽し、此度社《こそ》是非とも一村取直し、度々一村一和致し、励勤仕候様罷成[110]」る様子をみせた。また、翌年九月一四日の代官廻村時には「一同出精仕候様子にて麦小麦、菜種等荒増蒔仕付、草立候畑も無之、居屋敷廻り掃除等、日々十分に手入行届、田方之儀も開発場始、古田に至迄外村々に一際勝り、土地丈ケ之作毛年々に出来候趣にて、御代官様始、一同被致感心[111]」たという。さらに、一七日に花田村役人が御礼に参上した際も「田畑手入之模様、人少困窮纔に拾軒之村方にて、是迄之古田は勿論、八町分余之開発迄、手入行届候段、実に御良法故と、御代官様始、一同被致感動[112]」たという。棹ヶ島村同様、仕法の諸施策が各村民に与えた具体的な影響は不明だが、ここでも人々の農業回帰がうかがえる。花田村仕法も天保期以降の荒廃からの回復基調と合致して成果をあげたと考えられる。

### ３　一村仕法の構造

以上の棹ヶ島村・花田村の両仕法の分析を通して、幕領仕法における一村仕法の特徴と構造を考えたい。

まず、一村仕法の特徴として家数わずか十数軒の小村での仕法という点があげられる[113]。これについて尊徳は、弘化四年一一月の仕法案で「小村一村と相願候儀は（中略）初大村に取懸り候ては、五年七年には何分見留治定不仕（中略）、当分之御見競に相成申間敷[114]」と述べており、小村での一村仕法には仕法の成果を短期に示して正式な仕法の早期実施を勘定所に促すねらいがあった。報徳仕法の成果・意義が勘定所内で共有されておらず、「御試」として位置づけられている状況では、小村での一村仕法は制約でもあり戦略でもあった。

そして、そのことと表裏して、村内に富者がいない困窮村の仕法という特徴があげられる。報徳仕法は仕法実施地の富者に、仕法を通した困窮者への富の再分配を求めた(115)。しかし、上述の特徴を持つ幕領仕法ではかかる富者の不在のため、尊徳が主体となって全村民を対象に再分配をおこなった。すなわち、尊徳が他の報徳仕法実施地域の資金や勘定所からの御下金、開発地からの作徳米を、開発事業や諸給付貸付事業として仕法実施村民に再分配し、農業生産を中心とした村全体の底上げをはかる構造である。さらに再分配は開発事業に従事する他の仕法実施地域の破畑人足や諸職人にも及ぶ。かかる構造のもとで仕法を「一より恵み二に及ぼし三に及ぼ(116)」すことを目指したのである。そして、この仕法の構造は、当該期の農業景気にともなう荒廃からの回復基調を背景に、人々の農業志向と合致し、成果をあげることができた。

## おわりに

弘化四年（一八四七）五月、二宮尊徳は「荒地起返し、難村旧復」の命を受け、東郷へ赴任した。彼の事業は「御試」の位置付けで財政的手当てもなかったが、当初、山内総左衛門の理解を得て進められた。しかし、山内は勘定所附御料所御取扱という不安定な地位にあり、自身の裁量による仕法事業が勘定所で問題化する懸念を抱くと、報徳仕法を警戒するようになった。冒頭の『報徳記』での山内の発言は、この時期以降のものである。ただ、嘉永三年（一八五〇）の仕法の正式実施と山内の代官昇格以降、彼の干渉はみられなくなる。

また、山内は幕領の「制度法則」を報徳仕法への干渉の口実としたが、勘定所内でも「先例先格(117)」を口実に報徳仕法の導入は容易に認められなかった。しかし、その内実は「当時の人情、ただ目前の減じ候を憂ひ候やうの人気」[118]で、短期的には収納を減少させる報徳仕法は、支出増大を招く海防経費[119]と同様に容易に認められなかったのである。従来、幕領仕法停滞の理由は無前提に幕領の規則や山内の個性に求められてきたが、当該期の幕政や勘定所の動向を踏まえて考察する必要があろう。また、仕法停滞の打開に向けて尊徳門弟の富田高慶らが勘定所幹部への内願活動に奔走しており、山内の真岡陣屋移転と尊徳の東郷陣屋移転、棹ヶ島村での仕法正式実施と山内の真岡代官就任はその成果であり、幕領仕法を考えるうえで不可欠の要素である。さらに、牧野成綱や松平近直、竹内清太郎など報徳派ともいえる勘定所幹部の幕政上の役割も、報徳仕法が当該期に持った意味を考えるうえで今後の課題である[120]。

幕領仕法は一村ずつ進められ、仕法導入初期に荒地開発・家作普請での村の生産・生活基盤を作り、その後は諸給付貸付事業で復興の永続をはかりつつ、次の村に対象を移して仕法を波及させていった。「当面の窮境を打開することに重点が置かれ」たとされる幕領仕法だが、復興の永続と波及を見込んで実施されていたのである。かかる進め方は、仕法が幕領での全面展開を認められていないゆえの制約ではあるが、仕法の成果と実施を勘定所に認めさせる戦略でもあった。また、仕法実施村は仕法の成果を短期で示すためにも小村が選ばれたが、かかる村には富の再分配を担える者がおらず、尊徳が主体となって仕法を通して再分配をおこなった。仕法は農業生産を中心とした復興を目指したが、当該期の農業景気を背景とした人々の農業志向と合致し、成果をあげることができた。

二宮尊徳の幕領仕法は、確かに様々な制約を受けていたが、その制約下で彼と門弟たちは戦略的に活動し、仕法の進展をみせていた。従来、幕領仕法は消極的な評価をされていたゆえか正面から検討されることが少なかったが、今後、幕政や勘定所の動向をも視野にいれた研究の深化が必要であろう。

註

（1）佐々井信太郎編『二宮尊徳全集』三六巻（二宮尊徳偉業宣揚会、一九三一年）二五二頁。

（2）上杉允彦「幕政期の報徳仕法―大生郷村の仕法を中心として―」（『立正史学』四三号、一九七八年）は、山内支配地ではないが幕領の常州岡田郡大生郷村仕法の検討から、幕領仕法を「領主仕法としての仕法の限界を実証した最後の場」と位置づけた。河内八郎「花田村の尊徳仕法」（『関城町の歴史』一～八号、一九八一～一九八八年、のち同『花田村の尊徳仕法』関城町教育委員会、一九九八年）は、花田村仕法を逐日的に詳細に分析した貴重な成果であるが、同仕法の検討に終始し、幕領仕法全体を検討したものではない。栃木県史編さん委員会編『栃木県史　通史編五　近世二』第一〇章（深谷克己執筆、栃木県、一九八四年）では、幕領仕法は規則や山内の監視などの制約のため「当面の窮境を打開することに重点が置かれ」、尊徳と門弟たちのグループは「一種の技術者集団として位置づけられ」、仕法は「『行政』化」したとその特質が指摘される。しかし、具体的な仕法の内容は分析されていない。真岡市史編さん委員会編『真岡市史　第七巻　近世通史編』第五章第二節（大木茂執筆、栃木県真岡市、一九八八年）では幕領仕法を「行政組織の網の目のなかでの仕法」とするが、仕法は次第に山内に理解され、嘉永元年（一八四八）八月以降に本格的な仕法が取組まれると述べる。しかし、嘉永三年正月に山内は報徳仕法を幕領には不適切と主張して、尊徳門弟の富田高慶と激論をかわしており（佐藤高俊編『報徳秘稿　上』〈相馬郷土研究会、一九七六年〉一〇二～一〇七頁）、嘉永元年八月の時点で仕法が山内の理解を得たとはいえない。山内の仕法に対する姿勢の変化は、嘉永三年三月の幕領仕法の正式実施と、四月の彼の代官就任が大きいと考えられる（後述）。

（3）宇津木三郎「二宮尊徳と幕府勘定所吏僚山内総左衛門―報徳仕法の政治思想史的研究試論」（『かいびゃく』三九巻七号～四〇巻一号、一九九〇・一九九一年）。

（4）『二宮尊徳全集』四巻（一九二八年）五四四頁、佐藤高俊編『富田高慶日記』（龍渓書舎、一九八一年）一一八頁。

（5）『二宮尊徳全集』七巻（一九二九年）一一〇二～一一〇三頁。

（6）『二宮尊徳全集』七巻一一一四頁。

（7）『二宮尊徳全集』二一巻（一九二九年）三三九頁。

(8)『二宮尊徳全集』四巻五六二頁。以下の東郷村仕法の記述については『二宮尊徳全集』二一巻三三七〜三五二頁による。
(9)『二宮尊徳全集』二一巻四一五頁。
(10) なお、破畑人足と雇人足には賃金賃米が給付された。また、青木村人足は冥加人足としての参加であったが、同村の仕法は「荒地起返り候迄にて中絶いたし居、旧復永続之場に至り不申」との理由から雇人足とし、賃金賃米が支給された(『二宮尊徳全集』四巻五七八頁)。
(11)『二宮尊徳全集』四巻五七〇頁。
(12)『二宮尊徳全集』四巻五七三頁、二一巻一四九〜一六三頁。
(13)『二宮尊徳全集』二一巻三五頁。
(14)『二宮尊徳全集』四巻五八四頁。
(15)『二宮尊徳全集』四巻五九九頁。
(16) 前掲註(3)宇津木論文・西沢淳男『幕領陣屋と代官支配』(岩田書院、一九九八年)・同『代官の日常生活　江戸の中間管理職』(講談社、二〇〇四年)。
(17)『二宮尊徳全集』七巻一二七二〜一二七三頁、三〇巻(一九三〇年)八八七〜八九〇頁。
(18)『二宮尊徳全集』四巻六二七・七六八・七七二・七八一頁。
(19) 弘化三年(一八四六)、小田原藩は報徳仕法撤廃を決定し、藩領に投入された報徳金五一〇〇両余の返金を尊徳に申し出た。その際、尊徳は用途がないとして受領を拒否したが、小田原藩は返金を強く主張した。そこで尊徳は幕府の許可を得て翌年から受領することにしたが、小田原藩では海防費用のため返金の延期を申し入れてきた。そのため、尊徳と小田原藩の間でこの報徳金返金をめぐる交渉が続くことになった。結局、嘉永五年(一八五二)に約一二〇〇両が返金され(後述)、以降、毎年返金され、日光仕法の財源になり、尊徳が没した安政三年(一八五六)に完済した(小田原市編『小田原市史　通史編近世』第一〇章、松尾公就執筆、神奈川県小田原市、一九九〇年)。
(20)『二宮尊徳全集』八巻(一九三〇年)九〇・九四頁。
(21)『二宮尊徳全集』四巻七八九頁、二一巻三七頁。

(22) 富田高慶らの勘定所幹部への内願活動の詳細については、本書第一〇章参照。
(23) 『報徳秘稿　上』四三〜五四頁。なお、『報徳秘稿』は尊徳門弟の相馬藩士斎藤高行による記録で、尊徳の語録類のほか、叔父の富田高慶から送られた幕領での仕法導入のための勘定所幹部への内願活動の模様を記した書簡が収録されている。
(24) 『報徳秘稿　上』五九頁。『二宮尊徳全集』四巻八〇八・九六五頁。なお、一二月二四日、山内に東郷だけでなく真岡も含めた四万石支配を命じる旨が伝えられた（『二宮尊徳全集』七巻一三〇三頁）。
(25) 『二宮尊徳全集』四巻八一二頁。
(26) 『二宮尊徳全集』四巻八一四・八一六頁。なお、桌ヶ島村仕法の初年度についての記述は、注記がない限り『二宮尊徳全集』二一巻五六五〜六六二頁による。
(27) 『二宮尊徳全集』八巻二三二頁。
(28) 『二宮尊徳全集』二一巻一六三〜一八五頁。
(29) 『二宮尊徳全集』四巻一〇五九頁。
(30) 『報徳秘稿　上』八二頁、『二宮尊徳全集』四巻一〇六六頁、三〇巻九〇四・九〇六頁、『富田高慶日記』二二一頁。
(31) 『報徳秘稿　上』一〇一頁、『富田高慶日記』二三〇・二四〇頁、『二宮尊徳全集』四巻一一八五頁、八巻五四七頁。
(32) 『二宮尊徳全集』八巻七三二頁。
(33) 『二宮尊徳全集』二一巻六六三〜六六四・六八四頁。
(34) 『二宮尊徳全集』八巻七三二頁。
(35) 『二宮尊徳全集』五巻（一九二八年）一〇八頁。
(36) 『二宮尊徳全集』二一巻六八四頁。
(37) 『二宮尊徳全集』四巻一〇五二・一〇七〇頁。
(38) 花田村仕法の初年度の記述は、注記がない限り『二宮尊徳全集』二一巻七八五〜八三五頁による。
(39) 『二宮尊徳全集』五巻一五七頁。
(40) 『二宮尊徳全集』五巻一七三頁、二一巻八九五〜八九九頁。

(41)『二宮尊徳全集』五巻三七九・三九六頁。
(42)『二宮尊徳全集』五巻二四九・二五二頁。
(43)『二宮尊徳全集』二一巻七三七～七四〇頁。
(44)『二宮尊徳全集』二一巻八四八～八五一頁。
(45)『二宮尊徳全集』五巻二四九～二五〇頁。
(46)『二宮尊徳全集』五巻四五四頁。このとき尊徳は、小田原藩から約一二〇〇両の返金を得た。
(47)『二宮尊徳全集』八巻一一五三頁。
(48)『二宮尊徳全集』八巻一一七〇頁。
(49)『二宮尊徳全集』二一巻九五八頁。
(50)以下の山口村仕法の記述は『二宮尊徳全集』二一巻九六三～一〇一六頁による。
(51)徳次郎村・石那田村用水の普請については、注記がない限り『二宮尊徳全集』二一巻一〇一七～一〇六六頁による。
(52)『二宮尊徳全集』九巻（一九三〇年）三一頁。
(53)『二宮尊徳全集』五巻四九一頁。
(54)『二宮尊徳全集』九巻三六頁。
(55)『二宮尊徳全集』二一巻四七一～四七二頁。
(56)『二宮尊徳全集』五巻五七八頁。
(57)『二宮尊徳全集』二一巻四八四～四八六頁。
(58)『二宮尊徳全集』五巻八三九～八四〇頁。
(59)『二宮尊徳全集』二一巻四九三～四九八頁。
(60)『二宮尊徳全集』五巻六六〇頁。
(61)『二宮尊徳全集』五巻六九〇・八二七・一〇五六・一一四九頁。
(62)『二宮尊徳全集』二一巻五六五～五九五・六八五～七〇七・七五七～七五八頁。

(63)たとえば、『二宮尊徳全集』二一巻七二二頁。
(64)『二宮尊徳全集』二一巻六七三〜六七四頁。なお、この冥加米が開発地からの収穫に占める割合は不明である。ただ、棹ヶ島村は「平均御手宛御定免」が許可されており、定免額外の作徳米は仕法の財源にすることになっていた。そのため、定免額外の作徳米が冥加米の額に含まれている可能性がある。
(65)『二宮尊徳全集』三四巻(一九三一年)六六〇頁。なお。冥加米を産出する棹ヶ島村と板橋見取新田の開発地は「仕法田」「仕法土台田地」と称された(『二宮尊徳全集』二一巻二一一・二七一頁)。
(66)『二宮尊徳全集』二一巻二五三頁。
(67)たとえば烏山藩では報徳仕法で生み出された資金の借財返済や勝手方への流用がみられ、新たな勝手賄の依頼先の出現により挫折した(本書第七章参照)。また青木村仕法では領主の屋敷焼失にともなう献納金支出を契機に挫折した(本書第五章参照)。
(68)瀬谷義彦編『日本歴史地名大系八　茨城県の地名』(平凡社、一九八二年)・『二宮尊徳全集』二一巻五四三〜五四六・六六七頁。
(69)『二宮尊徳全集』二一巻五四六〜五五一頁。弘化四年は畑の荒地がみられなくなったが、多くが「起返取下」として年貢が減免されている。
(70)教蔵・定七の出奉公と巳之吉の灰塚村への移住が確認できる(『二宮尊徳全集』二一巻六五五〜六五七頁)。
(71)広瀬隆久「農村荒廃過程と中層農民の動向—化政期下野農村における—」(『歴史学研究』四三六号、一九七六年)。
(72)『二宮尊徳全集』二一巻五六二頁。
(73)前掲註(71)広瀬論文。
(74)『二宮尊徳全集』二一巻五六二〜五六四頁。
(75)『二宮尊徳全集』二一巻五七〇頁。
(76)舟橋明宏「村再建に見る『村人』の智恵」(渡辺尚志編『新しい近世史四　村落の変容と地域社会』新人物往来社、一九九六年、のち舟橋明宏『近世の地主制と地域社会』岩田書院、二〇〇四年所収)。

(77) 本書第四章・第五章参照。
(78) 『二宮尊徳全集』二一巻五九六〜五九七頁。
(79) 本書第五章参照。
(80) 『二宮尊徳全集』二一巻五九六〜五九七頁。
(81) 『二宮尊徳全集』四巻一一八八頁。
(82) 『二宮尊徳全集』四巻八一二頁。
(83) 『二宮尊徳全集』二一巻一八八頁。
(84) 本書第五章参照。
(85) 『二宮尊徳全集』八巻一七七頁、二一巻六七三頁。
(86) 『二宮尊徳全集』二一巻七二八頁。
(87) 『二宮尊徳全集』二三巻（一九二九年）六四四頁（青木村仕法の場合）。
(88) 『二宮尊徳全集』二七巻（一九三〇年）一四一頁（片岡村仕法の場合）。
(89) 『二宮尊徳全集』二一巻一七四・二〇〇〜二〇一・二三五〜二三六・二六一・七二三〜七二五頁。
(90) 『二宮尊徳全集』八巻六一四頁。
(91) 『二宮尊徳全集』二一巻六七三頁。
(92) 『二宮尊徳全集』五巻一〇八頁。
(93) 『二宮尊徳全集』二一巻六五二・六六〇頁。
(94) 平野哲也『江戸時代村社会の存立構造』（御茶の水書房、二〇〇四年）。
(95) 前掲註(2)河内論文第6表参照。
(96) 『二宮尊徳全集』八巻三一二頁。
(97) 前掲註(2)河内論文第7表参照。
(98) 『二宮尊徳全集』二一巻八九五頁。

(99)『二宮尊徳全集』八巻三一二頁。
(100)『二宮尊徳全集』二一巻八三七~五六四頁。
(101)『二宮尊徳全集』二一巻七九二頁。
(102)『二宮尊徳全集』五巻二五一頁。
(103)『二宮尊徳全集』二一巻一七五~一七六・二〇一~二〇三・二三五~二三九頁。
(104)『二宮尊徳全集』五巻一七八~二〇三頁、二一巻八〇八~八二一頁。
(105)一番札には嘉永三年に五両、嘉永五年に七両、二番札には嘉永三年に三両、嘉永五年に五両、三番札には嘉永三年に二両、嘉永五年に三両が貸与された(『二宮尊徳全集』二一巻八九五~九〇八頁)。
(106)『二宮尊徳全集』五巻二二五・二三一頁。
(107)『二宮尊徳全集』二一巻九〇三頁。
(108)『二宮尊徳全集』二一巻八一三頁。
(109)『二宮尊徳全集』二一巻一七四・二〇〇~二〇一・二三五~二三六・七二三~七二五頁。
(110)『二宮尊徳全集』八巻一〇五六頁。
(111)『二宮尊徳全集』九巻一七三~一七四頁。
(112)『二宮尊徳全集』九巻一七三~一七四頁。
(113)これは棹ヶ島村・花田村のみでなく、他の仕法村にも該当する。たとえば仕法実施時の家数は、桑野川村一八軒、石嶋村一九軒、山口村一七軒であった(『二宮尊徳全集』二一巻四二四・四七一・九六一頁)。
(114)『二宮尊徳全集』三〇巻八八九頁。
(115)幕領の常州岡田郡大生郷村仕法(茨城県常総市)では、尊徳は天保一四年(一八四三)に作成した同村の仕法案において、千石余の所持地を有する名主久馬に仕法資金の拠出を求めていた。この仕法案は久馬の拒否もあり実施に至らず頓挫したが、嘉永四年(一八五一)に久馬を除外した村民の歎願を受けた幕府代官小林藤之助の依頼で、仕法が実施されることになった。この仕法の計画では久馬は資金拠出を求められなかったが、世話方として仕法に協力せざるを得なくなった。しかし、当初計画にあった同村の御手当定免が認められず、嘉永五年七月、尊徳は久馬の子名主伊左衛門に「世話方仕候上は、右御用而已出精相勤、御仕法不相立候はゞ、身上向所持田畑不残身分迄差出し、世話方可致」と仕法頓挫時の私財拠出を迫った。これに伊左衛門は「先祖より持来り候株式、其余身上向身分共差出候儀は当惑」と答えた（『二宮尊徳全集』九巻一四九頁）。その直後、久馬は「小前弐三拾人だまし付、御趣法相止」めることを小林代官に出願したといい、村は「違変之者」三八人と仕法継続を願う六二人に分裂した。そして小林が仕法継続出願者を帰村させたことに尊徳は失望し、仕法は中止された（『二宮尊徳全集』九巻一五七・二二八・二三〇頁）。仕法村に富者が存在する場合、尊徳は富者に再分配の主体として私財・所持地の仕法財源への拠出・運用を求めたが（本書第九章参照）、久馬・伊左衛門親子にも仕法頓挫の際ではあるが、それを求めていたのである。

(116)『報徳秘稿　上』一〇五頁。

(117)『報徳秘稿　上』八八頁。

(118)『報徳秘稿　上』五八頁。

(119)守屋嘉美「阿部政権論」（青木美智男・河内八郎編『講座日本近世史七　開国』有斐閣、一九八五年）・三谷博「開国前夜」（『年報近代日本研究』七巻、一九八五年、のち同『明治維新とナショナリズム』山川出版社　一九九七年所収）。

(120)本書第一〇章参照。たとえば竹内清太郎は安政元年（一八五四）に設置された箱館奉行に就任したが、翌年には同役の堀利煕が「箱館並蝦夷地開墾」のため尊徳に自身か門弟の蝦夷地派遣を要請した（『二宮尊徳全集』三〇巻七〇一頁）。蝦夷地開発の人材として尊徳に目をつけたのは竹内であろう。この時尊徳は要請を断ったが、尊徳没後の安政五年、門弟の相馬藩士新妻助惣や小田原藩の百姓出身の大友亀太郎らが蝦夷地に渡り、箱館在の開発にあたり、慶応二年（一八六六）には大友は石狩の開発にも従事した（原田一典「石狩御手作場の経営実態」『札幌の歴史』一三号、一九八七年・檜皮瑞樹『仁政イデオロギーとアイヌ統治』有志舎、二〇一四年）。このように幕府の北方政策に報徳仕法の関わりがみられるが、これらも含め報徳仕法がその後の幕政へ与えた影響なども今後の課題となろう。

# 終章　報徳仕法と近世社会

## はじめに――報徳仕法の時代

二宮尊徳が報徳仕法を実践した時代、村々では階層分解の進行にともなう上下の対立が顕在化し、村方騒動が頻発する一方、人口減少と荒地の拡大といった村落荒廃現象も顕著になった。そして、村民の相互救済、富者による融通・富の再分配といった、村請制の前提となる村落共同体と百姓経営を維持する村の諸機能・諸慣行は後退していった。また、領主支配も財政を悪化させ、年貢増徴や御用金賦課など領民への収奪を強化する一方、「御救」など領主支配の理念的正当性の根拠たる「仁政」の実質を後退させていった。これにより領内の荒廃は一層進行し、さらなる村落荒廃と財政悪化を招く悪循環を生み出していった。また、かかる領主支配に対する領民の批判意識も高まっていった。

二宮尊徳が出現し、報徳仕法が実践された時代は、このように村請制村落が解体傾向を帯び、領主支配が動揺する危機の時代であった。しかし、それゆえにこそ、それまで社会を支えていたとされる理念や慣行が問い直され、要求され、意識されるようになった。そのような意味で当該期は意識化の時代でもあった。

本書で述べてきたように、報徳仕法は村復興のため、村落共同体・百姓経営を維持する諸慣行や倫理を意識、強調、動員し、人々を復興に向けて主体的に取り組ませる仕組みを作りあげた。

一方、領主についても、本来、あるべき領主支配とされる「仁政」を強調し、その実現に向けて、支配にあたる人々に「仁政」の体現者たることを求め、それを可能にするための仕組みを作った。

報徳仕法は「百姓成立」「窮民撫育」「仁政」といった民衆福利の理念を基調に社会を建て直す運動であり、それに向けて意識化された理念・慣行・知恵の動員でもあった。ここに報徳仕法の古さと新しさがあるといえるが、それゆえに近世社会の成熟・到達点を示しているともいえよう。そこで、終章ではこれまでの所論を踏まえ、それがいかなる意味で到達点といえるのか、その矛盾とともに考察していきたい。

## 一　報徳仕法と村社会

### 1　報徳仕法の百姓編成

小田原時代の尊徳は、居村栢山村（神奈川県小田原市）で農業を営みつつ、小田原城下での武家奉公を含めた多様な諸稼ぎにも従事して生活していた。また、生活の場の比重も結婚など生活の変化に応じて栢山村に置いたり、小田原城下に移したりしていた。しかし、城下に出たまま戻らないことはなく、尊徳は多様な収入源を持ち、居村と城下を往来する複合的な生活様式で一家復興を成し遂げた（本書第二章）。かかる生活様式は小田原城下周辺地域で一般的なものであったが、元来、百姓経営は農業だけでなく諸稼ぎを含めた複合性を持つものであった(1)。

しかし、尊徳が報徳仕法に着手した時期の北関東村落では、人々は村を出ると戻ってこなかった。そして、作奉公人の払底や労賃の高騰とともに、耕地の荒廃、農業生産の減少といった村落荒廃が発生し、農業生産に経営基盤を置く地主層や年貢減少を憂慮する領主層に危機感を与えた。そこで、彼らは百姓を農業専従者とする認識・理念を強調し、百姓に農業出精を求め、村からの流出を防ごうとしていた（本書第三章）。二宮尊徳も桜町領（栃木県真岡市）赴任当初は、かかる認識・理念を前提に仕法に着手し、百姓への生活規制とともに農業で生活できず村を出る百姓に処罰・教戒を加えた。しかし、百姓の村からの流出はとまらず仕法は停滞した。桜町領赴任当初の尊徳は、かかる北関東の状況に直面し、小田原とのギャップに苦悩したと思われる（本書第三章）。

しかし、文政末年、桜町前期仕法の後半から後期仕法にかけて、荒地開発が進むようになると、その労働力の必要にともなって、出稼ぎ・日雇いとしての性格を持つ下層民を、陣屋の人足や破畑人足などに編成して仕法に活用するようになった。これにより彼らの生活維持再建とともに、開発普請事業の推進がはかられ（本書第三・四章）、なかには所持地を小作や質地に出し、本業として破畑稼ぎに従事する者も現れるようになった(2)。なお、小田原時代の尊徳も所持地を小作に出して諸稼ぎに従事し、桜町領赴任の際には所持地を質地に出していた。報徳仕法下の百姓経営における土地所持と賃稼ぎの弾力的な編成には、尊徳の小田原時代の経験が背景にあったと考えられる（本書第二章）。

一方、村役人など上層民に対しては、従来の土地や年貢に関わる恣意的な取扱いを排除するとともに、資金融資により仕法と結びついた商売を勧め、仕法への協力を促した。そして、桜町後期仕法以降、上層民は困窮者引受などの下層民救済や、仕法を契機とした富裕化を通じて、自らの富を村や仕法に還元するようになった。報徳仕法は仕法を通じて、上層民に渡辺尚志の豪農類型論でいえば「他利のなかで自利を追求する」在村型豪農Ⅰ(3)のような存在たることを要求し、そのための環境を作った（本書第四章）。

尊徳は桜町仕法実践の過程で、各層百姓を仕法に編成し、彼らの経営再建と村復興を結びつけていった。報徳仕法は米穀生産を主軸とした社会観を持ちつつも多様な生業・階層の人々を編成していったが、その前提には多様な諸稼ぎを複合させた小田原時代の尊徳の生活経験があったと思われる。そして、それは対象を農村・農業者に限らない報徳仕法の幅広さにもつながった（本書第八章）。

## 2　村内各階層にとっての報徳仕法

報徳仕法の百姓編成を可能にしたのが、尊徳が導入する資金であった。尊徳は領主に設定した「分度」外の年貢収入や貸付返納金を、賃金や低利・無利融通として仕法実施地域に投入し循環させることで、地域の金融閉塞打開と経済活性化をはかった。そして、天保三年（一八三二）には報徳金融が確立し、中層民に家政再建・家株増加に向けた融資がおこなわれた。さらに、仕法により経営を安定させた上層民には下層民への融通をおこなわせ、報徳金融を媒介とした融通・循環の構造を形成した（本書第四章）。かかる報徳仕法の百姓編成・構造は各階層の人々にいかなる意味を持ったのであろうか。

まず、上昇と没落の岐路に立つ中層民にとって報徳仕法は、報徳金融での借財返済や質地請戻し、荒地開発による家株増加・経営安定・家政再建をもたらすものとして、その利点はみやすいものであった。

次に、下層民にとって報徳仕法は、夫食給付などの諸手当で生活維持をはかる一方、普請・開発事業に従事することで賃金を取得し、困窮打開と百姓取立てを期待できるものであった。特に天保飢饉の際には「米麦雑穀諸式高直、渡世難相成者共、僅合勺之救を慕ひ、夥敷相聚」(4)ったといい、困窮者に賃金取得の機会を与え、同時に人口増加をはかる「財散則民聚」の仕法となった（本書第五章）。また、帰農を望む者には農具助成や資金融資など有利な条件で就農できる環境を提供し、天保飢饉以降の穀物価格の上昇傾向にともなう人々の帰農・帰村志向と一致して、人口と農業生産の増加を果すことができた（本書第九章）。

これらにより報徳仕法は困窮者層も含めて広く支持されたが、このことは尊徳の説く勤勉・倹約の教説を人々に内面化させることにもなった。すなわち、困窮者を仕法事業に組み込み、賃金を与えて働かせ、困窮打開・百姓取立ての見通しを持たせることで、尊徳の教説は一層説得力を高め、人々に仕法事業に実直に献身する者としての主体形成を促したのである。尊徳の教説はたんなる精神主義の強調ではなく、「賃金を遣し、其心根を為糺」(5)という実利に裏付けられたものであった（本書第五章）。

最後に富者たる上層民にとって報徳仕法はいかなる意味を持ったのか。当該期の上層民は飢饉や村落荒廃にともなう村民の土地放棄により地主的所持を拡大させるものの、それゆえに経営悪化もみせていた。そのため、領主の「御救」機能の後退にともなって村や困窮者への助成を求められるも対応に苦慮し、村民の批判にもさらされ、地域の治安悪化にも悩んでいた。

尊徳はかかる悩みを抱く上層民に「凡村方衰弊之根元は貧富之不和にあり」として、「余りある者足らざる者を補ふの天理なる事」(6)を説く一方で、その実践のために資金を融資して彼らの家政再建をはかった。そして彼らの経営に「分度」を設定して仕法を通した富の再分配の実践を促した。元来、村の富者には共同体的諸関係を通した村や困窮者への助成が期待されていたが、報徳仕法はかかる富者認識を強調し、仕法を通して彼らにその実践を促すものであった。

特に地主への「分度」設定は「分度」外収入を生み出す土地を村への再分配にあてることを意味するが、それは私的所持・地主的土地所持の無制限の発展を制約し、小百姓経営の維持再生産をはかる、「共同的所持」(7)「間接的共同所持」(8)の報徳仕法による発現ととらえることもできる。ただ、「分度」の設定は一面では「分度」内における地主的土地所持の確保ともいえ、その点で当該期における私的所持・地主的土地所持の深化にも折り合いをつけている（本書第九章）。

こうして上層民は経営・地域秩序の安定に向けた見通しを得るとともに、自らの富や経済活動に対する倫理的正当性の確信も得て、報徳仕法を受容し、地域における仕法指導者として主体形成をしていった。

## 3　報徳仕法のネットワーク

報徳仕法は長期的にみればすべての階層の人々に利点があり、支持されうるものであった。そのため幅広い人々による民衆運動として広がりをみせることができた。そして、その広がりはネットワークとして報徳仕法を支えた。

その一つは報徳金融のネットワークである。報徳仕法は「分度」外の年貢収入を基盤に、人々からの拠金である報徳加入金や、貸付利子に相当する報徳冥加金などで独自の資金を形成した。それは領域を越えて融通され、幅広い階層の人々に根ざした金融となった。また、一般の金融に比較して低利であり、焦げ付きの可能性を低くしたことで、資金回転を円滑にすることができた。報徳金融は領域を越えたネットワークを持つことで規模を拡大し、一村単位では賄いきれない困窮者助成や地主・豪農層の経営再建の資金需要にも応えることができた。

また、地主・豪農層への融資にあたっては、自らが住む村・地域での仕法の実践が期待され、彼らへの融資は報徳仕法の伝播・拡大の意味を持った。また、報徳でつながる豪農仲間のネットワークは、相互に報徳金を融通しあうことで、仕法の維持・発展と仲間の家の経営救済、地域の金融秩序の保守をはかることができた（本書第八・九章）。

二つめは人的ネットワークである。金融のネットワークはその結節点となる人的ネットワークでもあるが、報徳仕法ではそれにとどまらない多様な人的ネットワークが形成され、仕法を支えていた。たとえば、新たな仕法実施地域には先行する仕法実施地域の村役人などの仕法指導者が派遣され、指導にあたっていた（本書第五・六・七章）。また、開発・普請等の仕法事業に使用・従事する資材・人足の調達も、各仕法実施地域の協力者を通して安価で円滑におこなうことができた（本書第一一章）。仕法実施地域の拡大は、かかる仕法実施地域間の資材・人足の融通を拡大させ、それに関わる人々の稼ぎの場を拡大させることにもつながった。

また、人的ネットワークは情報のネットワークでもある。新たな仕法実施や仕法実施地域での稼ぎを求める人々の多くは、先行する仕法実施地域に親類や知人を持ち、彼らがもたらす情報によって行動を起こした。彼らが報徳仕法を知る契機となる縁は地縁・血縁だけでなく、不二孝仲間や心学仲間など直接的には報徳仕法と関係ないが、仕法の理念や事業に共感を寄せる人々のネットワークであることもある(9)。報徳仕法は自ら様々なネットワークを形成するだけでなく、既存のネットワークと関係を持つことで民衆運動として発展することができた。

報徳仕法は後退した村落共同体の諸機能を再生し、村請制村落の復興を目指すものであった。そのために地主・豪農層ら上層民へは村や困窮者を支える富者認識を強調し、それを可能とする方法や資金を提供した。一般の百姓や困窮者はこうした仕法のもとで実直に勤労に励み、困窮打開・百姓取立て・家株増加を目指し、仕法に献身することになった。

報徳仕法は村落共同体を維持するための理念・諸慣行を組み込み、その復興をはかるものであったが、領主の「御救」機能が後退する当該期にあって、一村だけでそれらを再生・復興することは容易ではなかった。それを可能としたのが、領主への「分度」設定とともに、領域を越えた資金的・人的ネットワークであった。

## 二　報徳仕法と領主支配

### 1　二宮尊徳の出現と藩政改革

小田原藩領の百姓であった二宮尊徳が領主支配に直接関わるようになった契機は、小田原藩による桜町仕法への登用であった。

当該期の小田原藩は、藩主大久保忠真による藩政改革のなか、訴状箱設置・取締役設置・難村助成趣法などの地方政策を展開したが、かかる改革は領主権力の後退・財政難を背景に、民意・民間資金など民間の活力・負担に依拠する政策への転換を意味した[10]。そして、尊徳の升改正・八朱金・手段金の献策も、こうした藩の政策基調にそった「御領内百姓共永々ノために相成候事共可申出旨」[11]の呼びかけに応じた行動であった（本書第二章）。

また、小田原藩は財政改革の一環として、分家宇津家の家政支援を従来の米金援助から知行地である桜町領の復興を基調とした家政再建へと転換させた[12]。ここで登用されたのが尊徳であったが、これも民間―尊徳・知行地領民―に依拠する改革基調にそった政策といえる。そこで実践された桜町仕法が、のちに広がりをみせる報徳仕法の発端となった。

元来、尊徳は一家離散の困難のなかで一家再興を果たした経験から、同様な困難を抱える他者に「厚く致世話遣申度」[13]との思いを抱いていた。ただ、その視界にあったのは一族と居村であった。しかし、藩が「御領内百姓共永々ノために相成候事共可申出旨」を呼びかけ、領民にも藩政改革の担い手たることを要請したことで、尊徳はこれに呼応し、「致世話遣申度」との思いを一族・一村を越えて飛躍させた。大藤修は尊徳・報徳仕法の特徴を、家・村の論理を越えて国家・天下へと押し広げ社会化したことにあると指摘したが[14]、その根拠・発端は、尊徳の他者へ「致世話遣申度」との思いとともに、民間社会へともたれこみ、領民にも藩政改革の担い手たることを要請せざるをえない領主行政の貧困にもあったといえる（本書第二章）。

## 2 「仁政」「御救」の代行

かかる領主行政の民間社会へのもたれこみは、小田原藩のみでなく、当該期の領主一般に共通するものであったと考えられるが、報徳仕法においては特に人材と資金の活用に顕著であった。

報徳仕法では新たな仕法実施地域が生まれると、先行する仕法実施地域から人材が派遣され実務にあたった。たとえば烏山藩仕法では仕法開始後、桜町領や常陸国真壁郡青木村（茨城県桜川市）などの村役人らが派遣され、開発事業を世話した。彼らのなかには藩から「御徒士格」「帰発世話方」などと公的な身分・地位を与えられ、大勢の人足を雇って開発事業を指揮し、藩に開発状況と現場の問題を報告・提起する者もいた。必要な人足や職人も他の仕法実施地域から派遣された。

また、烏山藩仕法の発端は、天保飢饉にともなう窮民救済であった。尊徳は窮民のうち飢渇におよぶ極困窮者に施粥を、農間商売や日雇い奉公など稼ぎを失った者に荒地開発による雇用創出をおこなった。これら仕法導入時の救済事業の費用も、他の報徳仕法実施地域から尊徳が融通したものであったが、本来、これらは領主が「仁政」の一環たる「御救」「御救普請」として実施すべき事業といえる。しかし、藩はこれを尊徳に請負わせ、尊徳は自らの方法・資金・人材を用いて領主の「御救」「御救普請」を代行したといえる。尊徳は領主に「仁政」の実践を期待したが、最低限の要求は、報徳仕法を継続するための「分度」の設定・遵守と、仕法への不干渉であった（本書第七章）。

近世の領主支配は、年貢の村請制や大規模開発・普請事業の民間資本による請負にみられるごとく、民間請負が特徴とされる。民間請負は時代が下るほど増え、為政者は厚みを増す民間社会への依存を深めるとともに、民政分野の独立性を高め、民政技術に長けた地方巧者や官僚制的代官が登場したといわれる(15)。ただ、烏山藩で御用金の調達に長けた者が「地方かうしゃ(16)」として重用されたように、財政難に陥った領主層では、支配実務は「仁政」を標榜しうる行政の実現とは異なる方向での才覚が追求されるようになった。こうして領民負担の増大や「御救」の後退といった領主行政の貧困が現出するが、報徳仕法は領主支配の理念的正当性に関わる「御救」そのものの請負・代行にまでいたった。

そのため、領主・支配層のなかにはこれを問題と考える者もいた。尊徳門弟の相馬藩士富田高慶は、報徳仕法を「全く下方にて取扱ひ候事にこれ無く、王公貴人の御政第一の要務」「人の主たる所より施行すべき道」と主張していた。[17]彼の念頭には藩主の指導力のもと仕法が運営される自藩があったが、彼にとって報徳仕法は本来、「王公貴人」「人の主」たる幕藩領主が主体となって実施すべき事業であった（本書第一〇章）。

尊徳も幕藩領主に報徳仕法への積極的な取り組みを望んでいたが、一方で「王業ヲ行ハ、不王トモ王也」、「王業ヲ行ヘバ則王ナリ」とも語り、[18]論理的には誰でも「王」たりうる可能性を示唆していた。[19]近世中期以降の藩政改革において「仁政」実践主体の認識の藩主から民政担当者・村役人層への下降が指摘されているが、[20]尊徳のこの発言はその延長線上に位置づけられるものであろう。報徳仕法では多様な人々が仕法を通して領主の「仁政」の実現や、その補完・代行に向けた事業に参画していた。報徳仕法には領主行政の貧困の一方で、それを請負い、補完・代行しうる近世の民間社会の到達点の一つがみられるのではないだろうか。

### 3　領主・支配層の治者意識

財政難に悩む領主・支配層は、大坂・江戸などの都市大商人からの借財のほか、その返済のためにも、領民への御用金賦課、年貢増徴、献金要求などによる資金調達に奔走した。そして、これに才覚のある者が重用された。

しかし、領民からの収奪は領内を疲弊させ、財政難を一層募らせる矛盾を生む。領主・支配層のなかには、かかる行財政のあり方に疑問を抱く者も存在した。それは財政難をさらに悪化させるという財政上の疑問だけではなく、苛酷な収奪が「仁政」に反するといった領主支配の正当性に関わる理念的な疑問でもあった。

かかる矛盾に直面する領主・支配層に対して報徳仕法は、報徳金の導入や外部資金の調達で財政上の便宜に応じ、「仁政」の実現をめざす点で領主支配の理念的正当性にも合致し、導入当初は仕法実施で藩論の一致をみた。尊徳の説く「分度」による財政再建論は論理としては合理的であり、実際に仕法導入当初は資金調達と借財減少、荒地開発と人口増加、領民の仕法への協力などの成果をみせることができた。かかる成果をみせつつ、「窮民撫育」を基調とした「仁政」こそが財政難を解決すると尊徳が説いたことは、これまでの領主支配のあり方に疑問を抱いていた領主・支配層に説得力を持って受容され、彼らに「仁政」実践者としての主体形成を促した。

烏山藩家老の菅谷八郎右衛門もそうした領主・支配層の一人である。彼は窮民救済・荒地開発など、仕法事業による資金投下と食糧増産が人別増加につながるとの尊徳の教説に感銘を受け、「食者人命之根」であり、「民者国家之本」であることから、荒地開発で根（食）と本（民）が増えることを「国家復古之瑞祥」と考えた(21)。彼にとって荒地開発の意味は物質的豊かさにとどまるものではなく、「食穀豊饒、四海妥安、風化大ニ行レ、男女異道、譲畔路不拾為棄、万民致鼓腹、諸事康哉与唱、於此麟鳳来、甘露降、是為瑞祥」と倫理的政治的な理想社会をもたらすものでもあった。

さらに、かかる観点から菅谷は享和期の荒地の年貢免除をともなう藩の荒地開発奨励策を「莫太之　御仁政」と評価した。これにより藩の年貢収納は減少したが、彼は「上に是丈之御損有之候得共、下に是丈之御救有之」として、「是丈之御救無之候は、今に至り人別何程減可申哉、此御損より致倍々候御損来可申」と考えた。菅谷は尊徳の教説と報徳仕法の実践を通して「損上益下之道理」が藩を救うとの「仁政」論を会得した。

また、菅谷はかかる「仁政」の実践者として強い自意識を抱いた。彼は尊徳に仕法を依頼した際、尊徳から「取扱候者覚悟第一」と、万難を排して仕法を遂行する覚悟を迫られた。これに彼は自らを「数千人之命救助」を「役」とする「預領分居候身分」であるとして、「其役に居て、不堪其役、致死元より其分也」と答えた。国元詰めの家老として領民「救助」を役とする強烈な身分・治者意識と決意がうかがえる。報徳仕法は為政者に「窮民撫育」「仁政」の実践者としての強固な主体性を要求したのである。

その後、菅谷は藩内抗争に敗れて隠居するが、「身分不拘浮沈、是非々々御趣法押立申度」として「御給扶持」と「武具馬具」の仕法資金への拠出を尊徳に願った。[22] 尊徳は報徳仕法での菅谷の働きを「近きは人命を救ひ、遠きは君之威を増し、万代不朽之大功、治世におゐて忠勤これに過ぎず」と称えた。さらに、御役御免となっても「忠節におゐて全以限り不可有」として、「戦場に討死したる如く、武具、馬具、衣服、家財不残、荒地開発、窮民撫育、難村取直し趣法金に御差加へ」れば「永久万代領中を潤沢して不已、却て有勤に勝」ると答えた。これに菅谷は「御教誨之趣、逸々的中、徹心魂」したとして、武具馬具のみならずその他の家財まで差し出す決心をした。

報徳仕法の実践は「治世」での「忠勤」であり、「窮民撫育」のためには武具をも捨てることが「忠節」にあたると尊徳は主張した。菅谷がこれを受容したのは、自らの武士身分の否定ではなく、逆に「数千人之命救助」を「役」とする「預領分居候身分」であった強烈な治者意識ゆえであろう。報徳仕法は領主・支配層に、時には武具をも捨て「窮民撫育」「仁政」にあたることを是とする、「牧民官」[23]としての主体性を強く押し出すものであったといえる（本書第七章）。

なお、尊徳の「仁政」論は、外圧期には海防問題にも寄与するものとして主張された。嘉永二年（一八四九）の異国船打払令復活の諮問の報に接した尊徳は、領主財政の疲弊が民衆へ転嫁される窮状で万全な海防は困難であり、そのためには「大ニ此道ヲ施シテ下民ヲ撫育スルニ如クハナシ」と、報徳仕法による「撫育」で民衆の海防への支持を調達する必要を説いた。さらに、「防禦ノ要ハ、在撫育下民、大行仁政、富国家。外寇来ラハ、可施米粟、此道ヲ行フ時ハ米粟天下ニ満ツ、四夷ヲ撫ストモ不足ナケン」と述べ、報徳仕法が異国船への米粟施与＝薪水給与令の継続も可能にするとして、異国船打払令の復活案を批判した(24)。尊徳の主張は対外的危機に対して武威を否定するものではないが、「仁政」の実践による海防への備えと戦争回避をはかるものであった。この主張は幕府勘定所内の一部の吏僚に受容され、直接的な海防より国内の疲弊への対処を重視した当時の海防掛勘定方の見解とも重なる。当該期の幕府勘定所は、かかる観点から尊徳と報徳仕法に関心を抱いていた可能性がある（本書第一〇章）。

以上のように、報徳仕法は領主・支配層に「仁政」の実践を迫り、彼らのなかにも強烈な治者意識を持ってこれを受容する者が現れた。その治者意識は「窮民撫育」のためには武士たる自己の「武具、馬具」さえも捨てることを是認するものであり、領内の荒廃を眼前にした彼らが「仁政」という治者としての正当性理念を内省するなかで会得したものといえる。この意味で、報徳仕法は「百姓成立」「窮民撫育」といった民衆福利を重視する「仁政」を基調とした近世の政治文化の到達点の一つと評価できるのではないだろうか。

## 三　報徳仕法をめぐる矛盾と相克

報徳仕法は、後退する村の相互救済機能や領主の「御救」機能の「復古」を目指し、村民の「助合」、富者による富の社会還元、領主の「仁政」など、民衆福利に向けたあるべき村・百姓・富者・領主像などの正当性理念や諸慣行を強調した。そして、その実現に向けて領主の「仁政」を引き出す「分度」の設定、富者の困窮者救済の媒介環としての報徳金、御救普請や飢民救済などの「仁政」を請負い広げるネットワークなど、報徳仕法特有の仕組みが作られた。

報徳仕法は後退が意識される村や領主支配の正当性理念・諸慣行を否定するのではなく、むしろそれらに依拠し、強調し、実現するための具体的な仕組みを提示することで、幅広い階層の人々を得心させ、受容されていったといえる。しかし、そこには勿論、矛盾と相克が存在し、報徳仕法は必ずしも成功をみたわけではなかった。

## 1　村の仕法とその矛盾・相克

報徳仕法による村復興では、まず地主などの上層民に、富者として困窮者救済に向けた富の社会還元が求められ、彼らは自己の収入や土地・財産を仕法へ拠出した。そして、そのうえで彼らには経営再建・再編と仕法実施のための資金・方法が提供された。

富者の富の拠出による困窮者救済は、村の底上げと活性化につながるが、一方で尊徳は富者の経営安定には村との協調が不可欠であると説いており、報徳仕法は村復興策であるとともに経営と地域秩序の動揺に不安を抱く富者の経営再建策でもあった。また、村と協調し、村や困窮者のために富を拠出する富者像は、近世の期待される富者像でもあった。[25]

しかし、実際には尊徳の教諭に接しても財産の拠出を拒む富者は存在し、その際は村民が望んでも仕法は実施されなかった。[26]自己の存立の帰趨が居村との関係に規定されていることを理解できたとしても、実際に自己の収入や土地・財産を拠出することには相当の不安と葛藤がともない、決心は容易ではなかった。[27]報徳仕法は富者に共同体成員としての自覚と責務を迫るが、それと背反する私的所持・地主的所持の深化と相克関係にあった。

また、村内上下の一致により報徳仕法が実施されたとしても、領主収奪や災害などの外部要因で仕法が破綻する可能性は常にあった。領主収奪には領主への「分度」設定による抑制がはかられたが、「分度」はしばしば破られ、民間で実施する仕法では、領主への「分度」設定自体が存在しなかった。さらに、不時の領主収奪や災害のため「非常用意備金」が準備されることもあったが、実際の出費はそれでは足りず、仕法資金があてられ、正常な仕法運営が不可能になることもあった（本書第五・六・九章）。

また、富者を運営主体・基盤とする仕法では、彼らの経営破綻は―たんなる経営上の失敗だけでなく、領主収奪・災害などによる出費を要因とした経営破綻も考えられるが―仕法の破綻に直結するため、彼らの経営危機に際しては多額の仕法資金が経営救済のために注がれた。その場合、仕法は村への富の還元、貧者救済の性格を失い、たんなる富者の救済手段へと変質していった（本書第九章）。

一方、仕法下における一般村民・下層民は、勤勉・倹約に励むことを求められたが、仕法事業で得られる賃金や諸手当、低利融資などで、新百姓取立てや家株再興などの上昇が期待できた。そのため、彼らは尊徳が説く勤勉・倹約の徳目に得心し、内面化して実直に仕法に献身することができ、それが仕法の進展につながった。しかし、それゆえに仕法指導者たる富者が経営を悪化させ、仕法に支障をきたすようになると、彼らは富者への批判を強め、村内対立につながることもあった。また、富者は仕法世話人とともに村役人であることも多く、領主の「分度」放棄などによる収奪強化は彼らを通しておこなわれた。そのため、領主収奪に対する批判も彼らへの批判となった。その際、彼らは村民と領主の板ばさみに苦しむことになる（本書第五・八章）。

村での報徳仕法には村復興・困窮者救済と、仕法の核となる富者の家政再建という、相互に依存するが、ともすると矛盾する二つの側面があった。特に地主らを主体とした民間実施の仕法にそれは顕著であるが、彼らが自己の健全な経営を維持しつつ、領主収奪や災害などに対処してこの二側面を両立・調和させていくことは容易ではなかった。

## 2　領主・支配層の仕法とその矛盾・相克

領主・支配層のなかには、「仁政」こそが領主財政を再建するとの尊徳の教諭を受容し、「仁政」実現のため仕法を積極的に推進しようとする者が存在した。しかし、一方で勝手方を中心に、逼迫する領主財政と喫緊の資金需要から当面の資金調達を最優先に考える者も存在した。彼らは報徳仕法が資金調達に有効な限りは仕法に賛意を示すが、「分度」設定などで自由な財政運営が抑制されると、反発し、藩内抗争が発生した（本書第七章）。

また、幕府勘定所にも「御国益第一の良法」[28]として報徳仕法に共感を抱く幹部・吏僚が存在した。しかし、勘定組頭など実質的権限を持つ実務官僚の間では、報徳仕法は開発事業や窮民撫育への投資、御手当定免の設定により、当面の収納を減少させるとして、実施に消極的な意見が支配的であった（本書第一〇章）。報徳仕法をめぐっては領主・支配層内部にも矛盾・相克が存在し、彼らも決して一枚岩ではなかった。

報徳仕法は「分度」設定による借財返済と領地の復興で論理的には財政再建を可能にするが、それは先述の村の仕法にみられたのと同様の依存・矛盾の関係にあった。実際には計画は長期的で、仕法が供給する資金も借財総額や資金需要に比して十分とはいえず、債務免除や倹約に向けた努力がなされても、物価変動や領主の就役、災害などによる予期せぬ出費もあり、「分度」や仕法計画を維持し続けることは容易ではなかった。

報徳仕法は村や領域を越えた基盤を持つことで、村や領主の需要に一定度応じうる資金規模を形成した。しかし、必ずしも十分とはいえなかった。尊徳は「一村仕上ル時ハ、其村取扱ノ者、其平均ヲ携行シ、他村ニ移スヘシ」[29]とか、「一村暮方立直り候はゞ、眼前立直り候正業を見受、近郷隣村、取直方願出次第、或は一村、又は弐ヶ村、終に自然と御料私領、前後左右、何方迄も荒地（中略）急度起返り、米麦雑穀産出し、内外致潤沢」[30]などと、報徳仕法の村や領域を越えた波及とその効果を説いたが、これは全領的に仕法を実施できない現実への対応でもあり、資金拡大の方途でもあり、報徳仕法の原理でもあった。

しかし、報徳仕法の領域を越えた資金のネットワークは、一方で領主制的分断と齟齬を生むこともあった。烏山藩仕法で尊徳は、融通した米金の返済の遅滞と「分度」外収納が仕法へ向けられない状況を批判し、藩の「分度」外収納について「是は全く御地之物にして御地之物にあらず、御趣法に付て天より降し賜はる処、相違有御座間敷候[31]」と主張した。報徳仕法は領域を越えた資金により運営され、烏山藩仕法も複数の仕法実施地域から融通を受けており、それらの資金は各々の仕法における「分度」外収入など仕法の成果であった。それゆえ、尊徳にとって仕法財源である「分度」外収入は、たとえ烏山藩領域から産出されたものであっても、報徳仕法により「天より降し賜は」った公共財であり、藩が私物化できるものではなかった。それが仕法資金の返済にあてられるならなおさらである。尊徳のこの主張に対して、藩は彼との「御手切[32]」で答えた（本書第七章）。

また、領主制的分断との齟齬は、報徳仕法の人的ネットワークにも存在した。勘定所附御料所御取扱山内総左衛門支配下の幕領仕法では、桜町領や青木村などの私領の仕法実施地域の人足が荒地開発や諸普請に参加していた。これは山内が自らの裁量で認めていたことだが、このことが勘定所に伝わる可能性が生じると、彼は「御料所へ私領より手伝人足等差出候儀は不相成筋[33]」を尊徳に申し渡した（本書第一〇・一一章）。

かかる報徳仕法と領主制的分断との齟齬は、報徳仕法が領主・支配層内で支持を得ている間は殊更に問題とされないが、何らかの不都合が生じると顕在化し、仕法を制約した。その意味で領域を越えた連携と拡大を志向する報徳仕法は、領主制的分断と相克関係にあった。

とはいえ、報徳仕法は領主制の破棄をめざすものではなかった。この相克の解消のため望まれたのが、幕府による報徳仕法の実施である。天保一三年（一八四二）七月に尊徳が老中水野忠邦に出府を要請された際、報徳関係者には「公儀、御趣法被　仰出候に付ては、日本国中仏に所謂極楽世界と覩りに相成、小田原表も不骨折　御趣意相開、立直り可申(34)」と期待され、幕府による仕法実施が個別領主の仕法進展を促すと考えられた。また、富田高慶は「医学館の如く別物に御引き離し、御取り立て、御料私領となく相対を以て取り行ひ候やう仰せ付けられ候はば、何国の果てまでも差支へなく行はれ、莫大の御為筋(35)」と、幕府機関による領主制的分断を超越した仕法の実施を望んでいた（本書第一〇章）。

しかし、幕府勘定所内部にも報徳仕法に積極的な者と消極的な者との相克があり（先述）、幕府による仕法実施は期待通りには実現せず、むしろ、尊徳は山内総左衛門手附となって以来、「御料・私領・寺社領に拘り、故障差支而已有之(36)」と思い知らされることになった。領主仕法としての報徳仕法も、領主層内外の多様な矛盾・相克に直面していた。

それゆえ、報徳仕法の実施を望む者のなかには、かかる矛盾・相克を超越しうる強力な指導力を持った「上」への待望論も生まれた（本書第一〇章）。二宮尊徳は多くの仕法雛形を作成し、それにもとづけば誰でも実践しうる普遍性を報徳仕法に持たせ、それが仕法の伝播・拡大にもつながった。しかし、実際の導入・実践には様々な困難・抵抗がともない、その実施には卓抜した指導者が渇望されるという矛盾も生まれることになった。

### 3　報徳仕法と民間社会

小田原藩による尊徳登用の経緯からして、報徳仕法は領主による民間社会の活力の取り込みといえる。領主は民間の知恵・資金などの活力を取り込むことで、自らの領主行政の貧困を補完しようとした。その一つが報徳仕法であった。

しかし、報徳仕法が直面する矛盾・相克の根元も民間社会のなかにあった。

民間社会は、領主に民の「成立」を保障する「仁政」実現を迫り、その成長は報徳仕法のごとく「仁政」の請負・代行さえおこなう可能性を持つにいたるが、一方で経済的利益を追求し、富を蓄積する経済社会としての性格も強めていった。これに対して領主層は、いかに民間から資金を引き出すかを課題とし、格式・特権付与と引換えに用金調達や金融講による資金調達などを目論んだ。こうして民政技術の枢要が金策技術となり、資金調達に才覚を発揮する者が地方巧者と呼ばれるようにもなる。また、民間においても領主層と癒着して村や地域から利益を貪る者が現れる。

これらは報徳仕法が目指す、領主の「仁政」や村の「助合」に背反する動向であるが、経済社会として成長する民間社会への領主なりの対応の一つであり、その結果といえる。

民間社会は厚みを増すとともに複雑化し、矛盾を深化させており、決して一枚岩ではなかった。それに規定された領主層の対応も一枚岩ではなく、それぞれに矛盾と相克が存在した。民間社会は報徳仕法が目指すところとは異なる方向へも成長しており、報徳仕法は民間社会の到達点といえるが、それ自体とも矛盾・相克関係にあったのである。

## おわりに――報徳仕法の行方

報徳仕法は天保期以降、関東を中心に各地で続々と実施されていったが、多くの仕法は開港期までには事実上、終息していた。その後、幕末まで継続された仕法は、桜町領・相馬藩・日光神領の仕法と民間で実施された結社仕法などに限られた。

慶応四年（一八六八）三月から四月にかけて、下野国では世直し騒動が吹き荒れた。桜町領が所在する芳賀郡もその渦中にあった。しかし、世直し騒動は桜町領には波及しなかった。芳賀郡若旅村（真岡市）名主による世直し騒動の記録『雑風日記』には、「東ノ方物井・桜町陣屋領内ハ一切騒立無之、是ハ平日横山氏と申仁術慈悲深き人、領内取締として在陣有之故相見へ申候」と記されている。[37] 桜町領と二村ほど隔てた近村の情報であり、他に騒動を示す史料も見当らないため、実際に桜町領へ世直し騒動は波及しなかったと考えられる。「横山氏」とは桜町仕法で尊徳を支え、仕法に貢献した宇津家家臣横山周平の子、横山平太であり、安政元年（一八五四）に桜町仕法を引き継いでいた。[38]

桜町領へ世直し騒動が波及しなかった具体的な理由は不明だが、ここでは「仁術慈悲深き」とされる横山の存在がその理由と考えられていることに注目したい。「仁術」とは一般に「仁政」を施す方法という意味であるが、ここでの「仁術」とは報徳仕法のことであろう。すなわち、若旅村名主は、桜町仕法を領主の「仁政」と認識し、横山はその「仁政」を体現する「慈悲深き」人物と認識されたのである。これは、世直し騒動のさなかで地域秩序の安定を渇望する村役人層が抱いた理想の領主像といえる。「仁政」を施す「慈悲深き」領主は、極めて近世的な期待される領主像といえるが、維新動乱期の権力空白状況下にあるからこそ、一層渇望されたのであろう。報徳仕法は維新動乱期において周辺地域の村役人層に理想の領主支配のイメージを抱かせるものであった。桜町領のイメージは近世の終焉に際して最後の輝きを放った近世社会の理想郷であったといえる。

しかし、維新後、桜町仕法は廃止された。日光神領仕法も戊辰戦争により継続が困難となり、二宮弥太郎が相馬中村へ移住したことで終焉した。[39] 相馬藩仕法も廃藩置県以降、存続が危ぶまれ、富田高慶が西郷隆盛ら政府要人へ仕法継続を働きかけるも廃止された。[40] 領主による仕法は領主制の廃止とともに、その実施基盤を失い廃止された。

これ以降、公権力により実施される報徳仕法はみられなくなった。それにかわり、近代に盛んになるのが民間の報徳運動である。しかし、そのことで、報徳仕法・報徳運動はその性格を大きく変容させた。遠江国報徳社（大日本報徳社）社長として近代報徳運動の指導者となる岡田良一郎は、近代の報徳運動について「報徳に二道あり、一は則ち修身斉家の道なり、二は則ち興国安民の道なり、我輩が報徳社に於て常に講演する所は修身斉家の道なり」と述べ、また、「興国安民の仕法は君たるの道にして臣たるもの、道に非ざる事、忘るべからざるの第一義たり」と主張した(41)。民間で実施する報徳運動は「修身斉家」を目指すべきであり、「興国安民」を目指すものではないというのである。近代以降、公権力による報徳仕法を実施する道が閉ざされたことで、報徳運動は、公権力に民衆の生活安定・福利実現の責務を訴えてきた近世の報徳思想の一側面をそぎ落とすことになった。岡田のいう報徳の「二道」のうち、一道の放棄である。そのため、近代の報徳運動・報徳思想は専ら民間の自力更生、自助・共助を引き出し、奨励するものとなった。

また、地域の結社仕法も近世のそれとは質を異にした。相模国大住郡片岡村（神奈川県平塚市）の地主大澤家を中心に実施された克譲社仕法は、戊辰戦争の混乱を契機に慶応四年二月、加入金を割戻して解散した。その後、明治六年（一八七三）八月、克譲社世話人の一人であった福住正兄が教導職の立場からの報徳運動を企図し、報徳教会を設立した。教導職の廃止後も報徳会克譲社と改組して活動を継続し、各地に支社を広げていった。しかし、これら近代の報徳社の活動は一般村民を社員とした互助的な融通が中心となり、近世の克譲社が有していた地主による富の再分配という性格は消えた。

その後、報徳運動は社会の近代化にともない存在意義が希薄化するなかで、低迷しつつも活動を続けるが、明治四〇年代以降、再び隆盛を迎えた。その契機は国家が進める地方改良運動であった。地方改良運動は、日露戦後の社会の疲弊に対応すべく納税完遂・勤倹貯蓄・農事改良・風紀改善を目的に推進されたが、報徳社はその担い手として自任し、期待され、運動の活性化、組織拡大のためにもこれへの貢献を喧伝していった。そして、この時期、遠江国報徳社（大日本報徳社）系の報徳社が続々と各地に結成され、報徳運動は拡大・活性化に成功した。各地の報徳社は社員への資金融資・親睦・生活改善の場として互助的な活動をおこなっていたが、その一方で、結社式には必ず戊申詔書を捧読するなど、地域に国策を織り込む装置ともなっていった。以後、報徳社・報徳運動は、民力涵養運動・自力更生運動など、国家が推進する運動に積極的に協力していく。さらに、アジア太平洋戦争戦時下には「日本精神ノ宣揚ヲ強調」、「経済報国ニ沿ハン為努力」など、報徳社は戦争に向けた国策協力や国家意識鼓吹の場としての性格を強めた活動を展開し、二宮尊徳は「滅私奉公」の象徴に造形され、祭り上げられていった。しかし、その一方で社員の生活改善に向けた実質的な活動は空洞化していった。(42)

ここに至り報徳運動は、かつて尊徳が訴えていた権力・富者に民衆福利の責務を求める主張と、大きな懸隔をみせる。近代の報徳主義者は、尊徳の思想・報徳仕法を近代社会に適合させるべく様々に読み換え、実践していった。(43)ここにみる懸隔はその結果といえる。

近代の報徳運動は民間の自助・共助を進める一方、国家・公権力に民衆の福利＝公助を求める主体性をそぎ落とした。そして、その国家に対する主体性の欠如ゆえ、運動の活性化のためにも地方改良運動やアジア太平洋戦争といった国家的課題・要請を当然のごとく自らの課題として受け入れ、それらへの貢献を存在意義として主張した。国家的課題に対する行政の取り組み方への批判はしても、国家的課題自体の批判はしなかった。「滅私奉公」は近代報徳運動の逸脱ではなく、国家に対する主体性の欠如という近代報徳運動の特質の顕在化・帰結といえる。そして、国家に対する主体性の欠如ゆえ、敗戦後、民主主義が国家的課題になると、報徳運動はいち早くそれを自らの課題とし、民主主義の唱導者へと鮮やかに転向できた。(44)

近世の報徳思想・報徳運動は近世社会固有の基盤・前提に立脚し、それらが失われることで解体された。そして、近代に入り、新たな社会の文脈のなかで読み換えられ、実践された。そこで尊徳の言説がいかに動員されたとしても、それは近代報徳思想・報徳運動として、近代社会の文脈のなかで検討・評価されるべきであろう。

最後に、本書で残された課題は多いが、今後の課題としてとりあえず以下の三点をあげておきたい。

一つめは、本書で検討対象とされなかった仕法の検討である。各地で展開された報徳仕法はそれぞれ個性を持っており、それぞれに報徳仕法や近世社会を考える素材を提供してくれる。個別仕法の検討・分析は今後も進められるべき課題である。

二つめは、二宮尊徳の思想の問題である。本書では仕法実践過程にみられる尊徳の政治倫理・経済倫理的な言説・思想については関説したが、「一円」観や「人道作為」論など哲学的な思想については触れることができなかった。また、それらを含めた彼の思想の具体的な形成過程も検討できなかった。尊徳の思想については、従来、主として福住正兄『二宮翁夜話』や斎藤高行『二宮先生語録』など、門弟らが後世に編集・刊行した語録類をもとに検討されてきた。また、彼の思想形成についても一家復興経験や仕法実践など彼を取り巻く状況との関係からとらえられてきた。しかし、近年、門弟たちが編集・刊行した語録類の典拠となる手記や筆録が紹介・刊行され、尊徳の教説に使用される文言の出典なども明らかにされつつあり(45)、その思想形成について本格的な分析が可能な段階にあると考えられる。

三つめは、報徳仕法の伝播とは別に、尊徳・報徳仕法が社会へ与えた影響である。尊徳の教説や報徳仕法に直接間接に接して共感を抱いた者は多い。そのことが報徳仕法の実践にいたらないまでも、社会に何らかの影響を与えた可能性がある。たとえば、幕臣登用後の尊徳は、多くの幕臣や勘定所吏僚と報徳仕法について論談したが、その後の彼らの業務や赴任地での政策などにおいて、尊徳の影響が幕政として何らかの形でみられる可能性がある。また、西郷隆盛は江戸滞在中に報徳仕法に関心を抱き、それが維新後の磐前県での仕法継続を願う富田高慶への協力につながったと考えられている。西郷は水戸藩の藤田東湖を通して報徳仕法の情報を得たと推測されているが、水戸藩も藩士加藤木畯叟の尊徳入門を許可するなど報徳仕法に関心を抱いていた。結局、加藤木の入門は実現しなかったが、彼の入門に向けた話は尊徳と親交のある剣客斎藤弥九郎の周旋によるもので、藤田東湖はこの斎藤と、同じく尊徳と親交のあった幕臣小田又蔵と面識を持っており、彼らを通じて報徳仕法の情報を得ていたと考えられている。(46) このように尊徳の情報は意外な人脈のネットワークに乗って、意外なところで影響を与えていた可能性があり、かかる広がりも報徳仕法が当該期の社会に持った意味として検討する必要があると考える。

註

(1) 深谷克己「江戸時代の兼業農家―『兼業農家』観の転換を―」(『現代農業』五八巻二号、一九七九年、のち同『深谷克己近世史論集　第一巻　民間社会と百姓成立』校倉書房、二〇〇九年所収)。

(2) 舟橋明宏「村再建にみる『村人』の知恵」(渡辺尚志編『新しい近世史四　村落の変容と地域社会』新人物往来社、一九九六年、のち舟橋明宏『近世の地主制と地域社会』岩田書院、二〇〇四年所収)。

(3) 渡辺尚志「幕末・維新期における農民と村落共同体」(『歴史評論』四七五号、一九八九年、のち同『近世村落の特質と展開』校倉書房、一九九八年所収)。

(4) 佐々井信太郎編『二宮尊徳全集』(二宮尊徳偉業宣揚会、一九二九年)二二巻五三頁。

(5) 『二宮尊徳全集』二二巻三〇一頁。

(6) 『二宮尊徳全集』二七巻三・一五頁。

(7) 深谷克己「百姓」(『歴史学研究』別冊特集、一九八〇年、のち前掲註(1)深谷著書所収)。

(8) 渡辺尚志「近世村落共同体に関する一考察―共同体の土地への関与の仕方を中心に―」(『歴史評論』四五一号、一九八七年、のち同『近世の豪農と村落共同体』東京大学出版会、一九九四年所収)。

(9) 岡田博「二と三を結んだ人たち」(『かいびゃく』二九巻三・六～一二号、三〇巻一～三・五～一二号、三一巻一～二・四～一二号、三二巻一～六・八～一〇・一二号、三三巻一～五・七～一二号、一九八〇～一九八四年、のち同『報徳と不二孝仲間―二宮尊徳と鳩ヶ谷三志の弟子たち―』岩田書院、二〇〇〇年に改題)・本書第八・九章。

(10) 馬場弘臣「小田原藩における近世後期の改革と中間支配機構─取締役と組合村をめぐって─」(『おだわら─歴史と文化─』八号、一九九五年)。
(11) 『二宮尊徳全集』一四巻（一九二八年）一一八三頁。
(12) 松尾公就「小田原藩政の展開と二宮尊徳─藩主大久保忠真の酒匂河原での表彰の意義をめぐって─」(『地方史研究』二八三号、二〇〇〇年)。
(13) 『二宮尊徳全集』一四巻三一九頁。
(14) 大藤修「関東農村の荒廃と尊徳仕法─谷田部藩仕法を事例に─」(『史料館研究紀要』一四号、一九八二年、のち同『近世の村と生活文化─村落から生まれた知恵と報徳仕法─』吉川弘文館、二〇〇一年所収)・同「二宮尊徳」(朝尾直弘他編『岩波講座日本通史　第一五巻　近世五』岩波書店、一九九五年)。
(15) 深谷克己「幕藩制国家と社会をとらえる新たな視点とは」(青木美智男・保坂智編『新視点日本の歴史5　近世編』新人物往来社、一九九三年、のち前掲註(1)深谷著書所収)・同『江戸時代』(岩波書店、二〇〇〇年)。
(16) 烏山町史編集委員会編『烏山町史』(栃木県烏山町、一九七八年)一九〇頁。
(17) 佐藤高俊編『報徳秘稿　上』(相馬郷土研究会、一九七六年)七二・一〇五頁。
(18) 宇津木三郎編『報徳博物館資料集三　斎藤高行　報徳秘稿（抄）』(報徳博物館、二〇〇八年)№五九・四八四。
(19) 宇津木三郎「二宮尊徳『人道作為』論の歴史的性格」(『かいびゃく』四四巻九号～四五巻一〇号、一九九五・一九九六年)。
(20) 小川和也『牧民の思想─江戸の治者意識─』(平凡社、二〇〇八年)。
(21) 以下、本項の菅谷八郎右衛門についての記述は、「拊循録」(『二宮尊徳全集』二四巻（一九二九年）五四〇～五八六・五九九～六五一頁）による。
(22) 『二宮尊徳全集』二四巻五八四・五八七～五九三頁。
(23) 前掲註(20)小川著書。
(24) 『報徳博物館資料集三　斎藤高行　報徳秘稿（抄）』№二二〇。
(25) 深谷克己「取立とお救い─年貢・諸役と夫食・種貸─」(朝尾直弘他編『日本の社会史　第四巻　負担と贈与』岩波書店、

一九八六年、のち前掲註(1)深谷著書所収)。

(26) 幕領常陸国岡田郡大生郷村仕法(茨城県常総市)において、尊徳は天保一四年(一八四三)に作成した同村の仕法案で、千石余の所持地を有する名主久馬に仕法資金の拠出を求めたが、久馬は拒否し実施に至らなかった。その後、嘉永四年(一八五一)に久馬を除く村民の歎願により仕法が実施された。この仕法の計画は久馬の資金拠出を前提としたものではなかったが、尊徳は久馬の子名主伊左衛門に「御仕法不相立候はゞ、身上向所持田畑不残身分迄差出し、世話方可致」と仕法頓挫時の私財拠出を迫った。これに伊左衛門は「先祖より持来り候株式、其余身上向身分共差出候儀は当惑」と答えた(『二宮尊徳全集』九巻(一九三〇年)一四九頁)。その直後、久馬は仕法中止を代官に出願し、村は仕法中止派と継続派に分裂して仕法は中止された(『二宮尊徳全集』九巻一五七・二二八・二三〇頁)。

(27) 相模国淘綾郡大磯宿(神奈川県大磯町)の穀物商川崎屋孫右衛門は、天保七年(一八三六)七月に米価高騰に苦しむ宿民により打ち毀しを受けた。その後、彼は家政再建の資金調達を試みるため二宮尊徳に面会するが、尊徳から川崎屋は「天明年中飢饉之度、過分之利用を儲け、諸民及飢渇候時節を身之幸ひにして、其悪種を繰返し蒔附、富貴之姿に相成」ったとして、その悪種である財産を拠出したうえでの家政再建を求められた。孫右衛門は尊徳の教諭に「先非後悔」「人道相弁候儀」と「涕泣」して得心したが、財産拠出には親類と相談しても「実以不容易御趣法、善悪とも不能愚慮」と悩んだ。しかし、師事する鎌倉円覚寺の淡海和尚へ相談して漸く決心がつき、財産五〇〇両を宿に拠出する一方、報徳金の融資を受けて家政再建に取り組むことができた(『二宮尊徳全集』二〇巻(一九二九年)二六〜三〇頁)。

(28) 『報徳秘稿　上』一〇一頁。

(29) 『報徳博物館資料集三　斎藤高行　報徳秘稿(抄)』№三六二。

(30) 『二宮尊徳全集』三〇巻(一九三〇年)八九六頁。

(31) 『二宮尊徳全集』六巻(一九二九年)五八五頁。

(32) 『二宮尊徳全集』六巻六二〇頁。

(33) 『二宮尊徳全集』四巻五九九頁。

(34) 『二宮尊徳全集』六巻一一四一頁。

(35)『報徳秘稿　上』六六頁。
(36)『二宮尊徳全集』九巻四六頁。
(37)真岡市史編さん委員会編『真岡市史　第三巻　近世資料編』(栃木県真岡市、一九八五年)第四章№二七。
(38)『二宮尊徳全集』一三巻(一九二八年)一〇一九～一〇二一頁。
(39)今市市史編さん委員会編『いまいち市史　通史編別編Ⅰ』(森豊・河内八郎執筆、栃木県今市市、一九八〇年)。
(40)宇津木三郎「西郷隆盛と報徳仕法」(『大倉山論集』四七輯、二〇〇一年)。
(41)岡田良一郎「限りなき財を以て限りある国を拓くの弁」(『大日本報徳学友会報』第二八回、一九〇四年)・同「前章に続て韓国開拓論に及ぶ」(『大日本報徳学友会報』第三六回、一九〇五年)。
(42)近代の報徳運動の展開と特質については、拙著『近代西相模の報徳運動　報徳運動の源流と特質』(夢工房、二〇一三年)・拙稿「近代平塚地域の報徳運動」(『平塚市博物館研究報告　自然と文化』第三五号、二〇一二年)参照。
(43)見城悌治『近代報徳思想と日本社会』(ぺりかん社、二〇〇九年)。
(44)前掲註(42)拙著。
(45)『報徳博物館資料集三　斎藤高行　報徳秘稿(抄)』のほか、報徳博物館編『報徳博物館資料集1　尊徳門人聞書集』(報徳博物館、一九九二年)・同編『報徳博物館資料集二　富田高慶　報徳秘録』(報徳博物館、一九九六年)には、門人たちが記録した尊徳の教諭がその文言の典拠など詳細な注記とともに翻刻されている。
(46)前掲註(40)宇津木論文。

# あとがき

私は、いわゆる第二次ベビーブーム世代、別名「ロストジェネレーション」とも呼ばれる世代の人間に属する。子どもが多い、受験は厳しいといわれながら、何とか大学に入学したところでバブル経済が崩壊。以後、「失われた二〇年」といわれる経済停滞のなかで、成人としての自己を形成した。その間、就職難、格差の拡大、自殺者の増加、「ブラック企業」などが社会問題とされるようになった。また、財政難を背景とした福祉の後退や増税、それと呼応した生活保護受給者などへのバッシングもみられるようになった。社会のどの部門でも人件費など人が生きるために必要な費用のカットが美徳のように謳われ、生身の人間がまるで機械部品かコストのごとく扱われているようにみえた。予期せぬ不幸でいつ破綻するとも知れぬ生活を汲々と営む小生活者の私の目には、これら「失われた二〇年」の社会現象は、非人間的で不安をかきたてる社会の荒廃・危機に映った。

翻って、本書の研究対象である近世後期の社会は、領主の財政難、「仁政」の後退、村落荒廃など、一面で現代社会と重なってみえた。そして、かかる近世社会の危機克服を目指す報徳仕法の研究には、重なってみえる一面があるだけに、現代社会にも何らかの意味を持つのではないかとの思いを抱くようになった。もちろん、近世の報徳仕法を現代社会に適用しようという意味ではない。ただ、報徳仕法は、近世社会が生み出した人が生きるための理念・知恵を凝縮、動員し、矛盾を抱えつつも社会の荒廃・危機に抗っているようにみえた。そうした研究で浮かび上がる歴史像が、現代社会を顧みる視座を提供し、未来を模索する手がかりになるのではないか、そこに歴史学の意義の一つがあるのではないか、と考えるのである。

本書は、かかる思いで続けてきた研究を、早稲田大学大学院文学研究科に提出した博士学位請求論文にまとめ、それをもとに再構成したものである。主査の紙屋敦之先生、副査の深谷克己先生・谷口眞子先生には、これまでのご指導に加え、ご多忙のなか審査をしていただき、心から感謝を申し上げたい。そこで、私事にわたり恐縮だが、これまでの自身の研究に関わる経緯を振り返ることで、お世話になった方々への謝意を表したい。

私は一九九二年に、中央大学文学部史学科に入学した。田舎暮らしへの憧れにも似た過去への憧憬と、社会の理解には歴史を知ることが不可欠との漠然とした問題意識から史学科を志した。しかし、漠然とした問題意識でしかなかったゆえに、入学後、歴史研究、特に自分が関心を持つ前近代史の研究が、自分を取り巻く社会の問題の克服に何の意味があるのか、法学部や経済学部のいわゆる「実学」を学ぶ友人らと出会うなかで考えるようになった。

そんな学部二年生のとき、大学院生の先輩たちを中心に活動する中央大学山村研究会の存在を知った。山梨県南巨摩郡早川町をフィールドに、山村の歴史研究から稲作農村をモデルとした日本史像の相対化を試みる会である。現在も合宿による古文書調査や例会での古文書解読といった活動を継続している。同会に入会した私は先輩方から古文書の読み方から調査方法まで、文字通り手取り足取り教わった。そして、調査で発掘される古文書群や、それらの解読で明らかになる歴史を眼前にして、「これが歴史研究の現場か」と興奮を覚えた。また、山村の古文書を読むと、過疎化や環境問題など、現代の山間地域が抱える問題が歴史的所産であることがよくわかり、社会の理解には歴史を知ることが不可欠との意味を実感できた。同会の活動を通して、私は本格的に歴史研究に取り組もうと思うようになった。同会では臼水智・西村敏也・鈴木努・田中真由美・荒垣恒明・石本正紀・大井教寛・西川広平・赤澤春彦らの各氏、そして妻美智代と出会うことができた。なお、本書での多様な生業への留意という姿勢は、同会が原点である。

また、大学では三年生から藤野保先生の近世史ゼミに所属した。先生には研究史整理から論文執筆の作法まで、学部学生に必要な歴史研究の基礎を丁寧にご指導いただいた。実証を重んじる先生のご指導は、ともすると逸りがちな問題意識を、歴史研究の問題としてとらえ直すことの重要性を教えられるものであった。

その後、一九九六年に早稲田大学大学院文学研究科へ進学した。大学院では指導教授の深谷克己先生をはじめ、紙屋敦之先生、保坂智先生などからご指導をいただくことになった。大学院に進学して衝撃を受けたのは深谷・紙屋両先生の近世史ゼミであった。ゼミでは年度の初めに、ゼミの運営形態、獲得すべき研究能力、研究の社会還元などについて議論する「ゼミ論」がおこなわれた。この議論で大学院生・研究・研究者とは何かについて、自明のつもりでいた自分の認識の甘さを痛感させられた。また、ゼミは先生方のご指導のもと、共通史料講読による共同研究形式で進められる実践的なもので、毎回展開される闊達な議論は楽しく刺激的であった。このゼミを通して、史料から論点を抽出し、それを研究として論理構成し、歴史学のなかに位置づけるというディシプリンを自分なりに身につけることができた。大学院では、ゼミや研究会などで、須田努・中嶋久人・米谷均・齋藤悦正・吉田正高・川﨑史彦・椿田有希子・檜皮瑞樹・靱矢嘉史・中西崇・水村暁人らの各氏と出会えた。

さて、私が報徳仕法の研究を始めたきっかけは、深谷先生のゼミの共同研究「幕末期論」であった。大学院進学当時、私は近代の国家主義や天皇制の問題の淵源を、近世の村落社会に求め、その特質を解明しようという問題意識を持っていた。今振り返れば誤った問題の立て方だと思うが、当然、修士論文作成に向けた研究は迷走した。そんな折、ゼミの講読史料『雑風日記』に、本書終章で取り上げた「桜町陣屋領内ハ一切騒立無之」という文言を見つけた。報徳仕法を実践する桜町領に世直し騒動は波及しなかったというのである。なぜ波及しなかったのか。報徳主義は近代の国家主義を支えたイデオロギーの一つであるという話は聞いていた。これと関係があるのかもしれない。では、報徳仕法を研究テーマにしてみよう、と思ったのである。そして、何とか修士論文を作成したが、その研究過程で近世・近代の報徳仕法・運動は連続性を前提にできないのではないか、まずは別の論理を持つものとしてとらえようと考えるようになった。

その後の具体的な研究経緯は本書収録論文の通りである。その間、大藤修先生には拙論を発表するたびに、懇切丁寧な励ましのお言葉とご指導をいただいた。また、報徳博物館の飯森富夫氏をはじめ、史料所蔵機関・所蔵者の方々から多大なご協力をいただけたことも幸運であった。さらに、二〇〇三年に平塚市博物館へ着任してからは、小田原近世史研究会に参加させていただき、松尾公就・下重清・馬場弘臣・中根賢・神谷大介・荒木仁朗らの各氏と出会い、地域史的視点から報徳仕法を考える機会を得ることができた。

そして、研究活動とともに結婚・育児と生活者としての歩みを進めていくなかで、冒頭に述べた社会現象がより切実な問題に感じられるようになった。歴史は「現在と過去との間の尽きることを知らぬ対話」(E・H・カー『歴史とは何か』岩波書店、一九六二年)とは有名な言葉であるが、かかる生活者としての問題意識を抱く私の、私なりの過去との対話の結果が本書である。もちろん、その対話が研究成果として成功しているかは読者の評を俟つほかなく、ましてや私の研究が、現代社会の課題解決にいささかでも寄与できているとは到底思えない。しかし、私としては今後とも生活者の立場・視点を大事にした研究を続けていきたいと思っている。

以上に綴った自分の歩みを振り返ると、多くの方との出会いと支えにより、何とか研究を続けてこられたとの思いを強くする。お世話になりながら、ここにお名前を記すことのできなかったすべての方々に謝意を表したい。また、本書の刊行にあたっては、東京堂出版編集部の堀川隆氏にお骨折りいただいた。論文集としては初めての著書であり、戸惑う私に適切な助言をいただいた。改めてお礼申し上げたい。

最後に、わがままな自分をいつも支援し見守ってくれた父泰明、母美代子、身近で研究活動を支えてくれている妻美智代、そして、親・生活者としての喜びと希望を与えてくれる二人の息子、詩人・楽人に感謝して擱筆したい。

二〇一四年七月

早田旅人

〈初出一覧〉　いずれも本書への収録にあたり、改稿している。

序　章　新稿（ただし、「日本近世史研究のなかの二宮尊徳・報徳仕法」〈『報徳学』一〇号、二〇一三年三月〉の一部を再構成）
第一章　「日本近世史研究のなかの二宮尊徳・報徳仕法」（『報徳学』一〇号、二〇一三年三月）
第二章　「二宮尊徳の出現―小田原時代の尊徳と地域・藩政―」（小田原近世史研究会編『近世南関東地域史論　駿豆相の視点から』岩田書院、二〇一二年四月）
第三章　「初期報徳仕法の展開―桜町前期仕法における百姓政策を中心に―」（『民衆史研究』六〇号、二〇〇〇年一一月）
第四章　「報徳仕法の構造―桜町後期仕法における百姓編成と報徳金融―」（『報徳学』九号、二〇一二年三月）
第五章　「報徳仕法の事業展開と民衆―常州真壁郡青木村仕法の構造と主体形成―」（『地方史研究』三〇六号、二〇〇三年一二月）
第六章　「下石橋村の報徳仕法―民間実施仕法の一事例―」（『歴史と文化』一一号、二〇〇二年八月）
第七章　「藩政改革と報徳仕法―烏山藩仕法にみる報徳仕法と政治文化―」（『史観』一六二冊、二〇一〇年三月）
第八章　「宿場村の報徳仕法―御殿場村仕法の検討―」（『早稲田大学大学院文学研究科紀要』四七輯四分冊、二〇〇二年三月）
第九章　「近世報徳『結社仕法』の展開と構造―相州片岡村・克譲社仕法からみる地主仕法の再検討―」（『関東近世史研究』六三号、二〇〇七年一〇月）
第一〇章　「報徳仕法と幕府勘定所」（『日本歴史』七七四号、二〇一二年一一月）
第一一章　「二宮尊徳の幕領仕法」（関東近世史研究会編『関東近世史研究論集三　幕領・藩政』岩田書院、二〇一二年一一月）
終　章　新稿

## ま行～

### さ行



### た行・な行



### は行

### は行



### ま行



### や～わ行



## 【事項名】

### あ行



### か行

か行



さ行



た行



な行

### は行



### ま行



### や～わ行



## 【地　名】

### あ行

## さ行



## た行



## な行

# 索　　引

・本書の本文を対象として主要な文言を人名・地名・事項名に分けて五十音順に配列した。
・章節見出しおよび本文中の小見出しに含まれる文言は、その収載頁に＊を付し、各見出しの範囲内にある同一文言は割愛した。

## 【人　名】

### あ行



### か行

【著者略歴】

**早田旅人**（はやた　たびと）

1974年生まれ。

中央大学文学部卒業。

早稲田大学大学院文学研究科博士後期課程単位取得。

現在、平塚市博物館学芸員。博士（文学）早稲田大学。

〔主な著書・論文〕

『近代西相模の報徳運動　報徳運動の源流と特質』夢工房、2013年
「幕末期百姓の自意識と家・身分意識－菅野八郎の「自満」と行動・自己形成－」（須田努編『逸脱する百姓－菅野八郎からみる一九世紀の社会－』）東京堂出版、2010年。

「幕末維新期の神職・由緒・身分－相州六所神社と鍵取役出縄主水家をめぐって－」（『日本歴史』744号）2010年。

「万延元年関東取締出役の相模湾津留政策」（『平塚市博物館研究報告　自然と文化』37号）2014年　ほか。

**報徳仕法と近世社会**

2014年7月15日　初版印刷
2014年7月30日　初版発行

著　者　早田旅人
発行者　小林悠一
ＤＴＰ　本郷書房
印刷製本　亜細亜印刷株式会社
発行所　株式会社　東京堂出版
〒101-0051　東京都千代田区神田神保町1-17
電話03-3233-3741　振替00130-7-270

ISBN978-4-490-20872-6 C3021